구글맵 혁명

구글맵 혁명

1판 1쇄 인쇄 2020. 4. 13.
1판 1쇄 발행 2020. 4. 20.

지은이 빌 킬데이
옮긴이 김현정

발행인 고세규
편집 심성미·유원정 디자인 지은혜 마케팅 백선미 홍보 김소영
발행처 김영사
등록 1979년 5월 17일 (제406-2003-036호)
주소 경기도 파주시 문발로 197(문발동) 우편번호 10881
전화 마케팅부 031)955-3100, 편집부 031)955-3200 | 팩스 031)955-3111

값은 뒤표지에 있습니다.
ISBN 978-89-349-8619-5 03320

홈페이지 www.gimmyoung.com 블로그 blog.naver.com/gybook
페이스북 facebook.com/gybooks 이메일 bestbook@gimmyoung.com

좋은 독자가 좋은 책을 만듭니다.
김영사는 독자 여러분의 의견에 항상 귀 기울이고 있습니다.

이 도서의 국립중앙도서관 출판예정도서목록(CIP)은 서지정보유통지원시스템 홈페이지
(http://seoji.nl.go.kr)와 국가자료공동목록시스템(http://www.nl.go.kr/kolisnet)에서
이용하실 수 있습니다.(CIP제어번호 : CIP2020013893)

구글맵 혁명

빌 킬데이 · 김현정 옮김

현실과 상상의 모든 공간을
손안에 담는 지도기술

NEVER

LOST

AGAIN

김영사

GPS의 S, 셸리를 위하여

지구 밖에서 지구의 사진을 찍을 수 있게 된다면 역사상
그 어느 때보다 놀라운 아이디어가 자유롭게 펼쳐질 것이다.

천문학자 프레드 호일 경(1948)

차례

NEVER LOST AGAIN

⬦ 경로 재탐색 구글 시절

길을 잃던 시대

가장 최근에 길을 잃었을 때를 기억하는가? 도무지 지금 여기가 어딘지를 알 수 없었던 기억 말이다.

한동안 그 정도로 길을 헤맨 적은 없지만, 2000년대 초반 매사추세츠주 보스턴에 살았을 때가 떠오른다. 어느 추운 겨울 저녁, 브루클린에서 화요일 밤마다 하던 길거리 농구를 끝내고 차를 운전해 집으로 오는 길이었다. 3시간 동안 사우스 보스턴 아일랜드계(보스턴은 이민자 거주지에 따라 19세기부터 구획화되었는데, 이탈리아계는 노스엔드, 아일랜드계는 사우스보스턴과 찰스타운, 러시아계 유대인은 웨스트엔드에 거주하는 식이었다) 이민자 친구들과 격하게 경기를 뛴 터라 지쳐 있었다. 이미 열 번도 넘게 오가던 길인데도 어쩐 일인지 길을 돌아서 집에 가는 중이었다. 찰스강 바로 건너편에 가 있어야 했는데 어떻게 반대편으로 넘어가야 할지 알 수가 없었다.

울어대는 아이를 돌보느라 집에 있던 아내 셸리에게서 부재중 전화가 두 통이나 와 있었다. "대체 여기가 어디지?" 짜증이 솟구쳐서 차의 대시보드에 주먹을 내리치며 스스로에게 고함을 쳐댔다. 2번 도로로 잘못 길을 들어서는 바람에 약 8킬로미터를 달리며 다음 로터리가 나오길 기다려야 했다. 아니면 3A번 도로였나?

2000년에서 2003년까지 나는 보스턴에 살았고 길을 자주 잘못 들었다. 보스턴은 텍사스주에서 온 사람에겐 가혹한 동네였다. 외국만큼 낯선 곳이었기 때문이다. 보스턴 사람들은 신호등이 없는 구불구불한 거리와 로터리에 자부심을 느끼는 듯했다. 어떤 교차로를 지나가려면 수학문제를 풀듯 머리를 굴려야 하는 경우도 있었다. 당시에는 빅 딕Big Dig, 즉 보스턴시 바로 아래 약 7킬로미터에 달하는 I-93주간 고속도로의 경로를 변경하는 150억 달러짜리 공공사업이 한창이었고, 그 덕분에 나는 길을 헤맸다. 그것도 아주 여러 번.

내가 제대로 파악한 건지 모르겠다. "보스턴"은 알다시피 복잡하게 얽혀 있는 도시들이 모여 이룬 대도시권에 가깝다. 이들 도시를 시계 위에 놓았다고 생각하면 12시 방향에 첼시가 있고, 시계방향으로 차례로 리비어, 보스턴, 브루클라인, 브라이튼, 뉴턴, 벨몬트, 케임브리지, 서머빌 및 찰스타운이 있고, 10여 개의 군소 도시가 그 사이를 채우고 있는 형상이다. 이들 도시는 모두 한때는 독립적인 지방자치를 실시했다. 각각 1600년대 초중반 사이에 지방 자치가 확립되면서 복잡한 호스 트레일horse trail 시스템으로 연결되었다.

각 도시에서 말이 다니는 경로인 호스 트레일을 명명하는 방식은 꽤 단순했다. 트레일의 목적지에 따라 이름을 붙였던 것이다. 예를 들어, 1600년대에 브라이튼에 사는 사람이 케임브리지로 말을 타고 갈 생각이라면, 케임브리지라고 표시된 호스 트레일을 따라가면 되었던 것이다. 마찬가지로 보스턴에 사는 사람이 말을 타고 케임브리지에 갈 생각이라면, 역시 케임브리지라고 표시된 호스 트레일을 따라가는 식이었다.

오늘날 보스턴에는 최소한 7개의 케임브리지가 있다(내가 지어낸 것이 아니다). 현재 보스턴 대도시권의 포장도로 이름은 호스 트레일 이름에서 물려받은 경우가 많았다. 언젠가 차로 케임브리지가를 달리던 생각이 난다. 교차로를 지나려고 빨간불에 정차 중이었는데, 문득 고개를 들어보니 교차하는 두 거리의 이름이 모두 케임브리지가였다!

2년 반이 지나서야 보스턴 대도시권에서 (도로표지판을 본다고 가정했을 때) 왜 같은 거리 이름이 2개씩, 4개씩, 7개씩 보이는지 이해하게되었다. 언젠가 집주인에게 도로가 왜 아직 이런 식으로 표시되는지 물었더니, 그가 "그래야 양키 팬들이 뉴욕주에서 차를 몰고 올 때 보스턴 프로야구팀 레드삭스의 홈구장인 펜웨이 파크로 가는 길을 찾을 수 없을 테니까"라고 답했다.

음. 그 말에 기분이 나아졌다.

그로부터 10년 후인 2010년에 나는 오리건주 포틀랜드에서 휴가를 보내고 있었다. 가족과 파이어니어코트하우스 광장을 가로질러 갔다. 상쾌한 여름 저녁, 그 지역 랜드마크인 공공장소는 사람들로 북적이며 활기가 넘쳤고 각종 행사가 벌어지고 있었다. 아이폰의 구글맵을 보면서 암힐가를 따라 800미터 정도 내려가 뢱락이라는 레스토랑에 도착했다. 당시 여덟 살이었던 딸아이 이사벨이 "아빠, 구글맵이 생기기 전에 사람들은 어떻게 다녔어요?" 하고 물었다.

나는 옛 보스턴 시절을 떠올렸다. 북미 지역 기반 소셜 네트워크인 옐프와 레스토랑 예약 서비스 프로그램인 오픈테이블이 생기기 이전, 아이폰과 구글맵이 생기기 이전에 보스턴 북단의 양키 팬들처럼 운과 우연에 맡긴 채 방황하던 밤들을 떠올렸다. 뢱락과 같은 별 4.5개짜리 레스토랑에 대해 절대로 알 기회가 없었거나, 그런 레스토랑을 알았다 하더라도 길을 찾기 위해 세 번은 낯선 이를 붙잡고 물어야 했을 그런 때를 생각했다. 길을 잘못 드는 바람에 너무 일찍 로터리를 빠져나갔던 수많은 날을 떠올렸다. 그리고 리뷰도 읽어보지 않고(몸서리칠 만하다) 무작정 들어갔던 숱한 레스토랑과, 주변 지역 스트리트뷰 사진도 보지 않고(공포스러울 정도다) 예약했던 그 많은 호텔들이 머릿속에 떠올랐다.

구글맵 앱에서 고개를 들어 조끼 주머니에 아이폰을 넣고 셸리에게 웃어 보이며 대답했다.

"길을 잃고 헤매는 경우가 많았단다."

2004년 이전에는 세계 최초의 인터넷 지도 사이트 맵퀘스트에서 지도를 출력했고 자동차 조수석 보관함이나 좌석 아래에는 아무렇게나 구겨넣은 미국자동차협회 지도가 있었다. 주유소에 잠시 들러 유리창 너머로 낯선 이에게 길을 물었던 것이다. 호텔 안내 데스크에 가서, 미심쩍긴 하지만, 레스토랑 추천을 부탁하기도 했다. 휴가 때는 콘도를 빌렸다가 '바다 전망'이라는 말은 믿을 것이 못 된다는 것도 알게 되었다. 우리는 헷갈리는 지하철 지도를 골똘히 들여다보며 공부해야만 했고, 길을 헤매느라 그저 그런 수준의 식사에 만족해야 했다. 자동차 대시보드를 주먹으로 치던 날들이었다.

하지만 2010년이 되자 내비게이션과 지도 서비스 기술이 모든 것을 완전히 바꾸어놓았다. 그리고 나는 그 기술의 탄생을 목격하는 자리에 있었다. 적으나마 내가 기여한 부분이 있었던 것이다.

내 친구이자 당시 같은 팀이었던 마이클 존스는 이런 식으로 표현했다. "생각해봐. 지구상에 현생 인류가 20만 년간 존재해왔는데, 우리는 길을 잃는다는 의미가 뭔지 아는 마지막 세대인 거야. 다음 세대는 아무도 이전 세대처럼 길을 잃고 헤매는 일이 절대 없겠지. 이제 전 세계 사람들은 뉴욕이나 도쿄, 카이로, 심지어 콩고민주공화국도 자유로이 오갈 수 있는 세상을 살고 있어. 어디서든, 한 번도 가본 적 없는 낯선 땅에 비행기에서 내리면서도 어디로 가야 할지 다 알고 있는 거야. 호텔이나 레스토랑, 친구 집도 찾아갈 수 있어. 비즈니스 미팅이 열리는 사무실도 찾아갈 수 있고. 어디든지 말이야."

그는 거기까지 말하고는 나를 바라보았다. "게다가 우리가 해낸 거라고. 너랑 내가, 키홀Keyhole과 웨어투테크Where2Tech, 구글맵팀에서 일한 모두가 해낸 거라고. 우리가 해결한 거야!"

포틀랜드에 있을 때, 나는 그 여름 저녁에 뤽락으로 문을 열고 들어갔다. 오기 전에 이미 좋은 레스토랑이라는 것을 알고 있었다. 영업 중이란 걸 알았고, 메뉴를 사전에 검토했으며, 손쉽게 레스토랑을 찾아낼 수 있었다. 아이폰에 있는 구글맵 앱 덕분이었다. 레스토랑이 엄청나게 고급이거나 비싸지 않으리라는 것도 이미 알고 있었다.

셸리는 다 안다는 표정으로 웃으며 내 앞을 지나갔다. 내 아내는 보스턴에 살던 시절을 기억하고 있었던 것이다. 기술이 우리 삶을 어떻게 완전히 바꾸어놓았는지를 너무나 잘 알고 있었다. 아내는 이제 구글맵을 매달 이용하는 10억 명의 사용자 중 한 사람이 되었다.

디지털 지도 제작과 위성사진 전문 스타트업이었던 키홀은 1999년 서비스를 시작했다가 2002년에 자금이 완전히 바닥났다. 2003년에 미국 방송사 CNN과 인큐텔In-Q-Tel CIA 산하의 벤처 투자 회사의 자금 지원을 받아 살아났다. 그리고 2004년, 설립된 지 5년 된 다른 신생기업에 인수되었다.

그 회사가 바로 구글이었다.

구글은 그해에 두 곳의 지도 서비스 회사를 사들였다. 하나는 아직 사업체를 설립하지도 못한 채 호주 시드니의 한 아파트에서 네 명이 팀으로 일하던 곳이었다. 다른 하나는 미국 캘리포니아주에 본사를 둔 직원 29명 규모의 키홀이라는 회사로, 바로 이곳에서 당시 나는 마케팅 디렉터로 일하고 있었다.

2004년 가을, 구글은 이 두 곳의 팀과 캘리포니아주 마운틴뷰에 있는 구글 본사 단지 41동에서 일하던 소규모의 기존 구글 직원 그룹을 합쳤다. 그리고 아무런 지시 사항도 없이, 리소스를 무제한으로 지원하면서 비공개 문제점 하나를 일러주었다. 구글 검색창에 입력되는 모든 검색어의 **25퍼센트**가 지도와 관련되어 있다고 말이다.

그렇다. 구글에는 지도 서비스가 없었던 것이다.

'오스틴 최고의 마르가리타'라거나 '뉴올리언스 내 호텔' 또는 '우편번호 78636 근처의 심장마비'와 같은 검색어가 모든 구글 트래픽 중 상당량을 차지하고 있었다. 2005년 1월까지도 구글 홈페이지에 위치나 경로를 묻는 검색어를 입력하면, 열 개의 웹사이트 링크 목록 검색 결과와 함께 맨 아래에 'Gooooogle next' 버튼이 노출되었다. 사용자들은 여전히 지도와 경로를 찾아 헤맬 수밖에 없었다. 심장마비 환자가 무사했길.

그로부터 6년 후, 예전 키홀팀의 핵심 멤버였던 직원 몇 명이 관리하는 구글맵 제품의 실제 사용자 수는 매달 10억 명에 달했고, 전세계 소비자를 대상으로 하는 지도 서비스 부문에서 1위를 기록했다. 사용자가 0명에서 매달 10억 명으로 급증한 것이다. 그것도 6년 만에.

그리고 우리 작업은 옐프, 오픈테이블, 미국의 온라인 부동산 사이트 질로우, 온라인 여행상품 판매 사이트 프라이스라인, 승객과 운전기사를 이어주는 스마트폰 앱 서비스 우버 등 업계 전체에 불을 지폈다. 성장 가능성이 보이는 수백 개의 다른 서비스도 생겨났다. 이는 다른 누군가가 골치 아픈 일을 대신 떠맡아 해결했기 때문에 가능했다. 궁극적인 기본 지도를 누군가가 만든 덕분에 그 위에 백지를 대고 완전히 새로운 비즈니스를 구상할 수 있었던 것이다. 그리고 그 기본 지도를 무료로 이용 가능한, 운영체제와 응용프로그램 사이의 통신에 사용되는 언어인 구글맵 API Application Programming Interface를 통해 역시 무료로 배포했기 때문이다.

2007년, 구글은 그러한 모든 지도와 서비스를 스마트폰에 담았고, 구글맵은 엄청난 인기를 불러 모은 애플의 새로운 디바이스, 즉

아이폰의 가장 혁신적이고 인기 있는 킬러앱이 되었다. 스티브 잡스가 개인적으로 구글맵을 아이폰에 탑재해 구현할 것을 주문했다고 한다. 안드로이드폰도 곧 뒤를 따랐다.

마침내 2008년, 구글은 한층 대담하고 파격적인 프로젝트 두 건 실행에 발맞춰, 그간 지도 서비스에 들인 엄청난 투자액을 더욱 늘렸다. 실제 촬영한 거리를 그대로 보여주는 스트리트뷰 프로젝트와 스트리트뷰 데이터에서 도로나 지번 표기를 읽어내 서비스에 반영하는 그라운드트루스 프로젝트를 통해 궁극적으로 자율주행차량의 미래에 시동을 걸자는 것이었다.

어떻게 그 같은 목표에 도달했을까? 솔직히 말해 이 모든 것의 시발점이 되었던 키홀을 생각하면 어떻게 그런 일이 가능했는지 경외심을 갖게 될 정도다. 나는 그 현장에 있었고, 이러한 기술의 탄생을 지켜보기만 한 게 아니었음에도 여전히 그렇다. 손안의 지도가 성공적으로 세상에 나오는 데 나도 작으나마 역할을 담당했던 것이다.

몇 번이고 나는 생각했었다. '키홀이 살아남을 만한 방법은 없었어. 키홀은 수없이 실패할 수도 있었지만, 우린 운이 좋았고 그래서 모든 것이 맞아떨어진 거지. 그런 일은 다시 없을 거야.'

그러나 나는 키홀에서 함께 일하던 동료들을 잘 안다. 지금 돌이켜보면 우리는 절대 실패할 수 없는 상황이었다. 어떤 어려움이 있었든, 얼마나 길을 잘못 들었든 간에, 우리는 제대로 길을 찾아갔을 것이다. 우리에겐 비장의 무기가 있었으니까. 무엇이 됐든 방법을 찾아내고야 말았을 것이다.

NEVER LOST AGAIN

스타트업 시절

3차원 지형
어스 서버 체험판

1999년 예년에 비해 따뜻했던 어느 봄날, 직장으로 걸려온 오랜 대학 친구 존 행키의 전화를 받았다. 나는 당시 미국 텍사스주 오스틴의 주요 일간지인 〈오스틴 아메리칸-스테이츠맨〉의 웹사이트 마케팅 디렉터로 일하고 있었다. "빌, 잘 지내? 나 지금 오스틴인데 보여줄 것이 있어. 너희 집에 들러도 될까?" 당시 존은 실리콘밸리의 새로운 스타트업에서 일하고 있었는데, 전화로는 프로젝트 얘기를 하지 않으려 했다. 좀 더 자세히 말해보라고 졸랐지만 그는 그날 밤 우리 집에 들르겠다고 고집했다. "이건 정말 네가 직접 봐야 해."

존과 나는 1985년 텍사스대학교에서 신입생 시절 첫 강의 전 일요일에 만난 이후, 15년간 친구로 지내왔다. 나는 제스터기숙사에 방

배정을 받았다. 도시의 한 구역 전체가 기숙사 건물이었다. 학생 수 3,200명에 자체 우편번호도 있어서, 당시로서는 북미 최대 규모였다. 똑같이 생긴 방들과 형광등 불빛이 끝없이 이어진 복도는 거의 감옥 같았고, 처음으로 집을 나와 살게 된 신입생에게는 썩 쾌적한 공간이라 할 수 없었다. 그날 저녁 나는 기숙사 사감의 방문 앞에 붙은 종이에 여학생 기숙사 킨솔빙의 여학생 그룹과 함께하는 저녁식사 자리에 참석하기 위해 이름을 적었다.

마땅히 식사할 곳을 몰랐던 학부생들만 그런 외부 행사에 참여 신청을 했다. 기숙사 카페테리아는 일요일 저녁에 문을 닫았기 때문에 각자 알아서 먹을 것을 찾아 나서야 했다. 이는 신입생 대부분이 남학생 또는 여학생 클럽 회관에서 저녁을 먹는다는 의미였다. 물론 그런 클럽에 가입했을 경우에 말이다. 그리고 사교클럽에 가입하지 않았더라도 친구를 찾아 같이 피자를 주문해 먹을 수 있어야 했다.

그 신청서에 이름을 적어넣는 것은 사교 측면에서는 어느 정도는 위험을 감수하는 일이었다. 기본적으로 "돈이나 친구가 없는 학생 명단"에 이름을 올리는 일이었기 때문이다. 당시 내 룸메이트인 케빈 브라운은 텍사스주 샌마커스 출신으로, 트럼펫 연주 실력이 뛰어나서 텍사스대학교의 음악대인 롱혼밴드에 가입해, 거기서 사귄 새로운 친구들과 이미 바쁜 시간을 보내고 있었다. 명단에 다섯 명이 이미 이름을 올린 것을 보고 내 이름을 추가했다.

나는 약속시간에 기숙사 사감의 방문 앞에 같은 층 기숙사생들이 모여 있는 것이 신경 쓰였다. 한국에서 온 전기공학 전공 교환학생 한 명과 텍사스주 할린전에서 온 건장한 친구, 여드름이 잔뜩 난 얼굴에 약 190센티미터의 껑다리인 나, 그리고 조용하고 진지한 이 친구, 존이 있었다. 내 방에서 여덟 번째 방에 살고 있어서 누군지 잘 몰랐던 바로 그 친구였다. 그는 텍사스 사람 특유의 구릿빛 피부를 가진 미남으로 체격은 보통 정도였는데, 나름 어울리는 콧수염을 기르는 중인 듯했다. 남부 텍사스 버전의 찰리 쉰 같은 느낌이었다. 열린 방문 사이로, 그의 우스꽝스러운 PC가 보였다. 개인용 컴퓨터를 갖고 있는 학생은 우리 기숙사에서 그가 유일했다.

저녁식사 자리에 빠지는 게 좋을지 진지하게 고민했지만, 그 콧수염 청년을 방 밖으로 끌어낸 것이 바로 나였기 때문에 남을 수밖에 없었다. 참석자들의 면면을 보면서, 우리 층이 대표 자격이 있는지 걱정이 되었다. 얘기했다시피 캠퍼스 맞은편에서 우리를 기다리는 사람들이 신경 쓰였기 때문이다. 여학생 기숙사에는 600여 명 정도의 신입생이 살고 있었고, 나는 그곳의 카페테리아 샐러드바에서 아르바이트를 했던 것이다.

그 무더운 여름밤 제스터에서 킨솔빙까지 약 5만 평에 이르는 드넓은 캠퍼스를, 나는 내성적인 콧수염 청년과 함께 가로질렀다.

"그럼, 너는 전공이 뭐야?" 내가 물었다.

"나는 플랜투Plan 2 문리대 과정(텍사스대학교 학부의 최고급 과정으로 알려져 있으며, 우수 학생을 모아 자유로운 교과과정을 운용하면서 최우수 교수로부터 세미나 형식의 교육을 받도록 하고, 개인 카운슬링 등 각종 특혜를 제공하는 제도)이야."

"플랜투라고!?"

"왜 그렇게 놀라는데?"

"아니, 그러니까 이번 주 초에 캠퍼스에서 플랜투 티셔츠를 봤거든. 티셔츠에 '전공을 말하기 어려운 건 플랜투이기 때문이지'라고 쓰여 있더라고. 정말 기발하다 싶었어."

"그래, 그런 티셔츠를 오리엔테이션 때 주더라. 그런데 나는 아직 안 입어봤어." 그가 웃으며 말했다.

"왜?" 나는 사이즈나 색깔이 안 맞아서 그렇다는 대답을 기대하며 물었다.

"좀 허세 부리는 것 같잖아. 안 그래?"

플랜투 프로그램에 들어간 대부분의 학생은 캠퍼스에서 자랑스레 티셔츠를 입고 다녔다. 다른 학생보다 우위에 있다는 걸 의미하기도 하고, 또 성적우수자와 국가장학금 수상자를 위해 학교가 마련한 플랜투 교과과정이 좀 더 철저하게 독립적으로 운영되는 최고의 학문에 속한다는 자부심을 어느 정도는 뒷받침해주기 때문이었다. 이 프로그램에 소속된 학생 대다수가 프린스턴이나 하버드, 스탠퍼드 등으로 진학할 수 있었지만, 텍사스대학교 플랜투만의 고유한, 여러 학문 분야가 연계된 학제 간 프로그램 과정에 남기로 결정했다는 사실을 누구나 알고 있었던 것이다.

내가 이 콧수염 청년을 과소평가하고 있었던 게 분명했다.

"넌 어디서 왔어?" 내가 물었다.

"서부 텍사스의 작은 마을에서 왔어. 너는?"

"휴스턴." 내가 답했다.

"오스틴은 꽤 낯설겠구나?"

"제스터는 우리 마을보다 세 배는 큰 것 같아." 그가 말했다.

"하!" 나는 놀라서 크게 웃으며 우리 앞에 몇 걸음 앞서가던 학생들에게 말했다. "이봐, 우리 기숙사가 얘네 동네보다 세 배는 크대!" 존은 이 말이 왜 웃긴지 모르는 것 같았다.

그날 밤 코난스피자에서 같이 저녁을 먹었던 여학생들에 대해서는 기억나는 게 거의 없었다. 남학생들과 여학생들은 서로 테이블 양 끝에 나눠 앉았다. 나는 존과 얘기를 이어가면서 서로 죄의식 가득한 가톨릭 신자라는 걸 알고는 그날 밤늦게 학내 가톨릭센터에서 미사 드릴 계획을 세우고, 그의 콧수염을 놀리기까지 했다.

"그거 기른 지 얼마나 됐어, 존?"

"아마 1년쯤 됐을 거야. 맥주 사러 갈 때 도움이 돼."

"난 2주쯤 됐을 거라고 생각했었는데!" 내가 웃으며 말했다.

그는 피자를 조금 베어 물더니 웃었고, 남학생들끼리 하는 친근함의 표시로 손가락 총을 쏘는 시늉을 했다.

맥주 때문이든 아니든, 다음 날 수업 들으러 가는 길에 존을 봤는데 콧수염이 사라지고 없었다. 그렇다고 콧수염이 그대로 잊혀 사라진 건 아니었다. 그의 학생증 사진에 박제되어 4년간, 하루에 네 번씩, 꺼낼 때마다 모습을 드러냈던 것이다. 나에겐 두고두고 놀림거리가 생긴 셈이었고, 존은 매번 쑥스러워했다(그렇지만 존은 분명히 그 학생증을 아직 갖고 있을 것이다).

존은 텍사스 크로스플레인스(인구 893명) 출신이었는데, 그는 고향에 대해 별로 이야기하고 싶지 않은 눈치였다. 시골 출신이라는 자신의 뿌리를 부끄러워해서가 아니었다. 오히려 그 반대였다. 그는 자신의 배경을 숨기지 않았다. 그의 아버지 조는 소규모 목장주였고 마을의 우체국장이기도 했다. 그의 어머니인 에라 리는 가톨릭 교회와 지역 상공회의소에서 활발히 활동했다. 크로스플레인스는 존에게 자부심을 불어넣어 주었기 때문에 그가 소중히 여기는 곳이었다.

마을에 신호등이 하나밖에 없으며, 금요일 저녁 사교활동은 아이스크림이 유명한 패스트푸드점인 데어리퀸과 세계적인 청소년 민간단체인 4H클럽의 가축 품평회, 그리고 텍사스주 고등학교 축구협회에 속한 2A풋볼팀을 중심으로 이루어졌다는 얘기를 존이 다른 이들에게 얘기하는 것은 괜찮았지만, 다른 사람이 그 얘기를 하거나 마을에 대해 농담하는 것은 탐탁지 않아 한다는 것을 곧 알게 되었다.

신기하게도 그 마을 출신의 유명인사는 로버트 E. 하워드였다. 그는 서부 텍사스 황무지에서 1920년대와 1930년대에 '야만인 코난 Conan the Barbarian' 시리즈를 펴내 환상적인 신세계를 창조해낸 작가다.

이와 대조적으로 나는 휴스턴에서 자랐다. 어느 모로 보나 거의 전형적인 중산층 가정에서 특별할 것 없는 교육을 받으며 자란 경우라 할 수 있었다. 세부적인 다음 몇 가지를 제외하면 말이다. 8남매 중 막내였고 누나가 여섯 명이 있었다는 것 정도가 특이하다면 특이하달까. 나는 예정에 없던 아이였다. 나와 바로 위 누나 사이에는 7년이라는 터울이 있었으니까. 상냥한 보스턴 사람인 아버지는 정유 회사의 광고 일을 하시다가 1983년에 돌아가셨다. 나는 그때 고등학교 2학년이었다.

이런 상황으로 인해 나는 부지런할 수밖에 없었고, 텍사스대학교에 들어가기 위해 잡다한 일들을 해왔다. 하지만 존이 보기에 나는 대도시 출신이었다. 휴스턴은 크로스플레인스에 비하면 국제도시

이긴 했다. 우리는 관심사가 매우 비슷하다는 것을 곧 알게 됐다. 정치(둘 다 진보)에서 스포츠(같이 텍사스대학교 풋볼경기에 출전했다), 라이브 음악, 가톨릭 스타일의 가정교육에 이르기까지 공유하는 것이 많았다.

첫 학기가 끝날 때쯤 존과 나는 친해졌다. 겨울방학 동안 꽤 친해져서 존과 내 룸메이트인 케빈 브라운, 그리고 나 이렇게 셋이서 콜로라도주 윈터파크로 스키를 타러 갔다. 존과 내가 같이 간 첫 여행이었다.

콜로라도주로 가는 길에 우리는 애빌린에서 북쪽으로 약 30분 거리에 있는 크로스플레인스에서 하룻밤을 묵으며, 존의 고등학교 친구들과 야구를 하고 동네에 있는 데어리퀸에 들렀다가 그의 부모님과 누나 폴라를 만났다. 부모란 대개 성적이 뛰어난 자녀를 자랑스러워하게 마련이지만, 존을 입양한 부모님인 조와 에라 리 행키의 경우에는 그 자부심이 특히 두드러졌다. 이들은 존이 대학 친구들을 집에 데려오자 몹시 기뻐했다. 그의 아버지는 케빈과 나를 빤히 처다보며 쉰 목소리로 느릿느릿 말했다. "이렇게 같이 어울려 다니는 편인가?" 그의 목에는 서부 텍사스주 햇볕 속에서 붉은 앵거스종 소 떼와 가축을 키우며 오랜 세월을 헤쳐 나온 흔적이 보였다.

나는 존의 부모님이 22명의 반 학생 중에서 존이 학교 졸업생 대표가 된 것이나, 학생회장을 맡은 것, 국가장학금 수혜자가 된 것 등, 지난날 존의 포부와 의욕을 당혹스러워했다는 걸 느꼈다(그리고 마을 사람들도 마찬가지였다). 존은 자신의 셰어웨어 게임을 코딩해 개인 컴퓨터 잡지를 통해 팔기 시작했다. 수학 선생님의 조언에 따라 존은 베일러대학교가 주최하는 컴퓨터 프로그래밍 대회에 참가했고, 그의 팀은 주에서 3위로 입상했다. 존의 가족과 친구들은 그를 딴 세상 사람처럼 여겼다.

존의 고등학교 영어 선생님인 클라라 넬 스펜서는 인품이 뛰어난 목장주로, 존의 재능을 가장 먼저 알아보았다. 스펜서 선생님은 오스틴의 웨스트레이크고등학교에서 생활지도 교사로 일하던 언니에게 연락했다. 이들 자매는 함께 머리를 맞대고 존이 텍사스대학교에 지원하도록 도왔다. 존은 이런 얘기들을 쑥스러워하는 것 같았다.

다음 날 아침 우리는 일찍 일어났다. 존은 차량의 연료와 타이어 공기압을 확인했다. 그는 보닛에 주유소 지도를 펼치더니 최적의 경로를 가리켰다. 다 같이 존의 부모님과 작별인사를 나눌 때, 두 분은 존이 고등학교 시절 여자친구와 결혼해 가족농장을 물려받을 거라고는 기대하지 않는 듯했다. 오히려 당시 마을을 떠나 큰 세계로 나아간 존의 상황을 반기는 것 같았다. 마을 사람들과 한마음이 되어 이 기특한 아들이 포부를 마음껏 펼치길 기대했다.

이틀 후 우리는 스키 슬로프에 있었다. 살을 에는 듯한 추위였다. 체감온도가 섭씨 영하 27도에 달했다. 스키 강습을 받을 만한 돈이 없어서 스키 실력이 수준급인 케빈에게 가르쳐달라고 했다. 첫 리프트 탑승 때 나는 대기선에서 발을 헛디뎠고, 리프트 의자가 흔들릴 때 스키 스틱을 내리찍는 바람에 반으로 부러뜨리고 말았다. 나는 산꼭대기에서 부러진 스틱을 잡고 조심스레 내려와 다음 설명을 기다렸다.

나와는 반대로 존은 이미 불안정한 상태로 케빈과 나를 바로 지나쳐 내려갔다. 슬로프에 올라간 게 처음인데도, 케빈은 우리에게 중요한 스키 타는 요령은 전혀 가르쳐주지 않았다. 우리는 어떻게 멈추는지도 몰랐다. 케빈과 나는 거기에 서 있었다. 처음에는 호기심으로, 그다음에는 놀라서, 그다음에는 겁에 질린 채 존이 산 아래로 곧장 스키를 타고 내려가는 모습을 보았다.

"방향을 틀어, 방향을 틀라고!" 존이 가속도가 붙은 채 쏜살같이 내려가자 케빈이 소리쳤다. 어떻게든 방향을 돌리려 "애쓰는" 것 같았다. 그렇지만 방향을 바꾸는 대신, 존은 한 발을 들더니 나머지 발도 마저 들었다. 그러는 내내 존은 산 아래로 곧장 내려왔다. 극적인 활주는 눈과 스키, 스틱, 그리고 존의 몸이 폭발하듯 흩어지며 넘어지는 것으로 끝났다. 나는 17초 동안 존이 "날아간" 구간을 10여 분에 걸쳐 조심스럽게 내려왔다.

"넌 뭐 이렇게 오래 걸렸어?" 그가 물었다.

존은 이런 사람이었다. 그는 위험을 기꺼이 감수하는 타입이었다. 그리고 그런 방식이 잘 먹혔다. 나는 그가 아주 진지하고 부지런하며 의욕적인 사람이라는 것을 알게 되었다. 어찌 됐든 크로스플레인스를 벗어나서, 존은 삶과 일에서도 이런 집요한 태도를 보였다. 열심히 하지 않으면 먹고살기 힘든 목장 생활에서 비롯된 것이었을까? 아니면 입양아라는 사실이 그를 그렇게 만든 걸까? 나는 그동안 존에게 좋은 친구였다고 생각한다. 나는 그리 매사에 치열하거나 야심 가득한 사람은 아니었기 때문이다. 요즘도 나는 그에게 웃긴 얘기를 늘어놓거나 느긋하게 쉬엄쉬엄 가라고 말하곤 한다.

대학 시절 존은 나를 학생회 지도위원회로 이끌었고, 좋은 성적을 내도록 자극하거나 주일미사에 참석하게 했다. 나는 존을 데리고 사우스파드레아일랜드에 가서 봄방학을 보내거나, 그와 함께 교내 스포츠와 리버티런치의 라이브 음악을 즐겼다. 한 번은 밴드 리플레이스먼츠의 콘서트를 보러 갔다가 존이 무대 앞쪽에서 사람들에게 깔린 끔찍한 일도 있었다. 나는 존의 셔츠 칼라를 잡고 바닥에서 그를 간신히 끌어 올렸다.

졸업 후 존은 버마(현재는 미얀마)의 미국 재외공관에서 일하게 되었다. 텍사스주 크로스플레인스에서 드릴로 땅을 뚫고 지구 반대편으로 곧장 나가면, 버마와 아주 가까운 곳에 닿게 된다. 이게 우연의 일치인지는 모르겠다. 텍사스주에서 그보다 더 먼 곳은 없을 것이다. 그는 세계 여행과 세상 경험의 매력에 빠져들었다. 그뿐만 아니라 존은 좀 더 폐쇄적이게 되었고 자신의 일에 대해 입을 여는 법이 거의 없었다. 마치 또 다른 보호막이 그를 둘러싸기라도 한 것 같았다. 그 몇 년간 나는 오스틴에 남아 있었다. 텍사스대학교 산하의 린든B.존슨공공정책대학원과 매콤즈경영대학원이 제공하는 복수전공 과정에 입학했기 때문이다.

1991년 초, 존이 밤늦게 전화한 적이 있다. 그는 잡음 섞인 목소리로 자신이 홀리 헤이스에게 (역시 잡음 섞인 전화로) 청혼했으며 나에게 신랑 들러리가 되어달라고 부탁했다. 홀리와 존은 두 사람이 워싱턴DC의 국무부에서 근무할 때 만났다. 전화 음질이 너무 나빠서 그에게 물어야 했다. "홀리가 승낙한 것 맞아?"

버지니아주 매클레인에서 정장을 차려입고 올린 결혼식은 국제 여행객과 외교공관 직원, 그리고 크로스플레인스의 가족과 친구가 한데 어우러진 흥미로운 풍경을 연출했다.

1993년 여름, 우리 관계는 친구에서 비즈니스 파트너로 발전하기 시작했다. 그해 7월, 나는 존과 또 다른 친구인 칼 타운센드를 9일에 걸친 대대적인 캘리포니아 자동차 여행에 불러들였다. 1번 국도를 타고 멕시코의 티후아나에서 미국의 타호로 올라가는 여정이었다. 나는 막 매콤즈경영대학원을 졸업했고, 존은 캘리포니아대학교 버클리캠퍼스의 하스경영대학원에서 학기를 시작한 상태였다. 나는 존이 렌트한 컨버터블 머스탱 뒷좌석에 가방을 던져 넣다가 〈와이어드〉 잡지라는 걸 한눈에 알 수 있는 형광색 굵은 눈금 모양의 책등을 보았다. "어라, 너도 〈와이어드〉 읽어?" 내가 물었다.

"너도 읽어?" 내가 배낭에서 잡지를 꺼내자 존도 마찬가지로 놀란 모양이었다.

"그럼. 난 이 광고사의 인터랙티브(체험) 마케팅 업무를 보고 있지. 우리는 지금 델을 포함한 전 고객을 위해 CD-ROM이랑 웹사이트를 구축하는 중이야." 내가 대답했다. 오스틴에 있을 때 나는 델의 첫 웹사이트 제작에 참여했다.

"지금 웹사이트 작업 중인지 몰랐네. 델이라고? 대형고객이네." 존이 말했다. 그는 마이클 델의 성공 스토리를 잘 알고 있었다. 델은 기숙사에서 컴퓨터를 만들어 외부에 팔고 서비스를 제공한 일로 1984년에 텍사스대학교에서 퇴학당한 악명 높은 휴스턴 출신 학생이었다.

지금 같으면 우리 둘 다 〈와이어드〉 한 부씩 갖고 있는 것이 엄청난 우연의 일치처럼 보이지 않을 것이다. 하지만 1993년 여름만 해도, 인터넷 금맥을 차지하기 위해 실리콘밸리의 금광으로 몰려간 기술기업들의 초창기 붐을 다루는 〈와이어드〉가 그리 잘 알려진 잡지는 아니었다. 최초의 인터넷 전화 접속은 1992년에서야 겨우 이루어졌고, 일리노이대학교 어바나샴페인캠퍼스에서 개발한 모자이크 웹 브라우저는 1993년에 공개됐다. 개발자인 마크 앤드리슨은 일리노이대학교를 졸업하고 1994년에 짐 클라크와 함께 월드와이드웹 브라우저인 넷스케이프를 만들었다. 이 모든 것이 인터넷의 신속한 상용화 기초를 마련했다. 기술 분야에서 경력을 시작하기에 이보다 더 좋은 때는 없었다.

우리의 공동 관심사에도 불구하고, 존과 나는 기술이나 비즈니스에 대해서 그리 많은 대화를 하지는 않았다. 그러나 여행 중에 우리는 이 모든 일, 즉 상용화된 인터넷이라는 게 대체 뭘 뜻하는지에 대해 끊임없이 얘기를 나누었다. 이후 1년이 채 지나지 않은 시점에, 존은 재학 중에 캘리포니아대학교 버클리캠퍼스의 하스경영대학원 학생 두 명과 인터넷 게임 회사를 차렸고, 나는 그를 도와 웹사이트, 배너 광고, 마케팅 자료 등 여러 마케팅 프로젝트에 참여하기 위해 캘리포니아로 떠났다. 이 작업은 2000년도까지 계속됐고, 나는 존을 위해 없는 시간을 짜내어 프로젝트를 꾸려나갔다. 나는 그 당시에 처음에는 광고사에서, 이후에는 〈오스틴 아메리칸-스테이츠맨〉 신문사에서 정규직으로 일했기 때문이다.

그래서 존이 1999년 따뜻한 봄날 전화를 걸어 나에게 체험판을 보여주고 싶다고 했을 때, 나는 다시 마케팅 관련 프로젝트를 돕겠거니 생각했다. 그날 저녁 9시쯤 존은 나의 집 앞에 브라이언 매클렌던이라는 소프트웨어 엔지니어와 함께 나타났다. 존은 예전의 훌러내린 갈색 머리 대신 아주 짧은 스포츠머리를 하고 있었다. 게다가 파란색 블레이저에 티셔츠, 청바지, 그리고 어깨에 멘 메신저 백까지 젊은 실리콘밸리 스타트업 CEO의 전형적인 차림새였다. 브라이언은 맨발에 밝은 노란색 카고 반바지를 입고 있었다. 이 둘은 고가의 카메라 장비에 사용되는 펠리칸 브랜드의 보호용 하드케이스에 포장한 대형 델 파워엣지 서버를 조심스레 끌고 왔다. 이들이 창업한 회사의 미래가 그 안에 담겨 있는 게 분명했다. 내 반려견인 페니가 세차게 꼬리를 흔들면서 둘의 꽁무니를 쫓았다.

브라이언은 나를 보자마자 키와 몸무게를 알아맞혔다. "193센티미터에 97킬로그램 정도?" 그가 물었다.

"아, 그쯤 됩니다."

"천장 높이가 얼마나 되죠?" 브라이언이 물었다. "3미터 정도요." 내가 대답하자 그는 뛰어올라 거실 천장에 (거의) 손을 댔다. "덩크슛 하십니까?" 그가 주머니에서 떨어진 동전을 줍더니 물었다. "6개월 정도는 가능했죠." 내가 대답했다. "딱 좋군요." 브라이언이 웃으며 말했다. 알고 보니 우리는 키와 몸무게가 다 같았던 것이다.

나는 브라이언을 당시 내 약혼녀 셸리에게 소개했다. 로스앤젤레스 토박이인 셸리는 텍사스대학교의 린든B.존슨공공정책대학원을 졸업한 후, 로스앤젤레스시의 도시계획 분야에서 일하고 있었다. 오스틴 시내의 한 술집에서 친구들은 우리를 소개한 적이 있다.

곧 존이 서버를 모니터에 연결하자, 손님용 침실에서 서버 가동음이 들렸다. 페니는 기계에 코를 킁킁댔다. "좋아. 이제 들어와." 존이 셸리와 나에게 말했다. "서버가 충돌할 가능성이 높긴 하지만 보여주고 싶은 게 있어서."

준비가 끝난 것 같았다. 존은 몹시 상기된 얼굴이었다. 키보드는 그의 무릎에 놓여 있었고 옆에서 엄청난 굉음을 내며 서버가 돌아갔다. '텍사스에서 이런 엄청난 서버를 돌리다니 굉장한 체험판인가 보군.' 다소 미심쩍었으나 그런 생각이 들었다.

완벽할 정도로 정교하게 재현한 지구의 모습이 화면에 떴다. 바로 그 사진이다 싶었다. 모든 중학교 과학책 표지에 있는 바로 그 사진 말이다. 블루마블Blue Marble(푸른 지구)로 알려진 누구나 아는 이 사진은 1972년 12월 7일, 달 탐사를 떠난 지 5시간 후에 아폴로 17호에서 촬영된 것이다. 이러한 장관을 담은 사진은 현대 환경운동에 불을 지핀 것으로 널리 평가받는다.

지구가 자전하는 것처럼 보였다. 조금 움직이기도 했다. "이 집 주소가 뭐라고 했지?" 존이 물었다. "텍사스주 오스틴, 조세이어스, 465번지." 내가 말하자 존이 주소를 입력했다.

'신기하군.' 나는 속으로 생각했다. '화면에 지구 사진이 떠 있다니. 게다가 움직이잖아! 퀵타임QuickTime 애니메이션 영화 같은 건가? 그런데 퀵타임 영화는 어쨌거나 양방향이 아니고 단방향일 텐데. 이게 영화라면 존은 왜 내 주소를 달라고 했을까. 잠깐만, 어떻게 이게 줌인이 되는 거지? 대체 이게 무슨 일이야!'

이런 생각이 15초 동안 머릿속을 빠르게 스쳐가는 동안, 화면이 우주에서 지상으로 내려오더니 내 집처럼 보이는 곳의 확대된 영상을 보여주었다. 돌출이음 패턴의 금속 지붕이 눈에 들어왔다. 이웃집 뒷마당에 있는 트램펄린과 집 정문에 주차된 빨간색 포드 익스플로러 자동차도 보였다. 집 뒤로 흐르는 아로요세코강도 있었다.

"이럴 수가!" 내가 탄성을 질렀다.

"꽤 그럴듯하지?" 존이 말했다.

나는 경이로움에 입을 다물지 못했다. 존과 브라이언과 하이파이브를 했다. 나는 내가 어릴 때 자주 가던 곳의 주소를 입력하라고 존에게 소리쳤다. "어머니 집 주소를 쳐봐. 텍사스주 벨레어, 애트웰 708번지. 성령가톨릭학교도 쳐봐. 벨레어어린이야구단 구장은 어때?" 내가 홈 베이스에서 친 공이 정중앙 센터 담장으로 날아가 홈런에서 불과 몇 센티미터 모자라게 떨어졌던 지점을 화면에서 볼 수 있었다. 공이 담장에 부딪히며 내는 소리가 거의 들리는 것 같았다. 위성에 찍힌 사진을 컴퓨터 모니터로 다시 보니, 어쩐지 열한 살 시절의 그 순간이 생생하게 되살아나는 것 같았다.

이어 존은 그랜드캐니언으로 장소를 이동하더니 시야각을 기울여 3D(3차원) 지형이 나타나도록 했다. 하늘을 나는 새처럼 주위를 회전하면서 사우스림 위를 날다가 협곡으로 들어갔다. 분홍색과 주황색, 갈색이 다채롭고 극적으로 층층이 펼쳐졌다. 나는 존의 어깨에 손을 짚었다. 무릎에서 힘이 쫙 빠져나갔다. 이 엄청난 광경을 믿을 수가 없었다.

셸리는 영화 〈에너미 오브 스테이트〉의 한 장면을 보는 것 같다고 말했다. 나만큼이나 압도됐는지 셸리도 그 자리에 붙박인 듯 서 있었다. 셸리는 솔직하게 반응하는 편이다. 존에게 질문을 던졌다. 답하기 쉬운 질문은 아니었다. 그 질문에 답하려면, 사실상 수많은 이들의 노력과 엄청난 자본을 투입해야 몇 년 후에나 가능할 것이었다.

"그런데 그걸로 뭘 하는 건데요?"

존과 브라이언은 이 기술로 무엇을 할지 계획이 있는지는 몰라도 나는 아니었다. 놀랍기 그지없는 체험판임에 틀림없었지만, 그 엄청난 것이 회사를 굴러가게 하는 것은 아니다.

"몇 주 후에 1천만 달러 규모의 시드 라운드[가족, 친구 등으로부터 소액의 자금을 모으는 프리 시드 이후에 해당하는 초기 투자 단계를 말함] 투자 유치를 진행할 계획이야." 존은 실리콘밸리 스타트업 CEO들에게서 나오는 건방지면서도 자신감 넘치는 태도로 말했다. 적어도 한 곳 이상의 벤처투자자는 확실히 이 체험판의 가능성을 알아볼 것이다.

"회사 이름은 뭘로 할 건데?" 내가 물었다.

"우선은 키홀로 지었어. 사실 우리가 오스틴에 온 이유도 그 때문이야. 최종적으로는 어스닷컴earth.com으로 하려고 하거든."

존과 브라이언은 어스닷컴 도메인 소유자를 만나러 오스틴에 온 것이었다. 그 소유자는 오스틴에 본사가 있는 IBM 직원으로, 1992년에 어스닷컴 도메인 이름을 발 빠르게 선점했다. 그가 제시한 도메인 가격은 100만 달러였다. 브라이언과 달리, 존은 그 얘기를 별로 하고 싶어 하지 않았다. 두 사람 다 도메인 소유자가 체험판을 보고 도메인 가격을 낮춰주거나, 최소한 주식 일부를 대가로 받기를 바라고 있었다. 체험판을 시연했으나 소유자는 가격협상에서 한 발짝도 물러나지 않았다. 우리 집 거실에서 느긋하게 맥주를 마시며 어스닷컴의 가치에 대해 토론을 벌였다. 그리고 캘리포니아로 돌아가려고 조심스레 이른바 어스서버를 포장했다.

문을 향해 가다가 존은 셸리에게, 셸리가 "경이로운 것"이라 말한 서버의 경제적 가치를 다시 한번 납득시키려 했다. 뜻대로 되지 않아 존이 실망하자 셸리는 아이를 어르듯 존의 어깨를 토닥이며 기술을 제대로 이해하지 못해서 그렇다며, 분명히 수많은 업계에서 그런 서비스에 대한 대가를 지불하려고 줄을 설 것이라 말했다.

그러나 존이 말하지 않은 게 있었다. 2000년 봄, 뚜렷한 수익원이 없는 신생 소비자 대상 기업에 대한 벤처투자자의 투자 열기가 식어가고 있었다. 최초의 웹브라우저 도입과 함께 1993년에 시작해 폭주기관차처럼 달리던 벤처기업은 유례없는 투기열풍과 투자가치 평가 및 지출을 부추겼다. 그러나 2000년대 초반 당시에는, 실리콘밸리의 101번 국도 위에서 1990년대 후반 고공행진을 벌이던 닷컴 버블이 새롭고 냉혹한 현실을 맞고 있었다. 월 이용자 수 허무지표vanity metrics가 아닌 수익과 손실을 기반으로 한 진짜 현실이 다가오고 있었던 것이다. 투자자들은 투자를 결정하기 전에 실제 수익을 보길 원했다.

당시 아직 투자 기회가 사라지지는 않았더라도, 존이 투자금을 유치할 기회는 빠르게 사라져가고 있었다. 체험판은 대단했지만 최악의 시기라 할 수 있었다. 1천만 달러 투자유치는 어림도 없는 상황이었다.

10의 제곱수로 확대되는 지구
키홀의 시작

"우리는 앞으로 몇 주 내에 500만 달러를 유치할 거야. 마운틴뷰에 올 계획이나 세워둬." 존은 나의 집에서 체험판을 시연한 후 거의 매달 전화로 그렇게 말했다.

2000년 봄 내내 나는 존의 회사에 필요한 몇 가지 마케팅 업무를 도와주었다. 그러나 그때까지도 투자금 유치는 성사된 것이 없었다. 나는 오스틴 신문사에서 여전히 웹사이트 일을 하고 있었다. 2000년 3월, 나는 캘리포니아주 마운틴뷰 사무실을 처음 방문했다. 전형적인 실리콘밸리 업무환경을 처음 경험해보는 계기이기도 했다. 회색 칸막이 사무실, 책상 아래 임시 수면실, 높이 쌓인 오래된 피자 상자, 그리고 마운틴듀 빈 깡통이 여기저기 나뒹굴고 있었다. 검은 리트리버가 사무실을 돌아다녔고, 야근하는 부모와 함께 밤늦게 피자를 먹으러 아이들이 들어왔다.

나는 여기서 후하게 "사무실"이란 표현을 썼다. 키홀팀은 다른 스타트업 사무실의 한쪽 구석을 칸막이도 없이 통으로 쓰고 있었다. 브라이언 매클렌던과 마이클 존스, 그리고 소프트웨어 엔지니어인 크리스 태너 및 레미 아르노가 1998년에 창업한 인트린직그래픽스와 사무실을 맞대고 있었다. 이 두 회사를 별개의 것으로 보기는 어려웠다. 존의 스타트업은 투자금을 유치하지 못해서 인트린직이 존 회사의 인큐베이터(스타트업의 사무실 마련, 비즈니스 스킬 훈련, 창업자금 지원, 전문 네트워크와 연결 등을 지원함) 역할을 하고 있었다. 그리고 사실상 존의 신생회사에서 돈을 받고 일하는 사람들은 인트린직에서 급여를 받고 있었다. 존은 실제로는 소프트웨어 개발에 대해 외상장부를 돌리는 셈이었다.

인트린직은 그 유명한 실리콘그래픽스에서 일하던 사람들이 창업한 회사로, 1982년 기술혁신을 주도한 짐 클라크가 설립했다. 실리콘그래픽스는 3D 그래픽 분야의 선구자로, 컴퓨터상에서 3D로 자동차 부품, 건물, 가상현실을 선보이는 획기적인 기술을 탄생시킨 혁신과 재능의 구심점 역할을 했다. 1980년대와 1990년대 초반에 3D 관련 하드웨어, 소프트웨어 또는 콘텐츠 개발을 원하면 누구든 실리콘그래픽스에서 일하고 싶어 했다. 그러나 1990년대 중반 무렵이 되자, 델과 HP와 같은 회사에서 출시한 더 싸고 강력한 마이크로소프트의 윈도우와 인텔의 중앙처리장치가 결합된, 즉 윈텔 워크스테이션(개인이나 적은 인원수의 사람들이 특수한 분야에 사용하기 위해 만들어진 고성능 컴퓨터)이 실리콘그래픽스를 치고 들어왔다.

인트린직 창업주들은 실리콘그래픽스를 떠나, 곧 고도로 특화된 3D 시각화공간 분야 최고의 프로그래머들을 핵심 팀원으로 채용했다. 이들은 양방향 3D 환경을 구축하려는 게임개발자들이 활용할 수 있는 소프트웨어 도구 패키지 개발에 투입되었다. 팀원 대부분은 모의비행 장치, 모의전투훈련 장치, 원자력발전소 모의실험 장치 등, 이전에 최첨단 3D 모의실험 장치 프로젝트에 참여했던 전력이 있었다. 이들 프로젝트는 보통 개발비용만 수백만 달러가 들었다. 모의실험 대상인 실제 물리적 환경을 사용한 효과를 재현할 목적으로 만들어진 인공무대에, 최첨단 전용 하드웨어를 설치해 프로젝트를 운영했다. 예를 들어 에어버스 A320 비행 모의실험을 하는 경우, 온갖 계기판이 달린 조종석에 앉게 되는 것이다. 조종석 창문 대신에 고해상도 컴퓨터 모니터가 달린 점이 다를 뿐이다.

엔지니어들이 인트린직그래픽스를 창업한 이유는 저렴한 고성능 PC가 밀려들면서 이전에 수백만 달러를 들인 전문 모니터 장비에서만 쓸 수 있었던 기능을 데스크톱 컴퓨터에서도 사용할 수 있으리라 보았기 때문이다. 이들은 무어의 법칙을 믿었다. 고든 무어는 인텔의 공동창업주로, 일찍이 집적회로의 트랜지스터 수가 2배로 늘어나면 성능도 2배가 되며, 2년마다 그 수가 계속 2배가 될 것이라 예측한 인물이다.

인트린직그래픽스에서는 클립매핑이라는 특수 그래픽 혁신 관련 소규모 프로젝트도 진행하고 있었다. 이는 다양한 해상도의 여러 이미지를 로딩하여 혼합하는 특허기술로, 매끄럽게 이어지는 모자이크를 만드는 데 활용된다. 한 엔지니어가 나에게 그 원리를 설명해주었다. 클립매핑은 3D 화면의 특정 장면에 렌더링(2D의 화상에 광원·위치·색상 등 외부의 정보를 고려하여 사실감을 불어넣어, 3D 화상을 만드는 과정을 뜻하는 컴퓨터그래픽스 용어)되는 기하학적 구조의 부분집합에 맞추어, 미리 계산해 최적화한 연속적 이미지(또는 밉맵mipmaps)를 잘라내는 방법이라는 것이다. 크리스 태너와 인트린직그래픽스가 특허를 받은 클립매핑 작업은 가능한 최소한의 데이터를 로딩하면서도 신속히 화면에 실감 나는 3D 신을 렌더링하는 방법을 결정하게 되었다.

이해가 되는가? 올림픽경기장만 한 수영장의 10미터 높이의 다이빙 보드에 서 있다고 상상해보자. 수영장의 수심이 깊은 쪽에 떨어져 있는 25센트 동전을 찾아와야 하는 상황이다. 이걸 보고 수영장에 뛰어든다. 크리스의 클립매핑을 기반으로 한 장면에서는 뛰어 들어가는 물만 로딩하고, 풀장 전체를 로딩하지는 않는다. 사용자가 보기에는 풀장에 뛰어드는 것처럼 보인다. 사용자는 수영장의 일부 물(또는 사용자가 볼 수 있는 물)만 로딩이 되었다는 사실을 알지 못한다. 클립매핑은 다이빙하는 동안 표시해야 할 최소한의 물의 양을 계산해서 물 전체가 아닌 사용자가 볼 수 있는 물만 보여주는 것이다.

그 덕분에 한 장면의 전체 데이터를 인터넷으로 로딩할 때보다 시각적 경험의 속도가 훨씬 빨라진다. 1999년 초, 이 기술은 모의비행 장치와 비디오게임에 사용되었는데, 어느 주말 마이클 존스가 크리스와 레미를 주방식탁으로 불러 모아 다 함께 이 기술을 적용할 새로운 분야를 찾아냈다. 바로 지도였다. 비디오게임과 모의실험 장치에 그 기원을 둔 지도는 이전의 그 어떤 디지털 지도보다도 처리속도가 훨씬 빨라질 것이 분명했다.

상상력을 자극하기 위해 마이클은 크리스와 레미에게 1977년 건축가 찰스 임스와 레이 임스 부부가 만든 9분짜리 역작 〈10의 제곱수Powers of Ten〉를 보여주었다. 사물의 상대적 크기를 설명하기 위해 제작된 실험영화의 고전으로, 시카고의 그랜트파크로 소풍을 나온 커플로부터 먼 공간으로 줌아웃했다가 다시 반대로 줌인하는 과정이 담겨 있다. 각 줌 레벨은 카메라가 움직일 때 "10의 제곱수"를 나타냈다. 그 영화는 놀라운 시각효과를 전달했고, 마이클의 주방에 모인 엔지니어들이 그 후에 재현하게 된 경험의 시발점이 되었다. 디지털 지구 모형이라는 개념은 원형적인 아이디어였다.

1998년 당시 앨 고어 미국 부통령은 교육 관련 회의의 연설에서 디지털로 만든 3D 지구라는 아이디어에 대해 언급하며 미래를 다음과 같이 묘사했다. "전 세계 시민은 컴퓨터로 만든 3D상의 회전하는 가상지구와 소통하고 방대한 양의 과학적·문화적 정보에 접속해 지구와 인간의 활동을 더 잘 이해하게 될 것이다." 그리고 닐 스티븐슨의 1992년작 공상과학 소설《스노 크래시》에서는 주인공 히로가 "지구라 불리는 CIC 소프트웨어를 사용한다. 이는 모든 지도, 기상 데이터, 건축 설계도면 및 위성감시 데이터에 이르기까지, CIC가 가지고 있는 모든 공간정보를 추적하는 데 사용하는 사용자 인터페이스다." 실리콘그래픽스 역시 "우주에서 얼굴까지Space to Face"라는 개념증명 체험판을 만들었는데, 이는 실리콘그래픽스의 200만 달러짜리 인피니티 리얼리티라는 3D 그래픽 하드웨어가 내장된 컴퓨터에서 실행되었다. 당시 이런 개념은 전혀 새로운 것이 아니었다.

마이클과 팀원들은 그것에 더해 최초로 대중이 실제 이용할 수 있는 PC에서 실행되는 디지털 모델을 만든 것이다(그 팀은 약 4천 달러짜리 델 컴퓨터를 사용했다). 마이클이 'CTFLY'라고 불렀던 이 체험판은 놀라운 응용프로그램이었다. 이들이 만든 모델에서 사용자는 마이클이 우주에서부터 NASA에서 다운받은 단일 고해상도 사진까지 확대해서 볼 수 있었다. 인트린직은 1999년 로스앤젤레스에서 열린 3D 시각화 소프트웨어업계의 연례회의인 시그라프 무역박람회에서 이 체험판을 시연했다.

인트린직그래픽스의 CTFLY에는 문제점이 하나 있었다. 너무 뛰어나다는 것이었다. 인트린직그래픽스 소프트웨어의 잠재고객을 상대로 한 발표는, 아니나 다를까, 모두를 위한 무료 지리학 강연이 되어버렸다. 인트린직의 소프트웨어를 둘러보는 대신 지구를 둘러보는 시간으로 끝난 것이다. 그러나 마이클과 브라이언은 CTFLY가 회사의 게임개발 소프트웨어의 핵심 요소가 아님에도 불구하고 CTFLY에 계속 투자하면서 체험판을 미세하게 매만졌다. 몇 분기에 걸쳐 CTFLY 개발에 매진했으나 인트린직의 이사회는 이를 값비싼 유희라 결론짓고 "멋진 발명품이긴 하지만 개발을 중지하라"라는 명령을 내렸다.

CTFLY가 체험판으로는 성공할 수 없었지만 자체 회사로는 성공할 수 있지 않을까? 브라이언과 마이클은 기술에 대한 열광적인 호응을 목격한 이상, 기술이 그대로 사장되게 둘 수가 없었다. 마이클은 이사회에 돌아가 물었다. "이 기술을 스핀아웃(기업의 일부 사업부 또는 신규사업을 분리해서 신생회사를 만드는 것)해서 자금을 모으고, 핵심 기술 사용에 대한 라이선스를 신생회사에 주어도 될까요?" 이사회는 이에 동의했다.

이 새로운 회사를 운영하기 위해 브라이언과 마이클은 자금을 모으고 팀을 꾸릴 CEO를 고용하기로 했다.

이들은 실리콘밸리의 헤드헌터를 고용해 독특한 전력을 지닌 다수의 CEO 후보 명단을 건네받았다. 그중에는 경영대학원 재학 중에 창업한 비디오게임 회사를 최근에 매각한 사람도 있었다. 인트린직의 초창기 직원이었던 안드리아 루벤은 그 후보자의 이력서를 검토하다가 존이 캘리포니아대학교 버클리캠퍼스의 하스경영대학원 과정에 입학해 자신의 오빠인 에드와 1996년에 나란히 졸업했다는 걸 알게 됐다. 안드리아가 오빠에게 존의 보증인이 되어달라고 한 후, 존 행키는 1999년 12월, 브라이언과 마이클과의 면접 일정을 잡았다.

존은 캘리포니아대학교 근처 이스트베이의 집에서 마운틴뷰로 마이클과 브라이언을 만나러 왔다고 자신을 소개했다. 첫 미팅에서 존은 CTFLY를 보고는 마이클로부터 그 잠재 가능성에 대한 얘기를 들었다. 존은 좀 더 깊이 파고들었다. "그러니까 제가 여기서 보고 있는 게 덴버의 일부라는 거군요. 다른 데이터도 있습니까?" "아니오. 그렇지만 문제 될 건 없어요."

존이 계속 말을 이었다. "단일 장치에서 로컬로 실행되는 것 같군요. 그 부분은 정말 성능이 강화됐네요. 이걸 인터넷으로 일반 소비자 단말기에서 실행할 수 있을 거라고 하셨죠?"

"그렇습니다. 그건 해결 가능해요."

마이클의 말에 존이 물었다. "다른 종류의 데이터를 보여주시면서 도로에 대한 얘길 하셨죠. 지금 보여주실 수 있습니까?"

다시 대답이 돌아왔다. "아직은 아니지만 해결 가능하다고 생각합니다."

존은 체험판에 놀라워하며 면접장을 나왔으나, 그 개념을 소비자 제품으로 바꾸려면 어마어마한 작업이 필요하다는 걸 알았다.

며칠 후 존이 돌아왔다. "제가 해보겠습니다. 그렇지만 먼저 말씀드리고 싶은 게 있습니다. 제 개인적으로는, 두 분은 지금 하시는 일을 다 접고 여기에만 집중하셔야 한다고 생각합니다. 지금 개발하고 계시는 게임엔진 이상의 훨씬 많은 가능성이 이 프로젝트에 잠재돼 있다고 봅니다. 두 분이 이 일을 진행하시면 될 거고, 그럼 제가 굳이 낄 필요는 없을 겁니다."

마이클과 브라이언은 서로를 쳐다보았다. CTFLY를 좋아하긴 했지만 벤처투자금을 받아 진행하려던 원래 목표와는 거리가 있었기 때문이다. 브라이언은 인트린직그래픽스의 사업모델을 옹호하며 대답했다. "게임산업은 수십억 달러짜리 산업입니다. 지금은 엉망이죠. 그 어떤 플랫폼도 호환이 불가능해요. 개발자들은 각 플랫폼을 위해 게임을 매번 새로 만들어야 합니다. 수백만 달러를 내다 버리고 있어요. 우리는 게임을 한번 프로그래밍하면 어디서나 실행되게끔 길을 마련해주려는 거라고요."

존이 "지구" 프로젝트를 맡게 된다면, 어떻게 될지는 분명했다. 그가 프로젝트를 운영하게 되며, 벤처자금 모금에 성공해 체험판을 제품화하고 궁극적으로 사업 아이템으로 만드는 것은 그의 몫이 되는 것이다. 소프트웨어를 개발하면서 방대한 양의 데이터도 입수해야 할 것이다. 데이터를 처리하기 위한 도구를 개발하고 이를 호스팅하기 위한 서버를 구축해야 했다. 그런 후에는 이 모든 투자를 지속시킬 사업모델을 개발하는 문제가 남는다.

나중에 마이클은 존을 고용하기로 한 결정을 이렇게 회상했다. "어려움을 수없이 헤쳐나가야 한다는 걸 알았죠. 존이 프로젝트를 실현할 방법을 찾아낼 사람이라는 걸 저는 바로 알아보았습니다." 면접 중에 그는 존의 끈기와 근성을 알아챘다.

존이 계약서에 서명한 후 맡은 첫 번째 일은 체험판을 실제적인 것으로 구현할 팀원을 채용하는 것이었다. 신생회사에서 함께 일할 유일한 인트린직 직원은 열정적이고 다혈질인 아비 바지브뿐이었다. 아비는 CTFLY의 클라이언트 응용프로그램 개발을 지휘하고 있었다. 최첨단 실리콘그래픽스 기기를 활용해 모의 3D 급류타기 래프팅을 선보인 월트디즈니 이미지니어링 부문의 프로젝트를 그만두고 온 재능이 출중한 직원이었다. 역량은 뛰어났지만 인트린직 팀원들과 잘 지내지는 못했다. 존은 이런 사실을 몇 달 후에나 알게 되었다.

마크 어빈, 치카이 오하자마, 필 케슬린 등 처음 채용된 이들은 실리콘그래픽스에서 함께 일하던 사이였다. 빨간 머리에 턱수염이 난 마크는 실리콘밸리 엔지니어이자 캘리포니아 북부의 자유주의자였다. 그는 산타크루즈산맥에 소유한 땅에서 정원을 가꾸며 아이들을 홈스쿨링으로 가르치고 있었다. 그는 수완 좋고 다재다능한 소프트웨어 엔지니어였다. 부품으로 서버를 만들고 코딩을 할 줄 알았고, 필요하다면 사무실의 칸막이를 없애는 것도 그다지 개의치 않는 사람이었다. 마크는 키홀의 데이터베이스로 흘러 들어올 테라바이트 단위의 데이터를 처리하는 일을 맡았다.

젊고 부지런한 일본계 미국인 치카이는 듀크대학교에서 생체공학 박사학위를 받았다. 그는 인체의 3D 시각화에 대해 연구했는데, 예를 들면 심장의 데이터를 수집해 의학 연구용 3D 모형을 만드는 식이었다. 치카이는 또한 음악가이기도 했다. 흥미롭게도 실리콘밸리 최고의 소프트웨어 엔지니어 대다수는 재능 있는 음악가다. 키홀에서 치카이는 데이터처리 도구를 만들었다. 이는 중대한 진전이었다. 한 지점의 데이터를 결합시킨 것을 전 세계 여러 장소와, 궁극적으로는 전 지구 표면의 데이터를 포괄할 수 있는 것으로 CTFLY 체험판을 확장시켰기 때문이다.

필은 댈러스에서 자라 텍사스대학교에서 컴퓨터공학 학위를 받은 소프트웨어 엔지니어였다. 필이 아마 제일 큰일을 맡고 있었을 것이다. CTFLY의 문제는 그것이 그저 체험판에 불과하다는 사실이었다. 모든 데이터가 체험판 장치에 로딩되어 있어서 컴퓨터의 하드 드라이브에서 직접 신속하게 데이터를 읽어들일 수는 있었다. 키홀은 방대한 양의 데이터를 중앙 데이터베이스로 처리해 서버에서 호스팅한 후 인터넷으로 사용자에게 스트리밍으로 전송할 수 있다고 장담했다. 이러한 기능은 그저 이론일 뿐이었다. 필의 역할은 이를 현실로 만드는 것이었다. 그는 시스템을 설계하고 구축해서 마이클과 브라이언의 체험판과 이론을 판매 가능한 서비스로 만들고자 했다. 바로 특수 네트워킹 코드를 활용해 인터넷 스트리밍으로 전송할 수 있는 대규모의 지구 모형이었다. 이 부분이 실현되면, 전 세계 어디에서든 인터넷 연결만 되면 소비자는 방대하고 폭넓은 귀중한 데이터에 접속해 로컬 응용프로그램을 사용할 때처럼 자유롭게 지도를 탐색할 수 있을 터였다.

존과 치카이, 필, 마크, 아비는 키홀의 공식 공동창업자 5인이었다. 그 외에는 존이 자금을 조달한 후 합류한 사람들이었다. 이들은 이 스핀아웃 프로젝트를 미국의 비밀정찰위성 시스템 키홀과 뜻을 같이한다는 의미로 키홀이라 불렀다. 1990년대 후반, 열한 번째 키홀 정찰위성(KH-11)이 국제분쟁 지역의 정찰사진을 충실히 수집하며 우주궤도를 돌고 있었다. 존이 벤처자금을 조달하고 어스닷컴 도메인을 획득할 때까지만 임시로 키홀이라는 이름을 사용하기로 했다.

키홀에서 내가 어떤 일을 할지는 벤처자금 조달에 달려 있었다. 1999년 가을과 2000년 봄 내내 나는 계속 〈오스틴 아메리칸-스테이츠맨〉 신문사에서 웹사이트 마케팅 디렉터로 일하고 있었다. 나는 존에게 그가 자금 조달을 마치는 대로 키홀에서 제시하는 일자리를 수락하겠다고 말했다. 나를 직원 명단에 어스닷컴 마케팅 부사장으로 올려 키홀팀의 피치덱에 포함시키기로 합의를 보았다. 내 생각에 자금이 조달되지 않은 상황에서 캘리포니아로 이사 가는 건 너무 위험할 것 같았다. 셸리와 나는 결혼한 지 얼마 되지 않은 데다가, 경제적 안전망도 없이 내가 직장을 그만두거나 셸리에게 그만두라고 하고 싶지는 않았다.

2000년 봄, 캘리포니아로 여행가는 길에 오클랜드 시내의 한 건물에서 존과 팀원들을 만나 꼭대기 층에 있는 사무실 공간을 둘러보았다. 다들 어스닷컴 간판이 도시의 스카이라인 속에서 유난히 빛나는 모습을 상상하고 좋아했다. 실제로 팀은 본격적으로 새로 회사를 일으키기 위해, 북적이는 인트린직 칸막이 사무실에서 나와 어디든 바로 갈 준비가 되어 있었다.

그러나 미국의 벤처기업들이 상장되어 있는 장외주식시장인 나스닥이 심하게 요동치자, 스타트업 투자자들이 자금을 빼기 시작했다. 그 상황을 더 어렵게 만든 것은 키홀이 전혀 새로운 개념이었다는 점이다. 혁신적인 아이디어임에는 틀림없지만, 실험적인 수준에 가까웠던 것이다. 해당 기술은 사용 용도와 시장 잠재력이라는 면에서 미지의 영역이었다. 그뿐만 아니라 이 기술은 지난 6개월간 생산된 최신형 PC에서만 실행될 수 있었다. 잠재적 투자자들은 자신의 PC에서 소프트웨어를 실행시킬 수 없다는 걸 알고 떨어져 나갔다.

2000년 봄에서 여름으로 넘어가던 시기에 몇몇 주요 잠재적 투자자들이 증발해버렸다. 어스닷컴 도메인이나 다른 그럴 듯한 사무 공간도 마련되지 않은 상태였다. 소규모 키홀팀은 인트린직 내에서 프로젝트에 계속 몰두하면서 벤처투자자들의 연락을 기다렸다. 이들은 아이디어가 사장되는 것을 막고자 했으며, 존은 투자계약이 성사되는 대로 나를 고용하겠다고 약속했다. 이는 셸리와 나 사이에서 잔인한 놀림감이 되었다. 캘리포니아의 새 직장과 투자 성사는 항상 3주만 더 기다리면 될 것처럼 얘기가 오갔기 때문이다.

키홀이라면 발 벗고 나서던 내 열의도 점차 식어갔다.

〈오스틴 아메리칸-스테이츠맨〉 신문사의 예전 상사가 어느 날 나에게 연락해 보스턴에 있는 마케팅 회사의 일자리를 제안했다. 그의 회사는 1999년 가을에 마지막으로 투자금을 확보한 곳 중 하나였다. 실리콘밸리 벤처투자사 찰스리버벤처스로부터 무려 7,400만 달러의 투자금을 유치해, 인터넷 마케팅 컨설팅 회사를 차리게 된 것이다. 셸리와 나는 2000년 6월에 보스턴으로 날아갔다. 면접을 보고, 레드삭스 경기를 관람하고, 회사 창립자들을 만났다. 보스턴 로건국제공항의 던킨도너츠 매장에서 비행기를 기다리는 동안 일자리를 제안받았다. 접힌 던킨도너츠 냅킨에 쓰인 연봉 제시액은 당시 내가 벌던 액수보다 훨씬 많았다. 나는 제안을 받아들였고 7월부터 일을 시작하기로 했다.

존에게 전화하기가 쉽지 않았다. 나는 보스턴에서보다는 당연히 키홀에서 더 일하고 싶었다. 키홀의 기술이 엄청난 혁신을 불러오리라는 것을 알았기 때문이다. 존은 실망했지만 이해하는 눈치였다. 그리고 솔직히 키홀의 소프트웨어 제품은 전혀 "시장에 내놓을" 만한 준비가 되어 있지 않았다. 나는 그가 잘되길 빌었다. 서로 계속 연락하기로 하고 키홀을 위해 마케팅 프로젝트가 있으면 계속 무료로 도와주겠다고 했다.

내가 보스턴의 새 직장에 적응하며 고군분투하는 동안, 존은 마침내 자금 조달에 진전을 보았다. 2000년 후반, 소니벤처캐피탈에서 시리즈 A 투자[스타트업에 대한 투자에서, 엔젤 투자 이후 프로토타입이나 베타버전을 정식 서비스나 제품으로 만들어 나가는 과정에서 이루어지는 투자]를 하겠다는 뜻을 밝혔으나 예상치 못한 시장의 동요로 인해 투자가 지연됐다. 미루어졌던 투자가 2001년 1월에 성사될 예정이었다.

2000년 12월, 존과 나는 샌디에이고에서 열리는, 대학풋볼 우승팀을 가리기 위한 홀리데이볼 경기에서 만나, 텍사스대학교팀 대 오리건대학교팀의 경기를 보았다. 존은 마침내 자금 지원 약속을 받아

안심한 모양이었다. 키홀팀은 곧 공식적으로 독립을 선언할 수 있을 것이고, 인트린직에 시드 투자금(아이디어의 시험판이나 베타 버전을 만들기 위해 받는 투자금)을 상환할 수 있을 것이었다. 함께 샌디에이고의 올드타운 지역을 거닐면서, 나는 저렴한 경기입장권을 얻기 위해 실랑이를 벌였고, 존은 새로운 임대주와 협상을 했다. 키홀의 체험판을 본 임대주는 최초 제시한 금액보다 낮은 금액에 임대해주는 대가로 회사지분 일부를 원했다. 활기 넘치는 멕시칸 타코바 앞에서 존은 통화를 계속 이어가면서도 나에게 엄지손가락을 척 들어 보였다. 우리는 테이블에 앉았고 나는 버드와이저 2병을 주문했다. 통화는 첫 번째 병을 비울 때까지 계속됐다. 임대주와의 통화를 끊으며 존이 한숨을 쉬고 고개를 흔들었다. 내가 그쪽으로 밀어주는 맥주병을 잡고는 내 맥주병과 부딪치더니 말했다. "끝났다!" 우리는 타코를 먹고 맥주를 마셔댔다.

그날 샌디에이고에서 존의 이야기를 들으면서 나는 보스턴의 컨설팅 회사의 안정적인 급여를 선택하길 잘했다는 생각이 들었다. 존과 키홀팀은 6개월이라는 긴 시간을 보냈다. 자금 부족뿐만 아니라 아비와의 성격차이로 인한 불화 때문에 팀 분위기가 경직됐던 것이다. 존은 아비에게 몇 번이나 얘기했다. "혼자 일하기보다는 사람들과 함께 일하는 법을 배우면 훨씬 더 많은 일을 할 수 있게 될 거야." 아비와의 관계는 아슬아슬할 정도였다. 이처럼 불안정한 환경에도 불구하고 존은 새로운 엔지니어를 채용하고 도전의식을 북돋우며 팀을 떠나지 않도록 하는 등, 그의 특급 소프트웨어 엔지니어들을 관리하는 법을 터득했다. 긴장감이 높아졌고 그럭저럭 키홀의 서비스는 점차 구체화되어갔다.

인트린직의 초기 개념을 토대로 필, 아비, 치카이와 마크는 문제점을 해결했다. 이로써 인터넷으로 지도의 사용 방식이 영원히 바뀌게 될 것이었다. 서버에서 방대한 양의 데이터를 처리해, 지구 전체를 포괄하는 다양한 해상도의 데이터 타일을 매핑하는 최적화된 "퀼트"를 만들게 된 것이다. 곧 이들 팀은 사용자가 자신의 컴퓨터에 설치해 해당 데이터를 검색하고 렌더링할 수 있는 정교한 클라이언트 소프트웨어 응용 프로그램을 만들었다. 이런 유형의 소프트웨어 아키텍처(시스템의 근본적인 구조 또는 조직 형태를 가리킴)를 식클라이언트 Thick Client라고 한다. 사용자가 서버에서 실행 중인 대상에 접속할 때, 사용자의 컴퓨터에 있는 클라이언트 응용프로그램 역시 복잡한 많은 연산을 수행하고 있는 것이다. 인터넷 연결속도가 어느 정도 이상이면 사용자는 실행 중지 후 새로운 데이터 세트를 로딩하는 지연 현상을 겪지 않고도 거의 무한대 크기의 지도를 검색할 수 있다. 보통 사양의 컴퓨터가 슈퍼컴퓨터의 성능을 내는 것처럼 보일 수 있다. 필요한 바로 그 순간에 기민하게 서버에서 가져온 데이터를 매핑하기 때문이다.

2000년 말, 존은 나에게 실제 소프트웨어(설치 후 실행할 수 있는 실행파일)를 조금씩 보내기 시작했다. 안타깝게도 나에겐 해당 소프트웨어를 실행할 수 있는, 전 세계에서 상위 15퍼센트 안에 드는 고성능 컴퓨터가 없었다.

맥주를 세 병째 마실 때쯤이었나, 나는 존에게 물었다. "누구나 사용할 수 있는 웹 기반 버전의 프로그램을 만들어보는 건 어때? 다운받은 소프트웨어 응용프로그램만큼 빠르고 자유롭게 3D 경험을 할수는 없겠지만, URL을 치고 들어가면 소프트웨어를 설치하는 것보다 훨씬 쉬울 것 같은데."

풋볼팬의 함성이 쩌렁쩌렁 울리고 마리아치 밴드가 우리 테이블에서 멀지 않은 곳에서 연주하고 있었다. 존은 키홀의 웹 기반 버전이 왜 위험한 전략인지 설명해주었다. 그렇게 변경하려면 비용이 많이 드는 데다가 수많은 경쟁업체가 달려들기 때문이라는 것이었다. "우리의 차별화 요소는 자유로운 3D 애니메이션이지." 그가 말했다. "우리 서비스는 그 점에서 특별해. 웹브라우저에서는 안 돼. 브라우저에서 서비스된다면 맵퀘스트 같겠지. 그쪽에서 이미 시장을 선점하고 있으니까."

맵퀘스트는 1996년 아메리카온라인이 10억 달러에 조금 못 미치는 가격으로 인수한 회사로, 구글이 존재하기 전, 지도 서비스의 대명사 같은 존재였다. 당시 맵퀘스트가 미국 시장의 90퍼센트를 점유하고 있었기 때문에, "맵퀘스트에서 찾아본다"라는 말이 지도를 검색한다는 표현이나 다름없었다.

"우리는 현재의 컴퓨터에서 쓸 수 있는 제품을 만들려는 게 아니야. 기술이 발전하는 방향에 맞춰 제품을 내놓고 싶은 거지." 존이 설명했다. 당시에 키홀 이사회에는 브라이언 매클렌던과 소니 투자 대표단이 포함되어 있었다(인트린직은 아이디어 사업화 및 초기 지식재산 형성에 기여한다는 명목으로 이사회 한 석을 차지했다). 그는 엔비디아와 실리콘그래픽스 같은 기업에서 주로 내놓는 PC에 들어가는 새로운 3D 그래픽카드에 대해 얘기했다. 고속 광대역 인터넷 접속과 더욱 강력한 성능의 모바일 기기, 훨씬 더 빠른 무선 네트워크에 대한 얘기도 들려주었다. 존은 몸을 앞으로 기울이더니, 마리아치 밴드의 음악소리 때문에 목소리를 한껏 높여 말했다.

"이제 이런 것들은 내부에 GPS칩이 내장돼 있어." 그는 모토로라 폴더형 휴대폰을 들어 올리며 신나서 설명했다. "법으로 정해졌다고. 게다가 모든 핸드셋 제조사와 무선통신사에서는 휴대폰에서 걸려오는 911 응급전화의 위치를 추적할 수 있도록 법적 요건을 준수해야 하는 거지. 이게 어떤 의미인지 상상이 돼?"

'음, 아니.'

존은 내가 볼 수 없는 미래를 예측하고 있었다. 오늘날 우리는 이런 고성능 컴퓨터와 광대역 인터넷, 어딜 가나 볼 수 있는 아이폰의 존재를 당연하게 생각한다. 하지만 2000년에는 그 정도의 고성능 컴퓨터를 소유한 사람이 거의 없었을 뿐만 아니라, 키홀의 소프트웨어를 실행할 만큼 빠른 인터넷 접속망도 깔려 있지 않았다. 나는 맥주를 벌컥벌컥 들이켰다.

나는 초창기 키홀 투자자를 위한 피치덱을 봐왔을 뿐 아니라 피치덱 준비에 필요한 일부 마케팅 업무에 참여하기도 했었다. 슬라이드에 포토샵으로 상당히 수정을 거친 키홀 어스뷰어Keyhole EarthViewer 이미지가 나타났다. 데스크톱 컴퓨터("존, 이 정도는 괜찮아"), 노트북 컴퓨터("내 스타일은 아니지만 봐줄 만한 수준 같아")와 심지어 우스꽝스럽기 짝이 없는 모바일 기기("존, 〈스타트렉〉을 너무 많이 본 거 아니니?")에서도 실행되고 있었다.

그날 밤 늦게 홀리데이볼 경기에서 막판에 35 대 28로 텍사스대학교 풋볼팀이 지는 걸 보고 난 후 셸리와 나는 얘기를 나눴다. "존이 이걸로 어쩌려는 건지 모르겠어." 나는 전화로 아내에게 속삭였다. 존이 호텔방에서 내 목소리가 들릴락 말락 한 거리에 있었기 때문이었다. "보스턴에서 일자리를 구해 다행이야."

599달러에 모십니다
어스뷰어의 데뷔 무대

"해고되진 않을 테니 걱정 말게." 보스턴의 상사가 나를 안심시켰다.

2001년 3월 말, 1분기가 끝나갈 무렵, 내가 일하던 인터넷 마케팅 컨설팅 회사는 계획한 성과를 내지 못했다. 그에 턱없이 못 미치는 수준이었다. 인터넷 분야의 거품이 꺼진 건 기정사실이 되었고, 인사 관리 담당자는 수없이 복사기 앞을 들락거리며 복사한 퇴직금 관련 서류를 단정하게 녹색 서류철에 정리하느라 분주했다.

상사는 내 업무가 회사에 매우 중요하다고 말해왔다. CEO의 사무실로 호출을 당한 건 예상치 못한 일이었다. 나는 해고당했다. 녹색 서류철을 들고 상사의 책상 앞에 다가가 말했다. "아니 대체 뭐 하자는 겁니까? 해고될 걱정은 안 해도 된다면서요."

"알아, 나는 나도 해고대상이 아닐 거라고 생각했으니까." 그는 자신의 녹색 서류철을 들어 보이며 웃었다.

몹시 추운 겨울이었다. 3월인데도 보스턴은 여전히 더러운 눈과 얼음으로 뒤덮여 있었다. 마음을 굳게 먹고 존에게 전화해 이 소식을 알린 건 며칠 후였던 것 같다. "생존 게임에서 탈락했어." 나는 농담하며 상황을 가볍게 만들어보려 했다.

소니의 시리즈 A 투자금은 닷컴 열풍이 최고조이던 시기에 약속했던 금액인 1천만 달러에 못 미치는 수준이었으나, 존은 그제서야 운영자본을 조금이나마 보유하게 된 셈이었다. 투자시기는 회사에 작은 기적이 되었고, 결과적으로 나도 혜택을 보았다.

"네가 원격으로 우리 회사 업무를 컨설팅해주면서 어떻게 되어가나 지켜보면 좋을 것 같은데." 존이 제안했다. 내가 보스턴에 있는 한 정규직 근무는 어려울 것이라는 데 둘 다 동의했다. 나는 계약직이긴 해도 키홀팀의 11명 중 한 사람으로 합류하게 되어 기뻤다.

그러나 내가 합류하자마자 키홀의 사업계획이 뒤집히고 말았다. 존과 팀은 사업 첫해에 소비자를 위한 광대역 지도정보 서비스를 만들고, 곧 공개될 키홀 어스뷰어를 당시 광대역 인터넷 선두기업이었던 익사이트앳홈을 통해 배포한다는 계약을 체결했다.

익사이트앳홈은 광대역 인터넷 서비스 가입자 수백만 명을 보유하고 있었기 때문에, 더 빠른 인터넷 서비스에 돈을 지불하며 기술동향에 민감한 얼리어답터에게 어스뷰어는 딱 맞는 서비스 같았다. 그러나 익사이트앳홈의 사업은 타임워너, 콕스, 컴캐스트 등 케이블방송사와의 협력에 지나치게 의존적이었다. 닷컴 열풍이 2001년 초반을 끝으로 맹렬히 몰아치다 사그라들자, 케이블방송사들이 철수했다. 익사이트앳홈의 주가는 급락했고 다른 기업들처럼 쪼개지기 시작했다.

키홀은 마케팅 및 배포 전략을 엉뚱한 회사에 맡긴 꼴이 되고 말았다. 그러지 않기가 어려웠다. 2001년 초반에는 잘못된 길로 빠지는 기업이 많았다. 사실상 당시에는 소비자 대상, 닷컴 인터넷 서비스에 대한 투자는 어느 곳이나 위험한 것으로 간주했다. 가든닷컴에서 펫츠닷컴, 아이원닷컴 및 그 전해인 2000년에는 수퍼볼 광고를 구매했던 다른 16개 닷컴 기업에 이르기까지, 5조 달러 이상의 시가 총액이 그해 연말에 증발해버렸다.

존과 키홀팀은 다른 사업모델이 필요했다. 소비자 지도정보 제공 소프트웨어 외에 다른 새로운 아이디어가 필요했다. "우리는 새로운 사업모델이 필요해." 존이 시무식 때 나에게 전화로 말했다. 나는 케임브리지 아파트에서 사무실로도 쓰고 있는 식료품 저장실에 서 있었다.

"GIS(지리정보시스템Geographic Information System은 지도를 이용한 데이터를 생성하고 분석하는 데 사용하는 기업용 지도정보 제공 소프트웨어다) 소프트웨어 회사들을 좀 찾아보고 있었어." 나는 며칠 후 전화로 말했다.

"아. 나도 좀 알고 있지." 존이 말했다. "그렇지만 정부에 제품을 팔아보겠다고 뒤로 물러나 눈치만 보고 싶지는 않아. 게다가 시장은 한 기업이 독점하고 있지."

지도정보 제공 소프트웨어 선도 기업인 에스리ESRI를 말하는 거였다. 당시 나는 디지털 지도정보 제공 소프트웨어업계 전체가 내가 있던 곳에서 불과 800미터 정도 떨어진 곳에서 30년 전에 이미 시작됐다는 사실을 몰랐다. 하버드 디자인대학원의 잭 데인저먼드라는 조경학과 학생이 그 시작의 주인공이었던 것이다.

데인저먼드와 그의 아내인 로라는 하버드대 재학 중에 소프트웨어를 만들었고, 1970년대에 이를 자신들의 토지이용계획 자문에 사용했다. 이 부부 팀은 1980년대 초반 샌디에이고 카운티의 대형 프로젝트를 따냈고, 이들의 작업은 소프트웨어 도구를 디지털 지도정보 소프트웨어 제품으로 바꾸어놓았다. 이것이 바로 아크지아이에스 ArcGIS다. 2000년경, 에스리는 매일 100만 개 이상의 지도를 만들어내는 수십만 고객을 보유하게 되었다.

부지런히 지도를 만들어내면서 에스리는 돈을 엄청나게 벌어들였다. 2001년에는 3억 달러의 매출을 올렸다. 잭 데인저먼드는 회사 주식을 전액 소유하고 있었는데, 미국 경제전문지 〈포브스〉가 추정한 순 자산 가치는 27억 달러에 달했다.

에스리는 모든 업계를 위한 지도정보 제공 솔루션을 보유하고 있었다. 경찰서는 범죄사건 발생 지역을 지도에 표시하고, FBI와 기타 정부기관의 데이터베이스에서 피드를 끌어왔다. 군대에서는 변화 탐지용 소프트웨어를 사용해, 분석가가 동일 장소의 서로 다른 위성사진을 비교하고 무엇이 이동했는지(예를 들어 탱크나 미사일)를 탐지하는 식이었다. 세무서에서는 이 솔루션을 이용해 유사한 주택의 가치와 건물의 경계선을 명시한 구획지도를 검토했다. 부동산개발업자들은 특정 데이터 세트 집중도를 나타내는 개발 호재 평가 지도를 만들었고, 제도기와 회귀분석을 이용해 커피체인점인 스타벅스나 가정용

주택보수용품 소매업체인 홈데포 매장을 짓기 위한 최적의 위치를 물색했다. 이 프로그램을 응용한 예는 끝이 없었다.

이와 더불어, 에스리는 시스템 통합 사업자, 판매 담당자와 장기 계약 및 서비스 계약과 같은, 시장을 위한 확고한 기반을 갖고 있었다. 그러니 우리의 불완전한 알파 버전의 키홀 어스뷰어를 갖고 GIS 소프트웨어업계에 비집고 들어간다는 게 얼마나 거창한 발상인지 알 수 있었다. 존이 반신반의하는 것도 무리는 아니었다.

그렇지만 나는 계속 GIS 시장을 밀었다. 우리에게 비교우위가 있을지 모른다는 생각이 들어서다. 에스리는 장점이 다분하지만, 기존의 기업 소프트웨어 모델인 데다가 세 가지 단점이 있었다. 복잡하고, 데이터가 없으며, 느리다는 것이었다.

에스리 소프트웨어를 사용해 지도를 만들려면, 정교한 데이터 분석과 교육이 필요했다. GIS에서 4년간 사용법을 배우면서 공인된 대학학위를 받을 수 있다. 더 현실적으로는 고객을 위한 맞춤형 솔루션을 구성하기 위해, 에스리에서 훈련받은 전문가팀(또는 에스리의 자체 컨설팅 부문)이 필요했다.

에스리는 본질적으로 백지에 해당했다. 사용하려면 나가서 필요한 데이터를 찾아온 다음, 다운받아서 내보내기 해야 하는 것이다. 한편 여러 층의 데이터가 서로 연동되려면 데이터가 올바른 형식과 지도 투영법을 담고 있어야 했다. 응용프로그램이 작동하려면, 지도 정보 데이터를 획득해 통합하기 위한 에스리의 전문가가 필요했다.

마지막으로, 속도가 느렸다. 에스리가 생성한 지도를 온라인으로 보려면, 지도가 새로고침될 때까지 고통스러울 정도로 오래 기다린

후에 클릭해야 했다. 사용자의 에스리 지도를 위한 기본 지도를 항공촬영 이미지로 만들려는 경우에는 소프트웨어 속도가 훨씬 더 느려졌다. 에스리는 너무 느려서 거의 사용이 불가능할 정도였다. 특히 로컬 하드 드라이브에 로딩한 항공촬영 이미지가 없는 경우에는 더욱더 느렸다.

그에 비해 키홀은 사용하기 쉽고 테라바이트 단위의 데이터에 접속할 수도 있는 데다가 빛의 속도로 빨랐다.

2001년 여름, 매달 다니는 출장길에 오른 어느 날, 캘리포니아주 새너제이의 한 부동산개발 회사를 방문해 GIS 소프트웨어를 어떻게 쓰고 있는지 알아보았다. 지도 제작팀에는 에스리 소프트웨어 사용법 교육을 받은 전문가가 두 명밖에 없었다. 두 사람이 나를 뒤쪽 사무실로 데리고 가는 길에 140개의 부동산 중개업자들이 근무하는 칸막이 사무실이 쭉 이어져 있는 공간을 지나갔다. 회의 중에 중개업자 몇 명이 특정 지도에 대한 급한 요청이 있다며 우리 대화에 끼어들었다.

'잠깐만.' 나는 생각했다. '만약에 우리가 이런 중개인들이 사용하기 쉬운 간단한 GIS 지도정보 응용프로그램을 만든다면 어떨까?'

그날 늦게 키홀 사무실에서 나는 존에게 내 경험을 얘기했다. "어쩌면 키홀이 GIS 비전문가를 대상으로 한, 복잡하지 않고 더 이해하고 사용하기 쉬운 GIS가 될 수 있지 않을까?" 나는 존의 반응을 살피며 농담을 던졌다. "GIS 철자를 모르는 사람들을 위한 GIS 솔루션이 될 수 있을 것 같은데."

존이 이 잠재적 시장을 모르는 것 같지는 않았다. 다른 팀원들 역시 기업용 GIS 전략을 밀고 있었다. 장기적 가능성은 더 제한적이긴 했지만, 즉각적인 현금 유동성 확보에 대한 기대는 갈수록 매력적으로 비쳤다. 닷컴 버블이 꺼지면서 미래 자금 조달 가능성은 점점 낮아졌고 서버, 데이터 및 엔지니어에 투자하면서 키홀의 은행잔고는 점점 줄어들고 있었다.

소니와의 투자계약이 성사된 이후 존은 팀원을 충원하기 시작했다. 프랑스에서 레미와 함께 일한 경험이 있었던 데이비드 콘먼이라는 소프트웨어 엔지니어를 고용했다(그러나 프랑스에 살면서 원격근무를 하는 방식이었다). 데이비드는 1999년 로스앤젤레스의 시그라프 무역박람회에서 본 인트린직의 CTFLY 체험판이 상당히 인상적이었다고 했다. 레미는 데이비드에게 프랑스로 갖고 갈 CTFLY 사본을 CD-ROM에 담아 주면서 과제를 안겼다. 데이비드는 3D 지형을 소프트웨어에서 실행할 수 있었을까? 레미는 데이비드가 3D 지형 시각화 프로젝트에 얼마나 열정을 갖고 있는지 잘 알고 있었다. 이들은 함께 에어버스 A320 모의비행 장치를 연구했는데, 데이비드는 산이 표면에서 튀어나오고 계곡이 아래로 꺼질 것처럼 정확하게 시각화되는 지형을 구현한 복잡한 소프트웨어 코드에 전문성과 열정을 보였던 것이다.

프랑스로 돌아간 데이비드는 CTFLY에 작은 3D 지형 코드 샘플을 추가했고 새로운 실행 프로그램을 CD-ROM에 담아 레미에게 보냈다. CTFLY에서 사용자는 항상 지구상의 한 장소로 줌인할 수 있었는데, 이는 대체로 제일 먼저 탄성을 자아내는 부분이었다. 몇 달 후 데이비드는 마이클과 브라이언에게 그랜드캐니언과 세인트헬렌스산을 3D 지형으로 렌더링한 버전을 내놓았다. 전 세계적으로 활용될 수 있도록 하려면 여전히 작업할 것이 많았지만, 데이비드 버전에서 사용자는 지구상의 한 장소로 줌인하고 3D로 지형을 렌더링할 수 있었다. 그러면 완전히 새로운 차원의 현실감이 화면을 채웠다. 세인트헬렌스산은 지면에서 위로 우뚝 솟았고 그랜드캐니언은 아래로 푹 꺼졌다.

이와 함께 존은 처음으로 비서를 뽑았다. 데데 케트먼이라는 이탈리아계 여성은 금발에 키가 컸으며, 항상 세련된 비즈니스 정장을 입고 다녔다. 방문객들은 격식을 차린 기업회의 같은 점잖은 분위기에서 정중한 대우를 받았다. 어떤 면에서 데데는 사무실의 어머니 같은 존재였다. 데데는 키홀 같은 곳에서 일하기엔 꽤 아까웠다. 르네트 포사다 하워드는 활기 넘치는 유머감각을 지닌 노련한 기술 프로젝트 매니저로 운영총괄을 맡았다. 르네트는 다양한 소프트웨어 구현 프로젝트를 관리하는 앤더슨 컨설팅 등의 그룹에서 10년간 일했으나, 두 달 된 딸아이 가비를 업무 중 사무실에 데려올 수 있다는 조건으로 키홀에서 파트타임 근무를 하기로 했다. 그녀는 한 손에는 가로 28센티미터 세로 43센티미터 정도의 타블로이드 신문만 한 마이크로소프트 프로젝트 일정표를 들고 다른 쪽 손에는 딸을 안고 다녔다. 팀이 예정대로 굴러가면(그런 일은 절대로 없었지만), 르네트의 업무는 수월했고 모두 서로 만족해했다.

내가 고용된 후 존은 데이브 로렌지니도 채용했다. 그는 서글서글하면서도 다혈질인 성격의 지형공간 비즈니스 개발 및 판매 담당자로, 우리가 거래하는 항공사진 공급업체 중 한 곳에서 이직한 사람이었다. 그의 업계지식과 연락망, 활기찬 에너지가 제대로 맞아떨어지면 순조롭게 기회가 열렸다. 우리는 데이브가 무슨 일을 하는지 거의 몰랐지만, 그에게서 일주일에 한 번씩 말도 안 되는 새로운 구상이나 사업기회에 대한 얘기를 듣곤 했다. 로스앤젤레스와 타호 지역을 옮겨 다니며 길 위에서 보내는 시간이 많다 보니 데이브는 꼭 있어야 할 곳을 뺀 어디에나 있는 것 같았다.

존은 데이터 수집의 전략적 중요성을 인식하고, 다소 위엄 있는 분위기의 잘생긴 남아공 출신 신입사원 대니얼 레더먼을 채용했다. 그는 전반적인 사업개발을 이끄는 인물로 존이 채용한 핵심직원 중 한 명이었다. 이렇게 한번 생각해 보면 어떨까. 번들 데이터가 없는 키홀 어스뷰어는 음악 없는 아이튠스, 책 없는 아마존 전자책 단말기 킨들 앱, 또는 동영상 없는 유튜브 플레이어와 같다. 지도의 경우, 데이터가 핵심이다. 대니얼은 키홀의 라이브러리를 채우려고, 무료 및 유료 항공사진과 다른 데이터 세트를 찾기 위해 이곳저곳을 샅샅이 뒤졌다.

에드 루벤은 쾌활하고 온화한 가정적인 남자였다. 아마 가족을 꾸리기 전에도 마찬가지였을 것 같다. 그는 캘리포니아대학교 데이비스캠퍼스에서 컴퓨터공학 석사학위를 받았고, 버클리캠퍼스에서 존과 함께 경영대학원에 다녔다. 이후 넷스케이프에서 데이터베이스 작업을 하던 에드를 존이 키홀 엔지니어로 고용했고, 소프트웨어 세계에서는 상대적으로 새로운 개념인 구독 결제 시스템 개발에 투입했다.

곧 대니얼은 메가바이트(개별 항공사진), 기가바이트(인접 지역) 및 테라바이트(도시 및 주) 단위의 데이터 세트를 수집하기 시작했다. 수

많은 데이터 세트는 납세자의 돈으로 수집된 것이라 공유 저작물에 속했으므로, 대니얼은 특정 데이터 세트를 요청할 수 있었다. 그리고 복사 비용만으로 이를 CD나 DVD에 담아 우리 사무실로 보내게 했다. 놀랍게도 많은 도시의 경찰서와 소방서 등의 부처가 도시의 사진 데이터를 우리에게 보내 데이터 입력을 요청했다. 이로써 각 도시부처에서는 키홀 어스뷰어를 통해 직접 데이터에 접속할 수 있었다. 예전 같으면 GIS 부서를 거쳤어야 하는 일이었다.

키홀 어스뷰어 1.0의 전체 기본 지도는 NASA 및 블루마블이라는 데이터 세트 덕분에 무료로 제공됐다. 이는 2000년 6월에서 9월까지 수집한 위성사진 모음이었다. 어스뷰어에서 우주공간으로 줌아웃(축소)하면 이 사진이 보였다. 블루마블 데이터 세트는 아름다운 기본 지도로 일반이 무료로 이용할 수 있는 자료였다. 물론 이것은 배경 이미지로만 쓰였고 고해상도는 아니었다. 고해상도 사진을 보려면 고급 고해상도 영상관측위성이나 저공비행 항공기가 찍은 사진을 찾아야 했다.

존은 세 가지 방식의 데이터 수집 전략을 마련했다. 첫 번째 전략은 위성과 관련된 것이었다. 존과 데이비드 로렌지니는 고해상도 영상관측위성을 운영하는 두 회사에 연락했다. 바로 스페이스이미징과 디지털글로브였다. 두 회사는 군용으로 처음 개발된 기술을 직접 응용한 정찰위성, 즉 키홀 위성을 운영했다.

당시로부터 불과 10년 전에 미 의회에서 1992년 원격탐사정책법을 통과시키며, 상업 위성업계의 발전을 꾀했던 것이다. 처음으로 방위산업 외 업계의 고해상도 영상관측위성이 합법이 되었다.

데이비드와 존은 미국 우주항공, 방위산업계의 두 대표 기업, 록히드마틴과 레이시언이 만든 합작회사인 스페이스이미징 대표와 만났다. 이 회사는 최초로 상업용 고해상도 영상관측위성을 쏘아올린 회사였다. 이코노스로 알려진 위성은 약 1제곱미터급 해상도의 이미지를 기록할 수 있는데, 이는 지상의 1제곱미터 크기의 물체를 하나의 점으로 표시할 수 있다는 것이다.

디지털글로브는 처음에는 가능성이 희박했다. 위성 하나당 5억 달러를 투자했던 처음 두 번의 발사 시도는 값비싼 실패로 끝났다(어쨌든 굉장히 어려운 일이긴 하다). 디지털글로브에게 행운이었던, 그리고 키홀에게도 역시 마찬가지였던 일이 발생했다. 디지털글로브의 세 번째 위성인 퀵버드 2호가 2001년 10월 반덴버그 공군기지에서 발사되었고, 며칠 후 첫 위성사진을 성공적으로 우리에게 전송해왔다.

5년 동안 궤도를 돌도록 설계된 퀵버드 2호는 13년간 지구 주위를 7만 번 넘게 돌면서 70센티미터 해상도의 사진을 끊임없이 찍어보냈다. 이는 지상에서 가로와 세로가 70센티미터인 정사각형이 사진에서 하나의 픽셀로 표현된다는 뜻이었다. 스페이스이미징의 이코노스보다 높은 해상도였다. 퀵버드가 보내온 이미지는 화질이 선명해서, 제조사와 모델을 정확히 분간하지는 못해도 자동차와 트럭을 구별해 색상까지 알아볼 수 있는 정도였다.

데이터 수집 전략의 두 번째 요소는 지방정부의 항공기에서 수집한 사진을 중심으로 한 것이었다. 항공사진은 픽셀당 최대 15제곱센티미터 크기를 담을 수 있으므로 위성사진보다 해상도가 더 높을 수 있다. 그뿐만 아니라 이러한 데이터는 지방정부기관이 의뢰하고 대금을 지불한 경우가 많다. 키홀은 이러한 기관이 데이터를 공유하게 끔 공격적으로 사업확장을 시작했다. 그 대가로 도시들은 키홀의 혁신적인 스트리밍 소프트웨어 플랫폼을 통해, 자체 데이터에 대한 사용을 허가했다.

세 번째 전략 요소는 항공사진을 수집하는 회사를 직접 찾아가 구매협상에 나서는 것이었다. 그때만 해도 업계는 지나치게 분화되어 있었고, 항공업계에 기반을 둔 소규모 회사가 업계의 대부분을 차지했다. 항공사진 촬영 회사들 가운데 가장 흥미로웠던 곳 중 하나가 회사 규모는 작지만 야심이 대단한 기업가가 운영하는 곳이었다. 무모할 정도로 위험을 감수하며 독보적인 항공사진 촬영 회사를 이끄는 J. R. 로버트슨은 피닉스에 본사를 둔 에어포토USA의 CEO로, 동체에 뚫은 구멍에 카메라를 장착한 항공기 총 14대를 보유하고 있었다. 그는 존과 대니얼과는 정반대로 긴 머리에 줄담배를 피우는 술고래였고, 할리데이비슨을 몰았다.

키홀이 기회를 잡으려면 로버트슨 같은 이단아가 필요했다. 그는 100여 곳이 넘는 미국 내 최다 인구밀집 도시의 고해상도 항공사진 데이터 세트를 보유하고 있었다. 그리고 존은 그 데이터 전체에 대한 접속 권한을 얻고자 했다. 또한 존은 로버트슨으로부터 새로운 도시의 데이터 세트를 항공촬영 4주 안에 받아보길 원했다. 그는 키홀이 에어포토의 모든 사진을 키홀의 데이터베이스로 가져와 이에 접속할 권한을 판매할 수 있는 권리를 모두 원했다. 로버트슨은 시 정부에 단일 도시지역 상공을 비행하는 운임으로 40만 달러를 부과할 수도 있을 터였다. 존은 선지급금 없이 이런 권리를 구매하고자 했다.

그 대신 존은 로버트슨에게 로열티를 지급하기로 했다. 판매되는 라이선스 하나당 25퍼센트를 지불한다는 조건이었다. 예를 들어 우리가 600달러짜리 키홀 어스뷰어 라이선스를 판매하면 로버트슨은 150달러를 버는 식이었다. 로버트슨은 아마도 자신이 수집한 데이터를 배포하는 가장 효율적이고 신속한 방식이라 생각해 합의했을 것이다. 게다가 키홀과 계약을 맺지 않으면, 어차피 다른 업체가 할 것이 분명했다.

우리는 이 서비스를 그의 상용 고객 대다수에게 판매할 생각이었기에, 로버트슨은 키홀을 자신의 경쟁상대로 만들기보다는 핵심 GIS 사용자 시장을 보완해달라고 존에게 요청했다. 예를 들어, 계약서에는 사용자가 지리정보(위도와 경도)가 담긴 이미지를 키홀에서 가져갈 수 없도록 명시되어 있다. 이는 에스리와 마찬가지로 지도정보 소프트웨어 응용프로그램이 이미지의 원래 위치를 알 수 없다는 뜻이다. 또한 인쇄 해상도는 임의로 제한되며, 일부 버전의 경우에는 에어포토와 키홀의 로고가 워터마크로 찍히게 된다. 마지막으로 사진이 조회될 때 늘 에어포토 로고가 표시되어야 했다.

사무실 뒤쪽 구석자리에 처박힌 칸막이 공간에 앉아 있던 마크 어빈은 로버트슨의 이미지와 정부기관에서 받은 이미지를 어스퓨전Earthfusion이라는 새로운 도구를 이용해 어스뷰어로 변환시켰다. 여기에는 사진을 가져와 올바른 지도 투사도와 연결하고 이미지의 색 밸런스를 조정한 후 모두 합쳐서, 어스뷰어 클라이언트 응용프로그램으로 스트리밍되는 형식으로 데이터베이스에 전송하기 위한 백엔드 스크립트가 포함되어 있었다. 그 결과 사용자는 수십 만 장으로 이루어진 사진을 끊어진 곳이 없는 한 장의 사진으로 인식하게 된다.

키홀 어스뷰어는 사실상 2개의 제품이었다. 컴퓨터에 다운받아 설치하는 소프트웨어 패키지이자, 항공사진 라이브러리에 접속할 수 있는 구독 서비스이기도 했다. (우리는 일부러 웹사이트를 만들지는 않았다. 그래야 맵퀘스트와 직접 경쟁관계에 놓이지 않을 수 있을뿐더러 보안상으로도 그편이 나았다. 사진 데이터는 브라우저 기반 서비스에서 손쉽게 도난당할 수 있었기 때문이다.) 그 외에도 가격책정 모델이 혁신적이었다. 그때까지만 해도 8제곱킬로미터에 해당하는 지역의 단일 위성 이미지는 1만 달러 이상 비용이 들었다.

우리는 기업이 기업을 상대로 하는 인터넷 비즈니스 모델로 방향을 틀었고, 키홀은 가능한 기업시장을 탐색하기 시작했다. 데이브 로렌지니는 부동산업계의 기술 전시장으로 알려진 리얼컴 무역박람회에서 인맥을 쌓았다. 그해에 리얼컴은 2001년 6월 14일 텍사스주 댈러스에서 열렸다. 5월 말 존은 짙은 회색 칸막이 사무실의 문 쪽에 서 있다가, 삼삼오오 모여 있던 우리에게 이렇게 말했다.

"리얼컴 무역박람회에서 키홀 어스뷰어 1.0을 공식적으로 출시할 거야."

마크가 말했다. "아직 준비가 안 됐어. 4개 도시 데이터밖에 없어."

"박람회 전에 최소한 데이터베이스에 댈러스 및 포트워스 데이터를 업로딩해 놓자고." 존이 말했다. "다들 어떻게든 방법을 좀 찾아봅시다."

분명한 건, 왈가왈부할 때가 아니라는 것이다. 엔지니어들은 무역박람회에 내놓을 새로운 데이터베이스를 구축하느라 야근을 감수했다. 동시에 다른 팀에서는 어스뷰어 1.0 소프트웨어 마무리 작업에 한창이었다. 나는 명함에서 무역박람회 부스에 이르기까지, 부랴부랴 필요한 모든 마케팅 요소들을 준비했다. 가격은 연간구독료 1,200달러로 정했다.

박람회 당일 카리스마 넘치는 주최자 짐 영의 최신 업계 기술 동향을 듣기 위해 2천 명의 투자자와 개발자, 부동산 포트폴리오 관리자들이 댈러스의 대규모 홀에 모여들었다. 무대 양옆으로는 2개의 비디오 화면이 놓여 있었다. 짐 영은 가장 최근의 혁신 사례를 차례차례 설명한 후, 최신 기술인 키홀 어스뷰어를 소개했다. 치카이는 3D 화면으로 댈러스 상공을 둘러본 후 컨벤션센터로 줌인하며 내려오는 과정을 시연했다. 미국 내 부동산 인기지구를 둘러본 후 짐 영은 키홀이 부동산을 발굴, 취득 및 매각하는 방식을 혁신적으로 바꿀 가능성에 대해 자세히 설명했다.

나중에 무역박람회 중에 나는 키홀 부스에서 한 잠재고객에게 3D 화면으로 전 세계와 고객이 소유한 건물을 항공 이미지로 보여주었다. 근처에 로버트슨이 있는 게 느껴졌다. 나는 순간 무슨 일이 일어날지 알았다. 고객에게 상공에서 건물 아래로 시점이 이동하는 걸 시연하고 있는데, 에어포토USA의 로고가 사라졌던 것이다.

"우리 회사 로고는 어디 있지?" 로버트슨이 내 등 뒤에서 속삭였다. "빌어먹을 로고 어디 있냐고?"

그러더니 청바지에 체인으로 매단 지갑을 달랑거리며, 카우보이 부츠를 신은 발을 쿵쿵대다 가버렸다. 곧 존에게서 전화가 왔다. 어떻게 된 거냐고 물어왔다. 당시 마운틴뷰 사무실에 있는 존에게, 로버트슨이 위협적인 목소리로 "계약 위반"과 "명백히 신뢰를 저버리는 행위"를 들먹이는 음성메시지를 남겨놓았다는 것이다. 나중에 찾아가보니 로버트슨은 자기 부스에서 플라스틱 컵에 따른 위스키를 홀짝이며 담배를 피우고 있었다.

나는 로고가 사라진 이유를 설명하려고 했다. 이질적인 데이터 세트가 문제였고, 키홀의 클라이언트 소프트웨어가 새로운 이미지를 서버로 불러오지 않는 경우가 가끔 발생한다고 말해주었다. 드물게 이런 경우에는 로고가 로딩되지 않을 수 있었다. 어스뷰어는 이미지를 에어포토USA에서 불러온다는 사실을 모르기 때문이었다. 사진 중 한 컷만 불러올 때 로고가 나타났다.

"고질적인 데이터베이스라고?" 그가 물었다.

"아뇨. 이질적이요. **다르다**는 의미입니다." 내가 말했다.

"그럼 다르다고 말을 하면 되지 않소?"

리얼컴에서 호평을 받았음에도 불구하고 우리 팀이 박람회가 끝날 때까지 판매한 소프트웨어는 11개뿐이었다. 존은 이 가입자 명단을 사무실 바깥의 벽에 압정으로 붙여놓았다. 우리는 새로운 부동산 기술 최고상을 받았지만 구매자를 찾으려면 할 일이 많았다. 우리는 지출보다 수입을 높이려 애썼고, 이는 곧 무역박람회 참가 여부를 결정하는 데 기준이 되었다. 건축박람회? 비용이 5천 달러? "좋아. 대신 매출로 그 이상을 뽑아내고 돌아와야 할 거야, 빌." 존은 아마 그렇게 말했을 것이다.

순진했을 수도, 어쩌면 굉장히 똑똑한 방식이었을 수도 있지만 우리는 해당 시장의 무역박람회에 들르는 방식으로 다양한 시장의 문을 두드렸다. 여행사박람회, 미국지질조사박람회, 텔레비전 방송국 박람회, 개인항공기박람회, 에너지부문박람회, 도시계획박람회, 군사 박람회. 우리는 분야를 가리지 않았다. 우리 기술이 생각지도 못했던 다양한 방법으로 활용될 수 있다고 생각했기 때문이다. 어스뷰어 라 이선스를 고속도로 광고판을 디자인하는 사람에게 팔기도 했다. 그 는 이 도구를 이용해 사람의 눈에 광고판이 실제로 어떻게 보일지 알 아내고 그에 맞춰 디자인의 글자 크기를 조정할 수 있었다고 했다.

2001년 가을, 우리는 전국의 무역박람회와 세일즈 미팅을 돌아 다니며 제품을 팔 만한 시장을 찾아 나섰다. 나는 보스턴에 계속 살 고 있었다. 회사의 자금 전망이 너무 위태로워서 셸리와 내가 대륙 을 횡단해 캘리포니아로 옮겨가기엔 위험부담이 있었기 때문이다. 2001년 9월 10일 월요일 아침 8시, 나는 평소에 타던 아메리칸항공 편으로 보스턴의 로건국제공항에서 캘리포니아로 날아갔다. 데이비 드 로렌지니는 전주에 나에게 전화해 9월 11일 화요일에 자신을 대 신해 로스앤젤레스의 무역박람회에 가줄 수 있냐고 물었다. 그렇지 만 나는 그의 부탁을 거절했다. 월요일에 출장일정이 이미 잡혀 있었 기 때문이었다.

그다음 날 벌어진 일로 인해 위태위태한 스타트업의 사소한 위기 상황을 좀 더 큰 틀에서 바라보게 되었다. 실리콘밸리를 비롯한 다른 전 세계 사람들과 마찬가지로 우리도 TV 앞으로 달려갔고 CNN 웹 사이트를 뒤졌다. 우리는 답을 찾고 또 찾았다. 이 사람들은 대체 누 구인가? 이 증오는 대체 어디서 비롯된 것인가? CNN의 웹사이트는 트래픽 과부하로 다운됐다. 그날 아침 처음으로 나는 어스뷰어 지구 모형을 돌리며 중동 지역을 살펴보았다.

나는 비극적인 9·11테러를 겪은 후, 어쩐지 키홀에 신경을 더 써야겠다는 생각이 들었다. 다른 많은 이들과 마찬가지로, 그날 아침의 사건과 엄청나게 많은 사람의 사망 소식은 인생이 단 한 번뿐이라는 사실을 나에게 또렷하게 상기시켜주었다. 위험한 사업이었지만, 살아있는 우리는 키홀을 위대한 발명품으로 바꾸어놓을 기회가 주어졌다고 생각했다. 나는 그 기회를 충분히 활용하고 싶었다.

어스뷰어를 실행하기 위해서는 최신형 PC가 있어야 했고 보통 수준의 사진 데이터베이스밖에 갖추지 못했는데도, 2001년 말까지 키홀은 50만 달러의 매출을 올렸다. 소비자 중심 소프트웨어 회사라는 원래의 전략을 수정하는 일은 어려웠지만 우리는 가능성을 열어두기 위해 각오를 다지곤 했다. 새로운 전략으로 선회하는 데 실패한 수많은 닷컴 소비자 회사들이 시장에서 철수했다.

2002년 초, 우리는 처음으로 전담 영업부장을 채용했다. 더그 스노는 GIS 소프트웨어 1위 기업에 한참 뒤처진 2위 기업 맵인포에서 일할 때 꽤 괜찮은 지도정보 소프트웨어 판매실적을 올렸다. 그는 대학 축구풋볼팀에서 수비의 가장 뒤쪽에 있는 포지션인 라인배커를 맡은 전력도 있다. 미국 드라마 〈소프라노스〉의 주인공 토니 소프라노를 꼭 빼닮은 사람이었다. 수수료만 받고 키홀에서 일하겠다고 대담하게 나섰다. 나는 겨우 존을 설득해 마케팅 코디네이터로 라이티 루프를 뽑도록 했다.

그해 봄, 부동산 쪽에서 지도 소프트웨어의 인기가 높아질 거란 예감이 들었다. 부동산은 영역이 방대하고 성장세가 빠른 업계였다.

그렇지만 실제로는 서로 다른 여러 시장들이 느슨하게 뭉뚱그려진 시장이었고, 저마다 필요로 하는 게 달랐다. 먼저, 우리는 시카고에서 열린 전미부동산중개인협회 박람회와 주거용 부동산 시장 공략을 시도했다. 5만 명가량의 주거용 부동산 중개업자들이 몰려들었다. 라이티와 함께 컨벤션센터 뒤쪽에서 우리 부스를 차리면서도 이번 주거용 부동산 시장은 공략하기 힘들 거라고 생각했다. 립스틱 판매 회사가 바로 옆에 부스를 차린 게 첫 번째 힌트였다.

지나고 보니 전미부동산중개인협회 박람회에서 이틀 반 동안 고생하면서 미래를 잠깐 엿봤던 것 같다. 부동산 중개인들은 대부분 여성으로, 키홀 제품을 구매할 사람들이 아니었다. 그렇지만 이들이 가지고 다니는 기기가 두 가지 있었다. 바로 어디서나 흔히 보이는 휴대폰과 전자수첩인 팜파일럿 또는 컴팩에서 내놓은 새로운 모바일 개인용 정보단말기인 PDA였다. 그중에는 작은 흑백 지도를 불러오는 기능이 탑재된 PDA도 있었다. 인내심을 갖고 화면에 지도가 뜨기를 기다려야 볼 수 있는 것이었다.

한 달 후, 우리는 라스베이거스에서 열리는 최대 상가 부동산 박람회에 기대를 걸어보기로 했다. 국제쇼핑센터협회 박람회에는 5만여 명의 상가 부동산 중개업자들이 참석했던 것이다. 우리 부스는 LED 도로 표지판 판매사 맞은편에 있는 컨벤션센터 주변에 있었다. 번화가 상점이나 주유소에 걸릴 법한 화려한 표지판이라 멀리서도 보일 정도였다. 마치 우주공간 같았다. 행사 진행 직원 1명이 부스에 들어오는 빛 때문에 눈이 부실 거라며 우리에게 선글라스를 주기까지 했다. 5분도 안 되어, 햇살에 타는 기분이 들었다.

"이건 정말 말도 안 됩니다." 더그 스노가 소리치더니 자리를 박차고 나갔다. 15분 후 우리는 전시장 정문 옆, 최적의 장소로 안내받았다. 더그가 키홀을 위해 한 일 중 가장 중요한 것이었다. 이후로 키홀은 매년 좋은 위치를 배정받았을 뿐만 아니라 나쁜 위치를 거부할 권리도 인정받은 셈이었다.

2002년의 국제쇼핑센터협회 박람회는 키홀의 데뷔무대처럼 되어버렸다. 사람들이 대량으로 우리 제품을 구매한 것은 처음이었다. 제품이 불티나게 팔려나갔다. 3일 만에 우리는 10만 달러 상당의 소프트웨어 정기구독 신청을 받고 수많은 잠재고객을 확보했다.

"특별히 599달러에 모십니다. 한번 보세요. 오늘 밤에 스테이크 한 번만 덜 먹으면 됩니다." 나는 살 마음이 있어 보이는 고객에게 농담조로 권유했다. 고객은 그 소프트웨어를 샀다(우리는 가격을 1,200달러에서 낮췄다).

고객의 반응은 항상 이런 식이었다. "이럴 수가. 우리 집을 볼 수 있어요? 지미, 여기 와서 이것 좀 봐. 저건 네 차가 아니네. 지미, 아내한테 전화하는 게 좋겠다. 이게 실시간 정보는 아니겠죠?"

"실시간 맞습니다." 내가 대답했다. "밖으로 나가서 위성에 손을 흔들어보세요. 저희가 여기서 봐드릴게요!" 그는 문 쪽을 보더니 다시 나를 보았다.

"아아, 이럴 수가. 꼼짝없이 낚였네요, 저기요! 좋습니다. 가입하죠. 2개 주세요."

당시 우리는 구형 신용카드 단말기를 사용하고 있었다. 데데는 신용카드 주문서를 웹사이트에 입력해서 구매 처리를 했다. 우리 부스는 제품을 사려는 사람들로 넘쳐서 신용카드 단말기를 서로 차지하려고 직원들이 신경전을 벌여야 하는 지경이었다. 부스에서 최다판매를 기록한 사람이 누구인지 가리는 경쟁을 매일 벌이기도 했다. 우승자는 데데일 때가 많았다.

나는 한번은 소프트웨어 패키지 네 개를 사람들 위로 들어올리고는 "이제 네 개가 남았습니다. 원하시는 분?" 하고 말했다.

"내가 사겠소." 누군가가 등뒤에서 소리쳤다. 그 고객을 불러내 소프트웨어를 건네주자 그가 말했다. "근데, 이게 대체 어떤 제품이죠?"

키홀은 그렇게 처음으로 시장을 뚫었다.

3개월의 시한부
끝없는 자금난

2002년 늦은 봄 어느 눈부신 토요일 아침, 나는 새너제이 시내에 있는 혁신기술박물관의 냉방장치가 된 중앙홀 안에 꼼짝없이 붙들려 있었다. 개관 전, 배낭에서 도시바 새틀라이트 노트북을 꺼내 검은 탁자보를 씌운 가로세로 약 2미터짜리 표준 탁자에 세워놓았다.

어디로든 특히 당시 임신 7개월이었던 셸리가 있는 보스턴으로 돌아가는 일정이라면 즐거운 마음으로 받아들였을 것이다. 새너제이의 혁신기술박물관은 키홀의 고객사로 등록한 뒤, 키홀 어스뷰어를 키오스크에 설치해 방문객이 세계 전역을 둘러볼 수 있게 해놓았다. 매달 가는 마운틴뷰 출장의 일정 마지막에 캘리포니아에 온 김에 제품 출시의 일환으로 소프트웨어를 시연하기로 했다.

나는 피곤했다. 마운틴뷰로 통근하는 일은 극도의 긴장을 유발했다. 3주짜리 업무를 일주일간 전력으로 소화하는 것과 비슷했다. 장시간의 근무를 말려줄 셸리가 옆에 없으니 밤늦게까지 꼬박 일에만 몰두했다. 홀리와 존 부부네 집의 어두운 지하실에서 접이식 소파에 몸을 던진 후 잠에 빠지는 경우도 잦았다. 존 부부는 오클랜드에 살았는데, 존은 은색 스바루 자동차를 타고 편도 1시간 반 거리를 운전하며 호텔 숙박비에 들어가는 회삿돈을 아꼈다. 통근은 업무의 연장이었고, 영업 상담 전화와 전략 회의가 이어졌다. 존과 나는 차들이 꼬리에 꼬리를 문 I-880도로를 타고 덤바턴 다리를 건너 실리콘밸리의 심장인 마운틴뷰로 지루하게 출퇴근을 반복했다. 그해 여름 존과 나는 미국 프로야구팀인 오클랜드 어슬레틱스 경기를 보러 이따금 사무실을 빠져나오곤 했다. 당시 오클랜드 어슬레틱스는 웬일인지 20연승을 달리고 있었으며, 이 기록은 나중에 마이클 루이스의 《머니볼》이라는 베스트셀러로 불후의 명성을 얻게 됐다.

토요일 아침에는 완전히 피로에 쩐 상태였다. 노트북을 50인치짜리 디스플레이 모니터에 연결하려고 VGA Video Graphics Array 케이블과 씨름했다. 곧 키홀 어스뷰어가 화면에 떴다. 나는 가볍게 마우스를 클릭해 지구 모형을 빙글빙글 돌렸다. 박물관의 중앙홀을 둘러보다가 문을 열기 전, 수위가 내부를 정리하는 모습을 보면서 반응이 예상되어 웃음이 나왔다. 그는 비질을 하다 말고 눈이 휘둥그레졌다.

키홀 어스뷰어를 시연할 때마다 반응은 늘 새로웠다. 아주 열렬한 경우도 잦았다. 개관 시간이 되자 중앙홀은 실리콘밸리의 평균 이상의 아이들과 그 뒤를 따라온 평균 이상의 부모들로 북적였다. 이제 본격적으로 시연이 시작됐다. 청중석에서 감탄사가 쏟아졌다. 믿을 수 없다는 듯 내 어깨를 치는 사람도 있었다. 아이들 사이에서는 비속어까지 튀어나왔다. 부모들로부터 투자하겠다는 제안이 쏟아졌다. 순수한 기쁨과 아드레날린의 분출은 언제나 내게 활력을 북돋워주었다.

그날 아침 늦게 존이 다섯 살 난 아들 에반을 데리고 내 뒤로 몰래 다가왔다(당시 홀리와 존에게는 두 살 난 딸 클레어도 있었다). "한 번도 본 적이 없는 걸 사람들에게 보여주는 게 흔한 일이 아니지." 그가 말했다. "그러니까 상상도 못 해본 것 말이야." 존이 불쑥 끼어들더니 어스뷰어로 자신이 가장 좋아하는 그랜드캐니언이나 라스베이거스 거리 따위 장면을 청중에게 보여주었다.

청중이 우리를 둘러쌌다. 너나없이 희열에 차 있었다. "일반 소비자 버전도 출시해야죠." 존이 말을 덧붙이며 청중을 둘러보았다. 청중은 눈앞의 광경에 압도되어 어스뷰어를 직접 조작하게 해달라고 졸랐다.

상가 부동산 시장은 키홀에게는 확실히 호재였다. 이들은 이제 막 성장하던 키홀의 수표를 끊어간 첫 고객이었고, 덕분에 귀중한 현금 유동성을 확보해 사업을 확장할 수 있었다. 그러나 홈데포와 토지계약을 촉진하거나, 냉난방 및 환기장치 설치 관리자가 지붕 경사도를 파악하도록 지원하거나, 스타벅스의 다음 출점 위치 선정을 돕는 일은 아침에 존을 침대 밖으로 끌어낼 만큼의 획기적인 비전은 아니었다.

그렇다. 물론 처음 수천 명의 부동산 고객들은 정말 중요했지만, 존은 그날 박물관 중앙홀에 모여든 가족들을 보며 원래 아이디어로 다시 마음이 기울었다. 바로 완전한 몰입형의 빠르고 부드러운 3D

지구 모형을 모든 사람과 공유하는 것이었다. 이 혁신적인 개념은 아주 실감 나는 모형을 이용해, 마치 그곳에 와 있는 듯, 누구나 어디서든 세계 어느 곳으로든 가상으로 횡단할 수 있도록 한다는 것이다.

존은 다시금 열광적인 반응을 보이는 청중을 둘러보았다. "일반 소비자 버전도 출시할 겁니다." 그가 다시 말했다. 이번에는 다소 조바심이 난 듯한 말투였다. 소비자 버전을 만들겠다는 욕심은 청중을 즐겁게 하기 위한 것만은 아니었다. 키홀은 심각한 자금난을 겪고 있었다.

존은 최근에 3D 그래픽 프로세서 제조 분야 선도 기업인 엔비디아의 공동창업자인 젠슨 황을 소개받았다. 마이클 존스는 2002년 1월에 라스베이거스에서 열린 국제전자제품박람회CES, Consumer Electronics Show에서 젠슨과 처음 인연을 맺었다. 당시 그는 그래픽 기술을 홍보하기 위해, 엔비디아와 키홀이 파트너십을 맺는 게 어떻겠냐는 아이디어를 내놓았다. 첫발은 내디뎠지만 인맥을 이용해 계약을 성사시키는 것은 존의 몫이었다.

젠슨은 1993년에 엔비디아를 창업했다. PC게임업계가 부상하고, 실리콘그래픽스를 파산으로 이끈 인텔 기반 PC가 시장에 출시된 것도 같은 해였다. 엔비디아는 GPU(그래픽 처리장치Graphics Processing Unit)를 대중에 보급했다. GPU는 둠Doom이나 퀘이크Quake 같은 3D 게임을 델과 HP의 PC에서 실행하기 위해 복잡한 수학연산을 처리하는 전용 컴퓨터카드다. GPU는 까다로운 3D 세계가 저렴한 소비자 PC에서 그래픽으로 표현되도록 지원했고, 이는 완전히 새로운 시장과 업계를 탄생시켰다. 2002년에 엔비디아의 기업가치는 100억 달러를 넘어섰다.

그러나 그러한 성공에도 불구하고 엔비디아의 시장가치는 최고가를 찍고 떨어지는 상황인 듯했다. 엄청난 규모로 성장하는 게임업계를 지배하고 있었으나, 월가에서는 엔비디아가 대중 소비자 시장에서는 그다지 힘을 발휘하지 못할 것이라고 예측했다. 이를테면, 웹브라우저를 실행하고 스프레드시트를 열고 이메일을 읽는 데 엔비디아 그래픽 프로세서가 필요하지는 않기 때문이다. 젠슨은 키홀과 파트너십을 맺어 엔비디아가 게임시장을 넘어 도약할 수 있을 거라고 생각했다. 어스뷰어는 게임이 아니었지만 복잡한 3D 수학연산이 핵심을 이루고 있었기 때문이다. 어스뷰어를 컴퓨터에서 실행하려면 전용 그래픽 프로세서가 필요했다.

첫 미팅에서 젠슨은 존에게 다음과 같이 질문했다. "키홀에서는 소비자를 대상으로 한 엔비디아 독점 공급용 어스뷰어 버전을 출시할 의향이 있습니까? 엔비디아에서 제조한 그래픽카드 실행이 필수인 버전 말입니다."

기술 구현의 용이함에 대해 필과 상의한 후, 존은 엔비디아의 사업개발 부서장인 제프 허브스트에게 계약을 제안했다. 키홀이 엔비디아와의 독점 계약으로 소비자 버전을 출시해, 다른 그래픽카드 제조사와의 경쟁에서 엔비디아가 우위를 확보하도록 해주겠다는 것이었다. 그 대가로 모든 그래픽카드와 소프트웨어 업데이트를 앱과 묶어서 내놓는 100만 달러 규모의 투자 및 약정 조건을 내걸었다. "그건 안 됩니다." 엔비디아팀에서 존의 제안을 일축했다. "그 정도의 투자 규모가 어떤 리스크를 초래할지 모르시는 겁니까? 저희는 그쪽의 급한 불을 꺼주려는 겁니다."

키홀은 가까스로 버티고 있었지만 존은 완강했다. 우리는 현금이 급히 필요했고 소니의 투자금은 바닥났다.(그리고 소니의 벤처자금은 소니의 다른 부서로 흘러 들어가고 있었다.) 존은 엔비디아에 독점 공급되는 어스뷰어 버전이 엔비디아 측에 가치 있는 차별화 요소가 될 것이라 자신했기 때문에 젠슨에게 직접 연락했다. 결국 젠슨은 사업개발팀의 반대를 꺾고 키홀에 50만 달러를 지불해 "엔비디아 GPU에 최적화된" 소비자 버전을 만들기로 했다. 존은 이 합의에 만족스러워했다. 키홀로서는 앞으로 2개월에서 3개월을 버틸 수 있는 매우 중요한 자금이었기 때문이다. 몇 주 지나지 않아 필과 우리 팀은 엔비디아 버전의 어스뷰어를 만들었으나 프린트, 주석달기 및 측량과 같은 몇 가지 전문적인 기능은 빼놓았다. 이른바 어스뷰어NV는 14일 무료체험판과 1년 구독을 합쳐 79.95달러에 패키지로 출시됐다. 키홀의 항공사진 파트너인 J. R. 로버트슨은 25퍼센트를 받기로 했다. 즉 제품 1개가 판매될 때마다 약 20달러를 받는 것이다.

파트너십 출범을 위해 존과 나는 산타클라라에 있는 엔비디아 사무실 근처에서 엔비디아팀을 만나 점심을 먹었다. 나는 엔비디아 마케팅팀의 키스 갤로시에게 키홀의 마케팅 담당자로 소개됐다. 그는 온화한 인상의 중서부 출신의 사내로, 당시의 최신 그래픽카드를 "테스트"하기 위해 밤새 게임한 탓에 졸린 눈으로 나타나기 일쑤였다.

점심을 먹은 후 우리는 엔비디아의 화려한 새 사무실로 안내를 받아 출시 계획을 점검했다. 유리벽으로 둘러싸인 널찍한 공간은 밝고 초현대적인 느낌이었다. 새로운 사무실에 입주한 기념으로, 엔비디아 엔지니어 중 1명이 근무 외 시간에 실감 나는 체험형 1인칭 3D 슈팅 게임을 만들었다. 직원들은 복도를 배회하면서 가상 동료들을 쏘아 죽일 수 있었다(내가 보기에 이건 정말 안 좋은 생각이었다). 젠슨은 우리 팀에게 계약 성사를 축하해주려고 회의실에 들렀다. 타이완에서 태어나 오리건주립대학교와 스탠퍼드대학교를 졸업한 젠슨은 서른 살 생일에 엔비디아를 창립했다. "거리 수준으로까지 확대(줌인)해 들어갈 때, '단계적 구현'에 대한 생각은 안 해봤습니까?" 젠슨이 존을 향해 회의 테이블 위로 몸을 기울이며 물었다.

"가능할 겁니다." 존이 대답했다. "그렇지만 저희는 지리적 방식으로 접근하려 노력하고 있습니다. 실제와 비슷해 보여야 하지만, 전 세계적 규모로 봤을 때 거리 모습까지 볼 수 있는 수준으로 확대가 가능한 데이터는 아직 없습니다."

키홀 사무실까지 운전하는 5분 동안 존은 젠슨이 한 말의 의미를 내게 설명해주었다. 그는 3D 건물과 거리 수준까지 확대된 스트리트 뷰를 내다보고 있다는 것이었다. 젠슨은 단계적으로 컴퓨터 그래픽 기술을 접목하는 것이 어떤지 제안했다. 그런 식으로 알고리즘에서 상세한 이미지를 단계적으로 생성하는 것이다. 그렇게 하면 생생한 3D 체험판으로 건물을 나타낼 수 있지만, 해당 위치에서의 실제 모습을 반영하지는 않게 된다(도시 건설 게임인 심시티Sim City를 생각해보면 알 수 있다). 존은 언젠가는 사용자가 지도상에서 거리 수준까지 확대해서 보고, 3D 건물과 거리 사진이 있는 실제 스트리트뷰로 전환해 가상의 거리를 걸을 수도 있게 될 것이라고 했다. 아주 불가능한 얘기는 아니라는 거였다.

"물론 이건 수백만 킬로미터에 달하는 거리 수준의 이미지 데이터를 얻을 수 있다는 전제하의 이야기지." 존은 한참 후에 이렇게 덧붙였다. "20년 후에나 나올 법한 프로젝트야."

공상과학 소설에서나 나올 것 같은 아이디어였다. 내가 죽기 전엔 절대 볼 수 없을 것 같은 먼 훗날의 기술 말이다.

엔비디아 소비자 버전은 잘 팔렸다. 소비자들 사이에 인기가 많았다. 엔비디아 웹사이트에서 키홀 어스뷰어NV의 14일짜리 무료체험판을 다운받은 한 대학생이 이메일을 보냈다. 이메일 제목에는 "키홀은 굉장해요"라고 되어 있었다. 이메일 내용을 발췌해보자면 이렇다. "이럴 수가. 저는 엔비디아 사이트에서 드라이버를 찾다가…. 지구가 떠 있는 화면을 보게 됐습니다. 이럴 수가, 이럴 수가. 저는 입을 다물지 못하다가…. 확대해보았습니다. 세상에, 여전히 고해상도 화질에, 저희 집까지도 확대가 되는 거예요. 학교도 가보고 친구네 집도 가보고 나서 주소 기능을 발견했습니다!!! 그러자 이 사람들 모두가 제 방으로 몰려왔고 저는 주소를 하나씩 검색했어요. 저희는 다들 놀라 뒤로 넘어졌죠. 이 프로그램은 진짜 보통이 아니에요. 이거 합법적인 것 맞나요?"

엔비디아와의 계약으로 자금이 투입되면서 숨통이 트였지만, 존은 그걸로는 충분하지 않다는 걸 알았다. 50만 달러는 기껏해야 2개월에서 3개월 정도만 버틸 수 있는 자금이었다. 존은 다시 도쿄에 있는 실리콘스튜디오라는 회사와 50만 달러짜리 계약을 추진했다. 이 회사는 3D 게임의 개발 및 배포를 전문으로 하는 비디오게임 개발사였다. 2002년 초, 이 회사는 존에게 연락해 일본에 독점으로 배포할

어스뷰어 버전을 만들고 싶다는 뜻을 내비쳤다. 몇 주간의 협상 끝에 존은 세부적인 문제를 조율하고 계약을 체결하기 위해 도쿄로 날아 갔다. 목표 자금은 50만 달러 이상이었다.

일본에 머무는 동안 존은 텍사스주 크로스플레인스에서 아버지 가 다시 위독한 상태라는 가슴 아픈 소식을 들었다. 존은 출장 일정 을 취소하고 텍사스로 돌아왔다. 존이 고향으로 돌아온 지 며칠 후 아버지가 돌아가셨다. 존은 어머니와 누나 폴라와 남아 장례 준비를 맡기로 했다. 아버지의 장례식에서 존은 추도연설을 했고, 장례식이 끝난 후 존의 가족들은 전통적인 텍사스식 장례 만찬을 열기 위해 집 으로 돌아왔다. 바비큐, 찜 요리의 일종인 캐서롤, 파이 등이 줄줄이 들어왔다. 존의 아버지는 우체국장으로서 사랑을 받았고, 크로스플 레인스의 893명 주민 모두와 알고 지냈다. 이들은 조의를 표하기 위 해 장례 만찬에 온 듯했다.

식사 중간에 존의 전화기가 울렸다. 그는 전화번호를 보며 잠시 생각에 잠겼다. '이럴 수가.' 그는 속으로 생각했다. '이 계약이 정말 성사되는 거야?' 일본의 실리콘스튜디오에서 걸려온 전화였다. 존 은 더 이상 계약을 미룰 수 없다는 걸 알았다. 키홀의 자금난 때문이 었다. 그는 양해를 구하고 장례 만찬장을 빠져나와 계약협상에 들어 갔다. 필사적으로 회사를 살리고 키홀 직원들에게 몇 달 치 인건비를 지급하기 위해 자금 지원을 받는다는 내용이었다. 존은 나중에 나에 게 털어놓았다. "아버지의 장례식에서 계약을 마무리 지을 수밖에 없 었어. 정말 최악의 아들이지. 난 너무 지쳤었거든. 남은 게 아무것도 없었지."

존은 마운틴뷰로 돌아온 후 디지털글로브에 관심을 쏟기 시작했다. 당시 디지털글로브가 새로운 퀵버드 위성을 쏘아 올렸기 때문이다. 엔비디아 버전의 어스뷰어가 전 세계 소비자들에게 사랑받고 새롭게 일본 내 배급 파트너를 구하게 되면서, 키홀은 전 세계로 이미지 제공 범위를 확대해야 했다. 상대적으로 낮은 해상도에도 불구하고 위성에는 여러 장점이 있었다. 먼저, 언제나 상공에 있다는 점이다. 위성은 365일 24시간 내내 지구 주위를 돈다. 다시 말하면 가장 최신 데이터를 제공한다는 뜻이다. 둘째, 퀵버드 위성에 국가 간 경계란 없다. 애리조나 남부를 촬영하듯 손쉽게 남아프리카공화국의 이미지를 수집할 수 있었다.

1년여에 걸친 논의 끝에 대니얼과 존은 디지털글로브와 계약을 체결했다. 키홀이 전 세계 주요도시를 포괄하는 대량의 사진 데이터를 사용할 수 있다는 내용이었다. 디지털글로브는 새로운 범주의 고객을 발굴하는 데 키홀이 완벽한 파트너라고 생각했다. 자신들의 상용고객뿐 아니라 전 세계를 탐색하는 일반 소비자에게 서비스를 확대하고자 한 것이다. 퀵버드 위성이 촬영한 사진은 그때까지 미군이 거의 독점으로 사용해왔다. 키홀은 새로운 시장으로의 가능성을 새롭게 열어준 셈이었다.

존은 필과 엔지니어팀에게 사용자가 서로 다른 사진 데이터베이스를 자유롭게 이용할 수 있도록 키홀의 백엔드 서버와 프론트엔드 클라이언트 소프트웨어의 구조를 변경하도록 요구했다. 곧 우리는 두 버전의 지구 모형을 갖게 됐다. 로버트슨의 데이터와 디지털글로브의 데이터를 적용한 버전이 각각 하나씩 생긴 것이다. 사용자는 두 버전을 자유롭게 오가며 사용할 수 있게 되었다.

2002년 늦여름, 디지털글로브의 데이터가 들어오기 시작했다. 회의실에서 회의하다 보면 물류 운송업체인 UPS나 페덱스 트럭이 사무실 앞에 정차하곤 했다. 그러면 데데가 택배 서류에 서명을 했고, 치카이와 대니얼이 뭐가 왔는지 보려고 사무실에서 나왔다.

치카이와 젊은 영상처리 보조인 웨인 타이가 2주에 걸쳐 단일 도시에 대한 데이터 가져오기 작업을 시작했다(DVD 48장에서 160장에 달하는 양일 때가 많았다). 색 밸런스를 조정하고 스트리밍을 최적화한 다음, 실시간으로 데이터를 보내는 것이었다. 키홀의 어스퓨전 소프트웨어 도구를 사용하는 고된 과정이었다. 단일 도시 구현 작업에만 16단계를 거쳐야 했다. 웨인은 로스앤젤레스에서 자란 베트남계 미국인으로, 롤러블레이드와 로스앤젤레스의 농구팀인 레이커스를 상당히 좋아했다. 그는 사무실에 제일 늦게까지 남아 워크스테이션이 밤새 실행되도록 설정하는 "예약 작업cron job"을 시작했다. 다음 날 아침이 되면 웨인은 결과를 점검했다. 그 과정은 실패로 끝날 때가 많았지만 웨인은 반복해서 작업을 수행했고, 덕분에 **오뚜기 웨인**이라는 별명까지 얻었다. 어떤 날은 사무실 소파에서 자면서 작업을 모니터링하기도 했다. 팀에서는 가능한 한 빨리 택배상자를 뜯어 데이터를 추가하기 시작했다.

어느 금요일 오후, 존은 웨인의 사무실에 들어가 업데이트가 끝났는지 물었다. 업데이트는 여전히 진행 중이었다. 그다음 월요일 무역박람회에서 어스뷰어를 판매하려면 해당 사진이 필요했다. 존은 웨인에게 업데이트가 끝나지 않으면 월요일에도 그의 자리가 사무실에 남아 있을지 모르겠다는 식으로 말했다. 웨인은 집에 가서 가족과 주말을 보낼 계획이었다. 존이 나가자 웨인은 사무실 벽을 주먹으로 쳤다. 마크 어빈이 자리에서 일어서더니 말했다. "웨인, 아직 이해가 안되나 본데, 존이 한 말은 우리 모두가 이 일을 못 끝내면 다 같이 월요일에 잘릴 거라는 뜻이야."

얼마 지나지 않아 나는 다른 무역박람회에서 어스뷰어를 시연했다. 잠재고객 중 한 사람이 젊은 부동산 사업가였는데, 니카라과에 새로운 리조트를 개발하기 위해 외딴 해변가 부지를 매입할지 고려하고 있었다. 그가 해당 지역에 대해 얘기하는 동안 우리는 우주에서 니카라과로, 그리고 다시 태평양 해변으로 뷰어를 확대했고, 그가 가리키는 대로 더 멀리 남쪽 지역으로 좁혀 들어갔다. 그 지역으로 가까이 갈수록, 해안에 걸쳐 있는 니카라과의 외딴 정글이 고해상도의 이미지 타일 형태로 보였다. 웨인이 디지털글로브에서 받아 처리하느라 애썼던 바로 그 골치 아픈 단일 이미지 타일이었다.

그 잠재고객은 조용해졌다. 나는 백사장과 아쿠아블루 빛 바닷물이 들어와 있는 만 쪽으로 카메라를 이동했다. 개발이 되지 않아 원래 모습을 간직한 고립된 만이었다. 그의 눈이 커지더니 다시 줌아웃으로 축소해달라고 요구했다. 그는 인간의 손이 닿지 않은 해안가를 다른 누군가가 보기라도 할까 봐 초조한 기색으로 주변 지역을 살펴보았다. 절대 놓칠 수 없었던 것이다.

"아무나 이걸 볼 수 있다는 말씀이시죠?" 그가 속삭였다.

"저희 소프트웨어를 가진 사람은 누구나 볼 수 있습니다." 내가 대답했다.

그는 소프트웨어를 구입했고, 어스뷰어의 구독 판매(연간 599달러) 량이 치솟기 시작했다. 나중에 그는 물었다. "하나만 물어봅시다. 이 이미지를 삭제하고 싶으면 어떻게 하죠? 돈을 지불하면 그렇게 해주실 수 있습니까?" 나는 뭐라고 답해야 할지 몰랐다. 데이터베이스에서 자신이 소유한 부지를 빼고 싶어 하는 사람이 있을 거라는 생각은 못 해봤던 것이다. 키홀이 이런 질문을 받은 게 그때가 처음이었지만, 앞으로 그런 질문이 늘어나리라는 것은 불을 보듯 뻔했다.

◎

디지털글로브에서 받은 전 세계의 사진 데이터베이스가 기하급수적으로 늘어나면서 우리는 텔레비전 방송국, NGO, 군 및 정보기관 등 새로운 시장으로 진입을 시도했다. 상가 부동산과 새로운 소비자 시장은 점점 탄력을 받고 있었지만 자금 압박은 점점 심해졌다. 존은 회계장부를 검토하고 그주에 어느 공급업체에 대금을 결제할지 결정한 후에, 회계사와 긴 시간 회의를 마치고 무거운 표정으로 나오는 경우가 많았다. 말하자면 키홀은 여러 건의 대형계약 중 하나만이라도 따길 바라는, 카지노 테이블을 지켜보는 상황과 비슷했다.

영업사원인 데이브 로렌지니는 장기 고객사 몇 곳을 뚫기 위한 기반을 다졌다. 대니얼 레더먼과 정부가 주최한 무역박람회에 참석했다. 키홀 제품에 흥미를 보인 도시 설계담당자와 시 행정관리자들로 북적였다. 대니얼과 내가 점심을 먹을 수 있도록, 데이브가 우리와 교대해 정오에 부스 업무를 맡기로 되어 있었다. 그런데 아무리 찾아도 그를 볼 수 없었고, 전화를 해도 음성사서함으로 곧장 넘어갔다. 3시간 후 데이브가 나타나더니 기조 발표가 있던 행사장에 몰래 들어갔다고 털어놓았다. 당시 유엔사무총장이었던 코피 아난이 기조 연설자였다고 했다. 로렌지니는 그 특유의 화술을 이용해 코피 아난의 연설이 끝난 후, 복도에서 그에게 키홀 제품을 시연했다는 것이었다. "네, 제가 코피 아난 총장의 연설이 끝난 후에 그를 복도에서 붙잡아 우리 제품을 보여줬습니다. 총장 얼굴이 거의 오줌을 지릴 것 같던데요!" 대니얼과 나는 고개를 저으며 웃을 수밖에 없었다.

스타트업에는 데이브 로렌지니 같은 직원들이 필요하다. 이들에게 재량권을 줄수록 성과가 더 좋다. 이들이 어떤 깜짝쇼를 선보일지는 절대 알 수가 없는 것이다. 데이브는 키홀에 상당한 깜짝 선물을 안겼다. 그는 NGO 세계 안에 발판을 마련하고, 예멘에서 아랍에미리트에 이르기까지 외국 정부들을 무작위로 불러 모은 것이었다. 또한 다양한 사건·사고를 다루는 프로그램에서 키홀 어스뷰어를 사용하도록 CNN을 설득하기도 했다. 데이브는 여러 기회를 이용해 키홀 제품을 홍보했으나 무슨 이유에서인지 계약이 성사되지는 못했다.

2002년 8월 하순경, 첫째 딸 이사벨이 보스턴의 브리검여성병원에서 예정보다 3주 일찍 태어났다. 며칠 후 나는 존에게서 축하 전화를 받고 산부인과 병동의 병실에서 빠져나왔다. "곧 CNN과 계약을 체결할 거야." 존이 키홀의 절박한 자금난을 걱정하는 나를 진정시키며 말했다. "정말 잘됐네." 나는 그의 들뜬 기분에 동조하듯 말했다. "35만 달러 대신 25만 달러짜리 계약을 체결하게 됐어. 데이브가 그러는데 곧 계약이 성사될 거래." 존이 말을 이었다. 셸리와 이사벨이 있는 병실로 다시 들어가면서, 커지는 압박감을 쉽사리 감지할 수 있었다.

데이브와 대니얼은 6개월간 CNN 계약 건에 매달렸다. 전국의 군소 방송사와 지역 방송국에서 교통사고와 범죄현장, 기타 지역 속보 소식 등을 보도할 때 어스뷰어를 사용하기 위해 키홀과 계약을 체결했다. 어스뷰어는 지역 뉴스를 취재하는 헬기를 거의 대체할 수 있었다. 이전에는 한번 헬기를 띄울 때마다 지역 방송사에서는 거의 2,500달러 정도의 비용을 들여야 했다.

10월경, 매출이 착실하게 늘긴 했지만 엔비디아와 실리콘스튜디오에서 수혈받은 자금이 바닥나버렸다. 키홀은 직원의 급여를 맞춰주기도 빠듯했고, 투자 전망은 어두웠다. 최후의 수단으로 존과 브라이언은 "가족 및 친지"의 투자금 모금에 나섰다. 각자 연락처를 살펴보고 키홀의 긴급 자금 지원을 위해 경제적 도움을 요청했다. 4개월 치 미지급 경비보고서 금액이 1만 달러가 넘는 상황이어서, 나는 투자할 수가 없었다. 다들 합쳐서 50만 달러가량을 모았다.

자금 조달 과정에서, 존의 경영대학원 동기였던 노아 도일이 투자자이자 사업개발 및 파트너십 담당직원으로 합류했다. 나는 노아와 일하는 게 좋았다. 밝고 조용한 성격에 교수 같은 느낌을 풍겼는데, 질문을 받으면 선택지에 대해 한참을 곱씹곤 했다. 기계적으로 답변하기 전에 사안의 모든 측면을 고려하는 것이었다. 여러 번의 창업경험이 있는 노아는 키홀의 주식을 받는 대신 급여를 받지 않겠다고 존에게 말했다. 그는 그런 식으로 현명한 투자를 여러 차례 해왔다. 그는 버클리캠퍼스 동기와 고객보상 프로그램 소프트웨어 회사를 공동창업했다가 2001년 7월, 이 회사를 유나이티드항공에 판 적이 있었다.

나중에 노아는 키홀의 기업을 상대로 하는 인터넷 비즈니스 전략 및 영업에 핵심 역할을 맡았다.

⊙

2002년 가을, CNN과의 계약보다 더 큰 규모의 계약이 체결될 조짐이 보였다. 이 매출 기회는 키홀의 데이터가 아닌 키홀의 소프트웨어 사용이 핵심이었다. 그 대신 고객사의 데이터를 활용하는 방식이었다. 이 회사의 실시간 고해상도 위성 및 항공사진의 양이 엄청나서, 우리가 긁어모은 사진 데이터베이스가 초라해 보일 지경이었다.

이런 식이었다. 9·11테러의 여파로 키홀은 워싱턴DC의 다양한 정부기관으로부터 문의를 받기 시작했다. 중동에서의 긴장이 높아지고 있었고, 군대 및 기타 조직에서는 이를 해결하기 위한 노력을 지원할 새로운 기술을 찾고 있었다. 키홀은 군용 세계지도를 제작하는 미국의 국립지리정보국NGA, National Geospatial-Intelligence Agency과 논의를 시작했다. 이들은 무제한 지도 및 데이터를 보유하고 있었지만, 이를 필요로 하는 개인에게 이러한 데이터를 배포하는 메커니즘은 어스뷰어에 비하면 투박하고 속도도 느렸다.

키홀은 인큐텔의 연락을 받았다. 실리콘밸리의 다른 모든 벤처투자 회사는 2001년과 2002년에 실질적으로 투자를 중단했으나, 인큐텔은 사무실을 열고 투자할 만한 가능성이 있는 회사를 찾아 나섰다. 인큐텔은 일반적인 벤처투자 회사가 아니었다. CIA와 국립지리정보국의 자금 지원을 받아, 정부에 도움이 될 만한 새로운 기술을 찾도록 창업한 회사였기 때문이다. 나중에서야 알게 됐지만, 키홀의 기술은 인큐텔의 중요 업무에 80퍼센트 정도 도움을 줄 수 있었다. 인큐텔의 역할은 키홀과 같은 스타트업에 투자해 나머지 20퍼센트에 해당하는 제품 기능을 개발하도록 지원하여, 이를 업무에 대폭 활용하는 것이었다.

안타깝게도 이러한 투자 과정은 예상대로 지루하게 이어졌고, 2002년 말 키홀의 자금 사정은 다시 악화되었다. 주간 직원회의 참석 인원은 줄어들었고 엔지니어들의 출근 일수가 줄기 시작했다. 더그 스노는 확고한 영업 파이프라인(기업의 영업 활동 진행 상황을 초기 기회 발굴 단계부터 마지막 계약 단계까지 쉽게 이해하고 대응할 수 있도록 도식화된 영업관리 도구)도 구축하지 못한 채로 돌연 직장을 그만두었다. 최고기술책임자인 필 케슬린은 엔비디아에 좀 더 안정적인 일자리를 구해 떠났다. 나조차도 다른 구직 기회를 찾으며 면접을 보러 다닐 정도였다. 케임브리지에 본사가 있는 회사에 면접을 보면서 연봉 협상 단계까지 갔다.

소비자 버전 덕분에 매달 5만 달러가량 매출액이 늘어났으나, 이는 엔비디아의 자사 웹사이트에 노출된 덕분이었다. 게다가 계약 체결 후 몇 달이 지나자 고객층도 줄기 시작했다. 매주 전화회의를 진행하면서, 나는 엔비디아 마케팅 담당자인 키스 갤로시에게 키홀 어스뷰어NV 소비자용 제품을 월별 특가 제품과 프로모션을 통해 홍보할 새로운 아이디어를 얻을 때가 많았다. 엔비디아 웹사이트와 무역 박람회, 뉴스레터 등을 활용하곤 했던 것이다. 그러나 NV 버전 판매는 지지부진했다.

나는 존에게 엔비디아와 독점계약 해지를 논의하는 것이 어떻겠냐고 물었다. 독점계약 조항 때문에 키홀이 어스뷰어에 열광하는 더 많은 고객층을 확보해 성공을 꾀하기에는 손익이 맞지 않았다. "농담해?" 그가 대답했다. "'엔비디아의 하드웨어에서만 실행되어야 한다'는 독점 조항이 아직 6개월 더 남았어. 그 조항 때문에 우리는 50만 달러를 받은 거고. 꿈도 꾸지 마." 내가 다시 말했다. "일단 내가 시도라도 해보는 건 어떨까?"

몇 주 후 따뜻한 금요일 오후, 엔비디아 마케팅 담당자인 키스가 회의를 하러 우리 사무실로 왔다. 나는 키홀이 실제로 폐업할 가능성을 가감 없이 보여주면서 전체 재무 구조를 설명했다. 키스는 공감을 표했으나 독점조항 삭제는 그가 결정할 사안은 아니었다. 한 달 동안 논의를 주고받으며 어스뷰어NV 내의 화성 데이터베이스에 대한 접속 권한을 추가하고 10달러 가격 인하를 허용하면서, 엔비디아는 키홀에서 엔비디아 하드웨어에 한정되지 않은 소비자 버전을 출시하는 데 합의했다. 키홀은 어스뷰어LT 제품을 연간 79.95달러에 판매할 수 있게 되었다. 엔비디아의 그래픽카드 없이 컴퓨터에서 실행이 가능해진 것이다.

이 독점조항을 철회함으로써 키홀은 좀 더 많은 소비자를 유료고객으로 전환할 가능성이 높아진 셈이었다. 100명이 우리 웹사이트를 방문하는 경우, 엔비디아 버전이 그중 35퍼센트만을 고객으로 전환할 수 있었다면, 이제는 95퍼센트를 고객으로 전환할 수 있게 된 것이다(아직 매킨토시 컴퓨터용 버전은 없었다).

키홀로서는 상당한 소득이었고, 존은 이 협상을 이끌어낸 나의 노력을 높이 평가했다. 그러나 실제로는 소비자 버전의 판매는 엔비디아 웹사이트 트래픽 덕분에 가능했다. 우리는 이 새로운 소비자 버전을 홍보할 엔비디아 수준의 판로가 없었다. 소비자가 이 소프트웨어를 쉽게 구매할 수 있게 됐다고 해서 TV 광고를 통해 제품을 팔게 될 것 같지는 않았다.

'팔 수 있었으려나?'

2003년 1월, CNN에 키홀 제품 라이선스를 제공하는 계약은 좀처럼 현실화될 조짐이 보이지 않은 채 지지부진하게 흘러갔다. 심히 실망스러웠다. 데이비드 로렌지니는 6개월 넘게 CNN 계약에 공을 들여왔고 브라이언 매클렌던은 CNN 그래픽 담당자로 일하는 어린 시절 친구에게 물밑 작업을 했던 것이다. 영업 파이프라인을 검토해보니, 처음에는 40만 달러에 계약을 체결할 가능성이 95퍼센트였던 사업 기회가 시간이 지나자, 7만 5천 달러에 체결할 가능성마저 50퍼센트로 줄어들었다. 직원들은 회의 중에 이런 내용이 다뤄질 때마다 실망스러운 표정을 감추지 못했다.

그러다가 데이비드 로렌지니가 키홀을 떠났다. 그는 안정적인 급여가 보장된 예전 직장으로 돌아간 것이다. CNN 계약 건은 거의 잊혔다. 최종 제안 내용은 CNN이 연간 7만 5천 달러를 내면 키홀의 소프트웨어 사용권을 가지고 방송 중에 이를 사용할 수 있다는 것이었다. 데이브 로렌지니가 떠나자 이를 이어받아 계약을 성사시킬 사람이 아무도 없었다.

상가 부동산 시장과 소비자 버전 및 잡다한 다른 매출 건수가 늘면서 키홀은 2002년 200만 달러의 매출액을 달성했다. 2001년의 50만 달러에 비하면 대폭 상승한 수치였으나 그해 장부는 여전히 적자였다. 소니의 초기 투자금은 사라진 지 오래였다. 키홀이 아직 사업을 접지 않은 유일한 이유는 존이 엔비디아와 실리콘스튜디오, 친지의 자금을 겨우 끌어온 덕이었다.

2002년 12월경, 키홀은 다시 사실상의 파산 상태에 직면했다. 1월 초에 이사회가 소집되었고 존은 해고나 폐업이라는 암울한 전망과 맞닥뜨렸다. 우리 사무실에서 네 블록 떨어진 유명 실리콘밸리 술집인 스포츠페이지에서 맥주를 마시던 날 밤이었다. 존과 나는 뭘 할 수 있을지 얘기했다. 몇 주 동안 존은 회사의 심각한 재무 상태에도 의연한 모습을 보여왔지만, 우리 둘만 있을 때 존은 키홀의 앞날에 대해 훨씬 자신감을 잃은 것처럼 보였다. 그렇긴 했어도, 존은 상황이 어느 정도로 나쁜지는 털어놓지 않았다.

당시에 나는 존이 급여를 지급하기 위해 가끔 개인적으로 회사에 돈을 빌려줬다는 사실을 몰랐다. 수입이 들어오면 융자를 상환했지만, 존의 아내 홀리는 탐탁지 않아 했다. 이들 부부에게는 어린아이가 둘이나 있었다. 존의 이전 회사에서 받은 퇴직금이 어느 정도 완충 작용을 해주었지만, 존 역시 경제적 압박에 시달리고 있었다.

존은 케케묵은 바 위에 놓인 구식 TV를 올려다보았다. 프로풋볼 팀인 샌프란시스코 포티나이너스 경기가 방영되고 있었다. 존은 내게 무료체험판을 쓰는 사용자를 영구 가입자로 전환하기 위한 단기 프로모션 아이디어가 없느냐고 끈질기게 물었다. 그는 포기할 생각이 없었던 것이다.

"회사 전체 직원을 대상으로 50퍼센트 임금 삭감을 하는 건 어때?" 내가 제안했다.

존은 머릿속으로 계산기를 두들기기라도 하는 듯 말없이 바를 둘러보았다.

"그러면 몇 달은 벌 수 있겠군." 존이 마침내 입을 열었다. "인큐텔이나 CNN 계약을 따내기에도 충분한 시간이네. 어쩌면 직원들에게 주식을 좀 더 나눠주면 보상이 될 수도 있겠다."

그날 밤 존은 차를 몰고 집으로 갔다. 길이 약 2.4킬로미터의 실리콘밸리와 이스트밸리를 연결하는 덤바턴 다리 한가운데에서 차가 털털거리는 소리를 내자, 다리의 좁은 갓길에 세웠다. 존은 대시보드를 보고 기름이 떨어진 것을 알았다. 그는 노아에게 전화해 데리러 와달라고 부탁했다.

이후 2003년 1월, 이사회 회의를 준비하면서 존은 나에게 참석자를 위한 야외공연장 설치를 도와달라고 부탁했다. 키홀이 폐업할 거라고 생각하는 사람들에게 뭔가를 보여주겠다는 것이다. 키홀의 온라인 판매량은 꾸준히 늘어났다. 키홀의 웹사이트에서 소프트웨어 무료체험판 사용 등록을 한 사람들에게 월별 가격 프로모션을 알리는 게 내 일상 업무였다. 이러한 홍보 방식은 즉각적인 수익 촉진에 효과적이었으나 한 달에 한 번만 할 수 있다는 한계가 있었다. 존은 나에게 그달의 특별 가격 프로모션 무료 체험판을 준비해 발송하라고 했다. 그래야 회의실에서 이사회 회의 시작에 맞춰 고객들이 이메일로 무료체험판을 받아 볼 수 있다는 것이었다.

존의 컴퓨터는 라이선스가 팔릴 때마다 언제든 결제 처리 시스템에서 주문 알림을 받도록 설정되어 있었다. 그래서 존이 이사회에 심각한 자금 운용 상황을 발표할 때, 키홀 가입 주문 알림이 계속 오는 바람에 발표가 자주 중단되었다. 이 작은 속임수가 회사를 살렸다고 말하지는 않겠다. 그러나 존은 회의 후에 쓴웃음을 지으며 윙크로 답했다. "확실히 회의 분위기가 좋아졌지."

이사회는 키홀을 폐업하지 않는다는 결정을 내렸다. 그 대신 각 직원에게는 선택권이 주어졌다. 임시 임금 삭감에 동의한 직원들은 회사 주식을 10퍼센트에서 100퍼센트까지 차등적으로 받을 수 있었다. 대부분의 직원은 대폭 삭감을 받아들였다. 치카이 같은 직원은 더 많은 주식을 받고 아예 급여를 받지 않겠다고 했다. 경비는 여전히 미지급으로 남았다. 로버트슨과 다른 여러 공급업체에서 전화가 수없이 걸려왔으나 받지 않았다. 아직 1분기 계획이 더 남았고 CNN이나 인큐텔과의 대형계약 건 중 하나가 해결되길 바랐다. 3개월간 진전이 없으면 존은 이 모든 아이디어를 다 접어야 할 판이었다.

24시간짜리 광고
CNN과의 계약

2003년 3월 27일 아침, 데이비드 콘먼이 제일 먼저 출근했다. 그는 사무실 문을 열고 커피를 내렸다. 복합기 옆을 지나가면서 데이비드는 팩스 한 장이 들어와 있는 것을 발견했다. CNN의 서명이 들어간 계약서였다. 흥미롭게도 새벽 3시에 애틀랜타에서 CNN 담당 변호사들이 서명해서 보낸 것이었다.

그날 오후 존은 나에게 전화해 7만 5천 달러짜리 계약에 대해 얘기했다. 계약 금액이 줄어든 것을 보니 그의 흥분이 가라앉은 이유를 알 것 같았다. 그래도 존은 그 희소식을 녹초가 된 키홀팀에 전하며 다시금 활기를 북돋우려 했다. 그뿐만 아니라 존은 CNN에 전했던 최종 제안서에 끼워 넣었던 내용을 언급했다.

"저는 CNN이 방송 중에 우리 회사의 소프트웨어를 사용할 때마다 키홀 URL이 화면에 뜨도록 하는 문구를 넣었습니다." 그가 덧붙여 말했다. 나는 존이 최종 제안서에 이런 유용한 문구를 넣은 데 대해 기뻐하는 척했다. 그는 경영대학원 동기였던 오마르 테예즈의 조언을 받아들여, 화면에 키홀 로고가 뜨는 조건으로 낮은 가격에 계약한 것이다. 오마르와 존은 둘 다 집에 어린아이가 있어서인지 자주 어울렸다. 존의 집에서 저녁을 먹은 후 키홀의 어려웠던 시절과 CNN과의 계약 성사에 난관을 겪는 이야기를 듣더니 오마르는 방송 중에 회사 로고를 노출하라고 제안했다.

그날 저녁 늦게 CNN에서는 미국의 이라크 침공을 24시간 다루는 새로운 뉴스 코너를 선보였다. 8시에 시작하는 새로운 코너에서 CNN의 간판 앵커 울프 블리처는 TV 화면 앞으로 수백만 명의 시청자를 끌어들였다.

"가장 최근의 폭발은 1시간 전에 일어났으며, 지금 이 순간에도 더 많은 일이 일어나고 있습니다. 그러나 이에 앞서 최대 규모의 폭발이 있었던 것 같군요." 블리처가 말했다. "이전에 목표대상이었던 바그다드의 몇몇 장소에서 폭격이 목격되었습니다. 이라크 대통령궁과 도시 경계지역의 군사시설도 폭격 대상이었습니다."

뉴스는 애틀랜타로 다시 이동해, CNN의 상황실에서 중계를 맡은 애런 브라운이 앵커로 등장했다. 브라운은 리포터 마일스 오브라이언에게 다시 마이크를 돌렸다. 오브라이언은 자신도 모르는 사이에 캘리포니아주에 있는 작은 지도정보제공 회사의 재무 상황을 막 바꾸어놓을 참이었다.

브라운에서 오브라이언으로 곧바로 넘어갔다. "마일스 오브라이언이 지도 화면에 나와 있습니다. 제 생각에 이 장소들을 따라가는 데는 이유가 좀 더 있을 것 같습니다. 마일스."

CNN에서 키홀 제품은 항상 CNN 내의 그래픽팀과 애니메이션을 공동 제작한다는 계약에 따라 사용하기로 되어 있었다는 점을 짚고 넘어가야겠다. 즉 사전에 비디오를 제작해 보도내용을 보충하는 자료로 활용하는 것이었다. 대체로 30분짜리 뉴스 프로그램에서 3초에서 8초 정도를 차지하며, 시청자에게 사건의 지리적 맥락을 제공하는 지도 애니메이션을 본 적이 있을 것이다.

마일스 오브라이언에게는 다른 생각이 있었다. 짧은 사전제작 비디오를 만드는 대신 분량이 긴 특집 프로그램용으로 바그다드 주변 상공을 자유롭게 이동하는 모습을 보여주고자 했다. 그는 CNN을 수백만 시청자들을 위한 키홀 어스뷰어 발표회로 만들 작정이었다.

몇 년 후 오브라이언이 나에게 이렇게 말해주었다. "해낼 수 있다는 자신감에 가득 찼던 것 같아요. 그때까지 CNN에서는 아무도 그렇게 해볼 생각을 못 했지만 저는 그게 대히트를 칠 거라 생각했습니다. 방송 막간에 뉴스룸 안에 있던 사람들이 제 컴퓨터 앞에 줄을 서서 어스뷰어로 자기들 집에 찾아가는 걸 보여달라고 할 정도였거든요."

브라운이 오브라이언에게 다음 진행을 넘기자 그는 다소 긴장한 기색으로 키홀 어스뷰어를 이용해 고난도의 묘기를 시작했다. "애런, 지금 우리는 실제로 위성사진을 보고 있는데요. 꽤나 극적입니다. 먼저 이 영상을 어떻게 확보할 수 있었는지부터 말씀드려야겠습니다."

CNN은 아주 세세한 부분까지 살펴볼 수 있는 지구의 모습을 화면에 띄웠다. 상단 오른쪽에는 어스뷰어닷컴earthviewer.com 주소가 선명히 찍혀 있었다.

오브라이언은 우주에서 바그다드로 확대해 들어가면서 전 세계 수백만 CNN 시청자들에게 키홀 어스뷰어 소프트웨어를 시연했다. 업데이트된 디지털글로브의 위성사진으로 포착된 최근의 폭격 피해 현장을 보여주면서, 오브라이언은 그 이미지가 거의 실시간으로 전쟁 상황을 보여주고 있음을 내비쳤다.

"여기 시간이 나와 있는 걸 보실 수 있습니다. 세계 표준시인 GMT인데요. 오늘 날짜로 오전 7시 35분입니다. 저 위성이 수백 킬로미터 위 바그다드 상공에서 촬영한 몇 장의 생생한 사진입니다. 키홀의 어스뷰어 소프트웨어를 사용해서 바그다드를 확대해보겠습니다. 우리가 지금 무슨 얘기를 하고 있는지 바로 확인하실 수 있습니다. 말하자면 TV 화면으로 간접적으로나마 폭격 피해가 어느 정도인지 가늠해볼 수 있는 것이죠."

한편, 우리 사무실에서는 치카이가 책상에서 벌떡 일어나 에드 루벤의 책상으로 부리나케 갔다. 키홀의 서버 인프라 관리자인 치카이는 키홀 제품이 상가 부동산 중개업자들 사이에서 입지를 넓히며 트래픽이 갑자기 증가할 당시에도 무사히 상황을 해결해왔다. 원래 키홀팀은 고가의, 소용량 저장장치 여러 대를 묶어서 대용량 저장장치를 만드는 RAID 스토리지 어레이를 구매했다. 그러나 회사의 데이터와 요구사항이 늘어나고 리소스가 줄어들면서, 엔지니어들이 프라이스일렉트로닉스 전자제품 매장에서 리눅스Linux로 구성된 랙rack, 보드, 디스크 드라이브를 사들이기 시작했다. 회사가 성장할 때마다 프라이스일렉트로닉스에 가는 날도 주기적으로 늘어났다. 사용자가 늘어 데이터가 시스템에 추가되면서 용량을 늘리기 위해 드라이브와 서버 장비를 할인가로 비축해둘 필요가 있었던 것이다. 치카이는 저사양 리눅스 서버로 수요보다 한발 앞서 트래픽 증가에 그럭저럭 대응했다.

그러나 이번에는 달랐다. 트래픽이 좀 늘어난 정도가 아니라 거의 폭발 수준으로 쇄도하는 바람에, 보통 때 같으면 조용했을 목요일 오후 일정이 거의 마비됐다. 15초 간격으로 측정되는 서버 트래픽 부하가 기하급수적으로 치솟았다. 그러더니 조용해졌다. 모든 키홀 어스 서버가 다운된 것이다.

한 개 서버만 빼고. CNN 버전의 키홀 어스뷰어는 CNN 전용 별도서버로 연결되어 있었다. 오브라이언은 계속 진행했다. "바그다드로 확대해 들어가서 여러분께 이 새로운 애니메이션을 보여드리겠습니다. 지금 막 들어온 위성사진입니다."

마운틴뷰에 있는 에드와 치카이는 이런 상황을 몰랐다. 최소한의 인원만 남은 키홀 직원들 사이에서 그날 CNN 계약 성사 소식이 퍼졌다. 그러나 CNN 애니메이션 제작은 아직 시작조차 안 한 상태였다.

"제가 다시 인증서버를 재부팅해볼게요." 에드가 치카이에게 말했다. 에드는 예전에 이 문제를 미뤄두어야 했었다. 그는 인증서버 코드 베이스를 완전히 새로 써야 한다고 지적했지만, 키홀의 인력과 자금 부족 때문에 코드 베이스 재작성이 시간을 다툴 만큼 급한 일이라고 여겨진 적은 없었다.

게다가 그전까지는 인증서버(누군가가 키홀 어스뷰어에 가입하려는 경우 새로운 사용자 계정을 생성하고 인증하는 시스템)를 재부팅하면 언제나 잘 돌아갔었다. 오래돼서 삐걱대긴 했지만 키홀 서비스에 대한 모든 액세스를 관리하는 회사의 개찰구이자 수입과 직결되는 장비나 마찬가지였다. 누가 문을 열고 들어와 키홀 어스뷰어를 사용할 수 있는지를 이 단일 서버에서 결정했다.

"여러분, 서버가 다운됐습니다." 노먼 매클렌던이 말했다. 건장한 생김새에 나긋나긋한 말투를 지닌 그는 키홀의 기술지원 책임자로, 브라이언과 형제였다. 사무실이라기보다는 벽장에 가까운 서버실 안은 비좁았고 열기로 가득했다. 그는 그런 곳에서 에드 및 치카이와 일했다. 노먼의 기술지원팀 전화벨이 끊임없이 울렸다. 그러는 사이 에드는 인증서버를 세 번째로 재부팅 중이었다. 매번 재시작을 해봐도 트래픽이 초과되는 바람에 가까스로 살려놓은 서버는 속수무책으로 다운됐다.

"여러분, 대체 무슨 일입니까?" 존이 자리에서 소리쳤다. "서버가 다운됐어요." 키홀의 가입자 기반 서비스가 오프라인이 될 때마다 매출에 어떤 영향이 갈지 굳이 상기할 필요는 없었다. 다운이 되면 가입 기간을 연장해주거나 환불을 해줘야 할 때도 있었다.

우리 사무실에는 케이블과 CNN에 연결된 TV가 없었다. 유일한 TV라고 해봤자 작은 회의실에 있는 게 전부였는데, 엔지니어가 새로운 사진 데이터베이스가 처리되길 기다리면서 소니 플레이스테이션으로 밤늦게 그란 투리스모 레이싱 게임을 할 때 주로 썼던 것이다. 아무도 트래픽 폭증 이유를 몰랐다. 존이 서버실로 들어왔을 때, 마침 치카이는 휴대폰을 들여다보고 있다가 친구에게서 온 문자메시지를 확인했다. "너네 회사가 CNN에 나왔어!"

다음 날 존은 나에게 전화로 "네가 여기로 오는 게 좋겠어. 항공편이 있나 좀 알아봐." 다급하고 숨찬 목소리였다. 키홀의 재무 상황이 막 호전되었을지도 모른다는 첫 신호로 보였다. 마운틴뷰로 매달 출장 오지 않아도 된다는 말을 들은 지 얼마 안 됐기 때문이다.

당시 보스턴에서 나는 영상편집 소프트웨어 분야 선두기업인 아비드를 창업한 빌 워너 소유의 개방형 사무실을 비워야 하는 상황이었다. 워너는 매사추세츠의 스타트업 육성에 눈을 돌렸고, 나는 운 좋게도 그의 건물에 작은 사무실을 임대한 26명 가운데 하나였다.

CNN 방송 중에 키홀을 선보인 이후 내가 사무실에 들어가자 빌이 가장 먼저 축하인사를 건넸다. 그는 〈USA투데이〉의 조간을 내 책상 위에 놓더니 말했다. "이제 캘리포니아로 이사가겠군." 1면 머리기사에는 '작은 기술 회사가 시청자를 사로잡다'라고 나와 있었다. 미국 최고의 칼럼니스트 케빈 매이니는 CNN의 키홀 어스뷰어 사용법과 이어지는 주문 쇄도에 대해 보도했다. "목요일에 CNN은 지도를 이용한 시뮬레이션으로 바그다드 상공을 날아다니다가 거리로 내려가 목표물을 폭격하는 모습을 확대해 보여주었다. 그때마다 CNN 화면에는 어스뷰어닷컴 웹사이트가 비쳤다. (…) 사용자들이 해당 웹사이트에 몰려들면서 목요일 내내 사이트가 다운되는 바람에 키홀 직원 20명이 격무에 시달렸다. 목요일 늦게 CEO 존 행키는 녹초가 된 듯한 모습이었으나 '더 심각한 문제가 있다'고 언급했다."

〈뉴스위크〉, 〈타임〉, 〈뉴욕타임스〉 등 거의 모든 주요 일간지와 잡지에 기사가 실렸다. 그러나 이런 유명세는 CNN에 24시간 내내 노출되는 것에 비하면 그 관심의 효과가 미미한 수준이었다. 솔직히 방송 중에 키홀의 웹사이트 주소를 보여준다는 작은 양보 전략의 가치를 알아본 사람은 키홀에 없었다. 나와 존을 빼고는 말이다. 확실히 데이브 로렌지니도 CNN과의 계약 성사에 골몰해온 만큼 그 가치를 알고 있었을 것이다. 미국 주도의 이라크 침공이 있기 불과 몇 주 전에 회사를 그만둔 것이 아쉬울 따름이었다. 마일스 오브라이언이 생방송으로 어스뷰어를 사용해 폭격 작전을 상세히 보도할 줄은 우리도 몰랐다. 50만 명이 넘는 이라크인과 5천 명이 넘는 미군의 목숨을 앗아가며 전쟁이 수년간 지속되리라고 예상하지도 못했다.

방송 중에 소프트웨어가 다운되는 경우도 있었지만, 오브라이언은 계속해서 여러 코너에 어스뷰어를 사용했다. "여기서 보여드리려는 건 이 부분이 아주 선명하게 나타난다는 것인데요. 좀 더 확대하면 알 수 있습니다. 확실히 나무가 우거진 게 보이고, 돈 셰퍼드 장군도 보이는군요. 좀 도와주시겠습니까. 거기 중앙 부분을 짚어주시죠. 한 대 이상의 탱크가 있군요. 다른 탱크 여러 대가 보입니다. 나무 근처에 있는 것 같습니다. 탱크가 지나간 흔적도 눈에 띕니다."

나는 보스턴에서 첫 비행기를 탔다. 그날 아침 회사 정문으로 들어가자 데데가 책상에서 일어섰다. 데데는 손에 든 서류 더미에서 눈을 떼고 고개를 들었다. 금발머리는 헝클어져 있고 눈에는 피로가 가득했다. 그는 돋보기안경 너머로 앞을 응시했다. 아침 10시 30분이었지만 데데는 10시간 동안 꼬박 일한 사람 같았다. 책상 위의 전화기가 울렸으나 받지 않았다. 사무실의 모든 전화가 울리는 것 같았다.

"드디어 올 사람이 왔군요!" 데데가 나에게 소리쳤다.

전화벨은 계속 울렸다. 솔직히 말해 개인 휴대폰 번호를 모르는 한 키홀 직원과는 통화가 불가능한 상황이었다.

특수 배송상자를 당구대 옆 바닥에 펼쳐놓았다. 르네트는 즉시 발송 가능한 품목 목록을 들고서, CD-ROM 겉면에 붙일 라벨을 프린트하고 번들로 묶어 여러 부의 설명서 안에 끼워 넣었다. 문서는 대부분 타이핑 후 출력한 200페이지짜리 사용설명서로, 즉석에서 만든 것이었다.

"이게 다 뭐죠?" 르네트에게 물었다.

"존에게 물어보세요." 존이 어수선한 현장으로 걸어오자 그녀가 말했다.

"왔구나!" 좀 과장하자면 존은 나를 보자 놀란 사람처럼 기뻐하며 말했다. CNN 광풍 때문에 자신이 나에게 마운틴뷰로 급히 오라고 했던 요청을 잊은 모양이었다.

"이게 다 뭐야?" 나는 DVD며 하드 드라이브, 사용설명서, 장비 등이 담긴 상자를 내려다보며 어리둥절해서 다시 물었다.

"나중에 얘기해줄게." 그는 힘 있고 활기차게 말했다. "점심 먹으러 가자."

그날 오후 존은 인큐텔의 파트너인 롭 페인터가 휴대폰으로 그에게 연락을 해왔다고 말했다. 의례적인 연락을 주고받은 지 몇 달이 지나서야 인큐텔 계약 건이 마무리되었다. 키홀로서는 그때까지의 최고 금액인 150만 달러에 계약이 체결됐다. 이는 키홀의 6개월간 운영비를 충당하기에 충분한 금액이었다. 자발적으로 급여를 삭감했던 직원은 보상을 받았고 다들 원래의 임금 수준을 회복했다. 제품이 성숙 단계에 들어서면서 매출과 운용자금이 늘어나 키홀은 마침내 안정세로 들어섰다.

프로젝트 결과물을 가능한 한 단기간에 납품하는 것도 계약의 일부였다. 국무부와 미 상원의원 전체, 모든 의회의원, 모든 대사, 외국 정부, 모든 군정보사령관, 국방장관, 합동참모본부, 군산복합체 전체가 울프 블리처와 마일스 오브라이언이 시연한 키홀 어스뷰어 소프트웨어의 24시간 연속 방송을 지켜본 이후, 이 인큐텔 일정이 더욱 앞당겨졌다. 그리고 이들 중 대다수가 똑같이 핵심적인 질문을 던졌다. "왜 내 사무실에서는 저걸 볼 수 없는가?"

"누가 그렇게 묻는다는 겁니까?" 존이 페인터에게 물었다. 당연히 팀원들은 우리 키홀 어스시스템EarthSystem이 어느 선까지 올라갈 것인지 궁금해했다. 우리는 도널드 럼스펠드 국방장관과 딕 체니 부통령, 아니면 콜린 파월 국무장관일 거라고 추측했다.

"대답해드릴 수 없다는 거 아시지 않습니까." 페인터는 존의 외교부 근무 경력을 안다는 듯 그렇게 답했다. "솔직히 말씀드려서 누가 그런 말을 안 했는지를 답해드리는 게 쉬울 것 같군요." 페인터는 특수부대 출신 군인으로, 당장이라도 스포츠 재킷을 벗어 던지고 전술 수송기인 C-130에 올라 아프가니스탄으로 날아갈 수 있을 것처럼 보였다. 메시지는 간단했다. **일단 중지.**

우리가 하던 일을 모두 중지하라는 것이었다. 당시 하고 있던 모든 개발 업무, 모든 소비자 제품 개발과 CNN에 제공하는 기술지원과 사진 업데이트를 일단 멈추라는 것이었다. 그 대신 미국 정부기관에서 내부용으로 쓸 수 있는, 데이터, 소프트웨어, 하드웨어를 모두 포함한 키홀 어스시스템의 정부 전용 버전 개발에 주력하라는 것이었다. "대표단"이 수요일 5시에 키홀 사무실에 오기로 되어 있었다. 그때까지 모든 자료를 상자에 담아 발송 준비를 완료해야 했다. 페인터는 그렇게 하면 계약 금액이 높아진다는 걸 알고 있었지만 개의치 않았다. 가격은 문제가 아니었던 것이다.

키홀은 서버와 장비, CD-ROM 및 모든 필수 문서 등 시스템 전체 버전을 이들에게 발송했다. 이미지 가져오기 프로세스를 제어했던 최종 소프트웨어 스크립트 일부를 작성해서 CD-ROM에 구운 다음 곧장 택배 상자에 담았다. 품질보증 테스트를 진행할 시간이 없었기 때문이다. CIA와 국립지리정보국은 키홀 시스템에 기대를 걸고 있었다. 이들은 우리가 볼 수 있었던 것보다 훨씬 높은 해상도로 촬영한 전쟁 현장이 찍힌 막대한 양의 자체 위성 이미지와 상공 감시 사진을 불러오려는 것이었다.

그러는 동안 존을 포함한 팀원 전체는 제품을 포장해서 테이프를 붙이고 박스에 넣어 발송하느라 정신이 없었다. 그 와중에도 케이블 TV의 CNN 채널에서는 방송 중에 키홀 어스뷰어를 사용하는 모습이 종종 나왔다. "우리 회사가 다시 나왔어요." 누군가가 소리쳤다. 직원들은 키홀을 보여주는 다른 CNN 프로그램을 보러 회의실로 달려갔다. 이제 TV에 자주 나오다 보니 신선함과 짜릿함이 덜했다. 전화벨이 계속 울렸으나 아무도 받지 않았다. 수백 명이 전화를 걸어서 누군가 받기를 바라며 모든 내선 번호를 눌렀기 때문이었다. 키홀의 소비자용 및 상업용 서버가 자주 끊기는 바람에, 에드와 팀원들은 인증 소프트웨어를 다시 써야 했다. 브라이언은 한밤중에 프라이스일렉트로닉스로 달려가 하드 드라이브 23개를 사서, 노란색 벤츠 스포츠카의 작은 트렁크에 구겨 넣었다(보통은 1회 구매 수량이 10개로 제한되어 있어서 매장 관리자가 구매승인을 해야 했다).

상자를 다 포장하자 치카이도 상자 속에 넣어서 발송해야 한다고 존이 농담을 던졌다. 실제로 나중에 치카이를 보내달라는 요청을 받았다. 그들은 치카이도 원했던 것이다. 처음에는 CIA로, 그다음에는 정찰위성 이미지의 보고라 할 수 있는 세인트루이스의 국립지리정보국으로 불려갔다. 치카이는 기밀정보에 접근할 수 있는 정식 인가를 받지 못해 CIA 컴퓨터 키보드에 손가락 하나도 댈 수 없었다. 그러나 다른 사람 뒤에 서서 필요한 키홀 어스서버 명령어를 가르쳐주었고, 그들이 정보국 자체 위성사진을 사용해 정부 버전 소프트웨어를 업로드했다. 르네트는 치카이와 워싱턴DC에 있는 인큐텔과 이들의 고객사에서 교육을 진행했다.

정부와 군, 정보기관은 키홀의 기술이 매우 강력하다고 여겼다. 이를 통해 실시간으로 전쟁 현장을 담은 수만 장의 사진을 찍고 이를 하나의 거대한 모자이크로 연결한 뒤, 군 및 정보국 요원 수천 명에게 네트워크로 해당 데이터베이스를 스트리밍으로 전달할 수 있게 되었다.

군 당국이 내용을 통제한 브리핑을 기다리거나 정부가 조달한 키홀서비스에 가입하지 않고 따로 어스뷰어에 가입한 개별 군인과 그를 걱정하는 가족들에 대한 얘기를 듣게 되었다. 이들은 키홀의 무료 체험판과 표준 서비스에 가입했다. (그러나 아프가니스탄이나 이라크에 있는 사람에게 다운로드를 허용하는 것은 법적으로 금지되어 있어서, 교전 현장에서 자료를 다운받으려는 군인에게는 문제가 되었다.) 우리는 배치된 곳의 지형을 알아보려 키홀에 가입한 여러 군인의 이야기를 전해 들었다. 근무시간 이후에 익명으로 남겨진 음성메시지 중에는 "통신병"의 고맙다는 인사도 있었다. 적에게서 집중포화를 맞던 그와 동료들은 안전한 탈출로를 찾아야 하는 상황이었다. 이들은 깊숙한 적진 한가운데에서 위성 데이터를 연결해 어스뷰어에 접속했다. 새로운 각도에서 자신들의 위치와 주변 지형을 파악해 탈출로를 찾을 수 있었다.

키홀은 디지털글로브로부터 전쟁지역을 촬영한 위성사진을 받아 수천 명의 군 지휘관 및 행정당국 간부, 정치지도자들의 컴퓨터로 전송했다. 덕분에 그들은 GIS 전문가가 만든 이미지 지도를 기다리는 대신, 직접 이미지와 지형을 볼 수 있었다. 그뿐만 아니라 CNN을 통해 군 당국 외에 수백만 명에게 지속적으로 이미지가 노출되면서 키홀의 렌즈를 통해 새로운 전쟁의 양상이 알려지게 되었다. 각계각층의 사람과 업계의 관심이 쏟아졌다. 80달러만 내면, 개인도 휴가를 계획하고 부동산을 검색해볼 수 있는 것이다. 몇 년 전만 해도 이기능은 고성능 슈퍼컴퓨터를 보유하고 위성 데이터에 수백만 달러를 투자해야만 사용할 수 있었다.

주문이 폭주해 정신없이 2003년 봄을 보냈다. 얄궂은 상황이긴 했지만 이라크 침공이 키홀에는 전환점이 되었다. 가장 필요한 순간에 어마어마한 자금이 들어왔던 것이다. 나는 이라크 침공을 강경히 반대하는 입장이었지만, 회사 재정상 큰 도움이 되었던 건 사실이다. 월요일 직원회의 중에 최근 판매실적 보고서를 존에게 브리핑하자, 그가 말했다. "이제 급여를 지급할 수 있을 것 같습니다."

전쟁이 일어난 초반 몇 주 내내 우리는 CNN에 업데이트된 사진을 계속 제공했다. 이미지 오버레이(기존 사진 위에 해당 지역의 자연재해 등 사진을 겹쳐서 볼 수 있게 하는 기능)라는 새로운 기술을 이용해, 오브라이언은 방송 중에 사담 후세인 소유의 궁전으로 보이는 여러 장소 중 한 곳을 슬라이더로 조작해 보여주었다. 또 어떤 날은 새로운 이미지의 투명도를 슬라이더로 앞뒤로 움직여 변경 사항을 보여주기도 했다.

CNN에서 바그다드를 보여주는 데 사용한 이미지 오버레이는 시각적으로 놀라운 효과를 주긴 했지만, 에스리 소프트웨어를 군정보 이미지 분석가들이 사용했던 기본적인 기능이었다. 그러나 이전까지는 일반인이 볼 수 없었던 기능인 것은 분명했다. 이미지 오버레이를 통해 폭격이든 허리케인이든 다른 재난이든, 어떤 사건 발생 전후의 장소 변화를 시각적으로 쉽게 나타냈던 것이다.

2003년 여름 내내 CNN은 키홀 어스뷰어를 사용해 "대량 살상무기"가 보관돼 있다고 추정되는 장소를 지속적으로 탐색하면서 그 밖에 뉴스거리가 될 만한 사건을 보도했다. 전쟁 초반과 달리 우리는 서버를 중단 없이 가동할 수 있었다. 그래도 만일의 경우에 대비해 치카이는 서버를 면밀히 모니터링하기 위해 언제나 호출기를 갖고 다녔다.

우리 회의실은 이제 상황실로 사용되었다. 스크린을 2개 설치했는데, 왼쪽의 TV에는 CNN이 24시간 방영되었고 오른쪽의 컴퓨터 모니터에는 우리 웹사이트에 현재 머무르고 있는 고유 방문자 수, 무료체험판 다운로드 수, 사용자 세션, 판매주문서 등 여러 서버 측정

기준을 보여주는 내부 대시보드가 표시되었다. TV에서 오브라이언이 다시 모습을 비췄다. "지금 보고서가 우리 쪽으로 들어오고 있는데요. 키홀 어스뷰어로 여기서 보실 수 있습니다." 그러자 다운로드수, 대역폭 및 구매 건수를 나타내는 모든 측정 기준이 표시된 모니터가 15초마다 새로고침되면서 판매량이 치솟았다.

나도 모르게 자꾸만 TV로 눈이 갔다. 이렇게 큰 무대에서 활약하는 작은 기업이라니! 한참을 회의실에서 얼쩡대기도 했다. 하루는 존이 그런 우리를 막아섰다. "자자, 이제 일들 합시다." 그는 손뼉을 치며 말했다. 훌륭한 성과를 내긴 했지만 아직 갈 길이 멀다는 사실을 상기시켜주었다.

키홀은 그전부터 몇몇 언론사와 대화를 진행해왔는데, 전쟁이 시작되자 그들은 존과 대니얼에게 전화로 계약을 요청했다. ABC 뉴스가 그다음으로 키홀과 계약을 맺었고, ABC의 간판 앵커 피터 제닝스는 키홀 어스뷰어를 사용하기 시작했다. 카타르의 민영 방송사인 알자지라도 키홀과 계약을 체결했다. 영국의 공영방송인 BBC도 이에 가세했다. CBS는 〈60분〉 코너를 시작으로 어스뷰어의 사용 범위를 확대했다. 미국의 스포츠 전문 채널인 ESPN의 농어 낚시 프로에서부터 프랑스 전역을 일주하는 사이클 경기인 투르드프랑스와 전 세계 지역 뉴스 방송국까지, 새로운 길을 열어주었다. 방송사업 덕분에 생각지도 않았던 이득을 얻게 됐다.

2003년 봄, TV 방송과 소비자들 덕분에 키홀에 막대한 자금이 유입되었지만, 상가 부동산 고객들 역시 우리 회사의 기반이 되어주었다. 키홀은 연간구독 방식의 사업이었으므로 2002년에 가입한 고객들은 그다음 해에 다시 가입 신청을 하는 식이었다. 이러한 갱신방식 덕분에 비교적 현금 유입이 용이했다. 20명 이상의 사용자를 대상으로 한 사이트 라이선스[사용 장소를 특정하고 그 사용 장소에서는 무제한 사용할 수 있는 라이선스]를 제공하는 대가로 상가 부동산 회사로부터 1만 4천 달러짜리 수표를 받았다. 어느 날 보니 우편물 속에 회사 앞으로 발행된 수표가 섞여 있었던 것이다. 고객 서비스 매니지먼트를 주로 하는 클라우드 컴퓨터 솔루션 제공업체인 세일스포스에서 데이터 입력오류가 일어나는 바람에 우리는 이 회사가 계약갱신 대상이라는 걸 모르고 지나쳤다. 그러나 키홀에서 전화연락을 하지 않았는데도 그쪽에서는 어김없이 수표를 보내왔다.

보스턴에 돌아와서 나는 셸리에게 말했다. "1만 4천 달러 수표가 생각지도 않게 우편함에 들어오는 걸 보면 우리 회사가 잘돼가고 있다는 좋은 징조 같아." 아내는 동의했다. 꽤 오랫동안 고민해보고, 셸리와 존의 아내(홀리는 낙관적이면서도 신중을 기하는 편이었다)도 서로 얘기를 나눠보고 나서야, 존이 4년 전부터 우리 부부에게 졸라댔던 캘리포니아행을 결국 실행하기로 결정했다. 2003년 4월, 우리 가족은 짐을 싸서 캘리포니아주로 이사했다. 우리는 모든 것을 걸었다.

매일이 섭씨 22도
키홀 2.0 출시

"모두 주목해주세요." 존은 바지 밖으로 비어져 나온 파란색 와이셔츠의 소매를 걷어 올리며, 접어 놓았던 손글씨 메모를 보고 말했다. "더 짧게 줄이겠지만 몇 가지 안내사항이 있어요." 그는 평소에 비해 느긋해 보였다. 2003년 6월 선선한 금요일 오후였다. 20명의 키홀 팀원들은 자그마한 잔디밭으로 들어가, 거대한 유칼립투스 그늘 아래 있는 싸구려 플라스틱 의자에 몸을 기댔다. 마크 어빈은 녹슨 프로판 그릴에 독일식 소시지와 독일식 양배추김치인 사우어크라우트를 구웠다. 웨인 타이는 맥주 쿨러를 꺼냈고, 데데 케트먼은 종이로 된 일회용 접시와 각종 소스, 코스트코에서 산 칩과 디핑 소스를 접이식 테이블 위에 펼쳐놓았다. 그 테이블은 미국의 중고거래 사이트인 크레이그리스트에서 무료로 받은 것이었다(키홀의 가구와 인테리어는 모두 크레이그리스트에서 얻었을 것이다).

나는 시에라네바다 페일 에일의 뚜껑을 따서 에드 루벤 쪽으로 팔을 쭉 뻗었다. 맥주병을 쨍그랑 부딪쳤다. "이번 주도 훌륭했어, 에드." 나는 뚜렷한 이유도 없이 그렇게 말했다. 그즈음 잔을 부딪쳐야 할 이유는 많았다. 위기를 완전히 벗어난 것은 아니었지만, 어느 정도 길이 보였다. 키홀에서의 생활은 4개월 전과는 완전히 달랐다.

인큐텔과의 이익연계지불 조항에 따른 이익 성과가 달성되고 있었다. 소프트웨어 개선에 대한 보수가 지급되었던 것이다. CNN을 비롯한 방송사들은 소비자들에게 어스뷰어를 지속적으로 노출했다. 키홀의 핵심 고객인 상가 중개인들은 단숨에 계약을 체결했고, 이 중 상당수가 3년째 가입연장을 신청했다.

키홀 어스뷰어 소프트웨어는 시간이 지날수록 더욱 개선됐다. 더 안정적이고 유용한 기능이 탑재되었으며, 더 많은 사진 데이터를 이용할 수 있게 되었다. 그뿐만 아니라 무어의 법칙을 통해 예상할 수 있다시피, 어스뷰어를 실행할 수 있는 컴퓨터의 비율이 우리가 사업에 뛰어든 4년간 매년 2배로 늘어났다.

존은 자동차 키로 맥주병을 톡톡 치더니 팀원들에게 주목해달라고 말했다. "이제 시작하죠. 우리 팀에 합류하게 된 새로운 직원이 있어요. 브라이언, 앞으로 나와주시죠." 전과는 입장이 바뀌어, 존이 키홀의 새로운 엔지니어링 부문 부사장으로 브라이언 A. 매클렌던을 소개했다. 어쨌든 존을 발굴해서 키홀의 스핀아웃을 주도하게끔 한 것은 브라이언이었다. 브라이언은 초창기부터 키홀 이사회에 속해 있었다. 존은 인트린직의 도산 후 브라이언을 설득해 이사회에 앉혀야 했다.

3년 전 인트린직이 자금난으로 허우적대는 키홀을 도와줬지만, 이제 현금을 보유한 쪽은 키홀이었다. 인트린직그래픽스에는 뛰어난 엔지니어들이 모여 있었음에도 불구하고 판로를 개척하지 못했다. 게임 개발자들은 고성능 코드에 대한 제어 권한을 강화하고자 했고, 인트린직은 기능이 뛰어났으나 제한적이었던 자사 솔루션을 대거 활용하도록 이들을 설득하는 데 실패했다. 벤처자금 조달로 1,500만 달러를 마련했으나 인트린직은 사업을 정리하고 말았다. 새로운 기회가 우리 앞에 펼쳐지면서, 인트린직의 유능한 인재들이 보기에도 키홀이 안정적인 성장세에 접어들었던 것이다. 존은 인트린직 최고의 엔지니어들이 역량을 발휘하도록 할 수 있는 위치에 있었다.

존은 그해 여름 인트린직의 다른 공동창업자인 마이클 존스도 영입했다. 마이클은 3D 컴퓨터 그래픽 분야의 진정한 선구자였다. 실리콘그래픽스에서 일할 때 그는 오픈지엘OpenGL, Open Graphics Library이라는 2D 및 3D 그래픽 렌더링을 제어하기 위한 API를 만들었다(이 소프트웨어 기능 세트는 엔비디아와 같은 그래픽 프로세서가 제어되는 방식의 핵심이다). 기술 방면에 재능이 있는 마이클은 20여 개의 특허를 가지고 있는 데다가 명연설가이기도 했다. 그는 1학년을 마치고 대학을 자퇴해 고등수학과 컴퓨터공학을 독학으로 공부했다. 어느 학교에 다녔냐는 질문을 받으면 마이클은 캘리포니아주 샌디에이고의 존애덤스초등학교라고 답했다. 마이클은 내가 만나본 사람 중 가장 똑똑한 사람이었다.

존 존슨은 마크 어빈과 치카이 오하자마와 함께 키홀에 합류해 키홀 어스퓨전 데이터 처리 전체 툴세트를 새로 구축했다. 이 툴세트는 모든 사진과 지리 데이터가 통과하는 중앙처리시설이 되었다. 기본적으로 핵심 시스템은 수백만 명의 개별위성 및 항공촬영 이미지를 가져다, 균일하게 색 밸런스가 보정된 모자이크로 연결하면서 스트리밍을 통해 이들 이미지를 최적화했다. 원래 필 케슬린이 만든 이 서버의 혁신은 키홀이 특허 받은 진짜 영업 비밀을 담고 있었다. 이 때문에 우리는 수만 명의 가입자에게 엄청난 규모의 단일 사진 데이터베이스를 스트리밍으로 서비스할 수 있었던 것이다.

그리고 키홀 팀원 모두가 성공의 주요 요인이라 생각했던 것 중 하나가 바로 브라이언과 존이 실리콘그래픽스에서 소프트웨어 엔지니어로 일했던 존 롤프를 재빨리 붙잡았던 일이다. 존 롤프는 당시에도 여전히 전 세계 최고의 3D 그래픽 프로그래머 중 하나로 손꼽히고 있었다. 키홀에서 롤프는 새로운 어스뷰어 클라이언트 응용프로그램 작업에 착수했다. 그는 뛰어난 기술 역량으로 인해 존경과 두려움의 대상이었다.

나는 존 롤프를 평판으로만 알고 있었다. 조용한 그는 면도도 하지 않고, 눈을 가리도록 야구모자를 푹 내려쓰고 낡아빠진 버켄스탁 신발을 신고 사무실 안을 어슬렁거렸다. 그는 언제나 깊은 생각에 잠긴 것처럼 보였다. 롤프는 이따금씩 겨드랑이 사이에 노트북을 끼고 나와, 다른 사람들을 곧장 지나쳐 걸어가면서 한마디도 없이 불쑥 왔다가 가버리곤 했다. 우리는 퍼즐을 맞추듯 그의 배경에 관한 자세한 정보를 짜맞췄다. 들리는 바에 의하면 그는 노스캐롤라이나주 출신이라고 했다. 노스캐롤라이나대학교 채플힐캠퍼스에서 컴퓨터공학을 공부했다고 했다. 그가 유일하게 돈을 쓰는 곳은 자동차의 속도를 겨루는 400미터 단거리 경기를 위한 드래그레이스 자동차와 시중에 나온 가장 속도가 빠른 최신 벤츠인 듯했다. 비용이 얼마나 들든 개의치 않고, 그는 반바지와 닳아 해진 티셔츠 차림으로 엄지발가락과 둘째 발가락 사이로 끈을 끼워 신는 샌들인 플립플롭을 신고 차를 몰았다.

몇 주 후, 키홀 사무실 소변기에서 내 옆에 누군가가 서는 게 느껴졌다. 슬쩍 왼쪽을 훑어보았다. 그럼 그렇지. 존 롤프였다. 둘 다 세면대에서 손을 씻는데, 롤프가 거울에 비친 나를 힐끗 보았다.

"이게 얼마나 대단한 일이 될지 모르시는 것 같군요." 존 롤프가 나에게 말했다. 나한테 진짜 말하고 있는 거 맞나?

"뭐라고요?" 내가 약간 당황해서 물었다.

"키홀 마크업 언어요."

물론 키홀의 해당 프로젝트 매니저인 르네트로부터 인큐텔과의 계약 요건에 대해 들어 알고 있었다. 새로운 소프트웨어 표준, 키홀 Keyhole 마크업Markup 언어Language, 이른바 KML이었다. 이는 사용자들이 점과 선, 그래픽에서 주어진 점렬을 연결하는 선분렬을 나타내는 출력의 기본요소인 폴리라인polyline을 다른 키홀 사용자들과 공유하도록 해주는 기능이었다. 사용자 A가 자신의 어스뷰어에서 그림을 그리고 이러한 주석과 그림을 다른 어스뷰어 사용자 B에게 키홀 마크업 언어 파일로 보낸다. 그러면 사용자 B는 지구에 대한 동일한 주석과 시점을 이용해 정확히 같은 지구 모습을 볼 수 있다. 이는 엄청난 돌풍을 몰고 올 것이었다.

"네, 저는 모르겠네요." 내가 종이타월을 뽑으며 대답했다.

그러고는 침묵이 이어졌다. 나는 거울 속 롤프를 보았다. 그가 항상 쓰고 다니는 야구모자 때문에 눈이 가려져 보이지 않았다. 그는 손을 다 씻은 모양이었다. 종이타월을 휙 뽑아 구기더니 거울에 비친 나를 바라보았다. 이 지리정보 공유에 대한 새로운 표준의 잠재적 의미를 이해하지 못하는 나를 불쾌하게 여기는 것 같았다. 그는 구겨진 타월을 약간 거칠게 휴지통에 던져 넣었다. 그러고는 문을 열고 나갔다.

바로 그거였다. 키홀 마크업 언어는 우리 소프트웨어의 가장 중요한 기능개선 사항이었다. 키홀 어스뷰어가 단일 사용자 응용프로그램에서 협업 응용프로그램으로 바뀌면서, 지리정보를 만들어 공유할 수 있게 됐기 때문이었다.

키홀을 이용해 부동산 중개인은 경쟁업자가 보유한 장소 간 거리와 부지의 면적, 심지어 창고의 평방미터까지 주변에 선 하나만 그어서 측정할 수 있게 됐다. 게다가 마크업 도구를 이용해 해당 위치를 나타내는 점과 화살표, 부지의 경계선을 지도에 표시할 수 있다.

롤프의 키홀 마크업 언어를 통해, 이러한 측정수치와 주석은 한 대의 컴퓨터에서만 쓸 수 있는 것이 아니라 다른 키홀 사용자들과 공유할 수 있게 된 것이다. 워드나 엑셀 문서도 가능했다. 혼자 틀어박혀서 일하던 고독한 천재, 존 롤프가 만들어낸 기능을 마침내 수백만 명이 사용하게 된 것이다.

매클렌던, 존스, 존슨 그리고 롤프는 인트린직그래픽스가 살아남지 못한 것을 안타까워했다. 그러나 키홀로서는 기술팀 규모가 2배로 늘어나서 잘된 셈이었다. 새로운 인력이 충원되면서 키홀은 새로운 키홀 마크업 언어 데이터 형식을 이용해 GPS(지구위치측정체계 Global Positioning System) 위성에서 받은 데이터를 시각화하고 공유하는 등 새로운 종류의 일을 맡아 다른 업계에 진출할 수 있었다.

지구 주위를 도는 24개 위성으로 이루어진 위성군은 1970년대에 군용 목적으로 발사되어 잠수함과 다른 군사시설의 위치를 파악하는 데 사용되기 시작했다. 1991년 걸프전은 GPS를 폭넓게 활용한 최초의 전쟁 현장이었다. 그러나 1990년대 초반까지도 수신기의 무게는 약 23킬로그램이 넘었다.

1996년 클린턴 대통령은 민간용 장치 GPS 데이터의 정확성을 떨어뜨리지 말 것을 군에 명령했다. GPS 위성신호를 소비자용으로 활용할 수 있는 길이 열렸다. 미국이 GPS 신호를 전 세계에서 이용할 수 있도록 무료로 개방하면서, 개인용 내비게이션 GPS 수신기라는 새로운 소비자 가전기기의 탄생을 불러왔다. 소비자 기기의 가격은 수백 달러에 달했지만 수신기의 크기는 2000년 기준 1.4킬로그램 정도로 줄어들었다.

사법기관에서도 새로운 GPS 기술이 활용됐다. 미국의 경찰은 GPS 수신기 크기가 점점 작아지는 것을 눈여겨보기 시작했고, 저렴한 GPS 위치추적장치가 새롭게 나오자 곧 일상적으로 사용하게 되었다. 소재를 파악하고 싶은 사건 용의자가 있다면? 그의 집 진입로에 몰래 다가가서 자동차 범퍼 아래에 자석 GPS 위치추적기를 붙여놓고 오기만 하면 된다. 아니면 금색 포드 픽업트럭에 붙여놓거나.

이는 실제 사건으로, 산타클라라의 지방검사가 임신한 레이시의 남편이자 살해 용의자인 스콧 피터슨의 픽업트럭에 GPS 위치추적기를 달았던 것이다.

피터슨은 산타클라라 카운티에서 재판에 회부된 상황은 아니었다. 그러나 지방검사는 아랑곳하지 않고 사건을 파고들었다. 그는 범죄 해결을 위해 GPS 및 지도정보 기술을 사용하자고 주장한 선구적인 검사라는 평판을 얻고 있었다. 2003년 여름, 지방검사가 존 행키와 나를 만나러 키홀에 들렀다. 그는 스콧 피터슨의 트럭에서 GPS 데이터를 얻었고, 그가 근무하는 검찰청은 키홀 어스뷰어에 가입되어 있었다. 그때까지 10여 개 지역 경찰청이 키홀 고객으로 등록했다. 지도를 다시 로딩할 때, 에스리 지도 화면이 뜨길 기다리는 게 번거롭기 때문이었다.

산타클라라 지방검찰청은 존 롤프의 새로운 키홀 마크업 언어 표준과 초반에 선보인 지도 주석달기 기능을 면밀히 검토했다. 응용프로그램 내에서 우리는 이를 어스뷰어 장소 표시라고 불렀다. 좀 더 구체적으로 말하면, 구조화된 이들 데이터 파일에는 위도와 경도, 고도 설정 및 화각畵角 등의 정보가 포함되어 있었다. 이러한 장소 표시 파일은 어스뷰어에 어디로 이동할지, 그리고 화면상에 무엇을 나타낼지를 알려주었다. 어스뷰어는 더 이상 단순한 지도가 아니었다. 지도 위에 그림을 그릴 수도 있고, 나만의 맞춤정보를 표시할 수도 있었다.

이 키홀 마크업 언어 장소 표시 데이터 구조는 지방검사가 피터슨의 트럭에서 가져온 GPS 데이터와 그리 다르지 않았다. 그 GPS

데이터에는 각 위도 및 경도 위치가 찍힌 시각을 나타내는 타임스탬프도 포함되어 있었다.

존은 샘플 데이터 일부를 가지고 키홀에서 어떤 일을 할 수 있는지 알아보겠다고 지방검사에게 말했다. 그는 새로운 키홀 엔지니어인 프란수아 베일리에게 해당 업무를 맡겼다. 위도와 경도 정보를 가져와 특정한 장소 표시로 전환하는 것은 그에게는 식은 죽 먹기였다. 베일리는 몇 시간 만에 이 작업을 마쳤다. 지방검사는 마우스를 클릭해 다양한 지점을 수동으로 찾아갈 수 있을 것이다. 그러나 베일리는 타임스탬프에 관심이 있었다. GPS 데이터에는 각 경도와 위도에 대한 시간이 기록돼 있었기 때문이다. 간단한 계산(두 지점 간 거리계산, 시차계산, 거리증분을 시간증분으로 나누기)을 통해 그는 **속도**를 측정할 수 있었다. 스콧 피터슨이 다녀간 **장소**만으로 그의 범죄 연루 사실을 입증할 수는 없더라도, 그가 이동한 **속도**는 확실히 범죄를 입증해줄 것이었다.

레이시 피터슨이 행방불명된 지 몇 주 후에 스콧 피터슨이 유력한 용의자로 떠올랐다. 그러나 수사가 시작된 지 몇 달이 지나도록 그에게 불리하게 작용할 시체가 발견되지 않았다. 머데스토 경찰청은 레이시 피터슨이 행방불명된 지 약 2주 후에 스콧 피터슨의 픽업 트럭에 GPS 위치추적기를 붙였다. 그다음 주에 GPS 데이터를 보니 피터슨이 버클리 요트 정박지로 돌아간 것으로 나타났다. 피터슨은 크리스마스이브에 그곳으로 낚시를 하러 간 것으로 추정됐고, 그날 레이시가 사라졌다.

GPS 데이터와 프란수아의 계산 덕분에 배심원은 피터슨이 요트 정박지로 돌아갔을 때 한 짓을 알게 되었다. 어스뷰어에 버클리 요트 정박지의 조감도가 경사 투시도로 찍힌 것이다. 화면상의 빨간 점은 전경에 있는 피터슨의 트럭을 나타냈다. 지방검사는 재생을 눌렀다. 피터슨과 판사, 그리고 배심원을 비롯한 법정의 모든 사람이 고통스러운 듯 숨죽여 지켜보았다. 피터슨이 몇 분간 시간을 끌면서 아주 느린 평균 속도로 요트 정박지의 해변을 차로 오르내리는 장면이 재생되었다.

몇 주 후 레이시와 아들인 코너 피터슨의 시신이 해안가로 쓸려 왔다. 배심원들은 자문한다. 피터슨은 저렇게 느린 속도로 해안가를 샅샅이 훑으며 대체 뭘 찾으려 했던 것일까?

남부 캘리포니아의 샌버너디노 카운티는 우리 소프트웨어를 일찌감치 도입한 곳 중 하나인데, 산불 진화용 지도로 키홀 소프트웨어를 배포했다. 스트리밍으로 제공되는 3D 환경에서 빠른 속도와 양방향 서비스를 이용할 수 있는 데다가 GIS 전문가뿐 아니라 실제 소방관들이 사용할 수 있었기 때문이었다. 소방서는 에스리의 복잡한 분석 기능과 지도 제작 기능 대신, 키홀 어스뷰어의 빠른 속도와 간소함을 선택한 것이다.

샌버너디노 카운티에서 키홀 소프트웨어를 구입한 사실이 특히 주목할 만한 이유는 그곳이 바로 에스리의 본사가 위치한 곳이었기 때문이다. 이는 잭 데인저먼드의 수십억 달러짜리 디지털 지도 제작 왕국에 키홀이 경고를 보낸 것이나 마찬가지였고, 존은 이 사실을 거리낌 없이 팀원들에게 언급했다. 존이 키홀의 CEO로서 자신감이 높아지고 있다는 게 느껴졌다.

존은 필요한 모든 수단을 동원해서 에스리의 기존 고객들을 끌어오고 싶어 했다. 2003년 여름, 우리는 샌디에이고에서 열린 에스리 사용자 회의에 부스 등록 신청을 했다(물론 당연히 거절당했다). 이곳은 에스리에서 교육받은 2만 5천 명의 지도 제작 전문가와 컨설턴트, 총괄책임자 및 고객들이 모이는 자리였다. 우리는 더 많은 핵심 GIS 고객을 끌어오고 싶어서, 키홀 제품과 경쟁하기 위해 만들어진 새로운 에스리 제품에 대해 자세히 알아보고자 했다. 우리 고객과 잠재고객 중에 연초에 에스리 아크글로브ArcGlobe라는 신제품에 대해 들었다는 사람들이 나오기 시작했다. 키홀 수준의 속도와 양방향 서비스를 제공하면서도 에스리의 정교한 데이터 분석 도구가 제공되는 새로운 소프트웨어를 광고한다는 거였다. 아닌 게 아니라 에스리는 열지도heat map, 위협 돔threat dome, 함대 파견을 위한 최소거리 계산, 범죄사건 보고 및 분석 등 여전히 키홀보다 훨씬 높은 수준의 도구를 제공했다. 에스리가 데이터 분석 기능을 간소한 고속 시각화 도구와 결합할 수 있다면, 어스뷰어는 곤란해질 게 뻔했다.

부스 등록이 거절당했다는 소식을 들은 존은 에스리 사용자 회의 장소에 쳐들어가기로 했다. 이 불온한 전략에 다들 깜짝 놀랐다. 이제 막 회사 꼴을 갖춰가는 기술 스타트업 CEO가 하기엔 꽤나 뻔뻔한 행동이었다. 존은 나에게 이 게릴라 마케팅 임무에 동참해 샌디에이고로 같이 가달라고 했다. 나는 에스리 고객들을 위해 **키홀, GIS를 눌러버리다** 같은 신랄한 문구가 적힌 티셔츠 두 상자와 어스뷰어 체험판 CD가 든 통 두어 개를 챙겼다.

티셔츠와 체험판 CD가 든 상자를 갖고 무역박람회 공식 출입증을 목에 걸었다. 에스리 무역박람회 출입증이 아니었을 뿐. 샌디에이고 컨벤션센터에서 출입증을 꼼꼼히 확인하지 않는 경비를 찾아내 박람회장 안으로 급히 들어갔다. 이제 뭘 한담? 존도 나도 원래 파티에서 깽판 치는 타입은 아니었다. 2시간 동안 우리는 출품사들 부스 주변을 돌아다니면서, 경계하는 듯한 에스리 충성고객들에게 어스뷰어 체험판 CD를 조심스레 나눠주었다.

게릴라성 마케팅 활동을 활발히 펼치지는 못했으나, 칭찬이 자자하던 에스리 아크글로브를 처음으로 볼 수 있었다. 날렵하고 빨랐으며 아름다웠다. 존은 얼어붙기라도 한 듯 말이 없었다. 나는 오싹한 기분으로 30초 정도 체험판을 지켜보며 입을 다물었다. 그러고 나서 우리는 아크글로브 가까이 다가가 실제 구동방식을 몰래 훔쳐보았다. 네트워크 케이블도 없고 무선 네트워크에 연결되지도 않은 상태로 체험판이 장비에서 실행되고 있다는 것을 알았다. 아크글로브는 단일 장비에서 실행되고 있었고, 모든 데이터는 하드 드라이브에 로컬로 저장되어 있었던 것이다! 데이터가 서버에 있는 것이 **아니었다.** 다시 말해 3D 지구 모형과 모든 데이터가 그 단일 장비에서 제한적으로 실행된다는 뜻이었다. 에스리 판매 담당자에게 이에 대해 물어보자 예의 바르게 답해주었다. "서버 인프라는 아직 최적화 중입니다."(내가 그 사람 입장이었으면 했을 법한 대답이었다.) 알고 보니 에스리는 서버가 아니라 단일 하드에서 제한적으로 구현되는 클라이언트 부분을 공개한 것이었다. 구현하기 까다로운 서버 인프라는 필 케슬린의 진정한 엔지니어링 혁신이었다. 이를 이용해 키홀에서는 인터넷을 통해 대규모 전 세계지도를 스트리밍으로 제공할 수 있었던 것이다. 아크글로브는 다른 모든 에스리 도구와 마찬가지로 백오피스의 GIS 전문가들만 사용할 수 있는 단일 사용자 도구에 불과했다. 키홀의 적수가 아니었다.

그날 오후 늦게 존은 업무 전화를 받기 위해 박람회장을 떠났고, 나는 가벼워진 티셔츠와 CD 상자를 들고 주변을 돌아다니다가 다른 체험판을 시연하는 현장을 보게 되었다. 수상쩍은 상용 잠재고객들이 있었다. 회사 창업주는 친절한 중국인이었는데, 전시회장 뒤편의 작은 테이블 앞에 있었다. 대다수의 회의 참가자와는 달리 그는 키홀 직원을 만나 기뻐했고, 나에게 작업물을 보여주었다. 키홀 가입자이기도 한 그는 어스뷰어를 열더니 캘리포니아주 새너제이로 날아갔다. 새너제이 시내의 대로변을 따라 점으로 표시된 키홀 마크업 언어 장소 표시 폴더가 있었다.

그는 나에게, 지도 위의 장소 표시 점을 클릭해 별도의 정보 팝업창이 열리고 그 안에 그림이 나오는 걸 보여주었다. 지도 위의 정확한 해당 위치 사진을 거리 수준에서 찍은 것이라고 말했다. 나는 놀랐다. 그런 스트리트뷰는 본 적이 없었기 때문이다.

팝업창 안의 사진 옆에는 화살표 아이콘이 다른 방향을 가리키고 있었다. 그는 이렇게 설명했다. "화살표를 클릭하면 네 개 방향의 거리 사진이 나타납니다." 그 환경에서 키홀 어스뷰어의 거리 수준으로 내려가 지도상의 아이콘을 클릭하고 어느 방향으로든 해당 위치의 스트리트뷰를 볼 수 있었다.

"이 사진들을 어떻게 얻으셨습니까?" 내가 물었다.

"제 차 위에 GPS가 달린 네 대의 카메라를 달았죠." 그는 차량 지붕에 달린 돌연변이 사이보그 잔디깎이를 분해한 것처럼 생긴 장비를 이용해, 자신의 쉐비 SUV로 찍은 사진을 컴퓨터로 불러왔다.

"멋진데요."

그 중국인은 자신이 찍은 거리의 총 킬로미터 수, 그가 운전한 개월 수, 소요 시간, 연료, 장비, 필요 인력, 필요 차량, 이를 처리하는 소프트웨어와 그런 제품 및 서비스가 가진 미지의 시장 가능성에 대해 자세히 설명하면서, 새너제이를 가능한 한 많이 사진으로 담을 생각이라고 말했다. 대화가 이어지면서 나는 머릿속으로 계산기를 두들겨보았다. 그가 전 세계 수백 명의 기사를 고용하고 차량을 구한다고 해도 모든 데이터를 확보하는 데 수년이 걸릴 것이다. 게다가 작업이 끝나면 모든 절차를 다시 반복해야 할 것이다. 이건 경제적 측면에서 말도 안 되는 사업 아이디어였다. 과장이 아니라, 말 그대로 수천만 달러의 비용이 들 것이었다. 아니, 방금 한 말은 취소. 그러한 계획을 실행하려면 수억 달러가 들 터였다.

나는 그의 전망을 긍정적으로 생각해보고 그러한 생각을 확장할 수 있는 방법을 떠올려보려 했다. "UPS랑 계약을 체결하는 방법도 있겠죠?" 내가 제안했다. 개념상으로 이 아이디어는 엔비디아와의 업무 회의 때 젠슨 황이 존에게 물었던 것과 비슷했다. 스트리트뷰로 확대하게 되면 "단계적 구현"으로 가야 하지 않느냐는 바로 그 개념이었다. 나는 그가 프로젝트에 성공하길 빌어주면서 명함을 받아 나왔다.

우리의 게릴라 마케팅 활동이 그리 신통치는 않았지만 에스리 사용자 회의 참석 자체는 생산적이었다. 곧이어 2003년 가을 중에 에스리의 잭 데인저먼드가 키홀에 접촉해왔다. 에스리 아크글로브가 기술적으로 막다른 골목에 다다랐다는 것을 깨닫고 키홀에 파트너십을 제안한 것이었다. 그는 존에게 이런 질문을 던졌다. "키홀이 에스리에서 생성한 데이터를 사용해 사용자가 직접 상호작용하는 프론트엔드의 시각화 도구를 처리 할 수 있겠습니까?"

키홀팀은 에스리와의 협업에 착수하기 시작했다. 에스리의 데이터 파일 형식 가져오기를 지원하는 일도 포함되었다. 그러나 대규모 판로와 시스템 통합 사업자 및 배포 일정, 정부 조달 장기 매출 주기를 관리해온 거대 소프트웨어 기업과 너무 긴밀한 관계를 유지하는 데 대해 존은 경계를 늦추지 않았다. 존은 키홀 앞에 놓인 더 중요한 일과 요구사항을 모두 고려해 에스리를 위한 맞춤형 엔지니어링 지원을 크게 중시하지는 않았다. GIS 시장에 대한 그의 입장은 2001년에 내가 그에게 처음 제안했을 때와 변한 것이 없었다. "뒤로 물러나 있고 싶지 않다"라는 거였다.

그다음 몇 달간 존은 키홀 엔지니어와 직원들을 대상으로 2004년 초에 출시 예정인 새로운 버전 키홀 2.0 교육을 진행했다. 속도와 거리측정, 주석달기 도구 및 데이터 면에서 중요한 진전임에 틀림없었다. 존은 어스뷰어 개선을 위해 키홀팀에 인원을 계속 충원했다. 웨스 티에리와 프란수아 베일리 및 그의 쌍둥이 형제인 올리버가 합류했다.

우리 팀은 소프트웨어를 포크Fork(개발자들이 하나의 소프트웨어 소스코드를 통째로 복사하여 독립적인 새로운 소프트웨어를 개발하는 것) 방식으로 개발해서 두 가지 다른 코드베이스를 유지했다. 하나는 전문가용이고 다른 하나는 소비자용이었다. 나는 제이슨 케인이라는 인턴을 채용해 디지털 버전의 미국 전역 교통지도를 가져오게 했다. 그 당시 이 지도들은 키홀 마크업 언어 파일로 공유되고 있어서, 제이슨이 키홀로 지도를 가져올 수 있었다. 시 관할청들은 우리 쪽에 연락해 "이러이러한 데이터가 있다"라고 알려왔다. 그제야 비로소 나는 존 롤프가 화장실에서 나에게 한 얘기가 무슨 의미인지 이해하게 됐다.

2004년 봄, 존은 샌안토니오의 군정보기관 무역박람회에 잭 데인저먼드와 함께 참석했다. 이들이 발표를 마친 후 데인저먼드는 존을 찾았다. 나는 이들의 대화를 엿듣기 위해 전략적으로 자리를 잡았다. 우리 부스에서 디지털 지도 제작이라는 시장 자체를 만들어낸 장본인인 잭 데인저먼드를 만난다는 건 엄청난 뉴스거리였다. 나는 넋을 잃었다. 비록 낡은 정장에 남루한 가죽 가방을 든 꾀죄죄한 차림새의 관료 같아 보였지만, 그는 바로 디지털 지도를 만든 장본인이 아닌가.

"존, 함께 일하면서 우리 회사에 대해 혹시라도 자네가 우려할 만한 사항이 있었나요?" 데인저먼드가 미국의 36대 대통령인 린든 B. 존슨처럼 그를 향해 몸을 기울였다. 키홀의 에스리 통합 작업이 느린 것이 답답한 게 분명했다. 군정보기관을 비롯한 그의 주요 고객들이 개발 지연에 대해 문의하는 경우가 많은 듯했다. 그 와중에 마일스 오브라이언은 여전히 CNN 방송에서 어스뷰어를 사용해 중동에서 벌어지고 있는 전쟁을 보도하고 있었다.

"아니, 없습니다." 존이 초조하게 웃으며 말했다. "다들 열심히 일하고 있어요. 2주에서 3주 안에 진전 사항을 꼭 알려드리겠습니다."

잭은 자신이 한참 경쟁에서 뒤처졌다는 것을 몰랐다. 이제 와일드

카드가 게임의 성패를 좌우하고 있었고, 존은 완전히 다른 카드 여러 벌을 갖고 게임에 뛰어들고 있었다. 그 카드에 에스는 없었다.

당시에 나는 가끔씩 자전거로 출근했다. 북부 캘리포니아는 대체로 날씨가 좋고 기온은 섭씨 22도 정도로 아주 적당했다. 팔로알토에서 시작해 잘 닦인 자전거 도로로 약 9.7킬로미터를 달리며 101번 국도를 건너 기업 인튜이트와 스포츠페이지바, 컴퓨터역사박물관과 마이크로소프트를 비롯한 수십 개 작은 기술 스타트업 앞을 지나다녔다. 한 스타트업은 길 안쪽으로 들어선 2층짜리 낮은 건물에 입주해 있었고, 키가 큰 삼나무 사이에 파묻혀 있었다. 별 특징 없는 자그마한 표지판에 회사 이름이 새겨져 있었는데, 그게 바로 구글이었다. 1999년(키홀이 창립된 해), 구글은 이상하게도 다들 포화상태라고 여겼던 시장에 뛰어들었다. 구글의 주차장을 가로질러 갈 때마다 점점 차량이 늘어나면서 주차 경쟁이 심해졌다.

혹시라도 다른 회사가 그 건물에 입주해서 간판을 세우지 않았더라면 어땠을까 궁금해하던 기억이 난다. 나는 결국 지름길을 포기하고 붐비는 주차장을 피해 가기로 했고, 그에 대해 다시 생각해보지 않았다. 굳이 생각해봐야 할 필요가 있었나?

어차피 구글은 지도 서비스 기업도 아니었는데.

검색어의 25퍼센트
구글의 인수 제안

"우리가 그 돈을 받아야 할까?" 나는 숨을 몰아쉬며 뒤따라갔다. 초반 몇 걸음까지는 존의 보폭에 맞춰 달리면서 키홀이 어떤 상황인지 말할 수 있었다. 사무실에 특별한 일이 없는 날이면 가볍게 조깅을 하다가, 제품 개발 일정을 놓치거나 새로운 사진 데이터베이스 알림이 지연되면 우리는 빠른 속도로 달리곤 했다. 사용자 인터페이스 관련 문제들을 놓고 브라이언 매클렌던과 떠들썩한 언쟁에 휘말리면 전속력으로 단거리 질주를 하는 식이었다.

존은 퇴근시간이 가까워오면 내 자리에 들러서 "달리기하러 가자"라고 말하곤 했다. 그러면 나는 하던 일을 멈추고 화장실에서 운동복으로 갈아입은 후 회사 정문으로 나갔다. 아무 말 없이 인도를 따라 걸었는데, 존은 오른쪽에 있는 마이크로소프트의 실리콘밸리 구내를 지나치면서 생각을 가다듬는 듯했다. 한 블록 반 정도를 걸어가다가 달리기 시작점에 이르렀다. 라아베니다 거리의 끝이었다. 우리는 거기서 스트레칭을 한 다음에 부서진 자갈길에서 스티븐스크릭을 따라 북쪽으로 달렸다. 이 개울을 가운데에 두고 오른쪽으로는 무려 2,300명의 연구원이 일하는 NASA의 에임스 연구센터(NASA의 우주탐사 임무를 제어하는 소프트웨어가 만들어진 곳)가 있었고 왼쪽으로는 트레일러 공원(여기서는 80만 달러짜리 이동식 주택을 살 수 있었다)이 있었다.

존은 더 빨리 달렸다. "먼저 승기를 잡으려면 그 돈을 받아야 돼. 우리가 엄청난 데 뛰어든 게 맞다면 말이지. 어마어마한 기회가 잠재된 분야 말이야. 지금 우리 일의 10배 규모 정도?" 그가 말했다. 그 당시 키홀은 약 5만 명의 유료 가입자를 보유하고 있었다. "이사회는 우리가 이 일을 추진하길 바라고 있어. 우리를 따라잡을 경쟁업체가 곧 나타날 거야." 존은 쇼어라인엠피씨어터 위쪽의 언덕으로 전력질주하더니 커브를 돌았다. 존이 보이지 않았다.

2004년 봄, 3년간 불황에 시달렸던 기술 분야가 되살아날 조짐이 보이면서, 벤처투자자들이 기지개를 켜더니 다시 지갑을 열기 시작했다. 닷컴 붕괴를 이겨내고 매년 차근차근 손실을 줄여 궤도에 오른 키홀은 이들에게 매력적인 투자 대상이었다. 101번 국도 위의 수많은 스타트업이 철수했으나, 키홀은 마침내 운명을 스스로 이끌어 나갈 수 있게 된 것이었다.

내가 자금 조달에 참여한 적은 없었다. 1천만 달러 상당의 시리즈 B 투자에서는 지도정보를 제공하는 우리 회사의 가치를 3천만 달러로 평가했다. 실리콘밸리 전역에 새로운 혁신의 바람이 불면서 웹 2.0이라는 모호한 이름으로 투자가 이루어지고 있었다. 존은 그때가 적기임을 알았다. 더 많은 데이터와 서버, 기술 인력, 그리고 더 공격적인 마케팅에 신규 자금을 쓰고 싶어 했다.

2004년 2월과 3월, 존과 노아 도일은 실리콘밸리 중심부를 거쳐 산타크루즈산맥으로 뻗어나간 약 6.4킬로미터에 이르는 샌드힐로드를 따라 키홀에 투자할 기회를 알렸다. 광고업계에 매디슨애비뉴가 있다면, 벤처투자자에게는 샌드힐로드가 있었다. 존은 벤처투자자 세 곳으로부터 텀시트(투자를 결정한 후 어떤 식으로 투자를 진행할 것인지에 대한 개요를 담고 있는 계약 내용 협의서로, 정식계약 이전 단계의 문서)를 겨우 받아냈다. 그러나 그중에서 가장 좋은 투자조건을 제시한 곳은 실리콘밸리에서 가장 오래되고 가장 높이 평가받는 벤처투자사 멘로벤처스였다. 거의 계약 성사 직전이었다.

전력 질주로 땀에 푹 젖은 존은 북쪽으로 샌프란시스코베이가 내려다보이는 언덕 꼭대기에서 나를 기다렸다. "들어봐, 빌, 구체적인 성과를 내야 한다는 거 알잖아. 목표에 못 미치면 너도, 내 자리도 보전할 수 없으리란 거 알고 있잖아."

"알아, 안다고, 존. 알아들었어!" 나는 숨을 고르며 그에게 그만하라고 손짓했다.

존은 그 주에만 두 번이나 이런 말로 나를 압박했다. 슬슬 겁이 나기 시작했다. 이런 날 오후에는 스트레스를 풀려고 달리기를 하는 게 아무 소용이 없었다. 스트레스를 줄여주는 도파민 분비를 촉진하기 위해 달려봤자, 존이 나에게 회사 운영 상태와 상세 마케팅 활동에 대한 얘기를 쏟아놓으면 마찬가지 양의, 반대 호르몬인 아드레날린과 코르티솔이 분비되면서 운동 효과는 제로가 되었다.

존은 아무리 사소한 것도 그냥 지나치는 법이 없었다. "월간 뉴스레터는 오늘 나온다고 했던 것 같은데?", "2주 전에 새로운 체험판 동영상이 10일 안에 나올 거라고 그랬었잖아", "그 버튼을 파란색으로 하자고 한 거 아니었어?", "왜 새로 나온 어스퓨전 가격제를 반영하는 가격책정표를 아직 업데이트하지 않은 거야?", "새로운 아이콘 세트 비용을 2천 달러 아래로 책정할 수 있는지 봐줄래?", "최근 나온 사양서는 광택이 심해서 싸구려같이 보이더라."

달리기가 계속되어도 존의 지적은 멈출 줄을 몰랐다. 그는 세상을 바꾸려 했지만, 멘로벤처스의 투자금은 마케팅 담당자인 나에게는 그저 가중되는 스트레스에 지나지 않았다.

그럼에도 불구하고 4월 21일, 수요일, 멘로벤처스의 텀시트 원본 3부가 키홀로 전달됐다. 해당 문서에는 구두로 논의했던 계약 조건이 담겨 있었다. 멘로벤처스의 더그 칼라일과 그의 파트너들은 계약을 체결할 준비가 돼 있었고, 텀시트 서명을 위한 회의가 4월 26일로 잡혔다. 사무실은 흥분으로 떠들썩했다. 사실 나는 그 엄청난 일이 끝나긴 하는 건지 알 수가 없었다. 그날은 평소보다 일찍 당구와 다트게임을 시작했다. (우리는 오후 4시 30분 전에는 당구를 하지 않는다는 원칙이 있었지만 그날만은 예외였다.)

그러나 월요일이 지나고 화요일이 되어도 존은 아무런 공지도 전달하지 않았다. 사실 존은 브라이언, 마이클, 노아와 회의실에 틀어박

혀 있었다. 주방이었는지 화장실이었는지 걸어가다가, 회의실 문에
난 작은 창문으로 잠깐 안을 들여다보았다. 여전히 네 명은 테이블
앞에 앉아 있었다. 7시 30분에 내가 퇴근할 때도 이들은 좀처럼 자리
를 뜰 기미가 없었다. 다른 사람들처럼 슬슬 걱정이 되기 시작했다.
계약에 무슨 문제라도 있었던 걸까?

　다음 날 출근해보니 이들 넷은 회의실에서 밤을 새운 것 같았다.
회의실에 그때까지 앉아 있었기 때문이다. 마침내 화요일 오후에 존
이 회의실에서 나왔다. 그는 안도한 표정이었다. 무슨 일이 있었다는
감을 잡은 나는 회의가 길게 이어졌던 것 같다고 존에게 말했다. 그
말에 존은 퇴근 후 맥주 한잔하겠냐고 물었다. 우리는 스포츠페이지
바 주차장에 나란히 차를 댔다. 화요일치고는 꽤 붐볐다. 나는 존이
주차장에서 나를 기다리는 걸 보고 놀랐다. 보통은 바 안에서 만났기
때문이다. 내가 차에서 내리자, 존은 내 차 뒤, 범퍼 앞에 서더니 바의
정문으로 가려는 나를 막아섰다. 아주 심각한 표정이었다.

　"실은, 할 말이 좀 있어."

　주위를 둘러보더니 존이 말했다. "절대 아무한테도 말 안 하겠다
고 약속해. 셸리한테도."

　"알았어."

　존은 검은 아스팔트 주차장 한가운데에 서 있었다. 청명한 파란
하늘 뒤로 해가 지고 있었다. 낯선 사람들이 우리 앞을 지나가자 그
는 잠시 말을 끊었다. 근처의 버드나무와 야자수 사이로 시원한 바람
이 불어왔다. 바 옆의 비치발리볼 코트에서 왁자지껄한 환호성이 터
져나왔다. 점점 더 많은 차가 주차장으로 밀려 들어왔다. 존은 말소

리가 들릴 만한 거리에 아무도 없다는 걸 재차 확인한 후, 내 쪽으로 몸을 돌렸다.

"구글이 키홀을 사고 싶어 해."

나는 그 자리에 선 채로 입을 다물지 못했다. 분명히 그랬던 것 같다. 존은 바 입구 쪽으로 걸어갔다. 나는 꼼짝도 할 수 없었다. 지금 제대로 들은 건지 판단이 되지 않았다. 몇 걸음을 걸어가더니 존이 멈춰 서서 내 쪽으로 획 돌아섰다. 다 안다는 얼굴로 씩 웃었다.

"뭐?" 내가 고개를 저으며 물었다.

"그래서 멘로랑 계약을 안 한 거야."

"말도 안 돼. 구글이라니!?!"

"진정해, 빌." 존은 나를 바 안으로 이끌며 말했다.

나는 다시 천천히 걸음을 옮겼다. 구글이라고? 바로 그날 증권시장에 상장하기 위해 기업의 주식 및 경영 내용을 공개하고, 외부 투자자들에게 첫 주식공매를 하는 기업공개IPO 예정일을 발표한 그 구글 말인가? 그날 전 세계를 떠들썩하게 만든 구글은 경제면의 머리기사를 장식하며 실리콘밸리에 중요한 한 획을 그었다. 기술 스타트업 커뮤니티에서 최근에 가장 화제가 된 건 단연 구글의 기업공개 소식이었다. 기업가치가 무려 270억 달러(100억 달러대라니!)에 달했던 것이다. 이로써 4년의 격동기 이후 실리콘밸리의 귀환을 전 세계에 알리게 되었다.

존은 주변을 의식하고 눈에 띄지 않으려 조심했다. 구글 직원들이 있었기 때문이었다. 프리우스 자동차에서 내린 이들이 기업공개를 축하하기 위해 줄지어 들어왔다. 구글은 알고 보니 스포츠페이지에서 네 블록 정도 떨어진 곳에 있었고, 존은 구글과의 계약에 대해 아는 사람을 마주치기라도 할까 봐 걱정했다. 존은 적당한 때를 봐서 나에게 말해주고 싶어 했지만, 그전에 내가 다른 사람으로부터 그 소식을 듣는 것은 원치 않았던 것이다.

빈 테이블을 찾다가 마침내 벽 쪽에 자리를 잡았다. 존은 맥주 피처 하나를 주문했다. 구글 직원들로 바가 북적이는 바람에 한참을 기다렸다. 얼떨떨한 기분으로 앉아 있으려니 질문이 몇 가지 떠올랐다. 무엇보다 내 머릿속에 맴돌았던 것 중 하나는 바로 구글 같은 기업이 키홀을 매수하려는 이유는 무엇인가였다. 구글에는 지도 서비스가 없었다. 지도정보를 제공하는 상품이 없었다. 전혀. 아무것도.

존은 삼삼오오 모여 있는 사람들 사이를 빠져나와 테이블 앞에 앉더니 잔에 맥주를 따랐다. 존은 구글이 키홀의 기술에 반했다고 설명했다. 그러나 구글이 키홀에 대해 어떤 계획을 갖고 있는지는 아직 구체적으로는 듣지 못했다고 했다.

"아직은 모르지만 곧 자세한 내용을 알게 될 거야. 그쪽에서 제안을 해오고 있어." 존이 조용히 설명했다. 축제 분위기인 구글 직원들 사이에서 구글이란 이름을 입 밖에 내고 싶어 하지 않았다. "다른 계약도 지금 보류 중이야."

검은색 플리스 자켓을 입은 구글 직원 1명이 바를 돌아다니며 고가의 니콘 카메라로 단체사진을 찍어댔다. 우수한 성적으로 고등학교를 졸업한 지 고작 6년 정도밖에 안 된 그 젊은이들은 곧 백만장자 대열에 들어설 참이었다.

"기업공개는 8월 19일이야. 4개월 후라고." 나는 그날의 뉴스를 전하며 말했다. "기업공개 전에 계약을 체결할 수 있다고 생각해?"

"그야 당연하지." 존이 말했다. "한두 달 안에 성사될 거야. 그럼 그때는 셸리한테 말해도 돼."

마침내 나는 마음을 굳게 먹고 마음속으로 궁금해하던 질문을 꺼냈다.

"그럼 내 자리는 보전되는 거야?"

"그럼. 당연히 보전되지."

존이 내 말을 받아 자신만만하게 고용보장을 약속해 놀라지 않을 수 없었다. 보통 기업을 인수한 후에는 마케팅 인력을 제일 먼저 해고하기 때문이었다. 인수자는 기술과 고객층을 넘겨받지만 마케팅팀은 빠지는 게 보통이다.

집에 돌아오자 셸리는 20개월 난 딸 이사벨을 재우고 있었다. "싫어, 엄마 읽어줘." 이사벨은 나를 보자 그렇게 말했다(딸아이는 나이에 비해 성장이 빨랐다).

"오늘 하루는 어땠어?" 셸리가 물었다.

"아, 좋았지." 나는 아내와 딸아이를 좀 더 보려고 뭉그적거렸다.

다음 날 존과 나는 마운틴뷰의 대중 골프장인 쇼어라인골프링크 카페테리아로 점심을 먹으러 갔다. 그는 계약 건의 못다 한 뒷얘기를 들려주었다. 멘로벤처스의 더그 칼라일로부터 텀시트를 받기 2일 전, 존은 구글의 사업개발부 부사장인 메건 스미스의 전화를 받았다. 메건은 매사추세츠공과대학교에서 기계공학 석사과정을 마치고 플래닛아웃을 창업한 인물이었다. 욱하는 성격 때문에 격한 논쟁을 벌이기 일쑤였지만, 항상 긍정적인 태도로 미소를 잃지 않는 편이었다.

존에게 구글 구내로 와서 소프트웨어 시연을 해줄 수 있느냐고 물었다. 메건은 구글 공동창업자인 세르게이 브린과 다른 임원들이 어스뷰어를 보고 더 알고 싶어 한다고 전했다. 어떻게 처음에 관심을 갖게 됐는지는 설명하지 않았다. 이에 대해서는 나중에 알게 되었다.

상황은 이랬다. 메건의 전화가 있기 2주 전, 10여 명의 임원들이 사진 편집 소프트웨어인 피카사의 제품을 검토하려고 구글에 모였다. 회의 도중에 뛰어난 러시아계 엔지니어인 세르게이 브린이 구글의 본사 단지인 구글플렉스 중앙의 비치발리볼 코트에서 막 나와 플립플롭을 신고 들어왔다. 자신의 노트북을 연 그는 곧 브라이언 매클렌던의 친구인 구글의 엔지니어링 담당 부사장 제프 휴버가 보내준 것을 보느라 정신이 팔렸다. 피카사 제품 매니저는 발표 슬라이드를 몇 장 넘겼으나, 곧 다른 사람들도 세르게이가 보고 있는 화면에 관심이 쏠렸다는 것을 알아챘다. 에릭 슈미트는 회의를 중단하고 세르게이에게 그렇게 중요한 것이면 함께 보자고 제안했다. 그러자 세르게이가 벌떡 일어서더니 찬밥 신세가 된 피카사 제품 매니저에게서 프로젝터를 가로채 노트북 화면을 프로젝터에 연결했다. 바로 키홀 어스뷰어였다.

어두운 회의실에 있던 사람들은 넋을 잃고 화면을 바라보았다. 세르게이는 자유롭게 지구를 한 바퀴 여행했다. 피카사 제품 검토는 완전히 뒷전으로 밀려났다. 그 대신 4년 전 인트린직그래픽스의 발표 때처럼 회의는 어스뷰어에 대한 얘기로 옮겨갔고, 지루한 듯 자리를 지키던 임원들이 관심을 보였다. 이들은 어스뷰어에 완전히 마음을 빼앗겼고, 몇몇은 자리에서 일어났다 앉았다를 반복하며 세르게이에게 자신들의 집 주소를 입력해달라고 졸랐다.

소란이 진정되었다. 뒷받침할 만한 사업 전략도 전혀 없이 세르게이는 이렇게만 말했다고 한다. "우리가 이 회사를 사야 합니다."

구글 임원들은 서로를 쳐다보았고 아무런 반대도 나오지 않았다. 그렇게 된 것이었다.

점심을 먹은 후 존과 나는 골프연습장으로 걸어가 골프공을 한 박스 쳤다. 서로 돌아가며 생크가 나서 미스샷을 날렸지만 존은 계속했다. 메건 스미스가 키홀의 문을 열어젖히자, 계약은 신속히 진행됐다. 마이클, 브라이언, 존은 차로 여섯 블록을 달려 구글에 도착했고 임원들에게 월요일 오후 키홀 어스뷰어를 시연했다. 이들은 제프 휴버 및 다른 임원들과 만났다. 그중에는 메건과 래리 페이지, 세르게이 브린, 에릭 슈미트도 있었다. 체험판 시연은 아주 성공적이었고 존은 키홀이 멘로벤처스로부터 자금 지원을 받기 직전이라고 메건에게 슬쩍 귀띔해주었다.

다음 날 메건은 존에게 전화해 키홀 사무실에 방문해도 되겠냐고 물었다. 존은 그 회의를 "다소 둔감하고 종잡을 수 없는 대화"라고 묘사했다. 메건이 "우리 계획에 대해 자세히 듣고" 싶다며 "함께 일할 방법을 찾아보자"라고 했던 것이다. 존은 구글이 지도정보 서비스를 제공하지도 않는데 그런 말을 들어서 이상했다고 말했다.

"그건 마치 이제 막 결혼식을 올리려는 참인데, 지구상에서 가장 매력적인 구혼자가 찾아온 것 같은 상황이야." 존이 말했다. 표현이 정확하진 않아도 그렇게 생각하는 듯했다. 아니면 우린 그냥 놀림감이 된 거였나?

수요일에 멘로벤처스 텀시트가 도착했다. 손에 든 서류에 존이 서명만 하면 모든 게 끝이었다. 그리고 우리가 그 돈을 받으면 4년간 구글 없이 자체적으로 회사를 꾸려갈 수 있었다.

초반에 조급해하면 안 된다는 데이트 규칙을 깨고, 존은 그날 오후에 전화기를 들어 메건에게 전화했다. "대체 뭐 하자는 겁니까?" 그는 메건에게 멘로벤처스로부터 텀시트를 받았다고 말했다. "제가 이 계약서에 서명하지 말아야 할 이유가 있을까요?"

메건은 존에게 솔직히 털어놓았다. 구글의 최고위 경영진들이 키홀 인수에 비상한 관심을 갖고 있다는 거였다. 이 말을 듣고 존은 몹시 들떴다. 구글의 자금과 기술자원은 그 어떤 벤처자금 유입과도 비교할 수 없을 정도로 엄청났기 때문이다. 구글은 도약대였다. 키홀과 같은 서비스가 무한히 성장할 수 있는 발판이 되어줄 플랫폼이었다.

그러나 다소 특이하게 느껴졌다. 구글에는 지도 서비스가 없었다. 키홀을 인수해서 어쩌려는 것일까? 솔직히 존도 메건도 그 답을 몰랐다. 이 질문에 대한 답은 제쳐둬야 했다. 존은 멘로벤처스에 답을 줘야 했다. 마지막 회의는 다음 월요일로 잡혀 있었다.

존은 메건에게 말했다. "지금 구글 측에서 뭔가를 하지 않으면 인수는 물 건너가게 될지도 모릅니다."

메건은 상황을 이해했다. 그녀는 존에게 일주일만 시간을 달라고 했다. 존은 그 기간 동안 멘로벤처스 계약 건 종결을 늦추기로 합의했다.

그다음 목요일, 구글은 키홀을 인수하겠다는 내용의 법적 구속력이 없는 제안을 내밀었다. 존은 핵심 계약팀을 불러 모아 회의실에서 두 선택지의 평가를 부탁했다.

브라이언은 구글에 몇 십만 대의 서버가 있다는 소문이 사실임을 언급하며 쉽게 결정을 내렸다. 구글에 모든 걸 걸겠다는 것이다. 마이클 역시 망설이지 않고 답했다. 그는 기술업계의 한가운데로 들어가는 게 키홀팀에 얼마나 엄청난 기회가 될지, 그리고 구글에서 키홀의 비전을 얼마나 더 빨리 실현할 수 있는지 알고 있었다. 노아는 순전히 재무적 관점에서 봤을 때 구글의 제안이 멘로벤처스가 내놓을 수 있는 어떤 것보다도 훨씬 낫다고 분석했다. 그 역시 구글과의 계약을 지지하는 쪽이었다.

그러나 존은 구글이라는 선택지에 대해 의문을 버리지 못했다. 과연 구글의 인수는 키홀의 비전에 어떤 의미일 것인가? 구글은 키홀 서비스에 어떤 의도를 갖고 있는가? 구글은 지도 서비스를 제공하지 않는데, 그렇다면 키홀에 어떤 계획을 갖고 있는 것인가? 키홀이 인수되면 우리 기술이 일부 구글 서비스에 병합되고 팀은 해체되어 다른 부서에 흡수될 것인가? 아니면 구글은 정말로 빠르고 원활한 3D 지구 모형을 만든다는 비전을 믿고 있는가? 그리고 키홀 직원들의 고용 상태는 어떻게 될 것인가? 구글의 의도는 무엇이었을까?

사실 마이클과 존은 인수가격을 높이는 데는 관심이 없었다. 구글은 키홀에 3천만 달러를 제시했다. 오히려 존은 구글이 고해상도로 3D 지구 모형을 구현한다는 원래 비전에 충실하겠다는 약속을 받아내는 데 더 촉각을 곤두세웠다.

양측은 구글에서 한 차례 회의를 더 열어 존이 래리와 세르게이에게 질문할 기회를 마련하기로 했다. 5월 13일 화요일, 존과 마이클은 키홀에 대한 구글의 계획을 논하기 위해 래리, 세르게이, 에릭과 다시 만났다. 회의장소는 구글 창업자들의 공동 사무실이었다. 더러운 운동복과 하키 패드, 온갖 장난감이 바닥에 깔린 카펫 위에 널브러져 있었고, 하키 스틱이 벽에 기대어져 있었다(세르게이는 롤러 하키에 푹 빠져 있어서 치열한 경쟁이 펼쳐지는 하키 경기를 개최했다. 구글 주차장에서 자주 볼 수 있는 광경이었다). 바로 옆에는 에릭의 사무실이 붙어 있었다.

"3D 지구 모형이라는 개념이 어떤 방향으로 발전할 것이라 생각하십니까?" 존이 물었다.

"저는 이것이 구글의 핵심 자산이 될 수 있다고 봅니다." 래리가 말했다. "지도 및 지형을 중심으로 구성될 수 있는 데이터의 종류는 수없이 많아지리라 생각합니다."

에릭이 덧붙여 말했다. "제가 약속드리죠. 키홀팀에서 다룰 수 있는 것보다 훨씬 많은 사진 데이터를 구글이 제공할 수 있습니다."

회의 후에 메건은 40동 2층에 있는 간식대 근처로 존을 조용히 불렀다. "보여드리고 싶은 게 있습니다. 사실 보여드리면 안 되는 것이긴 하지만요." 이때까지만 해도 존은 다른 이들이 추측했듯 구글이 수익을 낼 수 있을지에 대해 의구심을 가졌다. 아니면 재무 상태가 취약한 또 다른 닷컴 기업에 불과했나? 조그마한 텍스트 광고 따위를 클릭하는 사람이 있긴 했나? 왜냐하면 구글은 비공개 기업이었기 때문에 외부인은 구글의 재정상태를 알 수가 없었기 때문이었다.

메건은 노트북을 열더니 존에게 지난 3년간 구글의 재무 지표를 보여주었다.

"이럴 수가."

그는 비공개 기업이 그토록 엄청난 수익을 올렸을 것이라고는 상 상조차 못 했던 것이다. 존은 깜짝 놀랐다.

구글 공동 창업주들과 CEO의 전폭적인 지지와 함께 구글의 전례 없는 경제적 성공을 구체적인 숫자로 몰래 확인한 덕분에, 결정은 일 사천리로 진행됐다.

존은 멘로벤처스에 어렵사리 전화를 했다. 그는 상황을 감안해 가 능한 신중하게 말했다.

"서류에 서명할 일이 없을 것 같습니다. 다른 계획이 생겼습니 다." 그가 칼라일에게 말했다.

"저희가 해당 조건에 최대한 맞춰볼 수는 없겠습니까?" 깜짝 놀 란 칼라일이 물었다.

존은 멘로벤처스에 이들의 경쟁상대가 누구인지 말할 수가 없었 다. 구글은 기업공개를 앞두고 침묵의 시기에 들어갔던 것이다. 존은 이렇게밖에 말할 수가 없었다. "아니요. 죄송합니다. 사정상 말씀드 릴 수가 없군요. 다만 인수 제안을 받았다고만 말씀드리겠습니다."

몇 주 후 존은 멘로벤처스와 칼라일이 키홀의 결정과 인수를 지 지하는 의사를 밝혀왔다고 나에게 말해주었다. 멘로벤처스는 키홀과 자신들과의 계약이 이미 협상 단계에 들어왔던 점을 고려해 얼마든 지 협상을 어렵게 만들 수 있었다. 그러나 존과 키홀이 인수 협상을 진행하도록 칼라일과 멘로벤처스는 깨끗하게 물러났다.

존은 마이클, 브라이언, 노아 (그리고 곧 나까지) 외의, 키홀팀에게 이 엄청난 계획 변경을 알릴 수가 없었다. 5월 내내 구글과의 협상은 급속하게 진전됐고, 5월 말 존은 구글의 기업공개 전에 인수 절차가 마무리될 것이라고 낙관했다. "기업공개 이전 주식"을 할당받으면 키홀 직원들과 주주들의 경제적 이익도 늘어날 것이었다.

그러던 중 막판에 계약서 서명을 앞두고 재앙이 덮쳤다. 소송이 걸린 것이다. 5월 28일, 거의 알려져 있지 않았던 스카이라인소프트웨어라는 키홀의 경쟁사 가운데 한 곳이 키홀을 특허 침해로 고소했다. 보스턴에서 제기된 소송에는 키홀이 원격 지형 표시 및 비행조종 훈련과 관련해 스카이라인의 특허를 광범위하게 침해했다고 되어 있었다.

물론 키홀도 스카이라인에 대해 들어본 적이 있었다. 이스라엘에 본사가 있는 이 기업의 사업영역은 우리와 거의 동일했다. 그렇긴 하지만 이들이 제공하는 서비스는 비행훈련을 위한 단일 도시경관과 도시계획 및 군대 등의 기타 정부용으로 한정돼 있었다. 이들은 미국 연방정부 및 군대와 계약을 추진하기 위해 본사를 워싱턴DC로 이전했다. 나는 스카이라인을 시운전해본 적이 있는데, 여러 도시의 데이터베이스 사이를 왔다 갔다 바꿔야 하는 등 서비스가 상대적으로 제한적이고 느려서 짜증이 났다. 예를 들면 피닉스와 라스베이거스 사이를 날아다닐 수 없었다. 두 도시의 모형이 달라서 모형 전환이 필요했기 때문이다.

이들의 주장은 광범위하고 보호대상이 되는 특허가 정확히 무엇인지에 대한 구체성이 결여되어 있었다. 특허의 가치가 얼마나 됐든 (또는 별 가치가 없었든) 간에 스카이라인 소송으로 인해 구글의 키홀 인수는 몇 달이나 미뤄졌다. 키홀의 모든 직원들은 이를 고통스럽게 지켜볼 수밖에 없었다. 이러한 부담으로 인해 타격을 입으면서도 존은 가입을 갱신한 고객에게 새로운 데이터를 추가하고 버그를 수정하는 등, 회사의 일상 업무를 처리하기 위해 최선을 다했다. 그러면서도 한편으로는 2004년 여름, 비즈니스 세계의 최대 이슈였던 구글의 기업공개를 지켜보았다.

그해 여름, 존과 나는 퇴근 후 달리기를 계속했다. 8월 말 어느 초저녁에 우리는 언덕으로 달려갔다. 그 언덕은 원래 쓰레기 매립지였다가 조경공사로 새롭게 단장된 곳이었는데, 쇼어라인앰피씨어터와 약 10만 제곱미터에 달하는 구글 본사의 41동을 가르는 경계선 역할을 했다. 메탄가스 분출구가 황폐한 언덕에 점점이 널려 있어, 우리 발밑에서 썩어가는 매립지가 가스를 내보내고 있었다. 멀리 산타크루즈산맥 뒤로 해가 지자 구글 본사 41동의 불빛이 빛나기 시작했다. 기업공개까지 얼마 남지 않은 시기에, 카메라에 망원렌즈를 장착한 사진기자들이 구글 경비원에게 언덕에서 쫓겨난 일이 있었다(41동의 구글 직원들은 보안담당자에게 밖이 훤히 보이는 널찍한 창문에서 모니터를 돌려놓으라는 지시를 받았다).

구글 주가는 8월 19일 주당 85달러라는 높은 가격에서 시작됐다. 잠재적 주주들에게 래리가 보낸 편지는 격식에서 벗어난 느낌을 주었다. 구글은 장기적 비전을 가지고 거액의 투자를 단행할 예정이며, 단기적인 분기별 이익에는 크게 개의치 않겠다는 내용의 발표문이었다. 그러나 이러한 경고에도 불구하고 주가는 기업공개 당일에 주당 100달러 이상으로 치솟았다. 스카이라인 소송을 해결하려 애쓰는 동안 구글 주가가 오를 때마다 키홀이 놓친 이익의 폭도 커져만 갔다.

존과 나는 말없이 언덕 꼭대기에서 서성이며 구글 41동 위로 지는 해를 바라보았다. 결국 우리는 마지못해 발길을 돌려 키홀로 다시 뛰어갔다.

NEVER LOST AGAIN

구글 시절

29통의 고용제안서
구글이 지원하는 키홀 웹사이트

"당신들을 묻어버리겠어!" 그 이스라엘인은 분에 못 이겨 존에게 고함을 지르며 변호사 사무실의 테이블을 주먹으로 내리쳤다. 나를 포함해 팀원 대다수가 모르는 사이에 존은 보스턴으로 날아가 중재인과 스카이라인 담당자를 만났다. 직접 협상을 해서 사안을 해결해보려 한 것이다. 존은 합리적이라고 생각했던 내용을 제안하며 대화를 시작했다. 스카이라인이 합의하지 않았다고만 해두자. 8월에 있었던 구글의 기업공개 이후로 소송에는 아무런 진전이 없었다. 구글은 지지 의사를 표했으나, 존과 키홀에도 책임을 돌렸다. 이건 구글의 싸움이 아니었다. 해결은 존의 몫이었다. 보스턴에 다녀온 후로 존은 법적분쟁이 길어질 것이라는 사실을 받아들이기로 한 것 같았다.

존은 절묘한 시기에 소송이 걸린 것을 수상쩍게 여겼다. 그와 데데가 주주들에게 구글이 인수를 제안했다고 알렸을 때 스카이라인이 계약 건에 대해 낌새챘다는 말인가? 그렇게 생각하니 스카이라인의 협상이 그럴싸하게 보였다.

메건 스미스는 존을 만나러 우리 사무실에 자주 나타나 어떻게든 일을 진척시키고자 했다. 언제나 웃는 얼굴로, 무기력한 상황에서도 쾌활한 태도를 잃지 않고, 몇 주나 키홀의 상황이 마무리되길 기다렸다. 존과 마찬가지로 메건 역시 어떤 어려움이 있든지 계약을 성사시키고자 했던 것이다.

존 역시 사태를 낙관하려 했으나, 그를 비롯해 사태 해결을 기다리는 주변 사람들로서는 맥 빠지는 일이었다. 나는 존에게 진전이 있는지 더 이상 묻지 않았다. 키홀 직원 대다수와 그 가족들은 계약이 어떻게든 진행되길 간절히 바랐다.

마침내 구글의 사업개발부 수석 부사장이자 메건 스미스의 상사인 데이비드 드러먼드가 끼어들었다. 래리와 세르게이가 그를 압박했던 것일 수도 있다. 9월 말경, 그는 메건에게 말했다. "소송이 이어지든 끝나든 계약을 매듭지읍시다."

마침내 9월 말, 스카이라인 소송은 해결되지 않은 채로 인수계약 협상이 다시 시작됐다. 법무 비용을 부담하지 않기 위해, 구글은 키홀 인수계약에 환수 조항을 추가했다. 즉 구글로 인해 초래된 소송 비용은 구매 가격에서 제하고, 스카이라인 문제가 해결될 때까지 제삼자에게 위탁(에스크로)한다는 내용이었다.

금요일 오후, 존은 마침내 팀 전체에 이 사실을 공지했다. 이는 키홀의 공공연한 비밀이었으나, 여전히 구글 계약에 대해 모르는 사람도 있었다. 여느 자유로운 주말 분위기와 다르게 존은 그 주 금요일 회식에 전 직원이 의무적으로 참석하도록 했다. 마크 어빈은 소시지를 굽기 위해 그릴에 불을 붙였다. 존은 직원들에게 회의실로 음식접시를 갖고 오라고 요청했다. 모두 29명이 모였다. 의자는 10개밖에 없었다. 존 롤프가 벽에 기대 바닥에 앉은 걸 알아챈 건 나뿐만이 아니었다. 존 롤프가 전 직원회의에 참석한 건 그게 처음이었을 것이다.

"여러분 중에는 이미 이 소식을 아는 분이 계시리라 생각합니다. 그렇지만 오늘 이 자리에서 공식적으로 전 직원에게 알려드리고자 합니다." 존이 활짝 웃으며 말했다. "우리는 길 아래편의 작은 회사와 인수계약을 체결했습니다." 팀 전체가 박수를 쏟아냈다. 웨인 타이가 소리쳤다. "우리를 인수할 회사가 어디죠? 마이크로소프트입니까?" 그는 길 건너편을 가리켰다.

"아닙니다! **구글**입니다!" 존이 장난기 어린 미소로 대답했다. 또 한 번의 환호성과 하이파이브가 회의실 전체에 터져 나왔다.

존은 직원들에게 구글에서 면접을 봐야 한다고 알렸다. 면접이라고 해봤자 대체로 형식상의 절차일 뿐이며, 직무 조정(어떤 직급에 투입될 것인지를 결정하는 것)을 위해서라고 우리를 안심시켰다. 우리는 한 팀이니까 최고 학력의 최고 득점자만 뽑는다고 알려진 구글의 표준 면접 절차 적용을 받지 않는다고 했다.

존이 키홀팀 전원 고용승계를 구글과의 협상 전제조건으로 요구했다는 것이었다. 이는 기술업계 인수합병 논의에서는 전무후무한 일이다. 일반적으로는 대규모 팀을 고용하지는 않으며, 일자리를 제공받는 대신 회사 주식을 지급받는다. 메건 스미스가 처음 존에게 구글의 관심을 알렸을 때, 그는 "감사한 일입니다만, 분명히 해둘 것이 있습니다. 팀 전체를 고용하겠다는 약속을 해주셔야 합니다. 그렇지 않을 거라면 서로 시간 낭비하지 않는 게 좋겠군요"라고 말했다. 존 행키가 누구나 바라는 가장 신망이 두터운 상사이자 친구라는 것을 알게 된 건 그때가 처음도 아니었고, 당연히 마지막도 아니었다. 당시 키홀에는 나와 마크 어빈을 포함해 29명의 직원이 있었다. 마크는 그즈음 그만두려고 했었는데 존이 그에게 이렇게만 말했다고 한다. "퇴직은 당분간 미뤄두시죠. 이유는 말씀드릴 수 없지만 아직은 때가 아닙니다."

◉

마운틴뷰의 선선한 어느 여름날 오후, 나는 여덟 블록을 걸어 구글 본사 41동에 도착했다. 긴장이 됐었나 보다. 그러나 유칼립투스 나무가 늘어선 거리를 따라 구글의 번쩍이는 신축 본관에 들어서니 기분이 상쾌하고 편안해졌다.

인사부 직원이 사원증으로 우리를 이중 유리문 안으로 통과시켜 주었고, 우리는 1층의 잘 꾸며진 회의실로 안내되었다. 면접을 보는 동안 4명의 구글러, 즉 구글 직원들을 만났다. 홍보 책임자인 데이비드 크레인, 마케팅 디렉터인 더그 에드워즈, 소비자 마케팅 부서장이자 내 예비 상사인 데비 재피, 그리고 수석 디자이너 크리스토퍼 에셔였다. 나는 항상 메모하는 습관이 있는데, 데이비드와 마주 앉아 백지를 꺼내면서 그에게 농담을 던졌다. 구글이 내 옛날 공책을 모두 스캔해서 내가 쉽게 검색할 수 있었으면 좋겠다고.

"언젠가 그렇게 될 겁니다. 저희는 도서 스캔로봇을 이용해 도서관에 있는 책들을 스캔하는 작업을 하고 있거든요." 그가 말했다. 나는 웃음을 터뜨렸으나, 그가 한 말이 농담이 아니라는 것을 곧 깨달았다.

면접 중에 더그와 크리스토퍼는 키홀이 구글에서 어떤 역할을 하게 될지 흥미를 보이며 여러 가지 질문을 던졌다. 화기애애하고 편안한 분위기에서 진행됐지만, 데비 재피는 실제 면접인 양 행동했다. 거의 걸어 다니는 업무 순서 도식처럼, 데비는 나에게 구글에서의 마케팅 업무방식을 아주 자세하게 설명해주었다.

키홀이 왜 인수됐는지를 아는 구글 직원이 있었다면 데이비드와 더그, 데비 그리고 크리스토퍼에게는 그 사실을 얘기하지 않았던 게 분명했다. 이들은 나보다도 아는 게 없었기 때문이다!

키홀에서는 면접으로 긴장감이 감도는 일주일을 보냈다. 약 30분마다 누군가가 우리 사무실 문을 열고 들어와 존에게 면접이 어땠는지 보고했다. 그는 매번 똑같은 질문들을 던졌다. "누가 면접관이었습니까?", "어떤 질문을 받았죠?", "면접을 잘 본 것 같습니까?" 면접을 본 사람들은 다들 우리 사무실로 돌아와 안도하는 표정이었다.

8월 25일, 메건 스미스와 수킨더 싱이 키홀을 방문해 29통의 고용제안서를 내밀었다. 나는 회의실로 들어가 축하인사를 듣고 메건에게 제안서를 받았다.

29명의 키홀 직원 모두 고용된 것이다. 존이 약속한 대로였다.

그날 나는 이사벨의 두 돌 생일이라 일찍 퇴근했다. 멘로파크에 있는 우리 집의 자그마한 테라스에서 아이스크림 파티를 열기로 했다. 셸리와 나는 햇빛이 쏟아지는 돌계단에 앉아 이사벨과 또래 친구들이 노는 모습을 지켜보았다. 손에는 아이스크림콘을 들고 있었고, 청바지 뒷주머니에는 구글 봉투 안에 든 제안서가 들어 있었다. 마침내 이런 순간을 즐길 수 있게 되었다. 키홀과 우리 미래에 대해 별로 걱정하지 않아도 되는 이런 순간 말이다.

그 주 후반에 나는 야심 넘치는 구글의 젊은 프로젝트 매니저인 브렛 테일러와 키홀 사무실에서 만났다. 그는 새로운 지도 제작 프로젝트 업무를 맡아 라르스 라스무센과 옌스 라스무센이라는 덴마크 형제가 설립한 웨어투테크와 협업 중이었다. 구글은 3개월 전 웨어투테크를 인재 영입용으로 인수했다. 회사 인수 당시 4명으로 구성된 팀은 통합되어 있지 않았고, 덴마크와 호주, 미국에 흩어져 있었다.

그날 존은 구글 41동에서 열린 다른 회의에 참석하고 있어서, 내가 키홀의 제품 로드맵이 담긴 파워포인트 자료로 브렛에게 설명을 하고, 우리가 어떻게 키홀에서 구글로 마케팅 업무를 이전할 것인지 얘기했다. 우리는 어스뷰어 제품 가격을 50퍼센트 정도 낮추고, 인수로 인한 그 밖의 중대한 변경은 더 이상 없는 것으로 결정했다. 당분간 해당 제품은 키홀 어스뷰어로 부르되, "구글이 지원하는powered by Google"이라는 문구를 같이 넣기로 했다. 회사가 완전히 합병되면 구글 이름을 붙여서 "새로운 브랜드"를 만들기로 했다. 우리는 몇 달 안에 그렇게 하기로 했다.

회의 마지막에 브렛은 나에게 물었다. "인수 후에 프로젝트 매니저가 되시는 건가요, 아니면 프로젝트 마케팅 매니저가 되시는 건가요?" 구글에서 해당 직책 간 차이에 대해 아는 게 별로 없어서 주저하듯 대답했다. "지금으로서는 둘 다인 것 같습니다. 저는 제품 기능과 제품 마케팅 방식 둘 다 관리하거든요. 그래서 두 역할을 다 할 것 같군요."

그 말은 사실이었다. 키홀에서 나는 두 직책을 모두 수행했기 때문이다. 나는 중요도별로 기능의 순위를 매기고, 인터페이스 도식을 개략적으로 그려내고, 사용자 인터페이스UI, User Interface 디자이너를 고용하고, 제품 재고를 관리하는 등 실제 제품 개발을 지원했던 것이다. 또한 키홀 웹사이트와 영업자료 제작, 제품 가격책정, 무역박람회 관련 업무수행, 광고문구 작성 및 체험판 동영상 제작 등 제품 마케팅을 했다.

브렛은 다소 놀랍다는 얼굴로 나를 보며 웃었다. "둘 다 하는 건 불가능하다고 말씀드리지는 못하겠네요." 그가 말했다. "그렇지만 이제는 어려울 겁니다. 그러니까, 해볼 수는 있겠지만, 구글에서는 프로젝트 매니저와 마케팅 매니저를 둘 다 하기 불가능하다는 걸 스스로 깨달으실 겁니다."

그날 저녁 스포츠페이지바에서 맥주를 마시며 존은 내가 브렛과 무슨 얘길 했는지 듣고 싶어 했다. "또 그가 무슨 얘길 했어?" 존이 졸라댔다. 언제나 그렇듯이 존은 체스 게임에서 몇 수 앞을 내다보았다. 그러나 나는 게임을 하는지조차 깨닫지 못했던 때가 많았다.

"브렛을 조심해." 존이 나에게 주의를 주었다. "우리 기술이 구글에서 어디에 적용될지는 아직 모르는 일이야. 최고 임원 중에 지도에 관심 있는 사람이 있는데, 브렛은 그 임원이 총애하는 전도유망한 직원 중 하나거든. 브렛을 통해서 그 임원 귀에 모든 게 다 보고되는 일은 없었으면 해."

말도 안 되는 얘기 같았다. 유능하고 민첩하긴 하지만 브렛은 아직 **젊었**으니까. 그냥 평범한 스물네 살 같았다. 물론 언변이 좋고, 이 러저러한 분야에서 주를 대표해 우승을 거머쥐기도 하고, 몇 개 언어를 구사하고, 코딩도 끝내주게 잘했다. 그렇지만 키홀에 관한 모든 얘기가 브렛을 통해 임원에게 흘러들어간다는 걸 믿을 수가 없었다.

같은 주에 구글 40동에서 개인정보보호 문제에 관한 회의가 있었다. 여러 사업부로 이루어진 실무그룹 대표들이 개인정보 보호와 항공사진에 대해 알아보기 위해 회의에 참석했다. 이들은 인큐텔의 투자가 어떻게 받아들여질지에 대해 토론했다.

항공사진 캡처와 관련된 다양한 판례를 통해, 키홀의 사업운영은 법적 근거가 명확해 안전하다는 결론을 내렸다. 그러나 구글에는 대중의 인식이 더 중요했다. 구글에 대한 사용자들의 신뢰가 가장 중요하다는 사실이 분명해졌다. 이 부분만큼은 절대 실수해서는 안 되는 것이다.

초반 회의들을 진행하면서 나는 가격책정과 판매, 수익전망에 대해 거의 아무런 얘기가 오가지 않는 데 놀랐다. 구글에서 일하는 사람들에게는 우리가 돈을 받고 제품을 팔았다는 사실이 매우 낯선 개념이었던 것이다. 사실 수익 창출은 이들 팀이 보기에 그다지 중요하지 않은 문제였다. 그 대신 구글러들은 사용자의 즐거움과 기술로 세상을 바꾼다는 목표에 집중했다. 돈 버는 얘기는 좀처럼 화제에 오르지 않았다.

구글 41동의 인수 전 회의에서 우리는 키홀닷컴 keyhole.com 웹사이트를 구글의 하위 사이트로 다시 선보이기 위한 준비 작업에 대해 논의했다. 인수 관련 메시지 "Keyhole's Feeling Lucky", 새로운 가격 책정, 개인정보보호 및 데이터출처에 대한 최신정보 등으로 수정될 예정이었다.

키홀에서 정리의 달인인 웹마스터이자 문서화 책임자였던 패트리샤 왈은 나와 함께 구글 웹마스터인 캐런 화이트를 만나러 갔다. 캐런은 키홀의 웹사이트 구조를 검토하고 패트리샤가 파일에 이름을 붙여 정리한 방식을 보고 놀라더니, 회의를 중지시키고 패트리샤에게 말했다. "와! 우리 팀에서 일해볼 생각 있어요?"

패트리샤와 나는 웃음을 터뜨렸다. 캐런이 다시 말을 이었다. "아니, 정말로요." 농담이 아니었다. 구글 내에서 키홀팀에게 주어진 새로운 기회를 처음으로 맛본 소감은 이랬다.

"구글이 지원하는" 새로운 키홀 웹사이트에 포함하고 싶은 한 가지 재미있는 설계 요소가 있었다. 구글 로고 외에도, 간격을 표시하거나 기발한 시각적 환기를 위해 다양한 색깔로 된 다섯 개의 공 모양을 로고에 자주 사용했다. 이러한 디자인 그래픽은 웹페이지 하단이나 마케팅 자료에서 흔히 볼 수 있었다.

나는 키홀 사이트에 파란색 공 대신 작은 '블루마블'인 지구를 대신 넣는 식으로, 이러한 공 모양을 바꿔서 사용하고 싶었다. 캐런은 그 아이디어를 마음에 들어 했지만, 변경된 디자인을 사용하려면 마리사 메이어에게 확인해봐야 한다고 말했다. 당시에 나는 마리사가 누군지 몰랐다. 지난 2주 동안 수많은 사람을 만나고 수많은 이름을 들었다. 지나가면서 멋지게 옷을 차려입은 젊은 여성을 본 적은 있었다. 밝은 금발머리 여성이 데비 재피와 함께 유리벽으로 된 회의실에 앉아 있었다. 데비 밑에서 일하는 구글러라고 머릿속으로 생각해버리고 말았었는데, 혹시 그녀가 마리사였을까?

2주가 지나고 많은 준비 작업이 완료되었다. 가격책정 모델을 업데이트하고 보도자료를 승인했으며, 인터뷰가 금지됐고 자주하는 질문FAQ과 임원들의 발언, 새로운 지원센터 내용 등이 올라왔다. 그러나 나는 마리사에게 블루마블 지구 공 아이디어를 승인받지 못했다. 사소한 것에 불과했지만, 나는 이 아이디어에 매달렸다. 공지사항을 발표하는 날이 다가오자 나는 캐런에게 계속 잔소리를 쏟아냈다. 그러나 캐런 역시 마리사에게 아무런 승인을 받지 못했다.

나는 마리사를 건너뛰고 그의 상사(난 그렇게 생각했다)인 데비에게 승인을 요청하는 이메일을 보냈다. 데비 역시 그 아이디어를 좋아했으나 마리사가 봐야 한다는 말만 되풀이했다. 나는 데비가 팀원들에게 재량권을 주고 싶어 한다고 생각했다. 나는 마리사에게 아무리 이메일을 보내도 답이 없는 데 짜증이 나서 휴대폰으로 전화해 이 문제를 완전히 해결하기로 마음먹었다.

내 전화는 곧장 음성메시지로 넘어갔다. 나는 간결하고 당당하게 요구사항을 담은 메시지를 남겼다. 내가 바란 건 간단한 이메일 승인이었을 뿐이다. 캐런과 데비 및 다른 이들도 내 생각을 지지했다. 이제 필요한 건 마리사의 찬성이었다. "이메일을 여섯 번이나 남겼는데 단 한 번도 답신이 없었습니다. 왜 답이 지연되는지 도무지 이해할 수가 없군요. 오늘만큼은 대답을 꼭 들어야겠습니다. 아니면 데비와 존 행키에게 곧장 이 사안을 올려보내겠습니다." 나는 이제 갓 대학을 졸업한 이 젊은 부하 직원이 내 창의적인 아이디어를 가로막아 짜증이 났다. 마리사는 내 목소리만 들어도 이 문제를 가만두고 보지 않겠다는 의사를 분명히 알아챌 터였다.

사무실에 있던 노아 도일이 내 옆자리에 앉더니 메시지를 듣고는 다람쥐처럼 나를 쿡쿡 찔렀다. 그는 터져 나오는 웃음을 참고 있었다. "실은 마리사 문제 말이야. 그러니까 그게, 마리사가 말하자면 최고 결정권자라고."

노아는 마리사가 내가 봤던 그 젊은 여자가 맞고, 데비 재피와 있던 사람이라고 확인해주었다. 그러나 마리사는 구글의 20번째 직원이며 최초의 여성 소프트웨어 엔지니어이고 모든 구글 검색을 관리하는 장본인이라고 했다. 노아가 덧붙여 말했다. "그래, 마리사는 아마 기술업계 전체에서 가장 영향력 있는 여성이야. 구글러의 반 이상이 그에게 보고할 거야."

데데는 우리 대화를 전부 듣고는 역시 웃음을 터뜨렸다. 데데는 배꼽을 잡고 웃어댔다. 마리사와 일해야 하는 상황이 되면, 사실 그렇게 될 게 뻔했는데, 나는 시작부터 완전히 박살 난 셈이었다. 결국 나는 마리사의 사용자 인터페이스 주간 팀회의에 참석해 직접 그녀의 승인을 요청해야 한다는 사실을 알게 됐다. 해당 안건에 대해 내 차례가 오길 45분 정도 기다려야 했다. 그 후에야 그녀는 고작 1분간 디자이너팀 앞에서 발표한 내 슬라이드를 들여다보더니 "아, 귀엽네요. 그렇게 하세요"라고 간단히 승인해버렸다.

인수계약이 거의 마무리되어가자 존은 몬터레이반도의 아실로마

리조트에서 사외 단체 워크숍을 하기 위해 여덟 명으로 구성된 작은 키홀팀을 꾸리기로 했다. 우리가 도착한 날 저녁, 존은 해안을 가로지르는 긴 산책로로 팀을 이끌었다. 그는 키홀의 새출발 기회와 아무도 가본 적 없는 미지의 세계를 어떻게 헤쳐 갈 것인지에 대해 얘기했다. 키홀에서 함께하는 동안 우리는 위대한 것을 직접 만들어냈지만, 이제는 미지의 어떤 것을 향해 나아가고 있다는 것이었다. 그래서 우리에겐 계획이 필요했다. 아무런 계획이 없으면 수많은 구글러들이 시키는 일만 하게 될 것이 뻔했다. 그러면 결국 우리 팀도 해체 수순을 밟게 될 것이었다.

정보 유출에 극도로 민감했던 우리는 구글이라는 말을 하지도 쓰지도 않았다. 심지어 소회의실에 굴러다니는 화이트보드나 대형 포스트잇 메모에도 절대로 구글이란 단어를 쓰지 않았다.

그 이틀간 우리는 오랫동안 경쟁대상에서 치워버렸던 회사, 맵퀘스트에 대해 많은 얘기를 나눴다. 노아는 아메리카온라인의 맵퀘스트 인수 및 월별 방문자 수, 맵퀘스트가 벌어들이고 있는 월간 사용자별 수익의 대략적인 수치 등과 관련한 시장 데이터를 가져와 우리를 깜짝 놀라게 했다. 모든 인터넷 지도정보 트래픽의 3분의 2가 맵퀘스트에서 발생하고 있었으므로 세계 최고의 지도 회사인 셈이었다. 그때까지만 해도 키홀은 소비자 웹지도 영역과 의도적으로 거리를 두고 있었다. 그러나 이제 구글의 리소스 지원을 받게 되자 궁금해졌다. 맵퀘스트와 경쟁할 수 있도록 웹매핑 서비스를 도입해야 할까?

웨어투테크의 4인팀에 대해서도 수많은 얘기가 오갔다. 해당 기술의 초기 체험판은 꽤 인상적이었다. 라르스와 옌스 라스무센이 개발한 브라우저에서 고급 자바스크립트 방식으로 지도타일을 미리 렌더링하면, 사용자 경험 속도가 빨라졌다. 브렛 테일러와 구글의 수석 엔지니어 중 한 명인 짐 모리스는 그러한 기술을 구글의 플랫폼으로 가져오는 데 주도적인 역할을 했다.

우리는 웹브라우저에서 빠르게 지도타일을 패닝〔지도 이동〕할 때 키홀의 항공사진과 위성사진을 결합할 수 있다면 어떨지 궁금했다. 게다가 빠른 지도타일 패닝이 구글의 신속한 관련 검색 기능과 결합된다면? 흥미로운 개념이 될 것 같았다.

아실로마 리조트에서 그러한 가능성을 생각하다 보니 슬픈 결론에 도달하게 됐다. 우리가 구글에 최선의 결과물을 내놓으면, 키홀의 새로운 주인과 사용자들은 엄청난 혜택을 보겠지만, 이로써 키홀팀의 종말을 고하게 될지도 모른다는 사실을 깨달았다. 팀은 둘로 쪼개지고, 시너지 효과가 깨질 수도 있다. 그렇게 되면, 제1키홀팀은 키홀의 대표제품인 어스뷰어를 완벽히 구글화된 버전으로 내놓기 위한 작업에 투입될 수도 있었다. 나와 직원들 대다수가 그 팀에 남게 될 것이었다. 치카이가 이끄는 제2키홀팀은 생긴 지 얼마 안 된 구글의 지도 프로젝트 지원에 주력하게 될 것이었다. 존은 양 팀을 모두 총괄할 것이었다. 키홀의 모든 위성사진과 항공사진이 곧 출시될 새로운 웹 기반 제품으로 옮겨질 터였다. 팀의 절반은 키홀의 3D 기반에서 멀어질 수도 있었다. 존과 대니얼, 치카이가 산더미 같은 일을 처리해야 하는 상황이 될지도 모른다. 항공사진과 위성사진 데이터를 새로운 웹 기반 지도 제품에 통합하기 위해서는 데이터베이스와 인프라를 다시 설계해야 하기 때문이었다.

물론 이는 키홀팀이 이미 구글에서 진행 중인 프로젝트에 포함된다는 뜻이었다. 게다가 새롭게 꾸린 구글맵팀은 우리 없이도 일을 꽤나 잘해나가고 있었다. 구글 측의 요청은 없었지만, 키홀팀은 구글의 웹 기반 지도 서비스 작업에 우선순위를 두기로 했다. 그러나 구글팀에서 우리의 도움을 바랐을까? 구글에는 4명뿐이었고 키홀에는 29명이 있었다. 이러한 인원 불균형으로 인해 이런 질문이 나올 수밖에 없었다. 누가 이 작업을 **주도**할 것인가?

나는 아직 공개되지 않은 구글의 지도 제품 관리를 둘러싸고 점점 불거지는 국경분쟁에 대한 아이디어를 얻기 시작했다. 그러나 존은 이미 이 사태를 파악하고 있었다. 그가 나에게 브렛 테일러를 조심하라고 경고한 것은 바로 이런 이유 때문이었다. 그는 브렛이 야심가에다가 자신감 넘치는 인물이라는 걸 알고 있었다. 게다가 그는 브렛의 상사가 누구인지, 누구에게 충성하는지도 알고 있었다. 모든 구글 검색을 관리하는 임원이었다.

"잠시만." 나는 존이 말하는 데 끼어들었다. "지금 브렛이… 마리사한테 보고한다는 얘기야?"

"그래. 맞아. 게다가 구글의 고위급 임원들은 지도 검색을 그저 색다른 검색 방식이라고 생각하는지도 모르지." 존이 설명했다. "그리고 물론 알고 있겠지만 마리사가 모든 검색을 관리해. 내 생각에 마리사는 지도 프로젝트도 손에 넣고 싶어 하는 것 같고." 나는 의자에 몸을 더 푹 파묻었다. 노아가 웃음을 터뜨렸다.

그 주 금요일인 10월 15일에 인수계약이 마무리된 것 같았으나, 원본과 동일한 예비 문서가 아직 키홀로 전달되지는 않았다. 메건 스미스는 데이비드 드러먼드를 찾아 서명을 받아내겠다고 알려왔다. 그가 출장 갔다 돌아오는 모양이었다. 메건은 그가 언제 사무실로 복귀할지는 몰랐던 것이다. 우리는 평소와 다름없는 척했다. 어쨌거나 최종 계약서가 직접 전달되기를 기다리는 동안 할 일이 산더미같이 많았으니까.

3시에 배달차가 구글 블레이드 서버가 담긴 대형 랙을 싣고 들어왔다. 서버의 용량이 키홀 서버 백엔드의 40배에 달했다. 계약내용을 아는 구글 엔지니어들은 이미 인수 공지로 인해 발생할 서버 로딩을 걱정하고 있었던 것이다. 일하는 척했던 시늉은 1시간도 못 갔다. 존마저 초조하게 사무실 안을 돌아다녔다. 우리는 당구를 치고 다트놀이를 하고 주차장에서 농구를 했다. 마침내 6시가 되자 2004년 10월 15일 자로 서명 후 효력이 발생한, 구글의 키홀 인수를 명시한 공식 원본문서가 존에게 전달됐다. 그는 마침내 계약서를 손에 쥐게 되어 안도한 얼굴이었다.

존은 오후 내내 로비의 얼음통에 담겨 있던 저렴한 샴페인 병을 따더니, 이제 공식적으로는 구글 소속이 된 사무실에 남은 10여 명의 키홀 직원들에게 멋진 말을 건넸다. 그는 월요일 아침 9시에 오리엔테이션을 위해 구글 본사 41동에 업무보고를 하라고 말했다. 또한 계약이 마무리될 때 계약 체결과 인수 공표 사이에 2주 이상의 기간을 둔다는 데 합의했다고도 알려주었다.

그날 저녁 키홀은 계약 성사를 자축했다. 나는 존에게 마지막으로 크게 한턱 내라고 권했다. 팔로알토 시내에 있는 유쾌한 분위기의 뉴올리언스 스타일 레스토랑 놀라의 별실을 빌리자고 했다(1,200달러짜리 대여비는 키홀 사업자 계좌에서 발행된 마지막 수표였다). 나는 키홀 어스 뷰어를 보여주기 위해 프로젝터를 설치했다. 키홀로 지구 위를 날아다니고 키홀 마크업 언어 위치 표시 사이를 옮겨가며, 내가 가장 좋아하는 장소 몇 군데를 살펴보았다. TV에서는 음소거된 레드삭스 경기가 한창 방영되고 있었지만, 나는 플레이오프 게임에는 별 관심을 두지 않았다. 또다시 양키즈에 지고 있었기 때문이다. 7전 4승제에서 3 대 0으로 지고 있었다.

제프 휴버와 메건 스미스를 포함해 구글 임원들 몇 명이 우리 축하연에 초대되었다. 그날 밤 존과 마이클, 브라이언을 비롯해 다들 수없이 건배를 하고 축하주를 마셨다. 르네트는 건배사를 하라고 채근하면서 나를 맨 앞으로 밀어냈다. 나는 의자 위에 올라서서 2004년 초에 있었던 한 사건을 얘기했다.

내가 한 얘기는 이랬다. 그해 봄, 존과 나는 키홀 주차장에서 그의 스바루 자동차에 올라타 점심을 먹으러 갔다. 늘 그렇듯 존은 다소 스트레스를 받아 조급한 상태였다. 우리는 건물 모퉁이를 획 돌았는데, 그때 치카이가 사무실 옆문으로 쏜살같이 튀어나왔다. 그는 깜짝 놀라서 멈춰 섰고 존도 브레이크를 세게 밟았다. 화들짝 놀란 두 사람은 숨을 헐떡였다.

나는 존에게 말했다. "이봐, 차로 칠 사람 중에 최악의 후보자를 꼽자면 치카이 아니겠어?" 내 말은 사실이었을 것이다. 당시 치카이가 모든 데이터 가져오기와 모자이크 처리 및 게시를 담당하고 있었기 때문이다.

점심을 먹으면서 나는 존에게 농담을 계속했다. "차로 칠 수 있다면 누굴 치겠어?" 나는 이름을 대기 시작했다. "패트리샤?" 그건 안 되지. 패트리샤 없이 웹사이트를 실행하기란 불가능하니까. "어빈?" 안 돼. 어빈의 데이터 처리 도구 작업은 핵심 중의 핵심이니까. "대니얼?" 안 될 말이지. 모든 데이터 계약과 파트너십을 담당하잖아. "르네트?" 안 돼. 우리 업무를 총괄하고 있잖아.

점심을 다 먹을 때쯤, 나올 수 있는 이름은 다 나왔다. **29명 전원.** 그건 사실이었다. 29명 전원이 우리 사업이 성공하는 데 핵심 역할을 맡아왔던 것이다. 존은 없어도 되는 사람의 이름을 단 1명도 고를 수가 없었다. 그건 말로 할 수 없는 엄청난 경험이었고, 키홀 직원 모두 같은 마음이었다. 귀하고 놀라운 깨달음이었다. 난 그 느낌을 언제나 기억할 것이다.

열심히 일하고 약간의 행운이 따른 덕분에, 키홀은 팀으로서 살아남았다. 우리는 새로운 지도를 내놓음으로써 세상을 보는 새로운 방식을 만들어냈다. 그리고 2004년 10월, 구글의 과감한 지원으로 이 강력해진 지도는 세상 밖으로 풀려나올 참이었다.

33인을 위한 테이블
사람을 통합하다

월요일 아침 9시, 키홀팀은 색다른 외관의 구글플렉스에서 업무보고를 했다. 전형적인 북부 캘리포니아의 아침이었다. 뿌옇게 낀 구름은 완전히 걷히지 않았다. 경비원이 우리에게 구글 사원증을 받을 때까지는 방문객 지정 자리에 주차하라고 했다. 그동안 구글 직원들은 주차장에 끝도 없이 밀려들었고, 대형 부지의 여러 개 동으로 흩어졌다. 키홀팀은 그날 구글에서 채용한 다른 신입직원 6명과 함께 라바 램프가 환히 켜진 41동 로비에 모였다. 다국어로 된 실시간 구글 검색 스크롤 목록이 두 젊은 접수직원 뒤의 대형 벽면에 투사되고 있었다(우리는 로비 벽면에 불쾌한 내용이 절대 나타나지 않도록 목록을 수정하는 특수필터가 사용된다는 것을 알게 됐다). 존과 메건 스미스가 팀 전체를 기다리고 있었다. 우리는 자유롭게 각종 사탕과 칩, 견과류를 먹고 고급 주스류를 마셨다. 먼저 41동에 온 건 공식 사원증을 받기 위해서였다. 그런 뒤에 미니 주방에 가서 간식을 가져왔고 카페라테를 만들어 마셨다.

"여기에 무료 구글 티셔츠를 두죠." 메건이 알려주었다. "저희는 모두가 구글러답길 바랍니다. 출근 첫날 두세 장만 가져가세요." 내부에는 헬스장과 좁고 긴 왕복용 수영장도 있었다. 비치발리볼 코트도 있었는데, 마침 세르게이가 뛰고 있었다. 그리고 한쪽에서는 얼티미트프리스비 게임이 진행되고 있었다. 회사 구내를 가로지를 수 있는 자전거도 있었다. 세그웨이와 전기스쿠터도 있었다. 베이 지역 전체를 오가는 무료 셔틀버스를 타는 정류장도 있었다. 출퇴근 정류장에는 바리스타와 주스 바도 있으니 참고하시라. 그리고 물론 버스에는 와이파이 연결도 된다. 41동에는 마사지룸도 있다. 엠앤엠즈 초콜릿도 비치돼 있다.

라아베니다가 94번지와 크레이그리스트 당구대, 물이 새는 지붕, 점심이 담긴 종이봉투와 각종 먹다 만 코스트코 칩이 가득한 냉장고를 잊는 데 11분이면 충분했다. 우리는 데데가 3개월 후 구글 방호팀을 불러와 우리의 옛 사무실을 청소할 때까지, 이 모든 것들을 까맣게 잊어버리고 있었다.

41동에는 테크스톱Techstop도 있었다. 구글 건물의 모든 사무실 동에는 멋진 테크스톱이라는 간판이 붙은 스토어가 있었다. 스토어에는 두세 명의 네트워크 관리자나 IT 기술지원 전문가가 있어서, 장비가 최상의 성능으로 동작할 수 있게끔 지원하는 업무를 전담한다.

41동의 테크스톱에서 우리는 원하는 거나 필요한 기술장비가 있으면 뭐든지 써볼 수 있었다. 미니 애플스토어에 돈을 지불할 필요가 없다고 한번 생각해보자. 다들 노트북 케이스, 충전기, 소프트웨어, 구글 서버와 집 사이의 연결을 원활히 하기 위한 구글 보안소프트웨어로 플래싱〔데이터를 덮어쓰기 하는 기술로 여기서는 설치됐다는 의미로 이해할 수 있다〕한 와이파이 라우터를 집어 들었다(구글은 자사 직원이 집에서 사용하는 인터넷 접속 비용을 지불하는데, 특수 보안소프트웨어와 함께 라우터를 의무적으로 사용해야 한다).

나는 파란색 링크시스 브랜드 모델 라우터가 지급된다는 걸 알았다. 그즈음 내가 쓰려고 산 것과 같은 모델이었다. "저, 이건 제가 집에서 쓰는 것과 같은 라우터인데요. 제가 그걸 가지고 오면 구글 보안소프트웨어로 펌웨어를 업데이트해주시면 될 것 같은데요?" 내가 물었다. 그렇게 하면 회사에 55달러의 비용을 줄여줄 수 있을 테니까. 테크스톱 직원은 두 개의 30인치짜리 모니터 뒤에서 나를 올려다보더니 자신의 동료를 쳐다보았다. 동료는 내 질문에 즐거워하는 표정이었다. "그냥 새 걸로 가져가셔도 되는데요." 이런 데 익숙해지기까지는 시간이 오래 걸릴 듯했다.

우리는 40동과 41동을 연결하는 햇빛이 드는 옥외통로를 걸어갔다. 존은 나와 상의할 것이 있다며 잠시 따로 걷겠다고 팀원들에게 얘기했다. "너의 직책을 결정해야 돼. 직무 자체는 변할 게 없지만 구글에서는 직책을 하나로 결정하길 바라고 있거든. 제품 매니저 아니면 제품 마케팅 매니저로." 존도 내가 키홀에서 두 가지 역할을 다 했던 걸 알고 있었다. 그는 이 문제에 대해 내 의견을 물었다. 나는 구글에서 제품 매니저라는 깔끔한 직책에 어울리지 않았다. 컴퓨터공학 학위가 없었기 때문이다. 다른 첨단기술 회사에서는 그게 보통 자격 요건에 들어가지는 않았지만, 엔지니어링 중심의 구글에서는 필수였다. 그날 존과 나는 불완전하나마 제품 마케팅 매니저로 내 직책을 결정하기로 했다. 물론 키홀에서와 같은 일을 한다는 건 변함이 없었다.

나는 구글 직원 제2488호였다(2018년, 구글에는 73,992명의 직원이 있다).

그날 오후 늦게 존은 우리에게 키홀팀 회의가 있다고 알려왔다. 그 말에 메건 스미스도 놀라는 눈치였다. 이는 래리 페이지와 세르게이 브린이 참석하는 "구글 입사 환영" 공식회의라고 했다. 그 밖에는 더 아는 게 없어서, 새롭게 기업을 인수하면 원래 이들이 참석한다고 생각했다. 보아하니 원래는 그렇지 않은 모양이었다.

"래리랑 세르게이를 만난다고요?" 다른 구글러들이 아침 내내 우리에게 묻고 또 물었다. 그 둘을 만난다는 것은 구글러들 사이에서는 인정받는 것 이상의 의미였던 것이다. 키홀에 대한 래리와 세르게이의 비상한 관심을 눈여겨보는 임원들도 많았다. 이들 역시 구글이 대체 이 작은 지도 제작팀과 무슨 일을 벌이려는지 그 의미와 방향을 탐색하고 있었다.

6년 전 래리 페이지와 세르게이 브린은 스탠퍼드대학교 박사과정 동기였는데, 처음에 서로를 썩 탐탁지 않게 생각했음에도 불구하고 여러 프로젝트를 함께 진행했다. 그중 하나가 바로 인터넷의 수학적 원리를 분석한 백럽BackRub이었다. 이는 이들이 연구한 대여섯 개 프로젝트 중 하나였다. 백럽에 대한 개념증명을 작성하기 위해 전체

인터넷(당시에는 웹페이지 수가 2,400개에 불과했다)을 다운받았다. 다운로드가 완료되자 이들은 새로운 소프트웨어 알고리즘을 개발하고 실행해, 웹사이트의 데이터베이스를 필터링하고 순위를 매겼다. 이는 모든 웹페이지가 서로 어떻게 연관되는지를 파악하는 새로운 방식이었다. 새로운 백럽 알고리즘에 따라 특정 검색어를 입력했을 때 사용자에게 제공되는 웹페이지 세트가 결정됐다.

이는 바로 기존 검색엔진과 차별화되는 래리와 세르게이의 혁신적인 검색 방식이었다. 페이지 순위를 매길 때, 이들은 특정 웹페이지에 키워드가 나타난 횟수에 따라 매기지 않았다. 그 대신 다른 웹페이지가 이를 얼마나 많이 링크했는지에 따라 웹페이지 순위를 매겼다. 이는 마치 "스스로를 어떻게 생각하는지보다 **남**이 나를 어떻게 생각하는지가 더 중요하다"라는 말과 비슷한 방식이다.

예를 들어 브라질 티크 테라스용 가구를 판매하는 웹사이트를 운영한다고 해보자. 누군가가 야후 포털에 가서 검색어로 "브라질산 티크 테라스용 가구"를 검색창에 입력하면 야후는 얼마나 많이 "브라질산", "티크", "테라스", "가구"가 특정 웹사이트에 등장했는지를 기준으로 순위를 정해서 웹페이지 목록을 보여주었다. 내가 운영하는 웹사이트에 이런 단어들을 여러 번 검색하면, 야후의 검색 목록 순위가 높아졌다. 그 결과, 사용자들은 키워드가 반복적으로 등장하는 사이트를 클릭하게 됐을 뿐, 언제나 고품질의 사이트를 찾지는 못했다.

이와 반대로, 래리와 세르게이의 알고리즘은 다음과 같은 방식을 취했다. 당신이 사이트에서 해당 단어를 사용한 횟수는 거의 무관하다. 중요한 것은 브라질과 티크 테라스용 가구에 관한 다른 웹사이트가 사용자의 웹사이트에 링크된 횟수다. 품질이 낮다고 판단되면 다른 사이트는 당신의 사이트에 링크하지 않는다. 정말 좋은 콘텐츠라고 생각될 때만 다른 사이트에서 당신의 사이트를 링크하는 것이다.

정확히 하자면, 백럽의 개념이 완전히 새로운 순위 지정 방식은 아니었다. 실제로는 〈사이언스〉나 〈네이처〉와 같은 권위 있는 과학 학술지가 100년 넘게 연구논문의 상대적 중요도에 순위를 매겨왔던 방식을 창조적으로 해석한 것이었다. 다시 말해 해당 연구논문을 참조한 다른 논문들의 수로 순위를 매긴 셈이다. 다른 소논문이나 학술지의 "피인용" 수가 높은 논문은 중요도가 높은 것으로 간주되며, 특히 다른 권위 있는 학술지에서 인용한 것일수록 중요도가 더욱 높아진다. 래리 페이지는 아마도 자신의 아버지인 빅터 페이지 박사(미시간주립대학교 컴퓨터공학과 교수) 덕분에 이 개념을 접하게 됐으리라 추측된다. 빅터 페이지는 인공지능 분야의 선구자로 알려져 있었다.

래리는 그의 새로운 알고리즘을 페이지랭크PageRank(자신의 이름과 웹페이지를 이중적으로 함축한 영리한 이름)라고 불렀다. 나중에 래리와 세르게이는 자신들의 백럽 프로젝트를 구글이라는 이름으로 바꾸었는데, 이는 래리가 잘 알려져 있지 않던 수학 단위인 구골(10의 100제곱)의 철자를 잘못 표기한 것이었다.

2004년 10월, 우리의 첫 출근일에 이미 구글은 폭발적 인기를 끌어모으며 문화적 현상이 되어 있었다. 래리와 세르게이는 처음부터 유명세나 물질적 과시에는 별로 관심이 없었음에도 불구하고, IT업계의 전 세계적인 스타가 되어 있었다. 기업공개 당시 구글의 주가는 85달러였고, 이들은 불과 서른 살의 나이에 67억 달러 상당의 자산을 보유하게 되었다. 래리는 그즈음에도 여전히 팔로알토의 작은 아파트에 살았고, 세르게이는 기업공개 얼마 전에 자신의 첫 번째 차(제너럴모터스의 전기차인 EV1)를 구입했다.

구글의 제품전략 사업부 부사장인 조너선 로젠버그는 래리와 세르게이가 회의에 참석하기 전에 우리와 먼저 만났다. 자신감 넘치고 자기 확신에 가득 찬 조너선은 언제나 농담을 즐기는 사람이었다. 브라이언과 존은 조너선와 잘 아는 사이였다. 브라이언은 1990년대 중반에 익사이트앳홈에서 그와 함께 일한 적이 있었고, 키홀이 2000년에 제품 및 마케팅 매니저를 구하고 있을 때(결국 그 자리는 내가 차지했다), 브라이언은 조너선을 마케팅 매니저로 추천했었던 것이다.

존 행키와 조너선은 마운틴뷰의 카페에서 만나 키홀의 마케팅 업무에 대해 얘기한 후 조너선이 적임자가 아니라는 데 서로 합의한 적이 있었다. 그 대신 조너선은 실리콘밸리의 다른 스타트업, 즉 구글의 제품 매니저로 일하게 되었다.

나는 키홀에 대한 구글의 계획이 무엇인지 간절히 듣고 싶었다. "1년 후에 프로젝트가 성공한다고 했을 때, 키홀이 1천만 달러의 수익을 올리는 게 나을까요, 아니면 1천만 명의 사용자를 확보하는 게 나을까요?" 나는 조너선에게 물었다.

터무니없는 질문이기는 했지만, 나는 우리가 어디에 집중해야 할지, 돈인지 아니면 사용자인지에 대한 약간의 방향 타진 차원에서 그런 큰 숫자를 던져본 것이었다. 인수 계획의 일환으로 설정된 이익연계지불의 일정 목표는 키홀이 50만 명 이상의 사용자를 확보하는 것이었기 때문이다. 나는 우리의 이익연계지불 목표의 20배를 제시했다.

"래리와 세르게이에게 물어보시죠." 그는 그렇게 대답할 뿐이었다. "제가 생각하기에 래리와 세르게이는 1천만 명의 사용자 확보를 더 중요하게 생각할 것 같지만, 직접 물어보시는 게 좋겠습니다."

회의는 본사 근교의 외딴 건물에서 열렸다. 다양한 구글 교육 프로그램을 진행하기 위해 설계된 대학교 세미나실 같은 곳이었다. 롤러블레이드를 탄 세르게이가 서툴게 중심을 잡으며 계단을 단숨에 뛰어내려와 정문을 통해 회의실 안으로 들어왔다. 래리는 세르게이 바로 뒤에서 따라오며, 세르게이가 들어가는 모습을 보고 웃었다(이런 묘기를 전에도 본 적이 있었던 게 분명했다). 존은 직접 이들과 악수하며 인사를 했다. 우리는 그대로 자리에 앉아 있었다. 존이 우리를 돌아가며 1명씩 소개했다. 래리와 세르게이는 우리가 키홀 서비스를 성공적으로 개시한 데 대해 칭찬을 늘어놓았다. 그러나 이들은 처음부터 글로벌 지도 데이터베이스 제작 모델에 사용된 기술과 수학에만 관심이 있는 게 분명했다.

"1미터 해상도로 볼 수 있는 지역이 지구상의 몇 퍼센트에 해당됩니까?", "출처가 어딥니까?", "해상도가 어떻게 됩니까?", "위성에 대해 알려주시죠.", "누가 만듭니까?", "출시비용이 얼마나 듭니까?", "지구정지궤도상에 있습니까?", "센서 크기가 어떻게 됩니까?", "각 파일의 크기는 어떻죠?", "현재 서버 개수는요?", "위성의 이동속도가 얼마나 빠르죠?"

래리와 세르게이는 밝기와 운량, 토지비율, 각 사진의 크기, 위성의 속도, 지구의 자전, 중력, 연료, 날씨 및 기타 요소들을 고려할 때,

위성이 지구 전체 이미지를 캡처하는 데 얼마나 시간이 걸릴 지에 대해 서로 토론을 벌였다.

"1미터 해상도의 디테일로 지구 전체 사진을 찍을 경우, 데이터베이스가 얼마나 커질 것 같습니까?" 세르게이가 마침내 존에게 물었다.

나는 세르게이가 농담하는 거라고 생각했다. 그건 마치 미켈란젤로가 4년에 걸쳐 시스티나성당 천장 벽화를 완성하자 "멋지군요. 이제 이탈리아 전체를 그려보는 게 어떻겠습니까?"라고 묻는 것과 같았기 때문이다.

존은 고개를 돌려 내 옆에 앉아 있던 마이클 존스를 보았다. "마이클, 대답해줄 수 있겠습니까?" 마이클은 주저 없이 답했다. "아마 1페타바이트는 될 겁니다." 페타바이트라는 말을 들어본 건 그때가 처음이었다. 1페타바이트라면 100만 기가바이트가 아닌가.

"그렇게까지는 안 될 텐데요." 세르게이는 자신이 직접 계산을 해보더니 그 말을 반박했다. "500테라바이트면 될 겁니다."

시간이 거의 다 되어갔다. 세르게이는 마이클의 계산을 계속 문제 삼았다. 그는 납득하지 못했던 것이다. 몇 분간 논쟁이 이어지자 마이클은 확실하게 못 박듯 말했다. "제 계산이 맞습니다. 1페타바이트는 됩니다. 당신 사무실에 가서 직접 보여드리죠."

그 둘은 회의실을 떠나려고 했다. "래리, 세르게이, 1천만 달러와 1천만 사용자 중 어느 쪽을 바라십니까?" 내가 불쑥 말을 꺼냈다.

래리와 세르게이는 무슨 말인지 모르겠다는 듯 내 쪽을 보았다. "질문이 이해가 안 되는데요." 래리가 딱 잘라 말했다.

"그러니까 키홀팀의 1년 후 성공을 머릿속으로 그려봤을 때, 1천만 명의 사용자를 확보하는 것과 1천만 달러의 수익을 벌어들이는 것 중 어느 편이 더 낫다고 생각하시는지 묻는 겁니다."

래리와 세르게이는 누가 내 질문에 답해야 할지 조용히 결정하기라도 하는 듯 잠시 서로를 바라보았다. 래리는 트레이드 마크인 환한 미소를 지으며 말했다. "그보다 훨씬 목표를 높게 잡는 게 좋겠군요." 그는 강조하듯이 존을 바라보았다. 회의실 안에는 침묵이 감돌았다.

그런 후 래리와 세르게이는 세미나실을 떠났다. 세르게이는 롤러블레이드의 버클을 풀지도 않은 채였다.

회의가 끝난 후 존은 키홀팀을 다시 41동으로 불러 모았다. 우리는 이사용 박스를 풀고 새로운 보금자리를 꾸미기 시작했다. 밝게 채색된 사무실에 입주하게 되어 모두가 기뻐하는 기색이 역력했다. 고급스러운 사무용 허먼밀러 의자와 30인치 듀얼 모니터가 자리마다 놓여 있었다. 나는 사다리를 찾아서, 주문 제작한 키홀과 구글의 교차로 표지판을 걸기 시작했다. 그런데 작업을 시작하자마자 두 명의 구글 시설팀 직원들이 노끈과 케이블타이, 줄자 및 공구함을 갖고 들어왔다. 그리고 작업이 끝난 뒤, 시설팀 직원들은 내가 바라는 대로 표지판이 걸렸는지 확인해달라고 했다. 높이와 위치, 각도가 맞는지, 노끈 매듭이 제대로 묶였는지 등등. 내 자리로 돌아와보니, 구글 시설팀의 이슈 트래커 시스템에서 메일이 한 통 와 있었다. 일처리의 만족도를 평가해달라는 거였다.

인체공학 컨설턴트가 41동을 돌면서 전 직원의 책상과 의자, 모니터 높이를 최적의 위치로 과학적으로 계산해 맞춰주었다. 자세가 바르지 않을 경우 현장에 상주하는 마사지사로부터 무료 마사지를 받을 수 있는 쿠폰도 지급받았다. 나는 구글에서 임원진만 개인 사무실을 배정받을 수 있다는 사실도 모르고 대니얼 레더먼과 사무실로 들어갔다. 나는 키홀에서 마케팅 디렉터였지만 더 규모가 커진 구글에서 내 직급은 1단계 떨어졌다. 나는 제품 마케팅 매니저였지만, 내 사무실은 존의 사무실 바로 옆이었다. 우리 사무실은 앞이 탁 트여 있어 쇼어라인엠피씨어터의 풍경을 감상할 수 있었다. 이제 사무실 내부에서 존과 내가 자주 오르던 황량한 언덕을 바라보게 된 것이다.

브라이언과 마이클이 코너 쪽 사무실로 가게 되면서, 41동 1층에 우리 부서가 새롭게 뿌리내렸다. 마이클과 브라이언으로서는 아이러니한 상황이었다. 구글 본사의 41동은 10여 년 전만 해도 실리콘그래픽스에 속해 있었기 때문이다. 브라이언과 마이클, 필, 치카이, 마크가 5천만 달러짜리 모의비행 장치 개발에 전념했던 바로 그 건물이 이제 새로운 구글맵 제작 프로젝트의 중심이 된 것이다.

나머지 키홀 팀원들이 이 거대한 보라색 사무 공간(그리고 실리콘그래픽스로부터 물려받기도 한 공간)을 채웠다. 여기에는 브렛 테일러가 이끄는 구글의 새로운 지도 제작 프로젝트팀을 위한 4개 사무 공간도 있었다. 우리가 무슨 일을 하게 될지 또는 어떤 식으로 일을 하게 될지 정확히 아는 사람은 없었지만, 한자리에 모이게 됐다는 것만은 분명했다.

그 시절을 떠올려보면, 그리 편치는 않은 관계였다. 동네에서 제일 맛있기로 소문난, 이제 막 문을 연, 인기 있는 레스토랑이 있다고 생각해보자. 단 4명만이 테이블에 둘러앉아 점심을 먹다가 29명이

레스토랑으로 떼 지어 몰려오는 상황인 거다. 이들은 서로 잘 아는 사이다. 사실 오랜 친구들이다. 이 새로운 레스토랑에 대한 기대와 흥분으로 가득하다. 이제 33명을 위한 새로운 테이블이 생겼다.

이미 자리에 앉아 있던 4명은 (고맙게도) 아주 만족스러웠지만, 이제 일어나서 자리를 옮기고 29명과 같이 앉아야 한다. 사실 별로 선택권도 없다. 이제 모두가 함께 앉아 있는 것이다. 메뉴도 없고 뭘 해야 할지도 모르고 누가 주문을 할지 아무런 방향도 없는 상황이다. 그러나 마음껏 음식을 주문해도 되는 외상장부가 주어졌다.

브렛 테일러와 짐 노리스는 구글에서 가장 오래 일한 직원이었다. 이들은 위치 요소가 포함된 검색어의 결과를 개선하는 업무를 담당한 팀에 있다가 새로 이곳에 배정되었다. 브렛과 짐은 원래 얼마 전 새로 합류한 옌스와 라르스 라스무센 형제와 팀을 이뤄, 구글의 지도 제작 시험판을 재정비하는 업무를 맡았다. 브렛은 그 소규모 팀을 잘 이끌었다. 짐은 스탠퍼드대학교에서 컴퓨터공학 석사학위를 받은 조용하고 현실적인 직원으로, 프로젝트를 둘러싸고 벌어질 수밖에 없는 힘겨루기에는 별 관심을 두지 않았다. 테이블 양 끝에 앉은 두 사람이 있다면, 바로 존 행키와 브렛 테일러를 꼽을 것이었다.

◉

초창기 구글의 지도 제작 프로토타입은 웨어투테크가 설계한 것이었다. 그러다 구글로 넘어오게 된 경위는 길지 않은 편이었다. 이들 팀은 1년이 채 안 되는 기간 동안 함께 일했으나, 이미 온갖 우여곡절과 어려움을 겪었다. 2003년 가을, 옌스와 라르스 라스무센 형제는 디지털파운틴이라는 회사에서 해고되었고, 호주 시드니에서 살게 되었다. 예술가이자 엔지니어인 옌스는 1990년대 중반 덴마크의 옐로페이지출판사에서 일할 때 처음 구상했던 몇 가지 아이디어를 다시 만지작거리기 시작했다. 라르스가 옌스의 아이디어를 탐색하면서 둘은 노엘 고든이라는 한 친구의 아파트의 침실에 틀어박혀 지냈다. 네 번째로 친구 스티븐 마가 합류하면서 이들은 지도 소프트웨어 응용 프로그램 개발에 나섰다.

나는 여기서 일부러 지도 웹사이트가 아닌 지도 응용프로그램이라고 말했다. 웨어투테크는 당시 CD-ROM 기반의 대표적인 지도 응용프로그램인 마이크로소프트 스트리트앤트립과 경쟁하고자 했다. 그 아이디어는 사용자가 자신의 컴퓨터에 소프트웨어를 설치한다는 점에서 키홀과 비슷했지만, 데이터의 대부분은 인터넷을 통해 중앙집중형 데이터베이스에서 가져오는 것이었다. 그렇지만 웨어투테크는 아직 어떤 데이터도 얻지 못했다.

키홀과 마찬가지로 이들은 맵퀘스트 때문에 브라우저 기반의 지도 웹사이트 구축과는 거리를 두었다. 게다가 데이터 스크레이핑(웹사이트 데이터를 자동으로 다운로드하는, 즉 "스크레이핑"하는 악성 소프트웨어 스크립트)에 대한 보안위험으로 인해 웹지도 제작은 거의 불가능했다. 지도 데이터(예를 들어 도로망 및 업체 목록) 공급자들이 라스무센 형제에게 몇 가지 샘플 데이터 세트 외에는 데이터를 공급을 거절했기 때문이다. J. R. 로버트슨이 키홀에 지도 웹사이트 구축을 허용하지 않은 것도 같은 이유였다. 즉 소프트웨어 개발자들이 웹 기반 지도 사이트에서 귀중한 데이터를 모두 쉽게 자동으로 훔쳐갈 수 있는 스크립트를 작성할 수 있다는 위험 때문이었다.

2004년 초, 웨어투테크는 다운로드 가능한 응용프로그램의 최종 시험판을 만들었다. 그러나 아무런 자금 지원도, 비즈니스 모델도, 데이터 공급자와의 연계도 없었기 때문에 제품의 전망은 제한적이었다. 3월에 옌스는 덴마크로 돌아가 다른 일을 했다. 그러는 동안 라르스는 체험판 응용프로그램을 사용해 웨어투테크의 벤처자금을 확보하길 바라며 실리콘밸리로 갔으나 투자자를 설득하기가 어려웠다. 실리콘밸리에서는 소비자 대상 지도 서비스는 더 개발할 것이 없다는 인식이 지배적이었다. 맵퀘스트가 시장을 장악하고 있다는 거였다. 존 행키가 4년 전 나에게 말했듯이, 소비자 대상 지도 시장에서 맵퀘스트와 정면 대결을 벌이는 것은 상당한 비용이 들뿐더러 길고 험난한 여정이 될 것이 뻔했다. 자칫 잘못하면 막다른 골목으로 내몰릴 수도 있었다.

그러나 놀랍게도 라르스는 투자금이라기엔 턱없이 모자랐지만 웨어투테크에 투자 의향이 있는 한 벤처투자자로부터 소액의 투자금을 받아냈다. 라르스는 텀시트를 검토했고, 옌스가 덴마크에서 실리콘밸리로 다시 날아왔다. 계약을 마무리 짓기 위해 해당 벤처투자사 사무실에서 회의를 열기로 했다. 그러나 키홀의 벤처투자 계약과 마찬가지로 회의는 성사되지 않았다. 막판에 벤처투자 파트너사에서 회의를 취소했다. 이들이 웨어투테크에 대한 투자를 위험하다고 꺼리게 된 것은 소비자 대상 웹지도 서비스 분야에서 1위에 한참 못 미치는 2위 기업인 야후의 작은 움직임 때문이었다.

야후는 4월 13일, 야후 지도 서비스에 사소한 변경사항을 추가했다. 이는 웨어투테크의 투자 지원 회의가 있기 바로 하루 전이었다. 야후의 여행 서비스 카테고리인 '야후 여행' 탭에서는 업체 목록과 지도를 표시하는 서비스를 오랫동안 제공해왔다. 월요일에 야후는 이러한 기능이 서비스되는 지도를 '야후 지도' 카테고리의 정면과 중앙에 배치했던 것이다. 소소한 변경이었지만, 야후가 지도 서비스에 적극적으로 투자하기로 한 결정이 웨어투테크와 겁 많은 투자자들로서는 좋지 않은 타이밍이었다. 투자 회의는 취소되었고 웨어투테크는 여전히 빈털터리 상태였다. 엔스는 고향 덴마크로 돌아갔고 스티븐 마와 노엘 고든은 시드니에 남았다.

라르스는 포기하지 않고 실리콘밸리의 인맥을 활용했고, 알고 지내던 한 사람 덕분에 래리 페이지를 우연히 소개받았다. 라르스가 래리 페이지와 만나기 위해 몇 주간 노력한 끝에 비로소 6월 4일로 회의가 잡혔다. 엔스는 불과 일주일 전에야 그 소식을 들었다. 엔스는 구멍 난 양말을 신고 회사 은행잔고에 13달러밖에 없는 상황에서도, 신용카드로 캘리포니아행 비행기를 예약했다. 라르스와 함께 래리 페이지와 메건 스미스를 만나기로 했기 때문이다.

회의 초반에 래리는 라스무센 형제들에게 까다로운 질문을 던졌다. "왜 브라우저에서 구현되도록 만들지 않습니까?" 래리는 늘 우수한 사용자 환경을 찾아 막대한 기술적 난관을 극복해서 그런지, 어려운 점을 언급하는 이들이 묘하게 무시당하는 기분을 느끼게 했다. 10대 시절, 래리처럼 레고 블록으로 완벽히 작동하는 프린터를 만들어본 사람이라면 충분히 그럴 법했다.

웨어투테크의 사용자 환경은 맵퀘스트나 다른 웹지도 서비스보다 훨씬 뛰어났다. 즉, 빨랐던 것이다. 실제로 맵퀘스트보다 훨씬 빨랐다. 사용자가 요청하기 전에 원할 수도 있는 지도타일을 미리 렌더링하는 점에서는 키홀과 비슷했다. 사용자가 텍사스주 오스틴의 펨버턴하이츠 인근에서 개스턴 6102번지의 지도를 보고 있다면, 마우스로 지도를 잡고 동쪽이나 서쪽으로 끌어올 가능성이 있기 때문에, 웨어투테크는 미리 개스턴 6100번지과 개스턴 6104번지의 지도를 사용자 컴퓨터로 로딩하는 것이다. 키홀과 마찬가지로 웨어투테크의 서비스는 사용자가 무엇을 원할지 지도 데이터가 알아서 예측하고, 사용자가 이를 요청하기 전에 컴퓨터 메모리에 이를 로딩하는 방식이었다. 그러나 지도타일을 미리 로딩하고 이를 메모리에 안전하게 저장하는 것은 컴퓨터 장치 메모리에 읽기 및 쓰기의 액세스가 가능(하고 데이터 스크레이핑을 차단)한 응용프로그램이 설치되어 있어야 실행할 수 있었다. 키홀은 해커들이 데이터를 스크레이핑해서 팔려는 문제를 처리한 경험이 많았다. 예를 들어 주말에 트래픽이 유난히 높다면 지도 콘텐츠를 훔치려는 시도가 이루어진 경우가 많았던 식이었다.

그러나 2004년에 래리가 "브라우저에서 구현"하지 않느냐고 질문한 것은 일리가 있었다. 파이어폭스Firefox를 내놓은 모질라재단이 확장시킨 인터넷 브라우저는 발전을 거듭했고, 웹 기반 사용자 환경의 속도를 높이기 위해 복잡한 작업을 처리했다. 에이잭스Ajax(비동기식 자바스크립트 확장 가능 마크업 언어Asynchronous Javascript And XML)라 불리는 새로운 기술 세트를 활용해, 파이어폭스는 사용자의 화면에서 실행되는 작업을 방해하지 않고도 웹사이트가 백그라운드에서 데이터를 불러올 수 있도록 했다. 브라우저에서 더 빠른 속도로 사용자 상호작용성을 제공하면서도 데이터를 안전하게 보관하는 것이 가능해진 것이다.

"저희가 다시 연락드리겠습니다." 옌스가 래리에게 답했다. 라스무센 형제는 버클리힐스에 있는 친구 집에 틀어박혀서 브라우저에서 응용프로그램 기능을 구현하고자 했다. 눈앞에 확실한 과제가 주어지자 이들은 개념증명을 완료하기 위해 쉴 새 없이 코딩에 몰두했다. 옌스가 설계 요소에 집중해, 컴퓨터의 드로잉이나 페인트 프로그램에서 제공하는 각종 그림 도구들의 모음인 팔레트를 좀 더 구글 친화적으로 만들었고, 라르스는 속도를 높이는 데 주력했다. 스티븐과 노엘은 액티브엑스 컨트롤(액티브엑스 컨트롤은 인터넷 익스플로러 브라우저 내의 응용프로그램을 실행할 수 있도록 해주는 플러그인이라는 소프트웨어 코드의 일종)을 만들었다.

몇 년 전에 라르스는 와이파이 핫스팟 네트워크를 관리하는 회사에서 일할 때 이와 비슷한 기술적 문제를 겪은 적이 있었다. 그 회사에는 핫스팟 작동 여부를 원격으로 모니터링하는 방법이 필요했다. 각각의 핫스팟에는 자체 웹페이지가 있었으나 작동 중인지를 파악하려면 핫스팟의 상태를 다시 쿼리하도록 사전에 해당 페이지가 다시 로딩되어 있어야 했다.

라르스는 페이지를 새로고침하지 않고도 아주 소량의 데이터를 얻는 법, 즉 라우터 상태를 파악하는 법을 찾아낸 적이 있었다. 이는 에이잭스를 이용한 최신 인터넷 브라우저, 즉 인터넷 익스플로러 6.0과 모질라 파이어폭스에서만 허용 및 지원되는 기능이었다. 이는 웨어투테크가 엄청나게 발전하는 계기가 되었고, 궁극적으로 구글맵이 탄생했다. 이 새로운 데이터 로딩 프로세스를 통해 사용자가 요청하기 전에 지도타일을 가져와 캐싱(사용자의 요청이 많은 콘텐츠를 별도 서버에 저장해 데이터를 전송하는 방식으로 빠른 데이터 전송을 가능케 하는 기술)할 수 있게 되었다. 이처럼 지도 데이터를 미리 로딩하면 사용자 환경의 속도를 높일 수 있어서, 사용자는 웹페이지가 훨씬 빠르게 응답한다는 느낌을 받는다.

3주 후, 구글에서 래리 페이지 및 메건 스미스와 후속 회의를 진행했다. 웨어투테크는 시험판을 액티브엑스 플러그인으로 작동하도록 만드는 데 성공해, 이를 브라우저 내에서 실행되는 서비스처럼 보이게 만들었다. 래리는 액티브엑스 기반의 솔루션이 장기적인 해법은 아니라는 걸 알았으나, 이러한 개념을 매우 흥미로워했다. 2004년 6월, 웨어투테크팀은 고용계약 제안을 받아 구글에서 일하게 됐다.

웨어투테크의 직원 네 명은 41동에 사무실을 얻었다. 지침이나 지시가 거의 없어서 이들은 2011년 7월을 끝으로 현재 운영이 종료된 구글랩스Google Labs에 결과물을 내놓자는 목표로, 자체 프로젝트 개선에 몰두했다. 구글랩스는 새로운 아이디어와 기술적 실험을 위해 상대적으로 노출이 잘 되지 않았던 샌드박스라 할 수 있었다. 스티븐, 노엘, 라르스는 시드니로 돌아갔으나(프로젝트 작업은 계속했다), 옌스는 41동에 남아 브렛 테일러와 짐 노리스 팀에 곧 합류했다.

이들은 구글로부터 거의 아무런 지시를 받지 않았다. 심심풀이로 자신들의 41동 사무실 위에 신호등을 설치해, 노엘이 시드니에서 자리를 비우면 색깔을 빨간색으로 바꾸었다가 그가 돌아오면 초록색으로 바꾸었다. 옌스는 자신의 와콤Wacom 태블릿 PC에 낙서하듯 그림을 그리며, 다양한 점이나 원, 사각형 사이를 왔다 갔다 했다. 지점을 표시할 수 있는 핀 모양의 아이콘을 꽂더라도 아이콘 아래의 정보가 가려지지 않도록 하면서, 구글이 지도에 점을 표시할 방법을 탐색했다. 또한 그는 알록달록한 구글 팔레트를 기반으로 한 초기 지도 디자인을 버리고, 대신 새로운 지도 프로젝트를 디자인하기 위해 좀 더 차분한 색의 팔레트를 가져왔다.

이들의 첫 업무 중 하나는 그해 여름 구글이 인수를 고려 중이었던 또 다른 회사에 대한 기술적 실사를 지원하는 것이었다. 바로 키홀에 대한 것이었다. 이들은 인수 심사 절차의 일환으로 브라이언과 마이클을 만났다.

그 후 2004년 10월, 웨어투테크팀과 키홀팀이 모두 한 공간에 모였다. 두 팀은 서로 독립적인 관계에서 일을 했으며, 책임자는 따로 없었다. 그러나 두 팀은 키홀의 이미지를 가능한 한 빨리 구글의 새로운 지도에 통합하기로 의견을 모았다.

구글에서 일한 둘째 날, 존은 웨인 로징을 비롯한 엔지니어링 담당 임원들과 회의를 하기로 예정되어 있었다. 나는 임원들이 키홀에 대해 어떤 계획을 갖고 있는지 확실한 비전을 들을 수 있으리라 믿었다. 이 회의가 우리의 확실한 길잡이가 되어 모든 것이 아주 명확하게 드러날 것이라 생각했다.

로징은 경험이 많고 매우 존경받는 소프트웨어 관리자이자 엔지니어였다. 그는 애플과 썬마이크로시스템스 등을 비롯해 실리콘밸리의 여러 회사에서 엔지니어링 담당 임원으로 일했다. 특히 썬마이크로시스템스에서는 자바 프로그래밍 언어개발팀 소속이었다고 알려져 있었다. 애플에서는 매킨토시의 전신인 애플리사 개발을 이끈 엔지니어링 담당 임원이었다. 당시 구글의 엔지니어링 담당 부사장인 로징은 제품 전략 분야에서 선구적인 리더로 널리 존경받고 있었다. 모든 구글 엔지니어들은 로징에게 보고했고, 로징은 직접 래리 페이지에게 보고했다.

10월 22일 열린 로징과의 회의가 구글 내 키홀의 역할과 기능에 관한 기본적인 질문에 답이 될 것이라는 생각은 당연한 수순이었다.

그날 저녁 늦게 나는 존과 함께 사무실 밖에 있는 샛노란 안락의자에 앉았다. "회의는 어떻게 됐어? 계획이 뭐래? 로징은 뭐래?" 내가 물었다.

"음. 잘 모르겠네." 존이 천천히 입을 열었다.

"무슨 말이야?"

"그러니까, 로징이 한 말을 그대로 해볼게." 존이 잠시 뜸을 들이다가 말했다. "이렇게 말하더라고. '이걸 개판으로 만들면 안 됩니다' 라고."

"그게 대체 무슨 뜻이야?"

"로징에게 우리의 현재 제품과 제품 로드맵, 대상고객, 수익, 예상매출 등 모든 내용을 알려줬더니 얘기가 끝날 때쯤 그가 묻더라고. '그러니까 고객을 보유하고 있다는 말씀이시죠? 수익도 나고 있고요?' 그래서 '네, 고객도 있고 수익도 나고 있습니다'라고 했지. 그러니까 그가 '이걸 개판으로 만들면 안 된다는 게 제 생각입니다'라고 하더라고."

"이걸 개판으로 만들면 안 된다." 내가 따라 했다.

"그게 거의 다야." 존이 무미건조하게 말했다.

이쯤 되니 내가 41동에서 이루어지는 사회심리학 실험 대상이 아닌가 생각될 정도였다. 스탠퍼드대학교의 심리학 박사과정 학생팀이 거울로 된 유리벽 뒤에서 튀어나와, 팀 내의 애매모호한 상태가 주는 효과 및 인지부조화에 대한 연구를 설명해주는 것 같았다.

그러나 지금 와서 생각하니 로징의 말이 이해되었다. 그의 신랄한 표현은 꽤 그럴듯했기 때문이다. 키홀은 상당히 협업이 잘 되는 팀이었다. 우리는 스스로의 역량을 알았다. 지도 제작에 다년간의 경험이 있는 강력한 리더도 있었다. 사실 존은 구글의 그 누구보다도 지도 제작에 경험이 많은 사람이었다.

구글의 다른 부서 관리자들은 존을 만나기 전에 키홀에 대해 생각해둔 다른 길이 있었던 것 같다. 즉 키홀을 구글 내의 직무 단위로 쪼개서 마리사의 검색팀에 합류시키는 것이었다.

그런 방식은 회사를 인수할 때 택하는 쉽고도 흔한 전략이다. 인수한 회사의 직원들을 새로운 기업이라는 배에 태워 같은 방향으로 노를 저어가게 만드는 최선의 방법은 팀을 엔지니어링, 영업, 마케팅 및 운영 등의 직무 단위로 쪼개는 것이다.

그러나 키홀은 달랐다. 로징이 키홀뿐 아니라, 구글의 모든 새로운 지도 프로젝트 리더로서 존의 잠재력을 알아본 것이라 생각한다. 어쩌면 구글러들이 대신 키홀의 배에 타야 할는지도 모른다고.

"이걸 개판으로 만들면 안 된다"라는 로징의 말은 "지금 구글에는 새롭고 중요한 분야에 경험이 많은 강력한 팀이 있다. 함께 힘을 합쳐서 존과 브라이언 밑에 새로운 팀을 만들자"라는 그 나름의 표현 방식으로 들렸다.

구글에서 존의 직책은 키홀 총괄 매니저일 것이었다. 당분간은 키홀팀의 모두가 계속 존에게 보고하게 될 것이었다. 존은 마리사와 마찬가지로 조너선 로젠버그에게 직접 보고할 것이었다. 브렛 테일러와 지도 제작팀은 구글 검색 및 소비자 제품(즉, 인프라를 제외한 구글의 모든 제품) 부서를 총괄하는 마리사에게 보고할 것이었다. 마리사 진영과 존 행키 진영 사이에 뚜렷한 조직의 경계가 그어진 셈이었다. 잘못될 게 뭐가 있었겠는가?

10월 21일 목요일, 구글 출근 첫 주의 4일째 되는 날, 상장기업으로서 구글의 최초 수익 보고서가 나오기로 되어 있었다. 이는 재계가 처음으로 구글의 재무성적표를 들여다보고, 기업공개 이후, 이 회사가 실제로 돈을 버는지를 볼 수 있는 첫 번째 기회가 될 것이었다.

구글은 확실한 실적을 보여주며 증권시장의 기대 수준을 가볍게 뛰어넘었다. 이후에도 투자자의 기대에 부응하는 구글의 탄탄한 실적이 이어졌다. 물론 그 이유는 2004년에도 구글의 확실한 자금 운용 수단이었던, 구글에서 제작한 셀프서비스 광고 프로그램인 애드워즈AdWords가 놀랍게도 수익 창구 역할을 톡톡히 하고 있었던 것이다. 이제 전 세계가 알게 되었다. 구글의 수익 창출 능력은 비즈니스 역사상 유례없는 수준이었던 것이다. 무에서 시작해 10억 달러를 역사상 최단 기간 내에 벌어들인 기업이었다. 3개월 전 기업공개가 이루어진 이후, 구글의 주가는 이미 85달러에서 140달러로 껑충 뛰었다. 첫 수익 보고 이후, 구글의 주가는 190달러까지 뛰었다.

키홀팀은 41동의 마케팅팀 및 홍보팀 바로 옆자리에 배치되었다. 구글플렉스 전체에 떠나갈 듯한 환호와 박수소리가 울려 퍼졌다. 창립멤버들도 처음으로 구글의 재무성적표를 받아본 것이었다. 나는 그날 장이 마감된 후 주가를 20회에서 30회 이상은 들여다보지 않으려 노력했다.

구글에서의 첫 주가 끝날 무렵, 키홀팀은 찰리스카페에서 매주 열리는 금요 전체 모임에 초대받았다. 쭉 뻗은 강당의 한쪽 끝에 높이 솟은 단상이 있었다(구글의 38번째 직원이 전담 셰프인 찰리 에어즈였다는 사실에 놀랐다). 거대한 구글 네온사인이 한쪽 벽면을 밝히고 있었다. 직원이 2,500명에 달하는 구글은 당시 찰리스카페의 수용 한계를 순식간에 넘어버렸다. 초과인원을 수용하기 위해 화상 회의실이 설치됐다.

이 모임에서 키홀팀은 누글러(뉴 구글러new Googler)를 위해 예약한 구역의 전면과 중앙에 자리를 잡았다. 의자마다 빨간 프로펠러가 꼭대기에 달린, 알록달록한 누글러 비니모자가 장식되어 있었다. 스낵과 맥주, 와인이 쉴 새 없이 나왔다. 주방에서 두 명의 셰프가 머리에 서프보드를 이고 나타났다. 음식을 나르는 대형쟁반 겸용이었다. 실리콘밸리 최고의 스시가 잔뜩 쌓여 있었다. 에릭과 래리, 세르게이는 비니를 쓴 존을 단상 위로 불러내 전 사원을 위해 키홀 어스뷰어 시연을 부탁했다. 프로펠러가 달린 모자를 쓴 성인의 모습이 그렇듯, 존도 우스꽝스러워 보였다. 참석한 사람들은 대부분 어스뷰어를 처음 구경하는 것이었다. 존이 지구 위를 날아다니며 체험판을 보여주자 여기저기서 탄성과 박수가 터져 나왔다.

에릭 슈미트는 존이 단상에서 내려오자 믿을 수 없다는 듯 고개를 저었다.

"정말 믿을 수 없을 정도군요." 에릭이 덧붙여 말했다. "그것도 기본 사양의 소니 바이오 노트북에서 체험판을 실행한 거라니 말입니다." 30년간 컴퓨터업계에 몸담았던 사람으로서, 에릭은 존이 방금 보여준 기술적인 대변화를 완벽히 이해했던 것이다. 게다가 이제 그것이 구글의 자산이 되었다는 사실이 어떤 의미인지도 알고 있었다.

금요 전체 모임 직후 전 직원은 43동과 41동 사이의 잔디밭으로 몰려가 특별사진을 찍기 위해 포즈를 취했다. 사진 찍는 데 열심인 마이클 존스는 43동 옥상으로 올라가더니 위에서 직원들 사진을 찍었고, 바로 키홀 데이터베이스로 가져왔다. 구글러들이 자기 자리로 돌아가자 공식적으로 키홀을 구글에 소개하는 조녀선 로젠버그의 환영 이메일이 와 있었다. 메일에서 그는 구글러들에게 이제 무료로 키홀 어스뷰어에 접속할 수 있음을 알렸다. 자신의 구글 계정의 이메일 주소를 입력하면 로그인할 수 있게 되었다.

구글러들의 관심이 쇄도하는 바람에 키홀 서버가 거의 충돌할 뻔했다. 위험까지는 아니어도 좋은 경험이 되었다. 2,500명에게만 무료로 서비스를 개방해도 사용량과 수요가 기하급수적으로 늘어날 수 있다는 걸 알게 되었기 때문이다.

◉

그다음 주 10월 27일, 구글의 실적 보고서가 발표된 지 5일이 지난 시점에서 키홀 인수 공지가 마침내 일반에 공개되었다. 동트기 전

몇 시간 동안 키홀 및 구글의 소규모 팀이 예전 우리 사무실에 모였다. 치카이는 크리스피크림도넛을 사들고 왔고 데데는 갓 내린 신선한 커피를 준비해놓았다. 구글이 상장된 데다가 키홀 인수는 재무상 중요한 변동사항에 해당하므로, 이 소식이 북미 동부 표준시로 아침 9시(또는 태평양 표준시로 6시) 주식개장과 맞물릴 것이 뻔했다. 이는 고도로 조율된 작업이었다. 마케팅을 총괄하는 매니저로서, 나는 지휘자의 역할을 맡았다.

오전 5시 45분, 키홀 서비스 서버가 새로운 구글 서버로 다시 전송되었다. 확인 완료. 오전 5시 55분, 패트리샤 왈이 새로운 웹사이트(Keyhole's Feeling Lucky)를 공개했다. 확인 완료. 구글의 캐런 위커가 구글 블로그 포스트를 오전 6시에 공개했다. 확인 완료. 미리 브리핑을 받은 모든 언론사의 뉴스 엠바고가 오전 6시를 기점으로 해제되었다. 좋아. 노아 도일이 오전 6시에 보도자료를 전 세계 뉴스 배포망을 구축한 뉴스 서비스 기업인 비즈니스와이어에 발표했다. 이것도 완료. 라이티가 전문가 고객들에게 오전 6시 5분에 이메일 뉴스레터를 전송했다. 오전 6시 10분에 소비자 고객에게도 이메일 뉴스레터 전송이 완료됐다. 에드 루벤은 인증서버를 구글 서버로 바꾸었고, 다운로드 급증에 대비해 이를 면밀히 모니터링했다.

드디어! 친구와 가족에게 더 이상 숨기지 않아도 되었다. 우리는 키홀 인수 사실을 자유롭게 얘기할 수 있게 되었다. 친구와 가족, 비즈니스 파트너로부터 그 즉시 이메일이 쏟아져 들어오기 시작했다. "빌, 대체 뭐야?"라거나 "이럴 수가. 전화해줘!", "놀라워. 그저 놀라울 뿐이다!"와 같은 제목이 달려 있었다.

그날 받은 전화 중에 가장 마음에 들었던 건 라아베니다 94번지의 임대주로부터 존에게 걸려온 전화였다. 기억할지 모르겠지만, 4년 전 샌디에이고의 바에서 맥주와 타코를 먹으면서 존이 전화로 흥정을 벌였던 바로 그 임대주였다.

인수조건으로 존과 데데는 키홀 유통 주식의 60퍼센트를 보유한 투자자들을 찾아 인수 제안에 찬성한다는 서명을 받아야 했다. 이들은 2주간 우리 임대주를 찾아 키홀의 인수에 대해 알리고, 선택서 작성을 완료해 서명을 받아내고자 했다.

존이 인수 발표가 난 날 전화를 받았을 때, 임대주는 걱정스러운 듯 몹시 흥분한 말투였다. "인수계약에 대해 내가 혹시라도 모르는 게 있소?" 그가 물었다. "어디에 서명을 하면 됩니까? 언제 어디로 가야 하죠?" 그러고 나서 그는 왜 자신을 찾기가 힘들었는지 설명해주었다. 10일 전 심장마비를 일으켜 스탠퍼드대학병원 의료센터에 입원했고, 여전히 회복 중이라는 것이었다. 그날 아침 그는 식사를 하며 침대 위에서 CNBC의 아침 시황 뉴스를 보는 둥 마는 둥 하고 있었다는 것이다.

벽에 걸린 TV에서 리포터의 해설이 이어졌다. "검색엔진 1위 기업인 구글이 기업공개 이후 오늘 첫 인수를 발표했습니다. 마운틴뷰에 본사를 둔 작은 지도정보 소프트웨어 기업인 키홀은 어스뷰어를 만든 곳으로, CNN과 다른 방송사를 통해 아마 많은 분들이 보셨을 겁니다. 이 기업의 건물 임대주는 키홀 주식 1만 3천 주를 보유하고 있습니다."

마지막 문장은 그렇다, 내가 끼워 넣은 것이다. 그러나 실제로 그 뉴스를 보고 임대주는 또 한 번 심장마비를 일으킬 뻔했다. 그는 마시던 커피를 뱉고 침대에서 벌떡 일어나 미친 듯 전화기를 찾아 존의 번호로 전화를 걸었던 것이다.

"안심하셔도 됩니다. 전혀 걱정하실 필요가 없어요. 보유하신 주식은 안전하고, 곧 구글 주식으로 전환될 겁니다. 다시 침대에 누우세요. 나중에 다시 연락드려서 더 자세한 내용을 알려드리겠습니다." 존이 안심시키자 건물주는 진정했다.

그러나 그는 존에게 마지막 질문을 던지고야 말았다. 친구와 가족뿐 아니라 언론사 및 시장 분석가들에게도 공통적으로 나오는 질문들의 주제였다. "구글이요? 키홀을 인수해요? 구글이 키홀을 인수해서 뭘 하려는지 설명해주실 수 있습니까? 그러니까 솔직히 이해가 안 되거든요."

"저희도 그 사안에 대해서는 좀 더 지켜봐야 할 것 같습니다." 존이 말했다. "좀 더 두고 지켜봐야죠."

41동의 경쟁
기술을 통합하다

어느 날 아침 41동에 도착해보니 브렛과 옌스, 라르스 및 나머지 팀원 네 명의 자리가 비어 있었다. 처음에는 우리가 늦은 줄 알았다. 그러나 그날 그 팀이 출근하지 않았다는 사실을 곧 알게 됐다. 보아하니 브렛과 마리사가 사무실 밖에서 지도 제작 전략을 세운 모양이었다. 그러나 존이나 브라이언, 키홀팀의 어느 누구도 초대받은 사람은 없었다.

나는 브렛 테일러와의 몇 번의 회의를 통해 그가 개성과 지성으로 좌중을 휘어잡는 모습을 봐왔다. 낮은 바리톤 음성과 자신만만한 아이디어로 그는 존 행키를 압도하며 회의 참석자들의 마음을 사로잡아 구글맵 프로젝트를 장악했다. 브렛이 구글에서 가장 오래 근무했기 때문에, 그가 내놓는 아이디어는 구글 내 상황을 속속들이 파악하고 있는 데서 오는 현실성 있는 것들이었다.

구글에는 브렛과 같은 사람들이 많았다. 20대의 스탠퍼드대학교 졸업생들이 많았다. 프로젝트 매니저와 엔지니어뿐만 아니라 테크스톱 담당자나, 건강보험 양식 작성 방법을 가르쳐주던 인사관리 부서의 젊은 여직원도 다들 마찬가지였다. 모두 똑똑하고, 질문에 상세히 답변할 준비가 되어 있었다.

2004년 10월에 구글에서 근무를 시작할 무렵, 구글로 하루에 3천 통의 이력서가 쏟아져 들어왔다(그러면 1년에 100만 통이 넘게 들어온다는 얘기다). 그래서 나는 이처럼 똑똑하고 창의적인 대학 졸업생들을 대상으로 숱하게 면접을 진행했는데, 이들 대부분은 구글의 혹독한 면접 과정을 통과하지 못했다. 한 젊은 청년이 면접을 보러 와서 키홀 어스뷰어에 대한 아홉 가지 마케팅 아이디어를 내놓은 적이 있었다. 그 아이디어는 꽤 훌륭했다. 해당 지원자는 2차 면접으로 올라가지 못했다. 다른 구글러가 무슨 이유에서인지 퇴짜를 놓았기 때문이다.

브렛은 지도 제작업계를 잘 몰랐지만, 그는 키홀의 경험을 활용하기보다는 스스로 상황을 파악하고 싶어 하는 것 같았다. 브렛과 그의 팀원들은 데이터 제공업체와 연락했는데, 가끔은 이미 키홀과 비즈니스 파트너인 업체에 연락이 가는 경우도 있었다. 대니얼 레더먼은 데이터 제공업체로부터 몇 통의 전화를 받았다. 이들 새로운 구글팀에서 만나자며 전화를 해온다는 것이었다. 개별 팀들이 엔지니어들을 채용했고, 브라이언은 새로운 엔지니어가 어떤 프로젝트에 배정될 것인지를 두고 라르스와 경쟁을 벌였다. 우리는 서로 으르렁대기

바빴다. 그러느라 자존심에 상처 입기도 했다.

키홀팀에 합류한 이후 나는 원칙적으로 존에게 보고하는 위치였지만, 마리사 메이어가 구글의 마케팅팀을 총괄하고 있었기 때문에 프로젝트와 관련해 도와달라는 요청을 자주 받았다. 마리사는 업무 프로세스에서 마케팅 커뮤니케이션팀에 있는 더그 에드워즈와 다른 직원들을 건너뛰고, 구글의 마케팅 부서들을 자신의 영향권 아래로 끌어들이면서, 마케팅 업무(홍보팀은 제외)를 장악했다.

게다가 마리사는 수많은 공식행사 및 대외 강연에 얼굴을 비추며 구글을 대표하는 이미지로 자리매김했다. 미국 NBC의 〈투데이 쇼〉나 CBC의 〈60분〉과 같은 방송 프로그램의 구글 관련 코너에 출연해, 구글의 혁신을 예로 들기 위해 키홀 소프트웨어를 시연했다. 존은 이런 모습에 속을 끓이곤 했다. 그가 마리사의 〈60분〉 출연에 대해 알게 된 것은 데비가 나에게 40동에 어스뷰어 체험존을 설치해달라고 부탁했기 때문이었다. 거기서 출연진들과 유명 앵커 레슬리 스탈이 마리사와 인터뷰를 할 예정이었던 것이다.

여러 이유로 나는 마리사와 거리를 두었다. 물론 가장 큰 이유는 인수 공지 중에 작은 블루마블 건으로 약간의 소동이 있었기 때문이다. 스탠퍼드대학교에서 컴퓨터공학 석사학위를 취득한 마리사는 상대를 주눅 들게 할 만큼 똑똑하고 진지한 사람인 데다가, 가장 똑똑하고 뛰어난 스탠퍼드대 출신들을 곁에 두고 있었다. 나는 주립대 출신인 데다 키홀, 존 행키 진영의 사람이라서 그런지 마리사의 핵심 멤버에 끼지 못했다.

〈와이어드〉 잡지에 따르면 이들 핵심 멤버 그룹은 "마리사의 비밀병기" 역할을 하면서, 열심히 새로운 것을 만들어내고 큐레이션(콘텐츠를 목적별로 분류하고 배포하는 일)을 했다. 지리적 구성 요소를 이용한 검색에 일찌감치 관심을 가졌던 마리사는 학위과정 중에 여행 추천 소프트웨어를 만들었다. 미국의 비영리 국제과학연구재단인 스탠퍼드국제연구소와 스위스 취리히에 위치한 스위스 금융기업 USB의 연구소인 유비랩 등에서 인턴 생활을 했다. 졸업 이후 마리사는 열네 곳에서 일자리 제의를 받았는데, 그중 하나가 바로 1999년에 그녀에게 연락한 구글이었다.

2002년, 마리사는 특별 대학채용 프로그램을 만들어 40명의 "재능 있는 구글러들"이 엘리트 직무교육을 받도록 했다. 이는 수습 제품 매니저 프로그램, 즉 APMAssociate Product Manager이라 불렸다. 일단 고용되면 갓 대학을 졸업한 신입사원들은 종종 마리사의 책임하에 구글 및 마케팅과 관계된 모든 것을 머릿속에 넣고 APM 트립을 통해 전 세계를 여행하게 되었다. 갓 입사한 젊은 구글러들이 만리장성이나 에펠탑을 구경한 후, 나이키 공장이나 루이비통 본사 회의에 참석했다는 사실을 요약보고서를 읽고 알게 되곤 했다. 신입사원들은 다양한 구글 비즈니스에 대해 배우고 이를 융합하도록, 구글의 여러 부서에서 6개월씩 순환근무를 했다. 이러한 마리사에게 충성하는 핵심 그룹은 구글의 제품 관리 분야 전체에 널리 퍼져 있었다.

당시에 나는 충성심을 감추지 않았다. 존과 나는 한 몸처럼 구글이 제공하는 모든 혜택을 함께 누렸다. 찰리스카페에서 무료로 점심을 먹기도 하고, 구글 농구리그를 즐기기도 했다. 금요해피아워를 만끽하고, 구글 사내 헬스클럽에서 시간을 보내기도 했다. 마리사가 나를 구내에서 봤다면, 회의에서든 아니면 다른 곳에서든, 항상 옆에 존 행키가 있다는 걸 알았을 것이다.

마리사에게 위치 요소가 포함된 검색이란(예를 들어, 샌프란시스코의 호텔이라든가 샌마테오의 매물을 팔기 위해 일반인들에게 집을 개방하는 공개주택) 그저 검색의 일종일 뿐이었다. 지도 기반 검색 결과든 목록 기반 검색 결과든 그저 검색일 뿐이었던 것이다. 그 때문에 마리사는 위치 검색을 자신의 영역이라 주장했고, 자신의 팀이 최고의 지도 기반 검색 결과를 도출해야 한다고 생각했다. 마리사가 지도 제작을 고집하는 것은 위치 중심 검색이 수익 창출 기회의 한 부분을 차지한다는 사실 때문인 것 같기도 했다.

잠시 생각해보자. "마코앵무새의 평균 수명", "아첨꾼의 철자" 또는 "데이비드 핫셀호프의 브리토 먹는 동영상"과 같은 검색어가 광고주들이 앞다퉈 검색어 관련 광고를 내걸 만하다고 생각되는가? 절대 아닐 것이다. 인류의 한 사람으로서, 그런 종류의 검색이 전체 구글 검색의 93퍼센트(과장이 아니다)라는 사실을 알면 부끄러워질 것이다(인간들이란!). 구글 검색창에 입력되는 모든 검색 결과의 7퍼센트에만 광고가 같이 나온다(구글은 입력되는 검색어 중 7퍼센트로만 돈을 벌 **가능성**이 있다). 그뿐만 아니라 구글은 포르노 광고는 허용하지 않는다.

때마침, 지도 기반 검색 결과와 어울리는 여행계획 및 부동산 관련 검색어가 구글 검색창에 입력되는 검색어 중 가장 수익성이 높은 범주에 들어갔다. 마리사로서는 이처럼 이익이 되는 영역을 지키려고 안달할 수밖에 없었을 것이다.

2004년 12월, 인수절차가 완료된 지 두 달이 지났을 무렵 내 상황은 한층 복잡해졌다. 어쩌다 보니 곧 출시되는 구글맵 마케팅과 나의 원래 키홀 어스뷰어 업무가 겹쳐버린 것이다. 데비 재피는 내 업무에 자연스럽게 약간의 구글 업무를 끼워넣는 식으로 나에게 일을 배정했다. 구글맵은 아직 출시도 되기 전이었다. 힘들어봤자 얼마나 힘들 것인가? 나는 함께 일한 지 두어 달밖에 안 됐는데도 데비가 나에게 추가 업무를 맡아달라고 요청해 기뻤다.

존과 상의해 승인을 얻은 후, 나도 해당 업무를 맡겠다고 했다. 전 세계 구글 조직도에 구글맵과 곧 구글 버전으로 출시되는 키홀 어스뷰어 마케팅 업무를 맡은 두 명의 이름이 올라갔다. 키홀의 마케팅 코디네이터인 라이티 루프와 나였다. 갑자기 나는 구글맵과 구글어스의 마케팅 책임자가 된 것이다.

그 말은 존과 마리사(데비 재피를 통해)에게 둘 다 보고해야 한다는 것을 뜻했다. 존은 마리사에게 구글 홈페이지에서 어떤 제품을 홍보할지를 결정하는 강력한 권한이 있다는 사실을 알고, 그러한 업무 변경을 승인해주었다. 외형적으로 마리사와 업무관계를 맺게 되면 내가 구글 홈페이지에 키홀을 더 자주 홍보할 수도 있다는 존의 판단이 옳았던 것이다.

격주로 구글 홈페이지에는 검색창 아래에 한 줄 링크가 나타났다. 해당 링크는 자선활동을 소개하거나 시사 관련 메시지(예를 들어 '프랑스 혁명기념일 경축')를 부각하는 데 활용되었다. 달랑 한 줄 메시지에 지나지 않을지 모르지만, 지구상에서 가장 값비싼 광고일 것이다. 매일 수억 명의 사용자가 보기 때문이다. 그리고 마리사는 광고에 어떤 내용이 들어갈지 관리했다.

마리사의 조직에 합류하게 되면서 데비의 도움으로, 2004년 가을부터 2005년 봄까지 구글 홈페이지에서 여러 차례 키홀 홍보를 끼워 넣을 수 있었다. 매번 홍보할 때마다 키홀 어스뷰어의 하루 다운로드 수가 수만 건에 달했다. 그러나 내가 두 명의 상사를 모시게 되면서, 이러한 이중업무에 존은 짜증을 냈다. 회의가 밤낮으로 수도 없이 이어졌다. 여러 회의에서 펩시코나 트래블로시티, 델 같은 잠재적 광고주를 비롯해 구글 임원 및 신입직원 등을 대상으로 어스뷰어를 시연하는 일이 잦았던 것이다. 존이 나를 찾을 때마다 내가 자리를 항상 지킬 수 없는 건 당연했다.

데비는 마리사의 모든 제품라인에 대한 마케팅을 담당했다. 현재는 구글맵으로 서비스 이름이 변경된 당시의 구글로컬Google Local, 쇼핑 서비스인 프루글Froogle, 사진 편집 소프트웨어인 피카사Picasa, 지메일Gmail, 블로거Blogger 및 기억이 가물가물한 그 외 몇 가지 서비스 등이 있었다. 그리고 제일 중요한 구글닷컴google.com이 있었다. 이제 마리사의 팀에서 일하게 되었으므로, 비즈 스톤(크리스토퍼 아이작 스톤의 별칭으로, 구글 산하의 블로그 서비스 '블로거'를 창업했다가 이후 '트위터'를 공동으로 창업했다)을 포함한 블로거 멤버들처럼은 되지 않겠다고 다짐했다. 이 웹 게시 서비스팀은 1년 전에 인수되었다가 구글 생태계에서 분리되는 것 같더니, 제품에 대한 브랜드 전환을 거부했던 것이다. 그해 봄, 내가 데비 재피의 마케팅팀(그리고 당연히 마리사의 조직)에 점점 깊이 발을 들여놓는 동안, 치카이는 브렛 테일러의 제품팀(그리고 역시 마리사의 조직)에 빠르게 자리를 잡아갔다. 결국 그 팀에서는 치카이의 전문 영역, 즉 글로벌 매핑 데이터베이스 처리 및 제공 기술이 필요했던 것이다.

웨어투테크가 개발한 것을 기반으로 브렛과 그의 팀원들이 만든 초기 시험판은 무료로 이용할 수 있는 정부 데이터 세트 일부에 대한 소량의 샘플만을 사용한 것이었다. 당시 이들은 키홀팀의 한가운데에 있는 사무 공간을 차지하고 있었고, 우리 그룹은 이미 지난 5년간의 매핑 데이터 라이브러리를 구성해놓았다. 그뿐만 아니라 우리는 그러한 모든 데이터를 큐레이션하고 가져오기하는 작업을 관리하기 위한 도구와 프로세스를 구축해놓았다. 웨인 타이가 마크 어빈과 존 존슨의 어스퓨전 도구 최신 버전을 이용해 밤늦게까지 데이터 가져오기 작업 실패를 거듭하며 완료했던 덕분에, 데이터 처리가 아주 순조로워졌다. (사실, 마크는 구글러들을 대상으로 한 기술 세미나에서 우리 소프트웨어에 사용되는 모자이크 도구의 메커니즘에 대해 설명했다. 기술 세미나는 식사를 하면서 강연을 듣는 일종의 점심 특강으로, 구글러들은 거의 매일 참석할 수 있었다. 부서 간 원활한 의사소통 환경을 만들기 위한 회사 측의 배려이기도 했다.)

다시 말하지만, 지도는 기본적으로 위치정보가 포함된 기록을 저장하는 데이터베이스다. 브렛과 마리사, 엔스 및 라르스가 최고의 음악재생 앱을 개발하고 있었다면, 존과 키홀팀은 이미 모든 노래를 데이터베이스에 갖고 있는 셈이었다. 도로망 데이터, 업체목록 데이터, 국경 데이터, 공원 및 건물과 같은 관심지역 정보, 항공사진 등이 바로 이 데이터베이스에 포함되었다. 키홀팀은 구글맵팀이 개발 프로젝트를 재개하기에 완벽한 조건을 갖추고 있었던 것이다.

11월과 12월에 여러 번의 회의를 거쳐 존과 마리사, 브렛은 이 사실을 깨닫고 두 팀의 공동목표를 정했다. 바로 구글맵을 3개월 안에 출시한다는 것이다. 이를 성공시키기 위한 핵심 요소는 한 가지 공통 분모에 달려 있었다. 바로 **데이터**였다. 그리고 모든 데이터의 접속키를 가진 단 한 사람은 치카이 오하자마였다. 존이나 브렛 못지않게 치카이도 이 프로젝트를 이끌며 두 팀이 조화롭게 협업할 수 있는 방안을 찾으려 애썼다.

2004년 11월부터 3개월이라는 구체적인 시한 내에 일을 마무리하기 위해, 많은 사람들이 매달렸다. 그러나 솔직히 말해서 키홀 데이터를 구글맵에 통합하기 위해 치카이 오하자마처럼 열심히 일하는 사람은 없었다. 매일 아침 출근할 때, 그리고 퇴근할 때 보면 항상 치카이는 사무실을 지키며 코딩에 여념이 없었고 서버 엔지니어들과 브렛, 라스무센 형제들과 자주 회의를 열었다. 토요일, 일요일, 평일 저녁에도 그는 항상 사무실에 있었다. (키홀 인수 직전에 구글 보안팀에서는 직원들이 사무실에서 밤을 새울 수 없다는 정책을 세웠다. 브라운대학교를 갓 졸업한 직원 1명이 구글 캠퍼스 내에서 숙식을 해결하다 들켰던 것이다. 그는 아파트를 렌트하지도 않고 사무실 소파에서 잠을 자고, 구글 카페테리아에서 음식을 먹었으며, 구글 캠퍼스 세탁실을 사용하고, 구글 헬스클럽에서 샤워를 해왔던 것이다.) 나는 치카이와 종종 구글 캠퍼스에 사는 건 금지라는 농담을 주고받았다. 치카이의 널찍한 자리에는 접이식 매트리스가 있었기 때문에 숙식금지 정책만 없었다면 아마 거기서 잠을 잤을 것이다.

치카이는 사람 다루는 솜씨를 발휘하여 브렛과 짐 및 웨어투테크 팀을 상대로 우호적인 경쟁을 벌이기 시작했다. 구글맵팀이 만들고 자 했던 깔끔한 사용자 환경을 두고 내기가 벌어졌다. 앞으로 구글 의 새로운 지도 서비스를 접할 사용자들은 속도가 빨라진 사용자 환 경을 경험하게 될 것이었다. 라르스와 브렛이 타일을 미리 렌더링해 놓았기 때문이다. 그뿐만 아니라 사용자들이 버튼만 누르면, 해당 위 치의 항공촬영 이미지나 위성 이미지를 볼 수 있는 기능도 생길 것이 다. 그러한 사진 데이터베이스는 어스뷰어에 사용된 것과 동일했다.

앤드류 컴지라는 서버 엔지니어의 도움으로 치카이는 특정 서버 클러스터를 구축해, 구글맵팀이 키홀 사진 데이터베이스를 활용할 수 있도록 했다. (존은 8년여 전에 이미 앤드류와 메리디안59라는 게임 프로 젝트에서 함께 일한 적이 있었다. 그 게임은 당시 최초의 3D 롤플레잉 게임으로 널리 알려졌다.)

치카이는 웨어투테크팀에게 일주일 안에 키홀 사진 데이터베이 스를 웹 기반 구글맵 환경으로 통합할 수는 없다고 단언했다. 일주일 안에 된다면, 실리콘밸리에서 이들이 원하는 레스토랑에서 저녁을 사겠다고 했다. 반대로, 실패하면 팀에서 치카이에게 저녁을 사야 한 다는 조건으로.

안타깝게도 치카이는 라스무센 형제가 키홀의 기술적 실사를 마 친 후 키홀 항공사진과 위성사진의 통합을 예측하고, 이날을 간절히 기다렸다는 사실을 전혀 눈치채지 못했다. 우리와 마찬가지로 웨어 투테크팀에서도 키홀의 인수계약이 마무리되길 기다려왔던 것이다. 치카이는 이 사실을 몰랐지만 라스무센 형제는 데이터 통합 방법에 대한 개념증명을 이미 완료한 상태였다.

웨어투테크팀은 치카이의 도전을 기꺼이 받아들이고는 24시간도 안 되어 통합을 완료했다. 2005년 1월, 구글맵 내부 프로젝트에 항공사진이 포함됐다. 구글맵 프로젝트는 이제 체험판과 테스트를 마친 정규 내부 빌드가 갖춰져 있었다. 어느 날 오후 옌스의 어깨너머로 최신 버전이 실행되는 모습을 볼 수 있었다. 나는 그전까지 그런 걸 한 번도 본 적이 없었다. 그저 마법 같았다. 웹브라우저에서 실행되는 정말 빠른 지도였다. 어느 지점에서든 손쉽게 위성사진과 항공사진으로 전환해 볼 수 있었다. 그 어떤 웹브라우저 기반 지도보다도 훨씬 빨랐다. 그때서야 나는 래리가 "그보다 훨씬 목표를 높게 잡는 게 좋겠다"라고 한 말이 무슨 뜻인지 이해되기 시작했다. 어느 날 밤 늦게 구글맵의 알파 버전을 실행하면서 깨달은 게 있었다. '이건 맵퀘스트를 완벽히 뛰어넘는 대히트작이 될 거야.' 구글맵은 정말 뛰어난 사용자 환경을 갖추고 있었던 것이다.

구글맵의 발 빠른 성공과 치카이 덕분에 두 팀은 화합 분위기가 되었다. 치카이는 (새로 받은 구글 직원카드가 아닌 자기 돈으로) 팔로알토의 고급 쿠바 레스토랑인 라보데기타델메디오에서 저녁을 샀다.

구글맵에 항공사진과 위성사진을 추가하는 작업은 기술적으로는 명확했지만, 사업적으로는 아니었다. 해당 이미지를 무료 웹기반 서비스에 사용해도 되는지 사진 제공업체로부터 법적 허가를 받은 것은 아니었다. 에어포토USA와 디지털글로브와 같은 회사로서는 외부 해커가 악의적인 공격을 통해 항공사진 라이브러리 전체를 다운받지 않을까 우려하는 것이 당연했다. 대니얼과 존은 여전히 구글 변호사들과 함께 키홀 데이터 계약협상과 관련해 할 일이 많았다. 비용과 시간이 많이 드는 과정이었다. 법적으로 우리는 키홀 사진 데이터베이스를 구글의 첫 번째 웹 기반 지도 제품과 함께 공개되도록 허용할 수 없었다.

그런데 어찌 된 일인지 브렛과 옌스 및 웨어투테크팀원들은 존과 대니얼 앞에 놓인 이 엄청난 일을 대수롭지 않게 여기는 듯했다. 이들은 여전히 한 팀을 별개의 두 팀으로 보고 있었던 것이다. 구글맵팀은 키홀이 어스뷰어 제품을 위해 최고 해상도 이미지를 내놓지 않고 있다고 생각하는 것 같았다.

"이익연계지불 목표를 달성했는데 키홀팀이 고해상도 이미지를 내주고 싶어 할 리가 있었겠습니까." 옌스가 몇 년 후에 나에게 말해주었다. "키홀팀은 어스뷰어를 위해 사진을 넘기고 싶지 않았던 거겠죠." 그 말은 전혀 사실이 아니었지만, 설득하려 해봤자 원래 구글맵팀은 이를 납득하지 못할 게 뻔했다.

◉

두 팀의 신뢰 문제를 제외하면, 41동에서 탄생한 이 끝내주는 새 지도에는 또 다른 특징이 있었다. 바로 구글 검색창과의 통합이었다. 아무튼 항공사진 및 위성사진이 포함된 지도가 빠르고 원활히 실행된다는 건 놀라운 일이었지만, 사용자가 찾는 곳을 정확히 알고 있을 때만 지도 검색이 유용했다.

웨어투테크나 키홀이 구글 캠퍼스에 발을 들여놓기 전에도, 특정 위치와 연결된 검색 결과를 찾는 사용자를 위해 최상의 환경을 만드는 방법을 연구한 재능 있는 구글러들이 있었다. 큰 키에 호리호리한 소프트웨어 엔지니어인 댄 에그너가 이 팀을 지휘했다.

댄은 대회를 통해 구글에 입사했다. 2002년 4월, 구글은 '제1회 연례 프로그래밍 경진대회'라는 이름으로 알려진 프로그래밍 시합을 열었다. 상금으로는 1만 달러와 VIP급 구글 마운틴뷰 본사 견학의 특전이 주어졌는데, 이는 새로운 아이디어를 찾아내는 영리한 방식이기도 했다. 대회 참가자에게는 데이터(정확히 90만 페이지에 달하는 웹사이트)에 접속할 수 있는 권한이 주어졌고, 이 데이터를 창의적으로 활용하는 방식을 탐색하기 위한 프로젝트의 틀을 짜보라는 과제가 주어졌다.

2002년 5월 31일, 구글은 댄 에그너의 프로젝트가 우승했으며, 해당 프로젝트 이름은 "지역 검색Geographic Search"이라고 발표했다. 댄은 거리 주소를 찾는 90만 웹페이지를 크롤링(무수히 많은 컴퓨터에 분산 저장되어 있는 문서를 수집하여 검색 대상의 색인으로 포함시키는 기술)하는 소프트웨어 알고리즘을 작성했다. 그런 후 그는 이들 주소에 지역 코드를 붙였다. 이는 주소를 위도와 경도로 변환한다는 전문 용어였다. 이러한 구체적인 정보로 사용자는 데이터베이스를 활용해 지도를 만들 수 있는 것이다. 다시 말해 웹페이지에 거리 주소가 포함되어 있다면, 지도상에 좌표를 찍을 수 있다는 뜻이었다.

래리 페이지가 생각한 구글의 사명이 "전 세계의 정보를 체계화하는 것"이었다면, 댄 에그너의 새로운 알고리즘은 "전 세계의 정보를 **지리적**으로 체계화하는 것"을 목표로 했다. 그는 2002년, 구글에 입사 제안을 받았으나, 뉴욕시를 떠나고 싶지 않아 곧바로 이를 수락하지는 않았다. 1년 후 구글은 에그너를 뉴욕주에 상주하는 최초의 엔지니어로 고용했고, 그는 구글의 미국 동부지사를 세웠다. 그리고 에그너는 엘리자베스 하몬이라는 다른 엔지니어와 구글 위치 검색 Google Search by Location 프로젝트에 투입되었다.

하몬과 에그너는 주소를 찾는 웹페이지를 크롤링하고, 그러한 웹페이지에 지역 코드를 부여하는 방식을 상품화했다. 그런 후 이들은 해당 데이터를 인포USA와 던앤브래드스트리트와 같은 외부 데이터 제공업체의 라이선스를 받은 데이터베이스와 결합했다. 2004년에 구글은 "지역적 관련성에 따른 문서 색인 작성"이라는 제목으로 에그너의 작업 방식에 특허를 냈다.

2004년 이전, 에그너의 색인 작성 방식이 등장하기 전까지, 정확한 업체 목록 데이터베이스 구축 및 관리는 끝없이 되풀이되는 길고 지루한 작업이었다. 언제 끝날지 알 수가 없었다. 맵퀘스트와 나브텍 Navteq에서 톰톰TomTom, 키홀에 이르기까지 기존의 모든 지도 회사들은 업체주소 데이터를 생성하고 업데이트 및 배포하는 데이터 제공업체들에 전적으로 의존했다. 데이터를 축적하려면 수천까지는 아니더라도 수백 명의 텔레마케터를 동원해 업체에 전화를 걸어 정보가 정확한지 확인해야 했다. 그렇다 하더라도 데이터의 정확성은 떨어졌다. 미국에만 3천만 곳의 사업장이 있었다. 기존 업체들은 끊임없이 주소를 이전하거나 폐업했고, 새로운 곳들이 계속 생겨나고, 새로운 프랜차이즈 업체가 개업했던 것이다.

데이터 가져오기가 지연되면 정확성이 더욱 떨어졌다. 예를 들어, 키홀이 인포USA로부터 6개월마다 (수십 개의 CD-ROM으로) 업데이트를 받는다고 하자. 치카이와 웨인의 작업량에 따라 키홀의 데이터베이스는 8개월에서 9개월마다 업데이트가 되었다(인포USA 텔레마케터들이 주소 변경을 정확히 확인했다고 가정할 때의 이야기다). 맵퀘스트와 키홀을 비롯한 다른 지도 회사들은 이미 주소가 바뀌었거나 아예 문을 닫은 업체로 사용자들을 잘못 안내하기 일쑤였다. 어느 날 저녁 늦게 급히 택배를 보낼 일이 있어서 페덱스의 한 지점에 도착해보니, **주소 이전**이라는 팻말이 붙은 불 꺼진 실내가 눈에 들어왔다. 결국 지도는 지리정보가 표시된 데이터가 정확해야 좋은 지도인 것이다.

에그너와 하몬은 이제 구글에서 가장 깔끔하고 완벽한 최신 지리 데이터를 생성하기 위해 골몰하고 있었다. 프로젝트가 성공한다면, 외부의 데이터 제공업체에만 의존할 필요가 없어질 것이었다. 그 대신 외부 데이터를 출발점으로 삼아, 이를 에그너와 하몬의 웹페이지 색인 작성으로 생성된 데이터베이스와 비교할 것이다.

대형 소매업체인 타깃Target을 생각해보자. 2017년에 타깃 매장은 미국 전역에 1,792개에 이르렀다. 이는 2007년에 비해 약 300개 이상이 늘어난 수치다. 계산해보면 간단히 답이 나온다. 즉 타깃은 매년 30개 매장을 연 것이나 다름없으며, 그 외 여러 매장의 주소를 변경했을 것이다. 타깃을 비롯한 소매업체들이 새로운 매장을 열거나 닫을 때 하는 최초의 작업은 바로 새 주소를 웹사이트에 업데이트하는 것이다. 고객이 매장을 찾도록 하려면 웹사이트 정보를 최신으로 유지해야 하는 것이다.

하몬과 에그너의 작업으로 구글은 인포USA가 타깃에 전화해 주소를 확인하고, 업체 목록 데이터베이스에 정보를 업데이트한 후, 업데이트된 데이터베이스를 그들의 고객에게 보내줄 때까지 기다릴 필요가 없었다. 그 대신 에그너와 하몬의 웹사이트 크롤링으로 생성된 새로운 데이터베이스는 예전 데이터와 비교를 거친 후, 확인되지 않는 예전 데이터에는 "이 매장은 영업이 중단되었을 수 있다"라는 경고가 표시될 수 있었다.

2004년 12월, 처제네 집에서 멀지 않은 서니베일에 새로운 타깃 매장이 문을 열었다. "캘리포니아주 서니베일에서 가까운 타깃 매장"을 구글맵의 알파빌드(빌드란 소스코드 파일을 컴퓨터에서 실행할 수 있는 독립 소프트웨어로 변환하는 과정 또는 그에 대한 결과물을 일컫는 것으로, 알파 버전은 개발자 단계의 버전을 말한다)에서 검색했더니, 서니베일 시내의 새로운 위치에 옌스의 핀 모양 아이콘이 태그된 새로운 매장이 지도에서 첫 번째로 검색되었다. 비교하기 위해 나는 맵퀘스트와 야후 지도에서도 똑같은 검색어를 입력해보았다. 그 결과, 두 지도에서는 새로운 타깃 매장이 완전히 빠져 있었고, 그 대신 엘카미노리얼드라이브에 핀이 꽂혀 있었다. 이곳은 1년 전에 문을 닫은 매장의 위치였다.

"놀라운데. 이것 좀 확인해봐." 나는 사무실에서 존에게 소리쳤다. 존은 내 사무실 옆문으로 들어왔고, 나는 그에게 새로운 타깃 매장의 검색 과정을 보여주었다. 처음에는 맵퀘스트에서, 그다음에는 구글맵 출시 전 버전에서.

"나도 알아. 지난주에 에그너와 하몬을 만나고 왔거든." 존이 말했다. "뉴욕에서 날아왔더라고. 에그너와 하몬이 브라이언, 대니얼, 그리고 나한테 프로젝트 진행 상황을 알려줬어. 타사에서 제공하는 오래된 데이터를 뛰어넘는 대대적인 혁신이 될 거야."

브렛과 라르스, 치카이 및 팀원 전체는 빠르고 멋진 기본 지도를 만들고 있었다. 그러나 무엇보다도 가장 중요한 것은 데이터였다. 관심장소POI, Point of Interest가 지도에 표시되어야 하는 것이다. 에그너와 하몬의 프로젝트는 구글의 관심장소를 확보하려 했다. 즉 지리정보의 범위가 넓으면서도 최신 상태를 유지하도록 할 것이었다.

이는 키홀팀이 합류한 구글의 지도 프로젝트에서 필수 요소였다. 구글의 사명은 전 세계의 정보를 체계화하는 것이며, 여기에는 물리적인 장소가 존재하는 현실세계의 정보가 포함되는 것이었다. 에그너와 하몬의 프로젝트는 구글 검색을 웹페이지의 색인에서 우리 주변 실제 세계의 색인까지 확장하는 작업이었다.

타깃 및 서니베일 검색에 대한 사실도 하나 짚고 넘어가야겠다. 알파 버전에서 나는 단일 검색창에 해당 정보의 검색어를 입력하면 되었다. 여러 개의 검색창에서 검색할 필요가 없었던 것이다. 맵퀘스트에서는 "업체" 버튼을 클릭한 후 업체명 검색창에 "타깃"을 입력하고, 탭 키를 눌러 도시 검색창으로 이동한 후 "서니베일"을 입력한 다음에 다시 탭 키를 눌러 주 이름 검색창으로 이동해 "캘리포니아주"를 입력해야 했던 것이다. 마찬가지로 주소를 찾아보려면 주소 버튼을 클릭한 후, 거리 주소창에 "웨스트 31번가, 8006번지"를, 도시 검색창에서 "오스틴"을, 주 이름 검색창에서 "텍사스주"를 입력하는 식이었다. 그러나 구글맵에서는 구글 검색과 마찬가지로 검색창이 하나뿐이었다. 이는 다소 낯선 개념이었다(그래서 검색 예시로 구글맵 검색창 아래에는 "포킵시의 아이스크림"이라는 표현이 몇 년 동안 제시되었다).

에그너와 하몬의 프로젝트는 처음에 구글 위치 검색 서비스에서 구글맵 제품의 전신에 해당했다. 이 서비스는 원래 지도 솔루션에 대한 실제 시장의 수요가 있다는 증거일 뿐만 아니라 개념증명으로도 존재했다. 구글 위치 검색 서비스는 구글의 회사 웹사이트에서 눈에 잘 띄지 않는 곳에 배치돼 있었는데, 구글랩스라는 실험적인 프로젝트 섹션에 가보면 찾을 수 있었다.

2004년 4월, 키홀 인수 훨씬 전에 구글 위치 검색은 마리사의 팀이 구글로컬이라는 이름으로 선보인 바 있었다. 웨어투테크와 키홀이 구글과 합병하기 전에 브렛 테일러, 짐 노리스 및 타이 트란이라는 제품 매니저가 구글로컬팀에 있었다. 베타 버전이긴 하지만 구글은 구글 자사의 위치 검색 서비스를 눈에 띄지 않는 구글랩스 섹션에서 구글 홈페이지로 옮겨와 소비자와 광고주들을 대상으로 마케팅을 시작했다. 이러한 서비스가 공개되자, 구글의 애드워즈 서비스를 이용해 구글 광고를 신청한 업체들은 당시 지역 광고 타기팅을 선택할 수도 있게 됐다.

2004년 말, 세 팀 모두 킬러맵을 만들겠다는 공동의 목표로 협업에 나섰다. 우리는 혁신적인 아이디어를 내놓았다. 브렛과 라르스 및 웨어투테크 팀원들은 놀랍게도 브라우저에서 지도보기 기능을 만들었다. 존과 치카이를 비롯한 키홀팀은 연결된 항공사진 및 위성사진 보기를 이제 브라우저에서 가능하게 만들었다. 댄 에그너와 엘리자베스 하몬은 최적의 관심장소 데이터를 개발해 데이터베이스를 완벽한 최신 상태로 만들었다.

이들 세 팀은 합쳐서 맵·로컬·키홀팀이라 불리고 있었다. 이 중 절반은 구글맵 출시에 매달렸고, 나머지 반은 당시 이름은 미정이었던 키홀 어스뷰어의 구글 버전 개발에 몰두했다.

이제 모든 팀이 좀 더 효과적으로 협업하기 시작했다. 나는 특히 내성적이었던 옌스 라스무센과 일하는 게 좋았다. 그처럼 실력 좋은 설계자와 한 팀에서 일하는 건 엄청난 행운이었다. 옌스는 새로 산 빨간색 페라리를 몰았고, 금요일마다 팀 전체에 패스트리를 사다 주었다. 라르스는 매우 예리한 성격으로, 팀원들의 존경을 받는 통찰력 넘치는 인물이었다. 라스무센 형제는 브렛 테일러와 짐 노리스의 도움으로 놀라운 일을 해냈다. 나는 이 지도 서비스로 인해 키홀의 대표제품이었던 어스뷰어 소프트웨어의 수요가 줄지 않을까 생각했다. 그만큼 좋았기 때문이다.

존은 약간 다른 시각을 갖고 있었다. 에이잭스 기술에 반색하긴 했지만, 웹사이트가 기본 3D 클라이언트 응용프로그램과 같은 방식으로 지구를 렌더링하기란 요원하다는 것을 알고 있었던 것이다. 어스뷰어에는 당시 전 세계 지형과 3D 건물 및 수백 개의 데이터 오버레이가 포함돼 있었다. 하지만 에이잭스 기반 웹사이트는 정적인 2D 지도타일만 보여줄 수 있었다(그 기술은 결국 통합되겠지만 그렇게 되기까지는 10여 년 정도 걸릴 것이었다).

2004년 12월 17일 금요일은 사실상 그해 마지막 근무일이었는데, 래리와 세르게이가 회사 금요 전체 모임에서 빳빳한 100달러 지폐 열 장이 든 1천 달러 현금봉투를 2,500명의 전 직원들에게 깜짝 선물했다. 그날 밤 연말파티가 열렸다. 구글은 파티를 위해 마운틴뷰의 컴퓨터 역사박물관을 통째로 빌렸다. 박물관의 콘셉트는 무인도였고, 입구는 추락한 세스나172기에서 금괴가 쏟아져 나오는 장면으로 꾸며졌다. 저녁때 유연한 몸짓으로 콩가를 추는 사람들이 경쾌한 캐리비안 밴드의 스틸 드럼에 맞춰 박물관의 중앙홀을 가로질러 가는 퍼포먼스도 있었다. 훌라 댄서들은 풀잎으로 만든 치마를 입고 엉덩이를 흔들었다. 어쨌든 6개월 만에 회사 규모가 두 배로 커지고 주가는 85달러에서 192달러로 껑충 뛰자 활기가 넘쳐흘렀던 것이다.

저녁 늦게, 구글맵과 키홀의 이중 업무를 맡고 있는 내 상황을 알고 있는 초창기 구글 임원 한 명이 나를 따로 불러냈다. 우리는 발코니에 서서 왁자지껄한 행사를 내려다보았다. "신중을 기하는 게 좋을 겁니다." 그가 말했다. "그녀의 외모에 속지 마십시오. 그녀는 블랙홀 같은 존재라 주변의 모든 에너지와 책무를 다 빨아들이거든요. 그리고 존 행키가 부주의로 인해 주변을 살피지 못하면, 그녀가 여러분도 모두 빨아들일 겁니다." 옆에 서 있던 그의 아내가 다 안다는 듯 고개를 끄덕였다.

그는 그녀의 이름을 말하지는 않았지만 나는 누구 얘기인지 알았다.

"존이 자신에게 보고 안 해도 된다는 결정에 그녀가 동의하지 않았다는 걸 압니다." 내가 말했다. "그렇지만 존은 괜찮습니다. 키홀팀도 마찬가지고요. 우리가 얼마만큼 기여를 하는지 웨인 로징이 아주 잘 알고 있거든요. 그가 존의 뒤를 잘 봐줄 겁니다."

"글쎄요. 그다지 확신이 들지는 않는군요." 그가 칵테일을 한 모금 들이켜고는 주위를 둘러보며 말했다. "로징이 은퇴한다는 얘기를 들었습니다만."

카피라이트 구글 2005
구글맵 출시

2005년 1월 쌀쌀한 아침 5시 30분에 40명의 키홀팀은(팀의 직원 수는 이미 2배가 되었다) 조용히 41동 밖 매끈한 검은색 셔틀버스에 올라탔다. 우리가 탄 와이파이가 연결된 전세버스는 그날 아침 구글플렉스 주변에 줄지어 있던 45대의 버스 중 하나였다. 회사 전 직원을 태우고 마운틴뷰에서 5시간 거리에 있는 타호호수 근처 스쿼밸리스키 리조트로 가기 위해 대기하고 있었다. 이 여행은 2000년부터 이어져온 연례행사였다. 구글은 이틀간 스쿼밸리를 구글 직원 전용으로 빌렸다(이 행사는 그해에 마지막으로 열렸다. 그다음부터는 좀 더 관리하기 쉬운 규모로 행선지를 나누어갔다).

스쿼밸리 하늘은 눈부시게 아름다운 파란색이었다. 고급스러운 객실에 체크인한 후, 팀원 대부분은 슬로프에 올랐다. 존과 브라이언은 북미시장 점유 1위의 내비게이션 업체인 가민에서 만든 수십 개의 형광녹색 GPS 위치기록장치를 샀다. 우리는 산기슭의 스키 리프트 근처에 테이블을 설치했다. 슬로프에 오르는 구글러들은 이곳에서 스키 활주 과정을 기록하기 위해 GPS 장치를 빌릴 수 있었다. 이들이 놀아오면 우리는 데이터를 다운로드해서, 그날 산에 올랐던 경험(경로와 속도가 함께 기록됨)을 가상으로 다시 느낄 수 있도록, 어스뷰어 키홀 마크업 언어 파일을 보내주었다. 그날 사용한 GPS 위치기록 장치들은 대부분 존 롤프의 키홀 마크업 언어 표준을 채택하고 있어서, 키홀 어스뷰어가 수집된 데이터를 가상화하는 기본도구로 설정되어 있었다. 소비자들과 구글러들이 항공사진과 위성사진으로 구성된 실제 지도 위에 점으로 표시된 자신의 위치를 볼 수 있게 된 것은 거의 그때가 처음이었던 것 같다.

존은 새로 꾸린 팀에서 이 GPS 실험을 이용해 진행 중인 혁신 프로젝트를 다른 구글 엔지니어들에게 살짝 보여주었다. 규모가 커지는 구글맵 프로젝트에 다른 이들의 참여를 끌어낼 수 있기를 바랐던 것이다.

존과 키홀팀이 기획한, GPS 위치추적을 통해 스키 활주를 기록하는 체험판은 많은 구글러들에게 구글의 지도 프로젝트를 처음 소개하는 자리나 마찬가지였다. 스키 여행에 동참한 구글러 몇몇은 대놓고 우리의 전략과 계획에 대해 물었으나, 41동에서 우리 팀이 진행하는 프로젝트에 대해 아는 것은 거의 없었다.

구글맵 출시를 몇 주 앞두고 구글 직원 모두가 지도 공개를 손꼽아 기다려왔다고 생각하는 사람이 있을지 모르겠다. 하지만 실제로는 우리 팀이 무슨 일을 하는지 거의 모르거나 생각조차 해보지 않은 이들이 대다수였다. 새로운 제품을 내놓기 위해 그저 맡은 업무에 충실한 팀 정도로만 생각하는 경우도 있었다. 41동 밖에서는 아무런 기대도 없었고, 사실 41동 **안에서** 일하던 그 누구도 지도에 대해 이토록 열광적인 반응이 터져나올 줄은 생각지도 못했던 것 같다.

출시일은 2005년 2월 중순경으로 잡혔다. 제품에는 세 가지 놀라운 특징이 있었다. 빠르고 원활한 브라우저 기반의 지도라는 점, 항공사진 및 위성사진이 포함된 거대 데이터베이스라는 점, 그리고 최신 지리 데이터를 갖춘 광범위한 구글 검색이라는 점이었다. 물론 이러한 특징 중에 항공사진 및 위성사진을 함께 공개한다는 점이 가장 어려웠다. J. R. 로버트슨의 에어포토USA 및 디지털글로브 같은 업체와 파트너십 계약서를 다시 써야 했기 때문이다(변호사들이 개입하면 엄청난 시간이 소요되기 마련이다). 존과 대니얼은 키홀의 데이터 제공업체와 모든 계약을 재협상해야 했다. J. R. 로버트슨과 디지털글로브에도 엄청난 액수를 지불해야 할 상황이었다.

대니얼은 미국뿐만 아니라 전 세계 지도를 서비스해야 한다는 사실을 깨닫고, 디지털글로브의 데이터에 전적으로 의지하기로 했다. 그는 디지털글로브에 엄청난 요구 조건을 들고 찾아갔다. 구글이 전 세계에서 가장 인구가 많은 200개 도시에 대한 최신 위성사진을 원한다는 것이었다.

마이클 매카시 디지털글로브 영업부 부사장은 대니얼과 몇 주에 걸쳐 막대한 규모의 데이터 라이선스 계약을 검토하고 구글에 가격을 제시했다. 몇 차례 협상을 거친 후, 대니얼과 존은 만족할 만한 계약 조건을 얻어 냈다. 디지털글로브 위성사진 사용에 대한 협상가격은 이미지 1제곱킬로미터당 1달러라는 합리적인 수준으로 맞춰졌다. 그러나 방대한 양의 데이터로 인해 총액은 300만 달러에 달했다.

존은 우리 사무실로 들어오더니 바싼 가격에 실망해 순간 계약을 밍설였다고 토로했디. 하지만 환영 회의 때 래리의 "목표를 높게 잡으라"라는 말을 떠올리고, 이 정도 가격이면 됐다는 판단이 들어, 대니얼과 함께 계약을 추진하기로 했다는 것이다. 존은 디지털글로브의 제안을 예산 심의에 올려보내기로 마음먹었다. 그가 래리에게 돈을 요구하기로 한 것은 그때가 처음이었다.

그 당시 구글에는 계약 검토를 위한 공식적인 프로세스가 없었다. 파트너십이나 회사 인수, 또는 엄청난 양의 지도 데이터에 자금이 필요하면 43동에 가서 래리 및 세르게이와 만나기로 약속을 잡아야 했다. 래리 및 세르게이와 개인적으로 면담 일정을 잡는 것이나 다름없었다. 두 창업주는 비서를 두지 않는다는 말도 안 되는 원칙을 고수하는 중이었다. 그런 결정을 내리게 된 이유는 이런 것 같았다. '예상보다 훨씬 바쁜 일정을 소화하다 보니, 비서를 두지 않으면 참석해야 할 그 많은 회의도 다 없어지겠지, 해결됐군!'이라는 식으로 단순히 생각한 것 같았다.

약속이 몇 번 어그러졌다가 다행히도 대니얼과 존은 이들을 만나게 되었다. 둘은 래리와 세르게이가 같이 쓰는 어두컴컴하고 어수선한 사무실로 들어갔다. 43동에 위치한 일종의 3개층에 걸친 복층, 즉 메자닌 구조로, 아래층에서도 훤히 보였다.

대니얼과 존은 바닥에 어지럽게 흩어진 기기들을 타고 넘어가며, 사무실을 돌아다니는 바퀴 달린 로봇 노트북을 피해갔다. 로봇은 래리가 컴퓨터로 조종하고 있었다.

래리는 책상에서 계속 일하다가 잠시 고개를 들어 대니얼을 보았다. 대니얼은 자료를 보여주려고 노트북을 열었다. 대니얼이 파워포인트로 설명을 하기도 전에 래리와 세르게이는 존과 대니얼에게 디지털글로브 퀵버드 위성의 기술적 사양에 대해 물었다. 즉 위성의 이동속도와 고도, 센서의 크기, 해상도, 각 이미지의 크기, 작동 가능한 주간 일조시간, 내장된 저장 공간, 발사 시기, 그리고 비용 등이었다.

래리와 세르게이는 구름양과 비행경로, 우주로 발사한 날짜 등을 계산에 넣고 디지털글로브의 데이터베이스의 총 규모가 얼마나 될지 서로 논의했다. 대니얼이 5페이지짜리 프레젠테이션 중 2페이지로 넘어가자마자 세르게이가 끼어들었다. 존은 대니얼 옆의 소파에 앉아 눈앞에서 벌어지는 일을 조용히 지켜보았다.

"왜 이렇게 적은 겁니까?" 세르게이가 물었다.

"왜 이렇게 적다뇨?" 대니얼은 어리둥절했다. 300만 달러라는 구매액은 기존의 항공 및 위성 데이터를 매핑한 데이터베이스 구매액의 3배에 달하는 금액이었다. 키홀은 5년에 걸쳐 그 데이터베이스를 만들었다. 대니얼이 제시한 액수는 우리가 5년간 데이터베이스를 구축하는 데 들어간 비용의 3배에 달했다.

"이게 디지털글로브의 콘텐츠 전부입니까?" 세르게이는 이미 직접 계산을 해본 후 그렇지 않다는 걸 알면서도 그렇게 물었다.

"필요한 건 이게 전부인 것 같은데요." 대니얼이 대답했다.

"디지털글로브의 라이브러리 규모가 어떻게 됩니까?" 래리가 물었다.

"지구 전체에 해당하는 것 말씀인가요?" 존이 물었다.

"그러니까 전체 데이터베이스라면 바다 한가운데에 있는 외딴 섬이라든가 아프리카, 호주 및 남극의 인구가 희박한 지역이라든가 사히라 시막, 그리고 우리한테 필요 없는 다른 많은 이미지가 포함되겠죠. 8천만 제곱킬로미터쯤 될 겁니다." 대니얼이 설명했다. "저희는 이 중 300만 제곱킬로미터에 대한 이미지만 구매하는 겁니다. 총 300만 달러가 되겠군요. 우리가 필요한 건 바로 이만큼의 이미지니까요."

"왜 라이브러리 전체를 구입하지 않는 겁니까?" 래리가 물었다.

대니얼과 존은 깜짝 놀라서 말을 잇지 못하고 서로를 바라보았다. 디지털글로브의 데이터베이스 전체를 구입한 곳은 미군뿐이었던 것이다. 로봇이 카펫이 깔린 바닥을 계속 돌아다녔다.

"그러니까요. 다시 돌아가서 데이터베이스 전체를 구입할 방법을 알아보는 게 어때요?" 세르게이가 그 말에 동의했다. "총 8천만 달러가 되겠네요." 래리와 세르게이는 누가 더 상상력의 지평을 넓히는지, 판돈을 올려 내기하듯 서로를 부추기는 모양새였다.

그날 오후 나는 존과 대니얼과 함께 찰리스카페에 점심을 먹으러 갔다. 아무도 말이 없었다.

"일이 잘 안 풀린 거야?" 내가 결국 입을 열었다.

존은 나를 보고 웃더니 대니얼을 한번 쳐다보고는 한쪽 눈썹을 위로 살짝 치켜 올렸다. "우리는 좀 사고방식을 바꿀 필요가 있겠다 싶어."

점심식사 후 대니얼은 마이클 매카시에게 전화해 이 소식을 전했다. "귀사의 제안이 받아들여지지 않았습니다." 대니얼은 콜로라도주의 골프코스에서 골프를 치던 매카시에게 말했다. "디지털글로브의 데이터베이스 전체에 대한 구매 제안서는 얼마나 빨리 준비해주실 수 있습니까?"

나는 믿을 수가 없었다. 그때까지도 나는 래리와 세르게이가 키홀과 구글의 지도 프로젝트에 대해 어떤 계획을 갖고 있는지 그 범위를 완전히 이해하지 못했던 것이다. 내가 이해할 수 있는 경제적 현실과는 동떨어진 것 같았다. '대체 이 사람들은 지도 프로젝트를 어디로 끌고 갈 셈인 거지?' 나는 속으로 생각했다. '구글의 지도 제품? 단체로 정신이 나가기라도 한 건가? 우리가 그다음 차례인 건가?'

◉

그다음 월요일, 존은 키홀 경영팀에게 디지털글로브 계약 건에 대한 래리와 세르게이의 반응을 알렸다. 그가 우리 모두에게 전하는 전반적인 메시지는 마음을 단단히 먹고 앞으로의 상황에 대비하라는 것이었다. 해일이 밀려오고 있으니까. 브라이언과 치카이는 서버와 인력이 얼마나 필요할지 고민했다. 게다가 이 모든 데이터를 어디에 다 저장할 것인지는 현실적인 문제였던 것이다. "디지털글로브의 하드 드라이브 전체를 저장하려면 훨씬 큰 저장 공간이 필요할 겁니다." 치카이가 말했다.

위성사진에 대한 계약 액수가 기하급수적으로 불어나고 협상 시기를 놓치면서, 2월 초 출시 예정일에 맞춰 구글맵에 항공사진과 위성사진을 연동할 수 없게 됐다. 그러자 마리사와 브렛은 키홀의 항공사진 및 위성사진 데이터베이스 없이 2월 출시일에 맞춰 프로젝트를 진행하기로 했다. 우리는 키홀 사진 데이터가 최초 배포용에 포함되지 않아 실망했으나 마리사의 결정을 이해했다.

"일단 출시하고 보지 Just ship it"는 당시 구글 내의 일반적인 정서였다. 발 빠른 신속함을 추구하는 분위기가 강했고, 완벽함에 집착하느라 앞서가는 데 방해가 되면 안 된다는 식이었다. 브렛은 이러한 단호한 의지를 온몸으로 보여주는 사람이었고, 새로운 제품 출시를 나서서 지휘했다.

출시 일자와 시간은 2005년 2월 8일 화요일 아침 9시(태평양 표준시)로 정해졌다. 그 당시 구글에서는 신제품 마케팅을 거의 지원하지 않았다. 아무리 기준을 낮게 잡는다 하더라도 사실상 대대적인 마케팅 활동이 거의 전무한 상태에서 제품을 내놓는 거나 마찬가지였다. 엄밀히 말해 서류상으로는 내가 구글맵팀의 마케팅 담당자였지만, 프레스 투어나 소개용 트레일러 영상과 같은 마케팅 활동에 시간을 전혀 쓰지 못했다. 게다가 내 업무는 주로 구글 버전의 키홀 어스 뷰어와 관련돼 있었다. 다시 말해 다운로드용 응용프로그램을 다루는 것이 주 업무였지 구글맵 웹사이트 관리는 아니었던 것이다.

브렛이 작성한 '화요일 아침 9시에 새로운 서비스가 적용된다'는 고작 한 문단짜리 블로그 포스트 공지가 구글 서버에 대기 중이었다. 꽤 이른 시간에 공지되어 그런지(구글 엔지니어들은 늦게 출근하기로 악명이 높다) 블로그 포스트에 새로운 맵스닷구글닷컴maps.google.com이라는 도메인 주소 링크가 있어서인지, 라스무센 형제와 나머지 팀원들은 더 일찍 월요일 밤에 지도 사이트를 공개하고, 그다음 날 공식출시되기 전에 "은둔 보안 방식"을 활용하기로 했다(11시간 동안 맵스닷구글닷컴 사이트의 존재를 알리지 않음으로써 아무도 찾지 못할 것이라 계산하고 있었다는 뜻).

월요일 저녁 6시쯤 팀원들은 41동 맨 아래층의 자기 자리에 모였다. 브렛, 짐 노리스, 라스무센 형제가 와 있었다. 노엘 고든과 스티븐 마도 시드니에서 날아와 출시를 앞두고 최종 몇 주간의 핵심작업에 투입돼 사무실에서 일하고 있었다. 항공사진 및 위성사진이 포함되는 것은 아니었지만 치카이도 와 있었다. 앤드류 컴지도 구글맵과 구글 서버 인프라팀 사이의 교량 역할을 자처하며 와 있었다.

당시 구글 서버의 수는 전 세계적으로 40만 대에 달했으며, 이는 다른 기업의 몇 배에 달하는 수였다. 구글은 높은 효율성과 빠른 속도, 이중화 기능을 갖춘 다양한 웹 서비스를 새롭게 제공하는 플랫폼을 만들기 위해 데이터 센터 활용 방식을 혁신적으로 바꾸고 있었다. 컴지는 구글맵의 교통경찰관 같은 존재였다. 그는 지구 전체에 구글맵 부하를 분산시킬 방법을 찾아내 트래픽을 효과적으로 관리할 수 있도록 했던 것이다. 10개 이상의 주요 데이터 센터에서 그는 점점 트래픽이 몰릴 것으로 예상되는 교차지점을 관리했다.

그날 저녁 브렛과 앤드류는 구글맵을 세상(그러나 미국 지도만 포함됐다)에 내놓기 위한 작업에 들어갔다. 2월 7일 월요일 오후 6시 50분이었고, 7시에 서버에 변경 내용이 적용될 예정이었다(새로운 구글 버전은 1시간마다 새롭게 적용된다).

나는 핵심 팀원은 아니었지만, 프로젝트가 드디어 공개된다는 사실에 들떴다. 그날 저녁 퇴근하는 길에 팀원들을 찾아가 축하 인사를 건네고 옌스와 잠시 얘기를 나눴다. 이들의 사무실은 책상 칸막이가 낮았고, 다양한 역사 지도책에서 나온 지도들로 도배되어 있었다. 오래된 지구본이 천장에 매달려 있었다. 이동식 화이트보드에는 컴퓨터 코드 및 나른 수식이 빼곡히 적혀 있었다. 공기 중에 에너지가 흘러넘치는 게 느껴졌다. 존은 그곳에서 라르스와 브렛, 앤드류, 치카이의 사진을 찍었다. 새로운 서비스가 웹에 적용된 후 다 같이 최초 사용량 차트에 (예상대로) 웹트래픽이 기록되기 시작하는 모습을 지켜보았다. 그날 밤 41동에서 나가는데 세르게이가 샴페인 병과 빨간색 플라스틱 컵을 몇 개 들고 내 옆을 지나갔다. 홍보 없이 조용히 제품을 출시하자는 전략이었지만, 세르게이를 포함해 많은 구글러들은 새로운 구글맵 서비스를 내부적으로 몇 달간 테스트해왔던 것이다. 세르게이는 지도 서비스의 얼리테스터이자 이를 열렬히 지지해온 장본인이었고, 출시 막바지에 몇 주간 우리 팀을 자주 찾아왔다.

구글맵팀은 다 같이 사무실에서 어슬렁거리며 피자를 몇 판 주문했고, 성능 문제는 없는지 서버를 지켜보았다. 오후 8시쯤 구글맵 사이트의 트래픽이 치솟기 시작했다. URL이 노출되어 일부 사용자들이 구글의 신기하고 새로운 혁신제품을 이것저것 들여다보기 시작한 것이다.

다음 날 아침 7시 45분쯤 구글맵은 "슬래시닷 효과에 노출"되었다. 즉 IT업계에서 영향력 있는 웹사이트인 슬래시닷slashdot.org에 누군가가 구글랩스 사이트에 깊숙이 감춰져 있다가 새롭게 공개된 멋진 지도 서비스에 관한 글을 올려서 그 이후로 반응이 줄줄이 달리기 시작했다는 뜻이다. 트래픽이 다시 올라갔고, 브렛의 블로그 포스트가 일반에 공개되기도 전인 9시 정각에 내가 사무실에 출근해보니 구글맵은 24시간 동안의 트래픽 예상치와 서버 할당량을 초과한 상태였다. 컴지와 구글 서버 인프라팀은 불안해지기 시작했다.

구글맵에 대한 최초 피드백은 기분 좋은 깜짝 선물이었다. 레딧과 같은 온라인 포럼에서 사용자들이 지도를 마우스로 선택해 이동시키는 기능을 극찬하고 있었다. 지도를 이동시키면서도 새로고침되길 기다릴 필요가 없다는 것이었다. 사용자 환경의 속도도 다른 어떤 지도 서비스보다도 빠르고 매우 원활해서, 이런 속도라면 좀 더 자유롭게 탐색 및 검색이 가능했던 것이다.

그러나 그 탐색은 미국에 국한되었다. 긍정적인 반응이 빠르게 몰려올수록, 기능 제한에 대한 미국 외 사용자들의 불평도 쏟아지기 시작했다. 사용자 시점으로 다시 줌아웃하면 바다에 둘러싸인 미국만 보인다는 것이었다. 구글맵팀은 미국 외 국가들의 윤곽선을 애써 렌더링하지도 않았다. 〈뉴요커〉 표지에 실린 대체 현실 속 지도처럼 보였고, 그 안에서 사실상 구글은 나머지 세상은 존재하지 않는다고 말하는 것이나 마찬가지였다.

구글 내부에서는 구글맵의 성공적인 출시로 인해, 열광적인 반응과 동시에 글로벌 서비스를 요청하는 즉각적인 압박을 받게 됐다. 가장 자주 보이는 댓글은 구글이 다시 한 번 미국을 다른 나라보다 우선시한다는 내용이었다. 브렛과 짐, 옌스, 라르스는 지도의 세계로 들어가는 뛰어난 프론트엔드 액세스 포인트를 만들었다. 이제 이 도구가 전 세계로 확장되어야 하는 상황이었다.

곧 구글 전체의 국가별 매니저들이 자국에 먼저 지도 서비스를 개시해달라고 마운틴뷰의 임원들에게 로비를 해오기 시작했다. 전 세계에 흩어져 일하는 데비 팀의 마케팅 매니저들 때문에 나는 야근을 하게 됐다. 갑자기 나는 그녀의 구글 마케팅 조직에서 유명인사로 떠올랐다. "올라 기에르모![기에르모는 스페인어의 '윌리엄'에 해당하는 이름이다] 서비스 출시를 축하드립니다!" 스페인 국가 매니저 베르나르도 에르난데스는 이메일에 그렇게 썼다. "구글에서 시장 점유율 62퍼센트를 차지해 유럽 국가 중 3위에 해당되는 만큼, 스페인이 출시 대상 국가 목록에 포함되어야 한다고 생각합니다. 더군다나 존 행키 부사장님이 현재 전 세계 서비스 출시를 위한 마스터플랜을 마련하고 계시다면 말입니다. 스페인을 최종 출시 국가 목록에 포함시키도록, 부사장님을 설득하게 도와주실 수 있는지요? 추신, 유럽을 방문할 계획이 있으시다면 존 행키 부사장님과 함께 마드리드에 초청하고 싶습니다." 그런 후 베르나르도는 데이터 제공업체, 언론사 및 잠재적 광고주들의 연락처 목록과 서비스 출시를 위해 스페인에서 지원할 수 있는 활동 등을 적어 보냈다.

이는 래리와 세르게이가 주관하는 금요 전체 모임에서 몇 번이고 거론되었다. 금요일 오후에 언젠가 한 번은 브라이언이 단상으로 불려 나갔다가 아프리카에서는 언제 서비스가 개시되냐는 질문을 잘 받아넘긴 적이 있었다. 그는 구글맵을 전 세계에 서비스하기 위해 팀이 얼마나 열심히 일했는지 몇 번이고 반복해 설명했다.

새로운 국가에서 구글맵을 출시하는 것은 "기술적인 도움"보다는 "비즈니스적인 도움"이 더 필요한 일이라는 걸 명심하자. 새로운 국가에서 새로운 기술을 선보이는 일이 아니었다. 지도 서비스는 정확히 같은 기술로 새로운 데이터를 제공하는 일이었다. 여기에는 데이터 제공업체와 여러 건의 계약을 체결하고, 파트너십을 맺으며, 새로운 기업을 인수하는 일이 포함될 수 있었다. 예산과 계약, 협상, 일정, 우선순위 설정 등. 이는 좀 더 소규모로 진행되긴 했지만 키홀이 지난 5년간 해왔던 일과 비슷했다. 전 세계에 신속히 구글맵을 배포한다는 계획을 세우면서 존, 대니얼 및 팀원들은 치카이의 데이터 처리 도구를 이용해 지도 프로젝트를 도맡아 하게 되었다.

일본은 2005년 7월, 두 번째 구글맵 서비스 대상국이 되었다. 전체 데이터 세트 제공업체와의 계약이 마무리되면서 서비스가 제공되기 시작했다. 이를 주도적으로 이끈 것은 일본 도호쿠 지방의 케이 카와이라는 제품 매니저였다. 단호한 성격의 카와이는 존에게 연락해 일본에서 구글맵 출시에 필요한 모든 파트너십 및 데이터 계약을 완수해내겠다고 약속했다. 영국은 그다음 구글맵 출시국이었고 (유럽 마케팅 총괄 담당자로 떠오르는 활발한 성격의 로레인 투힐이 이를 주도했다), 뒤를 이어 아일랜드와 프랑스가 포함됐다. 존은 국가 목록의 우선순위를 매겼고, 대니얼 레더먼은 전 세계 사업개발 인력을 고용했다. 공동 사무실에서 그는 화이트보드에 쓰여 있는 각국의 목록과 데이터 제공업체 목록을 챙겼다. 여기에는 전 세계 지도 서비스를 출시하기 전에 구글이 인수할 수도 있는 전체 회사 목록도 포함되었다.

미국에서 초창기 구글맵은 엄청난 성공을 거두었다. 그러나 키홀의 위성 이미지 관련 계약을 전부 뜯어고쳐야 했기 때문에, 출시 당시에는 위성사진이 포함되지 않았었다. 치카이와 키홀 이미지팀은 초반에 전 세계의 열광적인 반응에 동참할 수 없다는 것에 실망감을 감추지 못했다. 우리는 기회를 놓쳐버린 걸까? 치카이는 구글맵의 주요 구성 요소로 항공사진 및 위성사진 데이터베이스가 출시될 수 있도록 더욱 열심히 일에 몰두했다. 그는 존과 함께 2005년 4월 중순을 공개일로 잡았다.

대니얼은 디지털글로브의 데이터 전체에 대한 수백만 달러짜리 위성사진 라이선스 계약을 마무리 지었다. 41동 전 층은 웨인 타이가 처리할 위성사진 디스크 하드 드라이브로 꽉 찼다(업그레이드된 광케이블 연결로 전송하는 방안을 세우고 있었으나, 테라바이트 단위의 이미지는 인터넷으로 전송하기엔 양이 너무 많았다). 우리는 데이터 스크레이핑에 대한 디지털글로브의 우려를 잠재우기 위해 해상도를 양보해야 했다. 웹 브라우저에서(즉 구글맵에서) 사용자들이 줌인해서 최고 해상도 이미지를 볼 수 있도록 할 수는 없었다. 구글맵은 최고 해상도 수준의 정밀함보다 1단계 떨어지는 수준의 해상도로 고정해야 했다. 게다가 이미지에 워터마크를 찍어 희미하게 "Copyright Google 2005"라는 저작권 표시를 해야 했다.

존과 대니얼은 이처럼 인위적인 줌 레벨 제한에 대해 어찌해볼 여지가 없었지만, 또다시 핵심 구글맵팀은 이 상황을 다르게 받아들였다. 옌스와 라르스, 브렛, 그리고 나머지 팀원들은 대니얼, 존, 브라이언과 치카이가 숨기는 게 있다고 생각했다. 키홀팀이 구글 버전의 키홀 어스뷰어 출시를 위해 최고 해상도의 고품질 사진을 공개하지 않는다고 오해한 것이다.

구글맵에 연동할 항공 및 위성사진 공개가 임박했으나, 핵심이 되는 제품 이름을 정하지 못하고 있었다. **에어리얼**Aerial은 위성사진 분량이 많았던 탓에 탈락되었다. 그러나 **새틀라이트**Satellite 역시 엄밀히 말해 잘못된 이름이었다. 사진의 상당 부분은 항공기에서 촬영된 것이기 때문이었다. 새틀라이트는 사실상 부정확한 이름이었지만 장점이 있었다. 마케팅 면에서 훨씬 그럴듯하게 들렸던 것이다. 사용자들은 직접 정찰위성을 조작하듯 우주에서 바라본 지구를 보고 있다고 믿고 싶어 했다.

막판에 브렛은 놀랍게도 이메일로 해결을 부탁했다. 너무 바빠서였겠지만 나는 그가 너무 피곤해서 이름 문제로 씨름하고 싶지 않았다고 생각한다. "이 문제를 맡아서 나중에 어떻게 결론이 났는지 좀 알려줄래요?" 그가 메일에 썼다.

나는 기쁜 마음으로 복도로 걸어가서 최종 의견을 수집하고 약간의 로비를 거쳐 존으로부터 최종 결정을 받아냈다. (나는 마리사에게 물었으나 그는 존에게 결정을 미뤘다. 결국 키홀 데이터베이스 문제였기 때문이다.) 나는 기뻐하며 최종 의견을 브렛에게 전했다. 다소 부정확한 구석은 있더라도 브렛도 원하던 이름이었기 때문이다. 새틀라이트라는 이름으로 정해질 거라 생각했다.

4월 4일 아침에 새틀라이트 이미저리Satellite Imagery가 공개됐다. 제품 출시 당일의 트래픽 증가에 대해 검토를 마쳤음에도 불구하고, 또다시 우리는 새로운 서비스의 인기로 서버가 다운될까 봐 마음을 졸였다.

새로운 서비스가 인기를 끌게 된 것은 관음증과 유용함을 둘 다

충족시킨 덕분이었다. 자신의 집과 이웃의 집, 또는 전 여자친구의 집을 들여다볼 수 있게 된 것이다. 거부하기 어려운 유혹이었다. 출시 당일 구글맵 사용량은 가파르게 치솟았으나, 팀원들은 어느 시점이 되면 점점 잦아들 것이라 예상했다. 그러나 트래픽 곡선은 수그러들 기미가 보이지 않았다. 저녁이 되었는데도 트래픽은 늘기만 했다.

치카이는 여전히 저녁 9시가 되도록 퇴근하지 못하고 남아 있었다. 그때 세르게이와 서버 엔지니어들이 나타났다. 공개된 새틀라이트 이미저리의 인기가 너무 높아서 서버 트래픽 부하도 높아지는 바람에, 새로운 제품이 구글 홈페이지의 전반적인 속도에 영향을 줄 정도가 된 것이다. 구글맵에서 새틀라이트 이미저리를 공개한 뒤 최초 공개 시에 비해 트래픽 부하가 3배로 뛰었다. 그리 놀랄 일은 아니었다. 구글맵에 다른 나라를 추가하기 위해 노력했으나, 전 세계 대다수의 지역은 아직 디지털 지도 데이터로 존재하지 않았던 것이다. 그러나 키홀이 만든 사진 데이터 세트에는 전 세계의 모습이 담겨 있었다. 디지털글로브와의 파트너십 확대로, 아프리카와 라틴아메리카 전역, 그리고 아시아와 남극대륙의 가장 외딴 지역까지, 지도의 위성 사진이 전 세계로 확장되었다. 온라인상에서 브라우저로 제공되는 최초의 전 세계 지도였고, 처음으로 이런 종류의 이미지 기반 세계지도를 웹브라우저를 통해 무료로 볼 수 있게 된 것이었다.

BBC 뉴스는 "구글맵이 새로운 관점을 제시하다"라고 썼다. 〈와이어드〉는 "세계를 바라보는 방식을 바꾸는 구글맵"에 관해 썼다. 〈MIT 테크놀로지리뷰〉는 이렇게 덧붙였다. "지표면에서도 구글맵은 기존의 양방향 지도 사이트보다 훨씬 멀리까지 나아간 것이 분명하다. 페이지가 새로고침되길 기다릴 필요가 없는, 이 놀라운 위성사진 보기는 어느 방향으로든 지도를 드래그하는 기능을 제공하고 있으며, 최첨단 기능임에 틀림없다."

기내 창가 쪽 좌석을 선택한 적이 있는 사람을 위해 이러한 환경을 미러링한 웹사이트도 제공되었다. 바로 새틀라이트 이미저리와 함께 제공되는 구글맵이었다. 게다가 이는 키홀 어스뷰어(당시에도 여전히 29.95달러에 팔리고 있었다)에 가입할 필요 없이 브라우저에서 사용할 수 있었다.

키홀팀으로서는 몹시 기쁜 일이었다. 구글맵상에서 키홀 데이터베이스에 있는 위성사진이 공개되어 많은 이들에게 사랑받길 바랐기 때문이다. 우리는 새로 합류한 팀으로서 구글의 원대한 사명(그리고 구글맵)에 기여하고 싶은 마음이 컸다. 그러나 아무도 이 정도로 히트를 칠 줄은 몰랐다. 2월에 구글맵을 출시할 때는 우리 역할이 그다지 큰 편은 아니었지만, 4월에 위성사진을 담은 구글맵을 공개할 때는 핵심 역할을 담당했다.

마침내 구글이 왜 키홀을 인수했는지 우리는 확실히 알게 되었다. 구글은 우리가 이 세계에서 길을 찾아온 방법을 근본적으로 바꿀 혁신적인 지도 프로젝트를 추진해왔던 것이었다. 그리고 우리는 그러한 혁신의 중심에 서게 될 것이었다.

이 같은 공개방식은 전 세계 지역에서 반복되었다. 처음에 한 국가에서 구글맵을 공개하고, 몇 주 후에 위성모드를 추가하는 식이었다. 위성모드로 항상 수백만 명의 신규 사용자가 늘어나면서 구글맵의 수요도 엄청나게 늘었다. 예상대로 위성사진으로 인한 트래픽 급증은 점점 줄어들긴 했지만, 평소 트래픽이 그전보다 매우 높은 사용량 수준으로 증가했다.

위성사진은 구글맵의 마케팅 미끼상품이 되었다. 이 이미지는 관심을 불러일으키면서 새로운 사용자들을 끌어들였고, 이들은 구글 페이지에 오래 머물렀다. 경쟁 제품에 비해 구글맵이 훨씬 우수했기 때문이었다.

공개된 지 일주일이 지나서 마리사가 회사 전체에 이메일을 보냈다. 새틀라이트 이미저리와 함께 제공되는 구글맵이 구글의 짧은 역사상 가장 성공적인 프로젝트 출시였음을 알리게 되어 기쁘다면서, 기존의 제품 공개 당시 가장 열광적인 반응을 이끌어냈던 지메일을 크게 뛰어넘었다고 썼다. 마리사는 제품 공개 막바지 몇 주간 치카이가 열심히 일해준 덕분에 성공할 수 있었다고 인정했다. 몇 주 만에 치카이는 마리사의 사무실에 불려가 상당한 수준의 보상을 받았다. 아무도 그게 뭔지는 몰랐지만, 그가 새로 산 검은색 마세라티 자동차의 가죽 시트는 정말 끝내주는 느낌이었다고만 해두자.

마리사는 1개월 후 다시 메일을 보냈다. 우리 팀에서 그다지 반기지 않았던 결정사항이 담겨 있었다. 이 엄청난 성공을 거둔 제품의 이름이 바뀐다는 사실이었다. 구글맵과 구글로컬이 하나의 제품으로 합쳐진다는 것이었다. 제품명은 최종적으로 구글로컬이 된다는 소식이었다. 구글로컬?

"구글로컬이 대체 뭐야?" 마리사의 이메일을 읽고 나는 존에게 소리쳤다. 자리에서 벌떡 일어나 그의 사무실로 달려갔다. 존은 의자에서 몸을 돌려 말했다. "그러게. 좋은 질문이야." 그는 나만큼이나 새 이름을 싫어했다. 존은 자신이 결정한 것이 아니라고 했다. 브렛과 구글맵팀 전체가 마리사에게 보고했고, 마리사는 자신이 만든 제품인 구글로컬과 구글맵을 합치고 싶어 한 것이 분명했다는 것이다.

로징은 더 이상 마리사에 맞서 존의 편에 서는 시늉조차 하지 않았다. 많은 이들의 뒤를 따라, 로징도 기업공개 이후 새로운 엔지니어링 혁신과제를 찾아 수백만 달러를 챙겨서 2005년 5월에 구글을 떠났다. 그가 말한 혁신이란 칠레의 아타카마 사막에서 소프트웨어를 만들어, 지구를 지키는 레이저로 소행성을 탐지해 가로채는 것을 의미했다. 맹세코 내가 지어낸 얘기가 아니다.

마리사가 이름을 변경한 데는 나름의 이유가 있었다. 구글맵이라는 명칭이 다소 한정적인 느낌을 준다는 거였다. 사용자들이 보기에 지역업체를 찾는다기보다는 운전할 때 길을 찾는다는 인상을 받을 것이라는 얘기였다. "이 제품은 단순한 지도 이상이니까요." 데비는 주간 마케팅팀 회의 중에 그렇게 말했다.

데비와 나는 동지인 척했지만 실제로는 적이나 다름없는 관계였다. 내가 존 행키와 개인적 친분이 있는 것 못지않게 데비는 마리사 메이어의 친한 친구였기 때문이다. 데비는 예상하다시피 마리사의 입장을 대변했고, 나는 당연히 존의 입장을 대변했다.

나는 구글맵 사용자들에게 구글로컬이라는 사이트로 가도록 알려주는 것보다 업체를 검색하는 법을 알려주는 게 훨씬 간단할 거라고 주장했다. 내 입장은 시각예술가이자 작가인 웬디 리치몬드의 원칙에 기반한 것이었다. 기본적인 마케팅 기법이라 항상 생각해온 그 원칙은 "누군가에게 새로운 것을 가르치려면 이미 아는 것으로 시작하라"라는 것이었다. 그래서 내 논리는 이랬다. 사람들은 지도가 무엇인지 안다. 우리는 구글맵으로 시작해 사용자의 이해를 넓혀야 한다.

데비를 통해 마리사는 자신이 그런 결정을 내리게 된 또 다른 이유를 알렸다. 2004년에 "지역광고local ad"라는 옵션이 구글 애드워즈에서 공개됐으며, 공개된 첫해에 상당수의 업체를 끌어들였다는 것이다. 광고주들은 구글 광고 캠페인에 "지역광고" 옵션을 손쉽게 추가할 수 있었는데, 거기에는 확인란 하나가 포함되어 있었다. 즉 사용자의 구글 지역광고가 구글로컬에 즉시 나타난다는 내용이었다.

구글맵이 전 세계에 공개됐을 때에도 패턴이 나타났다. 구글맵을 한 국가에서 출시하면 곧 지역업체 데이터와 광고가 지도에 추가됐다. 그러면 지도의 이름이 구글맵에서 구글로컬로 바뀌는 식이었다.

어느 날 오후 늦게 구글 헬스클럽에서 같이 운동하다가 존이 자신은 그 결정이 맘에 들지 않았지만 마리사가 단독으로 결정한 것이라는 사실을 알려주었다. 젊은 구글러들이 유리벽으로 된 근처 스튜디오에서 시작되는 무료 요가수업을 들으러 몰려들었다. 나의 우려 섞인 발언에도 불구하고, 존은 나에게 이름 문제에서 손을 떼라고 했다. "언제 싸워야 할지 아는 게 중요해." 그는 제품명을 정하는 문제에 매달렸던 나에게 그만두라는 식으로 말했다. 존은 그때 이 문제를 상대할 생각이 없었던 것이다. 마리사는 구글맵팀에 (아니, 구글로컬이 맞겠다) 대한 자신의 영향력을 확대해 나갔다. 당분간 존은 이 사안과 거리를 두었다.

이 모든 것이 0원
새로운 업계의 탄생

2005년 봄, 나는 구글 도서검색Google Book Search 팀의 댄 클랜시 팀장에게 발탁돼 중책을 맡았다. 그의 구글 농구팀에서 센터를 맡아달라는 거였다. 45동 밖의 검은 아스팔트 주차장에 설치된 농구장에서 경기가 펼쳐졌다. 댄과 나는 퇴근 후 농구 코트에서 수없이 즉석 농구 경기를 벌였다.

보스턴에 있을 때 농구 실력과 학문적 계보는 반비례 관계라는 걸 알았다. 그 시절, 하버드대학교 농구 코트에서 경기를 하면서 영화 〈굿 윌 헌팅〉에서 나온 맷 데이먼의 대사를 셸리에게 인용하곤 했다. "범생이 녀석들을 혼쭐내러 하버드에 갈 거야." 이 말은 구글에서 일하는 나에게 딱 들어맞는 얘기가 되었다. 나는 사내에서 농구

실력이 상위권이었던 것이다.

클랜시는 500명의 소프트웨어 엔지니어가 근무하던 NASA 에임스연구센터를 그만두고 2004년에 구글에 입사했다. 그는 텍사스대학교 컴퓨터공학 박사학위를 갖고 있었다. 구글에서 그는 이제 전 세계의 모든 책을 스캔하고, 색인을 지정해, 검색 가능하도록 만드는 말도 안 되게 야심 찬 프로젝트를 이끌고 있었다. NASA에서 그가 관리하는 소프트웨어는 8,700만 킬로미터 정도 떨어진 곳에 있는 로봇을 제어했다. 당시 그는 전 세계 도서관에 있는 책의 페이지를 넘기고 스캔하고 뒤틀림을 보정하고 내용을 읽어주는 로봇을 제어하는 소프트웨어를 운영하고 있었다.

나는 존에게 농구팀에 들어오라고 권했다(존은 고등학교 때 농구를 꽤 잘했다). 우리는 롱혼즈라는 팀에 들어가기로 했다. 댄은 조너선 로젠버그와 호리호리한 소프트웨어 엔지니어 제프 딘도 경기에 합류시켰다. 첫 경기를 위해 준비 운동을 하면서 나는 제프에게 얼마나 오래 구글에서 일했냐고 물었다. 로젠버그는 공을 튀기다 말고 나를 보았다. 다들 동작을 멈추고 내 쪽을 바라보았다. "구글에 대해 정말 아는 게 아무것도 없군요, 빌? 제프 딘 덕분에 우리가 이 자리에 있는 겁니다." 로젠버그가 말했다. 조너선, 댄, 그리고 농구 코트에 있던 다른 몇 명이 제프 덕분에 생긴 약어와 프로젝트 목록을 나열하기 시작했다.

대용량 데이터의 읽기와 쓰기를 위한 분산 스토리지 시스템인 빅테이블Bigtable, 분산 데이터 처리를 위한 맵리듀스MapReduce, 확장성이 뛰어난 구글의 클라우드에 호스팅되는 분산형 자체 데이터베이스인 스패너Spanner, 모든 구글 서비스의 기초가 되는 분산 컴퓨팅 인프라 도구였다. 래리와 세르게이가 수작업으로 세계 최초의 대량생산 자동차인 포드 모델T를 만들었다면, 제프는 포드 자동차 회사를 세운 셈이었다. 구글의 스케일이 엄청나게 커진 것, 그리고 지메일과 현재 구글맵 같은 서비스를 가능하게 한 것도 모두 제프가 만든 코드 덕분이었던 것이다.

준비운동을 하면서 수다를 떨다가 로젠버그에게 구글맵 제작 현황을 알려주는 일이 잦았다. 구글맵이 출시되기 전, 경기가 시작되길 기다리면서 로젠버그는 미래의 한 장면을 상상했다.

"새 지도가 정말 좋다니까. 정말 엄청날 겁니다. 그렇지만 이번 주에 실리콘밸리의 부동산에서 소개하는 오픈하우스를 보여주는 지도가 있으면 정말 좋겠군요. 그러면 그 지도를 휴대용 기기에 전송해서 차를 타고 다니면서 내비게이션으로 활용하는 거죠." 이 말은 아이폰이 출시되기 2년 전에 나온 말이었다는 걸 기억하자.

그러나 존과 농구 코트에서 이처럼 지도 제작에 관해 어떤 전략이 필요한지 얘기했던 시간은 오래 가지 못했다. 세 번째 경기 중에 코트 안으로 공을 패스하자 존이 오픈 찬스를 노리며 재빨리 컷을 시도했다. 그때 고무줄처럼 종아리 근육까지 이어진 그의 아킬레스건이 찢어지면서 딱 소리가 크게 났다. 존은 다리를 절뚝이며 41동 캠퍼스의 구글 간호사를 찾아갔고, 노아 도일은 그를 이스트베이의 집까지 태워다 주었다. 존은 이후 몇 달간 목발을 짚고 회의에 참석했고, 나중에는 워커를 신고 나타났다. 나는 찰리스카페에 그를 따라 들어가 테이블로 2인분의 점심식사를 가져왔다. 그해 여름 나는 존에게 트로피를 가져다주기도 했다. 거기에는 "2005 구글 농구 챔피언: 롱혼즈"라고 적혀 있었다.

구글맵 출시 후 브렛과 짐 노리스는 새로운 제품 개발로 눈을 돌렸다. 이는 훗날 구글맵이 폭발적인 인기를 얻게 된 중요한 이유 중 하나가 된다. 구글맵을 위한 단일 마케팅 프로그램 중 최고라 말하는 이도 있을지 모르겠다. 로젠버그가 찾던 게 바로 이런 것이었지만, 나는 예상도 못 했던 일이다.

구글은 짧은 연혁 때문에 소프트웨어 개발업계와 좋은 관계를 만들기 위해 상당한 노력을 기울였다. 래리와 세르게이는 본인들도 개발자였기 때문에, 자사 데이터와 도구를 공개하고 응용프로그램 인터페이스인 API 세트를 일반에 직접 제공하는 것을 통해, 이런 종류의 혁신을 촉진한 기업들을 높이 평가했다. 이런 맥락에서 개발자들이 다른 웹사이트에서 맞춤형 검색 서비스를 만들 수 있도록, 구글 검색 API가 게시되었다.

구글맵이 2월 8일 화요일 출시됐을 때, 유명 퍼블리싱 회사와 사용자들로부터 극찬을 받은 것은 물론이고, 지도를 변경하고 싶어 하는 웹 개발자 및 소프트웨어 엔지니어들 사이에서 엄청난 인기를 끌었다. 다시 말해, 이들은 자사의 데이터를 이용해 구글맵을 자체 버전으로 만들고 싶어 했던 것이다. 로젠버그가 농구 코트에서 예언했듯, 이를 가장 먼저 널리 활용한 것은 부동산업계였다. 미국의 메이저 애니메이션 회사인 드림웍스에서 애니메이터로 일하던 폴 래드마셔가 맞춤형 지도를 만들었다.

2004년 말과 2005년 초에 래드마셔는 샌프란시스코베이 지역의 저렴한 임대주택을 찾느라 애를 썼다. 누가 봐도 불가능한 일이었다. 그는 몇 달간 크레이그리스트에 수없이 글을 올리고, 특정 임대용 주거지가 표시된 지도와 목록을 출력해, 주말마다 아파트를 찾으러 다녔다. 그런 방식은 비효율적이었고, 당연히 별로 성공적이지도 못했다. 주말마다 미리 인쇄해둔 수십 장의 지도를 가지고 샌프란시스코 지역을 차로 돌아다니다가 그는 생각에 잠겼다. '하나의 지도가 있다면 훨씬 효율적일 텐데. 입주 가능한 모든 아파트를 표시하는 단일 지도가 있으면 지역 검색 범위도 좁힐 수 있겠지.'

자바스크립트(웹페이지에 풍부한 효과를 넣을 수 있다)와 XML(확장성 마크업 언어Extensible Markup Language란 인터넷 웹페이지를 만드는 HTML 언어를 획기적으로 개선하여 만든 언어로, 홈페이지 구축 기능, 검색 기능 등이 향상되어 웹페이지의 추가와 작성이 편리하다)의 고급 활용을 통해, 구글맵이 공개되자 래드마셔에게 길이 열렸다. 구글맵이 공개된 지 몇 시간 내에 그는 에이잭스에 리버스 엔지니어링을 실행해, 구글맵 코드를 파고들었다. 그의 목표는 모든 데이터를 덮어쓰도록 오버레이하는 것이었다. 즉 크레이그리스트 웹사이트에서 그가 긁어모은(스크레이핑) 입주 가능한 아파트 목록에 지역코드를 부여하는 것이었다. 구글맵이 출시된 지 3일째였던 그 주 목요일, 래드마셔는 자신의 구글맵 버전을 포스팅해 하우징맵스닷컴housingmaps.com이라는 URL을 등록했다.

목요일 밤까지 래드마셔의 지도는 빠르게 퍼져나가며 샌프란시스코 주민 수천 명이 그의 새로운 지도 매시업(웹에서 제공하는 정보와 서비스를 이용하여 새로운 소프트웨어나 서비스, 데이터베이스 등을 만드는 기술)을 사용해보려고 몰려들었다. 래드마셔에게 일자리를 제안하자는 이메일 스레드에 구글맵 팀원들이 하나둘씩 참여했다. 금요일에, 그가 만든 사이트는 구글 내부에까지 돌았다. 실제로 그는 일자리를 제안받았다(그러나 그가 이 제안을 수락하기까지는 거의 1년이 걸렸다). 그 즉시 이와 유사한 수십 개의 주택지도 사이트가 전국에 우후죽순으로 생겨났다.

그날 다른 지도 매시업 링크가 첨부된 두 번째 이메일 스레드가 구글맵팀에서 돌았다. 이번에는 시카고의 범죄통계를 나타낸 지도였다. 에이드리언 홀로바티라는 웹 개발자이자 음악가가 공식 보고된 쿡 카운티의 범죄통계를 구글맵과 혼합해 시카고크라임닷오알지 chicagocrime.org라는 웹사이트를 만든 것이었다. 그 사이트 역시 빠르게 퍼져갔다. 다시 한번 이와 비슷한 수십 개의 범죄통계 사이트가 전국에 생겨났다.

브렛과 짐은 이렇게 대중적 인기를 끄는 웹지도가 게시되는 움직임을 바로 알아차렸으나, 이미 걷잡을 수 없이 번져가고 있었다. 이들은 이러한 움직임이 구글의 인프라 및 데이터에 심각한 위험을 불러왔다는 것을 깨달았다. 지도 매시업은 구글맵 백도어에 침입했고, 일부 GIS 데이터를 갖고 있던 열정적인 수십 명의 웹 개발자들이 몰려들었다. 그러나 구글은 접속 권한을 제어할 수 없었고, 악성공격자를 차단할 수도 없었다. 그뿐만 아니라 이들 매시업은 새로운 구글맵 업데이트를 손쉽게 거부할 수 있었다.

브렛과 짐은 백도어를 닫고, 더 많은 지도 매시업을 만들 수 있도록, 웹 개발자들에게 예측 가능하고 문서화된 도구 사용 권한을 주는 공식 구글 서비스를 서둘러 개발했다. 구글맵 API 접속이 통제되는 것이었다. 개발자들은 구글맵 API 키를 신청할 수 있었다. 이는 질서 있게 정문으로 입장할 수 있도록 허용하는 토큰이나 티켓과 유사한 것으로, 구글맵을 개발자의 매시업 기본 지도로 사용할 수 있었다. 그리고 공식 구글맵 API가 2005년 6월에 공개되면서, 구글맵이 모든 웹사이트에 통합 가능한 형태가 되었다.

이 모든 게 무료라고 말했던가?

정말이지 이 모든 것이 무료로 제공된다는 사실을 이해할 수가 없었다. 구글맵과 같은 웹서비스를 만들어 무료로 배포한다는 것은 하나의 아이디어였다. 이 전략은 그 유효성이 입증된 실리콘밸리의 사업방식이었다. 제품을 만들고 사용자층을 끌어모은 뒤, 그러한 사용자층에게 다가가려는 기업에 광고를 판매하는 것이었다. 특별히 어려운 전략이 아니었다.

그러나 브렛과 짐은 **다른** 사람들이 **우리** 지도를 사용해 **자체** 제품을 만들 수 있도록 한 것이었다. 구글맵 이용자들은 이러한 자체 제작 지도를 자사 웹사이트에 걸어놓고 광고 및 수익 창출에 활용했다. 내가 보기엔 구글맵과, 다른 구글 서비스의 수익을 내겠다는 발상에 대한 의구심이, 특히 엔지니어들 사이에서는 팽배한 것 같았다.

그뿐만 아니라 구글은 구글맵 API로 잠금해제되는 데이터를 수집해 활용하려 하지도 않았다. 어느 날 오후 나는 브렛의 자리 칸막이 위로 몸을 숙이며 이를 털어놓았다. "지도상에서 이들 데이터를 우리가 활용할 수 있도록, 구글맵 API 서비스에 뭔가 추가해야 하지 않을까요?" 내가 물었다. 구글맵 API 키를 등록할 때 모든 개발자들은 구글맵 API 서비스 이용약관에 의무적으로 동의해야 했다. 나는 구글맵이 기본 레이어로 활용되는 혁신적인 방식과 개발자 커뮤니티의 창의성을 눈여겨보고 있었다. 그러한 데이터를 **우리** 지도에 활용하는 것은 합리적인 선택이었다. 그러면 구글맵에서 샌프란시스코의 아파트나 시카고의 범죄통계, 오스틴의 초등학교 또는 폴란드의 레스토랑 후기를 검색할 수 있을 테니까. 구글맵은 하나의 중앙집중형 지도 허브(불분명한 데이터가 있더라도)가 될 수 있는 것이다.

래리와 세르게이도 비슷한 생각을 갖고 있었다. 이들은 브렛과 마리사와 함께 구글맵에 오버레이되는 데이터에 대한 사용 권한을 주장할 수 있는지 가능성을 조용히 검토했다. 그러나 직급이 낮은 구글러들은 모든 데이터에 대해 다소 자유주의적인 태도를 취하는 듯했다. 그리고 이러한 구글의 사용 권한에 대한 아이디어는 곧 반발에 부딪혔다. 일반적인 분위기는 지도 데이터베이스를 포함한 구글의 정보가 경영지원 시스템군인 백오피스의 사일로(데이터가 회사 차원에서 통합되지 못하고 각 부서나 시스템에 각각 존재하는 것)로부터 공개되어야 하며, 이 지리 데이터에 대한 접근 권한을 가지고 급성장하는 웹 개발자 집단이 이를 게시해야 한다는 것이었다. 브렛은 이러한 자유주의 정신을 받아들였고, 구글에서 이러한 데이터를 활용하는 기능을 뺀 API를 발표했다. 데이터를 무료로 공개하는 데 방해가 되는 것은 "전 세계 정보를 체계화하여 모두가 편리하게 이용할 수 있도록 하는" 구글의 사명에 방해가 되는 것으로 생각하는 이들이 많았다.

수많은 구글맵 매시업은 빠르고 원활하게 실행되면서도 사용하기 편한 양방향 지도로, 지금까지 한 번도 구체적으로 드러나지 않았던 모든 종류의 데이터에 담긴 지리정보를 재조명하게 됐다. 텍사스의 새로운 "청정 석탄"(세상에나!) 개발사업을 보여주는 지도, 로스앤젤레스 경찰 가혹 행위 지도, 산타크루즈산맥의 벌목 작업 지도, 웨스트버지니아주의 노천 채굴 지도, 오리건주 포틀랜드의 자전거 사고 지도 등 그 예는 넘쳐났다. 브렛과 짐의 작업은 독창적인 지도들이 폭발적으로 늘어나고, GIS 데이터의 민주화를 이끌어내는 도화선이 되었다.

이렇게 새로운 구글맵 매시업이 매일같이 엄청나게 불어나면서, 나는 이들을 하나하나 찾아보길 포기했다. 봇물 터지듯 밀려드는 지도 연계 웹사이트를 기록하는 '마이크 페그의 구글맵 마니아Mike Pegg's Google Maps Mania' 사이트처럼, 급속히 성장하는 디지털 지도 생태계를 추적하기 위한 사이트들도 생겨났다. 매일 생겨나는 수백 개의 구글맵 매시업 중에서 가장 인기 있는 네다섯 개를 소개하는 식이었다.

수천 개의 개인 API 매시업과 더불어, 다른 부류의 구글맵 API 개발자들이 곧 모습을 드러냈다. 이들은 재미 삼아 구글맵 API를 활용하는 것이 아니었다. 특정 이슈나 사회적인 명분 또는 데이터베이스에 시선을 집중시키고자 하는 젊은 독립 웹 개발자들이 아니었다. 실제 비즈니스를 구상하는 이들이었던 것이다. 정말 돈 되는 사업 말이다. 우리의 무료 구글맵 API를 기반으로, 본격적인 사업을 추진하는 기업들이 생겨났다. 전 세계 최고의 기준 지도를 만들기 위해 힘든 일은 우리가 다 해놓고, 그 결과물을 모두 무료로 나눠준 것이다. 덕분에 회사 가치가 수백만 달러(심지어 수백억 달러)에 달하는 수십 개의 정식 기업들이 나타났다. 아마 많은 사람이 이 기업들을 알고 서비스를 이용 중이며 좋아할 거라 생각한다.

북미 최대 지역 리뷰 웹사이트 옐프, 미국 인기 부동산 웹사이트 질로우, 부동산 정보업체로 후에 경쟁사인 질로우에 인수된 트룰리아, 호텔예약 웹사이트인 호텔스닷컴, 사용자의 이용경로를 추적 및 기록하는 피트니스 전문 앱 스트라바, 그리고 나중에 생긴, 승객과 운전기사를 이어주는 스마트폰 앱 서비스 우버와 리프트 등이 이에 해당된다. 위치 기반의 새로운 웹 2.0 서비스들이 2005년과 2006년에 줄줄이 쏟아졌다. 이들은 모두 구글맵을 기본 레이어로 사용한 것이었다. 갑자기 지도는 인기 있는 혁신 분야가 되었고, 위치 기반 서비스라는 벤처자금의 지원을 받은 새로운 유형의 스타트업들이 생겨났다. 브렛과 짐의 구글맵 API 덕분에 이 모든 스타트업들이 사업을 추진할 수 있었던 것이다. 구글맵 API는 거대한 기술 인큐베이터였고, 우리는 그에 대한 지분을 요구하지 않았다. 임대 비용을 요구할 생각도 안 했던 것이다. 구글의 DNA와는 맞지 않았던 것이다.

결국 몇 년이 지난 후 구글은 구글맵 API 사용료를 청구했다. 이는 위치 기반 서비스업계가 요구한 것까지는 아니더라도 부탁한 것이기 때문이었다. 이들은 최종 기본 지도를 무료로 얻게 되어 좋아했으나, 구글이 언제든 서비스를 변경하거나 이들이 만든 구글맵 매시업에 광고를 노출할 수 있다는 사실은 탐탁지 않아 했다. 예를 들어 아메리칸항공 웹사이트에 구글맵 기반의 항로를 제공했는데, 구글맵 API가 지원되는 매시업에서 구글이 유나이티드항공의 광고를 내보내지 못하게 할 수는 없었다.

구글맵, 구글맵 API와 그 덕분에 가능해진 수십 개의 위치 기반 서비스가 성공하면서, 지도 제작은 2005년 인기 절정의 트렌드로 급부상했다. 그러나 업체들의 성공으로 경쟁업체가 생겨났고, 급기야 3월 말 〈월스트리트저널〉 기사가 구글플렉스 네트워크에 돌았다. 마이크로소프트가 지도 제작 분야에 뛰어든다는 소식이었다.

3월 28일 자에 "비밀스러운 은신처에서 빌 게이츠가 마이크로소프트의 미래를 고민하다"라는 제목의 기사가 실렸다. 로버트 구스 기자는 빌 게이츠의 "생각 주간"에 자유롭게 출입할 권한을 얻었다. 이는 워싱턴주의 숲에서 휴가를 보내며 앞으로의 기술 동향과 마이크로소프트의 제품 로드맵에 대해 생각하는 빌 게이츠만의 방식이었다.

그 기사에 의하면 빌 게이츠가 이 7일간의 휴가 동안 읽었을 것으로 알려진 300개 자료 중, 기자에게 한 가지 아이디어에 대해 힘주어 말했다고 한다. "버추얼어스Virtual Earth"라는 새로운 제품에 관한 내용이었다.

빌 게이츠의 손에는 잉크가 묻어 있었고, 책상 앞에 서서 "버추얼어스"라는 제목의 62페이지짜리 기획안을 뒤적였다. 여백은 그가 쓴 메모로 빼곡했다. 기획안에는 미래의 지도 서비스가 묘사되어 있었다. 이동방향이 표시될 때 교통상황과 기타 정보가 담긴 라이브 이미지와 자세한 내용이 함께 나타나는 서비스였다. "여기에 담긴 비전이 무척 마음에 드는군요!"

그리고 혹시라도 핵심을 파악하지 못하는 구글러가 있을까 염려해서인지 기사는 다음과 같이 설명했다.

"버추얼어스" 자료의 출처인 맵포인트MapPoint 부서 총괄 매니저인 라울러는 빌 게이츠가 언급한 내용을 브레인스토밍하기 위해 회의를 소집했다. 기획안의 종합적인 비전에 대한 승인 소식이 마이크로소프트 전체에 퍼졌고, 마이크로소프트의 연구부서를 포함한 몇 개 그룹은 이미 해당 프로젝트에 뛰어든 상태다.

흠, 그렇군. 미리 알려줘서 고맙군요, 빌 게이츠 씨.

그 기사에 존은 불편한 기색이었다. 구글과 계약하기 전에 키홀은 마이크로소프트와 잠깐이나마 비즈니스 관계를 유지했기 때문이었다. 마이크로소프트의 여러 분야 개발자를 상대하는 개발자관계팀을 이끌고 있던 임원인 빅 군도트라는 나중에 구글에서 두드러진 역할을 하게 되는데, 그는 키홀을 발견한 장본인이기도 했다. 그는 마이크로소프트에 어스뷰어를 보여주었고, 마이크로소프트 개발자 행사에서 어스뷰어를 치켜세우기도 했다. 키홀 엔지니어들은 윈도우 운영체제에 맞는 코드를 최적화하기 위해 마이크로소프트 본사가 있는 워싱턴주의 레드먼드로 파견되었고, 키홀은 마이크로소프트에서 데이터가 오버레이된 "어스 브라우저earth browser"의 비전에 대해 발표하기도 했다.

2주 후 빌 게이츠는 〈월스트리트저널〉의 월트 모스버그가 주최한 '디지털의 모든 것All Things Digital'이라는 컨퍼런스에서 마이크로소프트의 버추얼어스를 직접 시연했다. 질의응답 순서의 처음 3개 질문은 마이크로소프트의 버추얼어스가 아닌 구글맵에 관한 내용이었다. 세 번째 질문에 이르자 빌 게이츠는 짜증을 냈다. "네, 구글은 거의 완벽합니다. 버블이 계속되고 있군요. 뭐든 가능하고요. 가격이 얼마든 간에 주식을 사두는 게 좋을 겁니다." 그는 비꼬듯 말했다.

빌 게이츠에 관한 기사와 체험판은 구글 41동에서 다소 일관성 없이 진행되던 지도 프로젝트를 통합하는 효과를 가져왔다. **기간 단축**과 **긴급한, 통합 프로젝트** 같은 표현이 들어간 이메일이 돌기 시작했다. 이미 초반의 구글맵 성공으로 불어난 예산은 2배가 되었다. 그리고 또다시 2배로 늘었다. 기존 직원 수와 새로 고용된 직원 수가 승인됐다(키홀팀은 29명에서 시작했다. 6개월 후 우리는 200명으로 늘어났다).

구글 임원 중 많은 수가 넷스케이프와 미국의 컴퓨터 소프트웨어 관련 기업인 노벨 같은 회사에서 근무할 때 빌 게이츠 및 마이크로소프트에 허를 찔린 경험이 있었다. 2005년, 빌 게이츠는 무슨 이유에서인지 자신의 패를 내보였다. 지도 분야는 갑자기 전쟁터로 돌변했다. 곧 새 이름을 달고 출시되는 키홀 어스뷰어를 상대로 마이크로소프트가 3D 클라이언트 응용프로그램을 개발해 전면적인 경쟁에 나선다는 사실은 위협으로 다가왔다. 개발에 속도를 내면서 기능이 축소됐다. 존과 브라이언은 출시일을 1개월 앞당겼다.

구글에서 일한 처음 몇 달간 나는 존이 회사 직급 체계 내에서 자신의 입지를 마련하는 중이라고 생각했다. 그는 키홀팀의 리더였고, 조직의 위계질서를 따르고 있었다. 그러나 빌 게이츠 관련 기사로 구글 내에 불안한 분위기가 감돌았다. 지금이야말로 존이 구글의 지도 프로젝트를 지휘해야 할 때였다.

〈월스트리트저널〉의 기사에 대한 대응으로 존과 우리 팀원들의 대다수는 래리, 세르게이 및 에릭에게 구글의 모든 지도 서비스에 대한 전략과 세부적인 계획을 자세히 써서 이메일을 보냈다. 메일에는 이러한 위기에 대한 분석과 마이크로소프트의 움직임과 예상 공급 파트너사에 대한 상세한 설명이 포함되어 있었다. 존은 빌 게이츠의 체험판을 토대로 마이크로소프트가 확보한 항공사진 및 위성사진 데이터 제공업체 관계를 추측해, 이러한 사진 제공회사의 역량과 가격책정 방식에 대해 기술했다. 존은 새로운 이름의 키홀 어스뷰어 출시를 앞당기기 위한 계획을 내놓았다. 구글 로컬·맵·키홀팀을 통합해야 한다는 것이었다. 존은 지도 서비스를 위해 구글이 데이터 수집과 서버 인프라의 중심인 백본backbone에 집중적으로 투자할 것을 권했다. 이와 더불어 그는 잠재적인 인수대상 목록을 열거했다. 구글이 우리의 데이터 수집 및 기술인력 지원을 강화하기 위해 인수해야 할, 중요 시장의 해당 지역 지도 서비스 업체들이었다.

초여름, 구글 경영팀에서 합의가 도출됐다. 지도 서비스 분야에서 승기를 굳히기 위해 본격적인 움직임에 나서기로 했다. 래리는 전 직원의 구글 메일 계정으로 결정사항을 알렸다. 구글지오Google Geo라는 완전히 새로운 제품 라인을 신설한다는 것이었다. 모든 구글의 지도 제작 프로젝트는 이 새로운 구글지오팀에서 관리하게 되었다. 구글 로컬·맵·키홀이 한 팀으로 일하게 되는 것이었다. 이 새로운 그룹의 리더는 존 행키로 결정됐다. 그는 신설된 구글지오 부서의 제품 디렉터를 맡게 됐다. 모든 구글지오 엔지니어들은 브라이언 매클렌던에게 보고하게 되었다.

다른 사람들과 같은 시기에 나도 이런 움직임, 즉 래리의 이메일에 대해 알게 되었다. 승진에 대해 아무 말도 안 한 걸 보니 역시 존

다운 일이었다. 존은 이러한 사업개발을 밀어준 것이 메건 스미스였다고 말해 주었다. 래리와 세르게이에게 존을 그 자리에 앉혀야 한다고 주장했다는 것이다.

"브렛을 대신 앉힐 수도 있었어." 존은 몇 년 후 나에게 말해주었다. "브렛도 분명히 잘 해냈겠지. 그럴 만한 능력이 있으니까. 그렇지만 그 당시에는 꽤나 젊은 편이었고 그래서, 잘 모르겠네. 이유야 어찌 됐든 래리와 나머지 임원들은 나에게 그 자리를 주기로 했지."

브렛과 구글맵팀 및 구글로컬팀은 이제 존에게 모두 보고해야 했다. 존은 조너선 로젠버그에게 직속으로 보고하게 되었다. 마리사는 공식적으로 당분간은 지도 프로젝트에서 손을 떼게 되었다. 브렛과 옌스, 라르스를 비롯한 많은 이들이 그 같은 결정에 불만을 표했다. 그들은 자신들이 구글맵을 만들어냈으므로, 전 세계 지도를 구현할 자격이 있다고 생각했다.

라르스는 구글맵팀에 남아 있다가 호주로 이주해, 그곳에서 구글의 엔지니어링팀을 만들고 새로운 프로젝트의 준비 작업을 맡았다. 옌스는 설계 및 프론트엔드 엔지니어링 부문 관련 구글맵 업무를 계속 진행했다. 노엘 고든과 스티븐 마 역시 지도 프로젝트에 남았다. 노엘은 나를 도와 구글맵을 모든 제트블루항공의 비행기 좌석 뒤에 달린 모니터에 탑재하는 마케팅 프로젝트를 맡았다. 그런 후 버진항공과 프론티어항공 및 그 밖의 여러 항공사를 대상으로 지도 프로젝트를 확대해 나갔다 .

노엘과 스티븐은 라르스의 새로운 구글 시드니 지사에서 일한 첫 엔지니어였고, 1년 만에 완전히 지도 프로젝트에서 손을 뗐다. 웨어투테크팀은 불과 2년도 안 되는 기간 동안만 함께 일했는데, 흩어질 때도 마찬가지로 오래 걸리지 않았다.

시드니의 작은 아파트에서 실직 상태로 지냈던 이들 네 명의 소프트웨어 엔지니어들은 지도 체험판을 구축해, 웹브라우저에서 무엇을 구현할 수 있는지 래리 페이지와 구글에 입증해보였다. 이들의 개념증명 덕분에 구글에 팀이 꾸려지면서 경쟁기업을 앞지를 수 있었다. 네 명으로 구성된 웨어투테크팀은 불과 18개월이라는 짧은 기간 동안만 함께 지도를 만들었지만, 이들의 작업은 구글맵 혁명의 기반이 되었다.

10배 빠른 속도
구글어스 대공개

구글맵은 41동에 내리친 번개 같았다. 구글은 다시 한 번 자유롭고 과감한 혁신의 산실임을 스스로 증명해보였다. 그리고 주주들은 이 혁신에 주목했다. 2월에 185달러였던 구글의 주가는 6월에는 285달러까지 올랐다.

다만 구글맵은 웹브라우저 기반 지도 제작을 위해 엄청나게 큰 변화를 거치고 있었지만, 여전히 다운로드 후 설치하는 전용 앱으로 동작 가능한 사용자 인터페이스에는 한참 못 미쳤다. 오늘날도 거의 달라진 것이 없다. 모바일 버전의 웹사이트는 다운로드 가능한 모바일 앱의 환경을 따라잡지 못한다.

원활한 속도에 3D 지형 및 건물 표현, 빠른 3D 비행 경험을 비롯해 측정, 지도에 주석달기, 데이터 세트 내보내기 및 가져오기와 같은 GIS 도구는 키홀 어스뷰어만이 가진 기능이었다.

곧 선보일 구글 버전의 어스뷰어에서는 새로운 인터페이스와 단일 구글 검색창(지도 검색과 업체 검색을 나누는 검색창이 여러 개 있지 않음), 주석달기 및 측정을 위한 새로운 도구가 추가될 예정이었다. 최고 해상도에 10배 빠른 속도로 위성사진 데이터에 신속하게 액세스할 수 있게 되며, 해당 데이터는 전 세계 대여섯 개의 초대용량 데이터 센터에 있는 수천 개 서버로 복제된다. 예를 들어, 런던에 사는 사용자가 가장 가까운 아일랜드 더블린에 있는 데이터 센터에서 제공하는 데이터에 액세스하는 식이다. 그리고 새로운 서비스도 훨씬 저렴한 가격에 이용 가능해질 것이었다.

이 모든 작업이 2005년 봄까지 완료됐지만, 이 서비스를 뭐라고 불러야 할지 아직 합의를 보지 못했다.

어느 날 오후 나는 존의 사무실 가죽의자에 기대앉아 이름을 뭘로 정할지 얘기했다.

"그래도 이름은 구글 글, 글로브가 되어야 하지 않을까."

"이럴 줄 알았다니까!" 모니터에서 멀리 떨어진 의자에 앉아 빙글빙글 돌면서 존이 말했다. 그는 내 말이 무슨 뜻인지 알고 있었다. 우리는 지난 2개월간 새로 출시되는 키홀 어스뷰어를 뭐라고 불러야 할지 줄곧 논쟁을 벌여왔던 것이다. 구글 무엇 무엇 하는 식으로 이름을 붙여야 했다.

구글에서 걸출한 마케팅 임원으로 추앙받으며 구글 브랜드를 만들기 위해 노력해온 더그 에드워즈와 크리스토퍼 에셔를 비롯해, 구글 마케팅부서 책임자들이 지시한 내용은 전 세계 정보를 체계화하고 누구나 이를 편리하게 이용하도록 하겠다는 구글의 핵심 사명에 따라 서비스를 제공하는 경우, 인수된 서비스는 구글 무엇 무엇과 같은 식으로 이름을 붙여야 한다는 것이었다. 키홀팀은 이런 결정을 반겼다. 우리는 피카사나 블로거처럼 이름을 바꾸지 않고 구글 내에서 서비스되는 것은 원치 않았다.

키홀 어스뷰어의 이름 변경 문제로 두 진영이 대립했다.

"구글글로브!" 이번에는 소리 지르다시피 하며 존에게 반복해 말했다. 그는 확고하게 구글어스를 미는 쪽이었다. 나는 이 이름이 환경 및 지구과학에만 사용되지 않을까 걱정했다. 지구과학 용도로 사용되는 데 반대하기 때문이 아니었다. 나는 과학자들을 위한 비상업용 도구로 시장에 선보여 서비스가 제한적인 용도로만 사용되는 건 싫었기 때문이다. 소비자들이 호텔을 찾거나 부동산을 조사할 때, 레스토랑을 고를 때처럼 일상적인 용도로 널리 사용되길 바랐다.

나와 더그 에드워즈 구글 마케팅 디렉터는 구글글로브가 좀 더 기발하면서도 초등학교 교실에서 빙글빙글 돌아가는 지구본의 이미지를 연상시킨다고 생각했다. 구글스러운 이름. 흔히 기대하는 것보다 실제로는 더 많은 서비스를 제공할 수 있는 이름이라고 생각했다.

"좋아, 그럼 이름을 빠르게 열 번 말해봐." 존이 말했다. 나는 네 번째 가서 구글글로브를 발음하다가 더듬거리고 말았다.

사실 중요했던 진영은 하나뿐이었다. 존은 구글어스가 가장 단순하면서도 원래의 아이디어를 나타내는 우아한 표현이라고 제안했다. 아무튼 어스Earth는 닐 스티븐슨의 소설《스노 크래시》에 응용프로그램의 이름으로 등장하기도 했었고, 앨 고어는 과학 전문가들과 일하며 디지털 어스를 만들겠다는 계획을 제시했던 것이다. 구글어스만이 존이 받아들일 수 있는 이름이었다.

키홀 어스뷰어는 곧 구글어스로 다시 태어나게 되었다.

◉

당시 나는 제품 출시와 관련해 대체로 네 개 분야에 관여하고 있었다. 제품명 선정, 응용프로그램의 룩앤드필〔소프트웨어 디자인에서 룩앤드필은 그래픽 사용자 인터페이스의 관점에서 쓰이며 색, 모양, 레이아웃, 글꼴(모양, 룩)뿐 아니라 단추, 상자, 메뉴와 같은 동적인 요소의 동작(느낌, 필)을 수반하는 디자인의 측면을 말함〕 변경, 새로운 서비스를 위한 웹사이트 제작, 가격책정 문제 해결 등이었다〔키홀 어스뷰어는 연 사용료가 원래 가격의 절반에 조금 못 미치는 29.95달러에 팔리고 있었으며, 전문 GIS 사용자에게는 400달러에 팔렸다〕.

나는 외부 인터페이스 디자이너들을 고용했다. 그중에는 믿을 만한 친구인 필 멜리토도 있었다. 그는 어스뷰어의 인터페이스를 매끈하고 다소 어두운 전문가용에서 좀 더 구글스러운 느낌, 즉 밝고 가벼우면서 쾌활한 즐거움을 연상시키는 것으로 바꾸었다.

구글에서 일하게 된 첫날, 나는 제품 마케팅 매니저라는 직책에 동의하긴 했으나, 제품 매니저 역할도 여전히 겸하고 있었다. 구글에서는 아마 이게 불가능할 거라고 했던 브렛의 말이 여러 번 떠올랐다. 나는 이 말을 구글어스 출시일이 가까워지자 직접 경험하며 깨닫기 시작했다. 미칠 노릇이었다.

5월 초 어느 날 오후에 나는 40동에서 열린 회의에 들어갔다. 디자이너와 카피라이터 등 창의적인 일을 다루는 사람들로 회의실이 가득 차 있었는데, 이 전문가들의 검토의견을 듣기 위해 구글어스 인터페이스 디자인을 갖고 들어간 것이다. 우리 작업을 소개하고 다양한 구글 마케팅 임원들의 승인을 받기 위해 40분간 내 차례가 오길 기다렸다. "잠깐 중지." 데비가 반칙한 선수에게 경고장을 내민 심판처럼 내게 머리 위로 손을 흔들었다(아마 호루라기가 있었으면 불었을 게 틀림없다). "지금 회의실을 잘못 찾았군요. 마리사가 주관하는 제품 사용자 인터페이스 검토 회의에 들어가야 합니다."

난 제품 매니저였을까 아니면 제품 마케팅 매니저였을까? 나는 어떤 회의에 들어가야 할지 몰랐다. 사실상 나는 두 가지 일을 다 하고 있었던 것이다. 야근을 밥 먹듯이 한 것도 그 때문이었을 것이다. 셸리가 둘째를 임신한 데다 심통을 부리는 두 살 난 딸을 돌봐야 하는 상황임에도, 집에 못 들어가는 날이 많아 힘들었다.

게다가 구글어스 출시에 매달리는 와중에도 원래 키홀 어스뷰어 제품 마케팅까지 담당하고 있었다. 그뿐만 아니라 나는 구글맵을 관리하는 마케팅 담당자였는데, 구글맵에 대한 소비자와 광고주의 관심이 폭발 중이었다.

제품 재출시의 일환으로, 우리는 새로운 구글어스의 가격책정 구조를 과감히 바꾸기로 했다. 수년 동안 키홀은 수익을 극대화하기 위한 제품 옵션과 가격책정 방식을 적절히 조율해왔다. 기업용 제품은 정부기관에 몇 십만 달러에 판매되는 반면, 전문가용 라이선스는 연 600달러에 팔렸다. 소비자 버전은 연 79달러에 팔렸다. 키홀 인수가 발표된 2004년 10월에는 가격을 반으로 낮췄다.

2005년 여름에 또다시 가격할인 계획을 세웠다.

구글어스는 대니얼 레더먼이 디지털글로브와 사진 인수계약을 체결한 덕분에, 키홀 어스뷰어 위성사진 양의 10배에 달하는 데이터베이스에 접속할 수 있었고, 곧 전 세계 공개를 앞두고 있었다. 구글 41동에는 디지털글로브에서 보내온 하드 드라이브로 빼곡한 초대형 데이터 저장 공간이 있었다. 치카이와 웨인 팀은 이 하드 드라이브를 처리했고, 사진을 전송하기 위해 광케이블 직접 연결FTTH을 설정했다. 구글어스는 데이터베이스가 수십 개가 아닌 수만 개 서버에 분산되어 있기 때문에 키홀 어스뷰어보다 훨씬 빠를 것이었다. 주석달기와 측정과 같은 강력한 도구도 훨씬 많이 갖추고 있었다. 게다가 구글 검색이 기본으로 설정되어 나올 예정이었다. 그런데 가격은?

무료였다.

무료라고? 무료 제공 아이디어는 키홀팀으로서는 받아들이기 어려웠다. 그러나 래리와 세르게이의 지시는 명확했다. 수천만 달러를 더 버느니 전 세계 사용자들에게 더 많은 혜택을 주겠다는 것이었다.

구글어스 출시 전 팀원들은 모두 흥분한 기색이 역력했다. 사내에서 이보다 더 흥미진진한 부서도, 이보다 더 혁신적인 제품도 없었다. 존은 구글 내에서 떠오르는 스타로 명성이 높아졌다. "정말 무료로 배포되는 겁니까?" 어느 날 에드 루벤이 나에게 물었다. 수백만 명의 사람들에게, 그가 관여한 프로젝트 공개를 앞두고 꽤나 얼떨떨한 모양이었다.

우리는 구글어스의 전문가 버전을 기업 및 키홀의 부동산 고객에게 계속 판매하기로 계획을 세웠다. 구글어스 프로Google Earth Pro에는 지도 그리기와 측정도구, 출력품질 개선 및 에스리 파일과 같은 기타 GIS 데이터 세트로 가져오기 기능 등이 포함될 것이었다.

가격책정 구조를 결정하자 대규모 도입에 방해가 되는 최종 장애물이 눈에 들어왔다. 바로 사용자 등록과정이었다. 구글어스는 무료로 제공될 예정이었는도, 존과 브라이언은 키홀 제품 사용을 위해 사용자들이 등록절차를 거쳐야 한다며 완강한 입장을 보였다. 그러나 이는 사용자를 대규모로 끌어들이는 데 악영향을 줄 게 뻔했다.

키홀 웹사이트에서는 지금까지 100명이 웹사이트를 방문하면 어스뷰어를 다운로드해 설치하는 사용자 수는 그중 여덟아홉 명에 그쳤다. 이는 이메일 등록 후 14일간 무료체험판을 사용할 수 있는 경우에 해당되는 수치였다. 무료제품에 동일 혜택이 제공되면(무료체험판 포함), 다운로드후 설치하는 사용자의 두 배에 달하는 수(16에서 18퍼센트)가 구글어스를 설치할 것이라는 계산이 나왔다.

그에 비해 구글의 무료 사진 소프트웨어인 피카사는 웹사이트 방문자의 35퍼센트가 제품을 다운로드해 설치했다. 사용자들은 피카사 사용 등록을 할 필요가 없었다.

브라이언은 등록절차가 필요하다며 고집을 꺾지 않았다. 그는 일선에서 트래픽 급증과 키홀 서버 중단을 여러 차례 처리해온 장본인이었다. 여덟 개에서 800개로 서버가 늘어났지만, 구글 홈페이지에 홍보되고 여러 뉴스 기사가 뜨면 그 반응으로 서비스가 자주 다운되는 일이 지속됐던 것이다.

브라이언은 새로운 구글어스를 중단 없이 서비스할 수 있을지 고심했다. 데이터의 양이 10배나 되는 데다가, 구글이라는 이름이 새롭게 붙었고 완전 무료였기 때문이다. 사용자 등록절차는 말하자면 수요폭발에 대비해, 소방호스 끝에 단 수도꼭지인 셈이었다. 그런 그에게 나는 수도꼭지를 떼어달라고 주문하고 있었다.

존은 이메일 인증절차 생략을 극도로 꺼렸다. 데이터 스크레이핑으로 인해 귀중한 데이터가 유출될까 봐 우려하는 것이었다.

브라이언과 존이 반발했으나 나는 마지막으로 한 번 더 설득해보기로 했다. 회의가 잘 되는 건 항상 근무시간이 끝날 무렵이었다. 그때쯤이면 다들 서두를 것도 없고 그날 업무를 대부분 끝냈을 시점이기 때문이다. 어느 화요일 오후 늦게 나는 존과 브라이언을 포함한 주요 의사결정권자들 몇 명을 불러모아서 다운로드 절차에서 사용자 등록을 없애야 한다고 마지막으로 주장했다. 나는 피카사 환경을 기반으로 추정한 예상 사용자 수를 제시하며 다양한 시나리오를 펼쳤다. 또한 에드 루벤을 회의에 참석시켰다. 그가 만든 인증서버 시스템이 모든 액세스를 제어했기 때문이다. 전에는 다루기 어려운 현금 유입 통로 역할을 하던 것이 이제는 돈이 새나가는 수도꼭지가 되어버렸다. 이는 등록한 사용자에게 이메일로 전송되는 모든 라이선스 키를 생성했던 것이다.

나는 대다수의 최신 모바일 앱과 비슷한 다운로드 절차를 받아들여야 한다고 주장했다. 다운로드가 완료되면 설치 버튼을 눌러 앱을 여는 방식이 되어야 했다.

사용자 등록을 할 필요가 없는 비즈니스 사례를 소개한 후, 에드가 낸 의견이 방안의 전체적인 분위기를 바꿔놓았다. 그는 키홀에서 사용자 필수 등록절차를 없애는 것이 좋다고 말했다. 서버가 신규 사용자를 처리할 수 없는 경우, 이들의 등록을 활성화하지 않는 기능을 내장할 수 있다는 것이다. 그러면 서버 측 킬스위치(일반적인 방식으로는 종료가 불가능한 위기상황에 처한 장치나 기계를 종료하기 위해 사용되는 안전 메커니즘)를 구현해 브라이언의 주된 우려사항을 해소할 수 있었다.

"브라이언이 결정할 문제 같군요." 회의가 끝날 무렵 존이 말했다. "집에 가서 차분히 생각해보고 내일 아침에 우리에게 알려주는 게 어떻습니까?"

밤늦게 온 이메일을 열어보니, 브라이언이 에드와 나에게 사용자 등록절차를 없애자는 의견에 동의한다고 알려왔다. 2005년 6월 초, 우리는 구글어스 출시를 앞두고 있었다. 이미 이름은 오래전에 구글어스로 정해놓은 상태였다. 게다가 무료로 서비스될 예정이었다. 구글어스는 친숙한 새 구글 인터페이스로 업데이트되어 있었다. 구글 검색 기능이 더해졌고, 다른 기능들이 조정 및 개선되었다. 번거로운 모든 등록절차가 사라졌다. 사진 데이터베이스는 키홀의 10배 규모였다. 데이터베이스는 전 세계 800개 서버에 복제되어 있었다. 존은 언론 브리핑을 맡았다. 작성해놓은 구글 블로그 포스트도 승인을 받았다.

래리에게 제품 프레젠테이션도 마쳤다. 금요 전체 모임에서 구글 내부발표 행사 때 입도록 3,500장의 티셔츠가 프린트되었다. 르네트 포사다 하워드의 팀에서 운영 및 지원을 보고하고 관리했다. 구글 법무팀 승인도 완료됐다. 예상대역폭과 다운로드 수를 기반으로 서버 엔지니어링팀의 승인도 받았다. 웹사이트 주소는 어스닷구글닷컴 earth.google.com이었고, 서비스 공개만 남은 상황이었다.

제품 웹사이트로 어스닷구글닷컴이 승인됐었나?

"그러니까 마리사와 사용자 인터페이스 검토팀에서 이걸 승인했다는 거군요?" 래리 슈위머가 나에게 물었다. 우리는 41동의 웹팀 구역에 서 있었다.

"그렇죠. 2주 전에 구글어스를 마리사의 사용자 인터페이스 검토팀 회의에서 소개했습니다. 승인이 났으니 일을 진행한 거죠." 내가 대답했다.

6월 27일 월요일 출시 시각까지 12시간이 남은 시점이었다. 업무 마지막 단계 중 하나는 구글어스의 인터넷 링크 버튼을 눌렀을 때 연결되는, 랜딩 페이지인 어스닷구글닷컴 웹사이트를 북미 동부 표준시로 자정(태평양 표준시로 9시)에 공개되도록 준비하는 것이었다.

"아니, 구글어스 소프트웨어가 아니라 웹사이트에 대해 묻는 겁니다. 어스닷구글닷컴이요. 마리사에게 서면승인을 받은 거 맞죠?" 슈위머가 물었다.

래리 슈위머는 17번째 구글 직원으로 구글 전체에 널리 알려진 인물이었다. 그는 핵심 구글 엔지니어이자 웹 개발자였다. 게다가 엄청나게 똑똑했다. 괴짜스러운 면모를 거리낌 없이 발산했다. 일처리도 효율적이었다. 수줍어하는 듯하다가도 짓궂게 굴기도 했다. 게다가 유머감각도 비꼬는 식이었다. 금요 전체 모임이 있을 때마다 래리와 세르게이가 공지를 마치며 질문을 받는다고 하면, 래리 슈위머가 매주 맨 앞줄에서 예리하면서도 재치 있는 질문을 던지는 게 기업문화가 될 정도였다. 회사 전통처럼 되어버려서 모두들 그의 질문시간을 즐거워했다.

그러나 래리는 당시 나에게 농담하는 게 아니었다. "일반 대중을 상대로 한 구글 제품 웹사이트는 사용자 인터페이스 검토팀과 마리사 메이어의 명백한 승인 없이는 사용 가능한 상태로 공개되지 않습니다. 절대로요. 예외는 없습니다."

나는 구글 웹 개발팀과 일해왔다. 구글의 수석 카피라이터인 마이클 크란츠와 모든 카피를 검토했다. 웹 개발자인 재러드 램과 함께 구글어스에 관심이 있는 사람을 끌어들이기 위해 어스닷구글닷컴을 샅샅이 살펴보고 공개용 사이트로 만들어놓았다.

엠바고가 풀리는 저녁 9시 정각(태평양 표준시 기준)에 언론기사와 블로그 포스트, 뉴스레터 링크, 구글 홈페이지 홍보가 모두 한 곳, 구글어스의 랜딩 페이지로 연결되도록 예정되어 있었다. 그런데 래리 슈위머는 그 페이지 공개를 거부한 것이었다.

"마리사의 승인을 받으면 알려주십시오." 그는 발걸음을 옮기며 말했다.

마리사의 승인을 받아야 했다. 구글어스를 관리하지 않는다 하더라도 모든 구글 웹사이트는 마리사가 관리하고 있었기 때문이다. 사무실에 있다는 얘기를 전해 듣고 마리사에게 메일을 보내고 전화도 걸었으나 연락이 닿지 않았다.

래리 슈위머가 나를 내버려 두고 가버리자마자, 블랙베리로 존의 전화가 걸려왔다. 그는 뉴욕시에서 인터뷰하다가 잠시 쉬는 중이었다. 농구시합 중 부상을 당해 여전히 워커를 신고 있었지만, 존은 구글 홍보팀에 있는 에일린 로딩리게즈와 언론홍보차 뉴욕시를 절뚝이며 돌아다니던 참이었다. 며칠 동안 이들은 〈월스트리트저널〉, 〈뉴스위크〉, 〈타임〉 등의 편집자 및 기자들을 만났다. "빌, 마리사를 찾아서 승인을 받아야 해." 그가 요구했다. "무슨 말인지 알겠어? 가서 마리사를 찾아. 지금 당장!" 존이 나에게 뭔가를 지시하는 일은 드물었다. "알았어. 바로 갈게." 내가 말했다.

오전 11시, 나는 재러드의 사무실 의자에서 천천히 일어났다. 더 앉아 있고 싶었지만, 일어나서 41동에서 43동까지 긴 거리를 걸어, 래리가 설치한 스페이스엑스 비행선이 걸린 계단을 올라갔다. 마리사의 사무실로 곧장 들어가야 했다.

그녀의 비서를 막 지나쳤다. 그 비서는 래리와 세르게이의 메자닌 사무실 바로 아래, 유리벽으로 둘러싸인 마리사의 사무실 밖에 앉아 있던 나를 일부러 무시하고 있었다. 말을 꺼내기 전 마리사가 세 명의 제품 매니저와 함께 모니터를 바라보고 있는 모습이 눈에 들어왔다. 다섯 명의 구글러들이 문밖 소파에 앉아서 차례를 기다리고 있었다. "마리사." 내가 말했다. 그녀는 함께 앉아있는 제품 매니저들과 대화 중이었다. "마리사." 내가 다시 불렀다. 그녀는 믿을 수 없다는 듯 나를 올려다보았다. "끼어들어서 미안하지만 내일 구글어스가 출시되는데 어스닷구글닷컴을 랜딩 페이지로 적용하려면 당신의 승인을 받아야 해서요. 그리고 래리 슈위머가 당신의 승인이 없으면 일반에 공개할 수 없다고 합니다. 오전 내내 연락드렸습니다. 승인을 부탁드립니다."

"사용자 인터페이스 검토는 목요일인데요." 마리사가 잘라 말했다. "회사의 다른 프로젝트 마케팅 매니저들이 다들 그렇듯, 당신과 **존 행키**는 그 회의안건을 갖고 와서 승인이 날 때까지 기다려야 할 거예요." 마리사는 사무실 밖에 인내심 있게 앉아 있던 대여섯 명의 프로젝트 마케팅 매니저들을 손으로 가리켰다. "그게 구글의 업무방식이에요." 나를 여전히 키홀 출신 아웃사이더이자 존의 측근으로 보는 게 분명했다.

"목요일까지 기다릴 수는 없습니다. 지금 **당장** 승인해주시죠." 내가 우겼다. "오늘 밤 9시에 여덟 개가 넘는 언론기사의 엠바고가 풀립니다. 존은 뉴욕에서 에일린 로딩리게즈와 프레스 투어 중이고요. 구글블로그 포스트는 홍보팀에서 준비를 마쳤습니다. 제품 데이터는 여섯 개 데이터 센터에 분산되어 있는 상태입니다. 출시 준비가 끝났단 말입니다."

"뭐라고요? '출시 준비가 끝났다고요?' 전혀 아닌 것 같은데요!" 마리사가 끼어들었다. "승인된 웹사이트도 없는데, 그럼 아니죠. 준비가 끝났다니요! 이 문제를 왜 사용자 인터페이스 검토회의에서 다루지 않았었죠? 키홀 출신들은 항상 이런 식이라니까!" 마리사가 덧붙여 말했다. "당신들은 항상 이런 식이라니까!" 마리사는 언성을 높이며 효과를 배가하려는 듯 손으로 책상을 탕 쳤다. 다른 제품 매니저들이 책상에서 슬금슬금 멀어졌다.

나는 아무 말도 하지 않았다. 숨도 제대로 못 쉬었을 거다. 나는 구글이 좋았고 그 자리에서 해고되고 싶지는 않았다. 그러나 꼼짝도 할 수 없었다. 멍하니 마리사를 바라보면서 어찌할 바를 몰라 그냥 서 있었다. 그가 무슨 말을 하는 건지 몰랐기 때문에, 어떤 반응도 할 수가 없었다. 구글맵 출시와 관련해서 그가 보고받지 못하는 상황이 있었을 수가 있나? 아니면 존에 대해 쌓인 앙금을 분출하는 것일까? 갑자기 구글지오 제품 분야에서 자신의 권한을 빼앗아 갔다고?

다행스럽게도 마리사는 존과 키홀팀에 대해 다소 누그러진 어조로 불만을 쏟아내더니 평정을 되찾았다. "알겠어요. 한번 보도록 하죠." 그렇게 말하며 나보고 오라는 손짓을 했다.

나는 노트북을 가져와 열고는, 사무실에 들어왔을 때 마리사가 얘기 중이던 제품 매니저 자리에 앉았다. 그리고 그녀에게 구글어스 웹사이트를 보여주었다. 그만하면 괜찮다고 생각했다. 다른 제품 랜딩 페이지에 비하면 훌륭한 수준이었다. 마리사는 그 자리에서 승인해주더니 슈위머에게 간단한 메모를 보내 출시해도 좋다고 알렸다.

"그렇지만 목요일에 다시 와서 나와 사용자 인터페이스 검토팀에게 랜딩 페이지에 대해 소개해야 합니다." 마리사가 말했다.

"물론입니다. 당연히 그래야죠." 내가 말했다.

래리 슈위머가 마리사의 승인을 받자, 우리는 마침내 제품 출시 준비를 마치게 되었다. 나는 월요일 밤 41동의 웹팀 구역에서 래리와 재러드를 만났다. 최종 검토 중에도 해결할 일들이 여전히 많았다. 아주 사소한 변경사항이라 해도(홈페이지에서의 기념일 또는 특정 이슈를 상징하는 구글의 특별 로고인 구글 두들이나 버튼의 윤곽선 색상 변경 등) 매시간 이루어지는 전 세계 구글 서비스 업데이트에 연결되어야 했다. 먼저 구글어스 소프트웨어 다운로드파일(약 28메가바이트) 데이터를 전 세계 수천 개의 구글 서버로 전송했다. 이들 소프트웨어 데이터가 옮겨지자 우리는 저녁 9시(태평양 표준시)에 프런트 도어를 열었다. 구글어스를 마침내 어스닷구글닷컴에서 다운로드받을 수 있게 됐다.

구글어스 사이트가 제대로 작동하는지 테스트한 후, 나는 전체 구글지오팀에 이메일을 보내고 10시가 조금 지나 집으로 향했다. 집에 와보니 모두 잠들어 있었다. 나는 침대로 살그머니 들어가 셸리에게 속삭였다. "우리 제품이 이제 일반에 공개됐어." 나는 당시 구글어스에 대한 반응이 어떻게 나올지 몰랐지만, 구글 제품을 성공적으로 출시하는 데 일조했던 것이다. 아드레날린이 솟구치는 바람에 그날 밤은 좀처럼 잠을 이룰 수 없었다.

다음 날 아침 도착해보니 에드, 브라이언, 치카이가 41동에 위치한 치카이의 특대형 자리에 모여 있었다. 밝은 아침 햇살이 바로 옆의 널찍한 창문으로 쏟아져 들어왔다. 이들 셋은 수천 개의 구글어스 서버에서 빨아들이는 대역폭을 나타내는 대시보드를 관찰했다. 팀원들 사이에서 경탄과 두려움이 교차했다.

구글어스 다운로드 설치 한 건당 28메가바이트가 필요했으므로, 다운로드 및 사용량이 올라갈수록 구글 인프라는 심각한 영향을 받았다. 공개 첫날, 구글어스는 45만 회 다운로드되었다. 41동은 열광적인 분위기였다. 그날 여기저기서 하이파이브를 했다. 우리는 성공적으로 제품이 출시된 것에 안도했다. 에드, 브라이언, 치카이는 서버를 계속 모니터링하면서, 동부 시간으로 저녁이 되면 트래픽이 안정되어 부하가 관리 가능한 수준으로 내려가길 기다렸다. 전통적으로 저녁시간이 되면(보통 9시 이후 정도) 다운로드 건수와 사용량이 줄어드는 편이었다.

그러나 흥미로운 상황이 벌어졌다. 다운로드가 줄기는커녕 구글어스 다운로드 횟수와 사용량이 계속해서 치솟았다. 구글어스가 입소문이 난 것이었다. 공개 후 첫 24시간 동안 다운로드 횟수가 50만 회를 넘어가며, 키홀팀은 이익연계지불 목표치를 달성했다. 24시간 만에 2년으로 잡은 목표에 도달한 것이다.

구글어스에 대한 언론의 호평도 쏟아졌다. 대부분은 잡지 〈PC월드〉의 논조를 따라간 것이었다. "구글의 놀라운 지구"라는 머리기사와 함께 담당 기자는 다음과 같이 썼다. "이런 일이 실제로 가능해졌다니 놀라울 뿐이다. 구글어스는 사용자의 마음을 홀딱 사로잡는다. 역사상 최고의 무료 다운로드 제품이다."

그러나 수요일 오전이 되자 브라이언, 치카이, 앤드류는 비상사태에 돌입했다. 그 전날, 밤늦게 이들은 세르게이와 서버 엔지니어들을 만났다는 것이다. 구글어스에 대한 수요가 모든 구글닷컴의 성능을 위협하기 시작했다며 걱정했다. 그날 아침 브라이언은 뉴욕시에서 막 돌아온 존을 만나 구글어스의 다운로드를 중단하기로 결정했다. 수십만 대의 서버를 보유한 구글조차도 그 정도의 부하는 감당할 수가 없었던 것이다.

나는 재러드와 함께 서둘러 웹페이지에 다음 메시지가 표시되도록 조치했다. "죄송합니다. 구글어스를 일시적으로 사용하실 수 없습니다." 특별 마케팅 기법으로, 재러드에게 랜딩 페이지에 밤에 찍은 지구의 위성사진 한 장 포함해 달라고 했다. 구글어스 서비스가 중지됐다. 그날 나는 대부분의 회의에 빠졌지만 데비와 마리사에게는 당시 상황을 계속 보고했다. 서비스 재개와 중단이 반복되는 패턴이 주말까지 지속됐다. 앤드류와 서버 엔지니어들이 구글어스를 더 많은 서버로 분산시키면 다운로드가 재개됐다. 그러다가 매일 새로운 사용자가 수십만 명씩 몰려들면, 또 다운로드가 중지됐다.

구글어스 공개 후 7일째 되는 날, 브라이언, 치카이, 앤드류는 마침내 밀려드는 수요를 뒷받침할 해법을 찾아냈다. 그 방법 중 하나는 구글어스를 여러 개의 추가 데이터 센터 및 수천 개의 서버에 분산하는 것이었다. 그러나 구글어스에 대한 수요는 보통의 소프트웨어 출시 때와는 달리 수그러들지가 않았다. 오히려 첫 달에 다운로드수가 1천만 배로 늘었고, 몇 달간 1일 다운로드 빈도는 높은 수준으로 유지됐다. 1일 신규 사용자 수는 평균 30만 명에서 50만 명 정도였고, 그 이상이 될 때도 있었다.

1년 전 래리와 세르게이와의 첫 회의가 기억났다. 나는 첫해에 1천만 명의 사용자를 모을 것이냐 1천만 달러의 수익을 올릴 것이냐 하는 멍청한 질문을 했었다. 우리는 첫 달 차에 실현 가능한, 모든 기대 수준을 훌쩍 넘어버렸다. 그리고 나는 래리의 "목표를 높게 잡으라"라는 말의 의미가 이해되기 시작했다.

◉

2월 초, 구글에는 지도 서비스가 존재하지 않았다. 6월 말, 구글은 전 세계와 소통하고 탐색하기 위한 가장 혁신적인 두 가지 도구를 선보였다. 하룻밤 사이에 수만 명이 구글맵과 구글어스를 이용해 길을 찾기 시작했다. 우리가 이처럼 대대적인 인기에 따르는 책임을 질 준비가 되어 있었는지 잘 모르겠다. 구글 창업자들이 지난 5년간 세심하게 키우고 지켜왔던 구글이라는 브랜드에 대한 굳건한 신뢰가 이제 존이 이끄는 구글지오팀에 대한 새로운 기대감으로 표출되었다. 수백만 구글 사용자들이 우리에게 올바른 지도정보를 요구한 건 아니었지만, 구글이 당연히 제대로 된 지도를 서비스하리라 생각했으며, 위성사진 덕분에 사용자들은 우리가 제시한 지리정보를 더욱 신뢰하게 됐다. 우리는 대체로 올바른 정보를 제공했지만, 항상 그랬던 것은 아니었다.

느긋하게 보내던 어느 금요일 오후, 점심을 먹은 후 나는 데데와 주말 계획에 대해 밀린 얘기를 나누고 있었다. 데데의 자리는 존의 사무실 바로 밖인 데다가 쇼어라인엠피씨어터가 내려다보이는 탁 트인 유리창 쪽을 향해 있었다. 얘기 중에 어떤 소리가 들렸다.

"저 소리 들려요?" 데데에게 말했다.

"오늘 콘서트라도 있나 보죠." 그녀는 창문 밖을 내다보기 위해 의자를 돌리며 말했다. 그날 저녁 공연을 위해 워밍업 중인 밴드의 연주 소리가 이따금씩 들렸다. 그러나 콘서트 리허설을 하기엔 너무 이른 시각이었다. 창문 쪽으로 가니 소리가 점점 커졌다. 그러자 이들의 모습이 보이기 시작했다.

시위대였다. 그것도 수십 명에 달했다. 아니 수백 명은 되는 것 같았다. 게다가 이들 뒤에서 여러 언론사 기자들이 인도로 따라오고 있었다. 구글 보안직원들이 점점 늘어나는 군중을 모니터링했다. 손에 메가폰을 든 한 남자가 시위대를 이끌었다. 캘리포니아 북부의 태양이 밝게 내리쬐었다. "뭐 때문에 시위하는 거지?" 나는 다른 사람들에게 들릴 정도로 소리 내어 중얼거렸다.

"피켓에 구글맵 아이콘이 그려져 있네요." 데데가 말했다.

손으로 슬로건을 쓴 여러 개의 포스터가 사무실 창밖에서 구호를 외치며 질서 있게 행진하는 시위대 사이로 보였다. "중화인민공화국", "대만은 주권국가다", "구글맵과 구글어스는 부끄러운 줄 알라!", "대만은 중국이 아니다", "대만을 인정하라." 시위대는 41동 밖 인도에 멈춰 섰다. 아마 존의 사무실에서 27미터쯤 떨어진 곳이었을 것이다. 새너제이와 샌프란시스코에서 온 2명의 TV 뉴스 기자가 자리를 잡기 시작했다. 존은 아직 점심식사 중이었다. 나는 마이클, 브라이언, 대니얼과 찰리스카페에 있는 그를 두고 막 나온 참이었다. 그에게 전화를 걸기로 했다.

"무슨 일이야?" 그가 즉시 전화를 받으며 물었다.

"너를 겨냥한 시위가 벌어지고 있다는 걸 알려주고 싶어서." 창문 밖으로 점점 수가 늘어나는 시위대를 보면서 말했다.

"뭐라고?"

"너를 겨냥한 시위라고. 지금 여기 있어. 사무실 바로 밖이네. 네가 점심 다 먹을 때까지 기다리라고 말해줘야 할까?" 구호를 외치는 소리가 더 커졌다. "저 소리 들려?" 나는 전화기를 창문 가까이 가져다 댔다. 데데는 눈알을 굴리더니 고개를 젓고는 웃음을 터뜨렸다.

국경분쟁은 여러 문제 가운데 처음 등장한 것이었다. 우리 사무실 밖에서 시위대가 대변하던 대만인들은 스스로를 중국에서 완전히 독립된 국가의 국민으로 생각했다. 그러나 대만은 스스로를 독립된 주권국가로 보았던 반면, 중국은 대만을 중국에 속한 하나의 지방으로 보았다. 중국은 "중화인민공화국에 속한 대만"이라고 칭하면서 대만에 대한 권리를 주장했다.

우리가 대만을 "중화인민공화국에 속한 대만"으로 표기한 구글맵을 내놓았을 때, 첨예한 국제분쟁에서 사실상 중국의 편을 든 것이나 마찬가지였다. 대만 외교부와 독립을 지향하는 대만단결연맹 소속의 국회의원들은 미국 내 대만인들에게 구글을 상대로 시위를 벌일 것을 촉구하며 명칭 변경을 요구했다.

우리는 곤경에 빠졌다. 명칭 변경은 새로운 문제를 낳을 것이었다. 우리가 자극해야 하는 것은 중국 정부가 될지도 모르는 일이었다. 게다가 구글과 중국 정부의 관계는 이미 아주 복잡한 상황이었다. 정보를 쉽게 이용하도록 만들겠다는 사명을 가진 기업이 정보를 통제하고 검열하는 것을 사명으로 삼은 나라에서 기업 활동을 하면서 어려움을 겪는 것은 그리 놀랄 일이 아니었다.

또 다른 문제가 생겼다. 니카라과와 코스타리카 사이의 분쟁과 관련해, 구글맵이 중앙아메리카에서 거의 전쟁을 일으킨 것이나 다름없다는 국제면 머리기사가 실렸다. 웨인이 수행한 데이터 푸시(클라이언트의 데이터 요청 없이 일방적으로 클라이언트에 데이터를 전송하는 것)작업 하나로, 우리 팀은 일반적으로 산후안강 경계를 따라 나뉘어 국경선으로 받아들여지던 곳에서 더 남쪽으로 두 국가 간 국경선을 그렸던 것이다. 그 결과 구글이 의도치 않게 코스타리카의 영토 일부를 니카라과에 넘겨준 것처럼 되어버렸다.

대만 외교부와 마찬가지로 코스타리카 외교부 장관도 구글에 항의했고, 우리는 몇 달 후 데이터베이스 업데이트를 통해 국경선을 수정했다. 그러나 이처럼 지도상에서 코스타리카의 땅을 니카라과에 "병합"시키면서 국경분쟁이 일어난 몇 달간, 니카라과는 포르티요스

섬에 50명의 군인을 주둔시키고는 사실상 자국 영토라고 주장했다. "구글맵에 우리 영토로 나와 있다"라고 주장한 것이다.

우리 실수는 완전히 자의적인 것은 아니었다. 구글의 국경 데이터베이스에 이런 지리적 차이가 포함된 이유가 있었다. 1800년대에 해당 영토를 둘러싼 분쟁이 있었는데, 코스타리카의 커피 농장주가 1824년 국경지역의 두 마을에서 니카라과로부터 분리독립에 투표하면서부터였다. 조약문이 일곱 건 작성됐지만 양국은 그 어떤 것도 비준하지 않았다. 국경분쟁은 마침내 1858년에 체결한 조약으로 해결됐으나 강을 둘러싸고 여전히 치열한 논쟁이 이어졌다. 언젠가 대서양과 태평양을 연결할 통로가 될 수 있는 운하건설에 적합한 위치이기 때문이었다.

그 후에도 여전히 이 국경은 많은 논란을 불러일으켜서, 1888년 미국의 제22·24대 대통령 그로버 클리블랜드 대통령이 해당 조약을 명확히 하기 위해 중재자 역할을 할 측량사를 파견했다. 상황은 이보다 훨씬 복잡했다. 산후안강은 수년간 자연적으로 물줄기가 북쪽으로 서서히 이동해 니카라과로 흘러 들어갔는데, 니카라과는 이렇게 자연이 만든 경계의 공식 국경을 유지하기 위해 수로를 준설했던 것이다. 우리는 이러한 복잡한 배경 위에서 국경선을 그렸고, 몇 세기에 걸친 국경분쟁에 불을 지폈던 것이다.

구글맵이 확대되면서 우리는 더 많은 국경선을 그렸다. 대니얼의 팀은 재빨리 수십 개의 다른 데이터 제공업체로부터 받은 데이터에 라이선스를 부여하고, 키홀 시절 데이터 소스에 있던 데이터도 일부 활용했다. 구글맵과 구글어스는 지구상에서 가장 많은 이용자를 확보한 최대 규모의 지도 세트가 되고 있었다. 그리고 전 세계는 구글이 제대로 된 지도정보를 제공하길 기대했다.

그러나 그게 항상 쉬운 것은 아니었다.

우리가 네덜란드와 독일의 국경이 되는 돌라르트만 항로를 병합하는 바람에, 독일이 네덜란드에 주요 통관항을 내주는 일도 벌어졌다. 이는 독일 항구도시인 엠덴(폭스바겐 수출용 차량 생신공장 입주지) 시민들을 몹시 분개하게 만들었다. 우리는 런던데리 혹은 북아일랜드의 데리라는 명칭의 적합성을 둘러싸고 영국과 북아일랜드, 양측의 적대감을 마주해야 했다. 한국은 구글맵에 동해라는 명칭이 일본이 주장하는 명칭(일본해)으로 표시되어 있는 데 대해 이의를 제기했다. 팔레스타인은 요르단강 서안지구와 가자지구라는 구글의 표기에 대응해 2만 6천 명 이상의 서명을 받아 온라인 탄원서를 작성했다. 우리는 우크라이나와 러시아의 크림반도 소유권 분쟁을 둘러싸고 조사를 받기도 했다. 인도에서는 파키스탄과 맞댄 국경선을 어떻게 그려야 하는지에 대한 법안이 만들어졌다. 카슈미르 지역 소유권에 대한 인도의 입장을 따르지 않는 지도 제작자에 대해서는 징역형이 내려진다는 내용이었다.

모두 합해 30개 이상의 국가가 언제나 국경분쟁 중이었고, 그중에는 수백 년씩 이어진 분쟁도 있었으며, 수십 번씩 국경이 바뀌었다. 남중국해에 있는 난사군도南沙群島(영어로는 스프래틀리 군도)는 현재 5개국이 영유권을 주장하고 있다.

구글맵 프로젝트의 새로운 리더가 된 존은 이러한 이슈를 감독하고 해결해야 할 책임이 있었다. 그는 전문가가 되어야 했다. 명칭과 국경을 둘러싼 수십 개의 국제분쟁을 최종적으로 중재해야 했던 것이다. 다행히 대학 졸업 후 국무부에서 몇 년간 일했던 존의 경험은 구글에 큰 도움이 되었다. 존과 지도팀은 방법론을 개발해 철저한 조사를 거친 후 이를 문서로 기록하고 발표했다. 분쟁 영토에 있는 현장의 구글 국가 매니저들과 함께 권고사항을 만들곤 했다. 그러면 존은 구글의 지도 제품이 이 분쟁을 어떻게 해결할 것인지에 대해 최종 결정을 내렸다. 분쟁 중인 국경은 (실선 대신) 노란 점선으로 표시됐다. 명칭 분쟁의 경우에는 유엔을 기본 지침으로 삼고, 두 가지 명칭을 병기하기도 했다. 키홀 시절 소프트웨어를 유엔에 팔았던 안드리아 루벤이 이런 해법을 도출하도록 도움을 주었다.

어떤 경우에는 **구글맵 접속지역**에 따라, 사용자들이 다른 버전의 구글맵을 볼 수 있었다(이는 그리 널리 알려진 방식은 아니다). 예를 들어 일본에 거주하는 사용자에게는 일본 서쪽 바다가 일본해라고 표기되었고, 한국에 거주하는 사용자에게는 똑같은 바다가 동해로 표기되는 식이다.

화창한 금요일 오후에 그처럼 격노한 대만 시위대를 보고 놀랄 수밖에 없었다. 그날 처음으로 내가 더 큰 그림의 일부에 속해 있다는 것을 깨달았던 것 같다. 구글맵과 구글어스가 소비자 웹서비스 이상의 의미를 지닌다는 사실 말이다.

사람들은 구글과 구글의 새로운 지도 서비스를 좋아했다. 그리고 구글을 믿었다. 우리가 제대로 서비스하길 바랐다. 아니, 바란 정도가 아니라 적극적으로 요구했다.

911 구조 요청
예상하지 못한 용도

구글어스 출시는 이 책의 마지막 장이 될 수도 있었다. 최종 제품 출시의 순간과 그 과정에서 일어난 일들은 키홀 창업 당시의 포부와 비전을 훨씬 뛰어넘어버렸다. 불과 2년 전만 해도 키홀은 몇 주 후면 회사 존립이 완전히 불가능해지는 마지막 고비를 겨우 버티던 상황이었다. 하지만, 이제는 전 세계 몇백만 명의 사용자가 우리 제품을 생각지도 못했던 식으로, 때로는 단순한 용도로 사용했다. 이것이 모든 이야기의 마지막이 될 수도 있었다. 그러나 여러 가지 면에서 구글어스 출시는 시작에 불과했다.

2005년 8월 29일 월요일, 허리케인 카트리나가 루이지애나주 남동부의 해안 지역을 강타했다. 셸리(당시 임신 6개월째)와 나는 허리케인의 이동 상황을 예의 주시했다. 우리는 그다음 주말에 뉴올리언스로 날아간 후, 플로리다주 팬핸들의 청정 해변으로 자동차로 이동해, 친구들과 함께 노동절 휴가를 보내기로 했기 때문이다. 카트리나는 멕시코만에서는 5등급 태풍으로 세력이 강해졌다가, 3등급으로 상륙했다. 거대한 폭풍 해일이 일긴 했지만 뉴올리언스는 안전한 것 같았다. 월요일 저녁의 휴가 여행은 예정대로 진행하기로 했다.

화요일 아침, 텍사스대학교 재학 시절부터 나와 존 행키의 오랜 친구였던 존 레어스하이드에게서 전화가 왔다. 뉴올리언스 토박이이자 그 지역에 거주 중이었던 그는 텍사스주 보몬트에 있는 장인의 집으로 피신했다는 것이다. "CNN을 틀어봐." 그가 말했다. "제방이 무너지고 도시 곳곳이 물에 잠기고 있어. 도시 전체가 엉망진창이야." CNN을 틀자 다리까지 물이 차오른 프렌치쿼터에서 기자가 뉴스를 전하고 있었다. 미처 대피하지 못한 채 버번가에 있는 사람들을 보고 깜짝 놀라 마음이 불안했다.

"존 행키에게 구글 위성을 돌려서 우리 집을 좀 봐달라고 해." 그가 말했다. "구글에는 자체 위성이 없어." 나는 그에게 말했다. 속으로 이런 생각이 들었다. '전 세계 사람들은 구글이 위성을 갖고 있다고 생각하는 건가? 정말 말도 안 되는 생각이군. 구글이 자체 위성을 소유하고 있다니.'

그날 아침 내내 뉴올리언스의 상황은 점점 심각해졌다. 구글맵과 구글어스의 갑작스러운 인기로 인해 뭐든, 아무거라도 좀 해달라며 구글에 상황 해결을 부탁한 건 존 레어스하이드뿐만이 아니었다. CNN이 방송에서 구글어스를 이용해 홍수를 취재하자, 막무가내로 도움을 요청하는 절박한 전화가 걸려왔다. 뉴올리언스의 이미지를 업데이트하기 위해 우리가 할 수 있는 일은 없었을까?

그날 저녁 존 행키는 우리 쪽에서 조치를 취할 수 있다고 판단하고, 치카이와 웨인, 브라이언, 나를 불러 사무실 밖 소파에서 즉석 회의를 열었다. 그는 세인트루이스의 케빈 리스라는 항공사진 촬영 파일럿에게 연락하고 있었다. NASA와 미국해양대기관리처가 리스 및 그의 팀과 계약을 맺고 뉴올리언스 상공에서 물에 잠긴 도시를 찍은 사진을 업데이트하기로 했다. 존은 치카이와 웨인에게 리스가 업데이트한 항공사진이 구글맵과 구글어스에 업로딩될 수 있도록, 새로운 데이터 파이프라인을 구축할 방법을 알아보라고 지시했다(사실 이 데이터를 먼저 개별 키홀 마크업 언어 이미지 오버레이로 구글어스에 게시하는 것이 더 빨랐다). 웨인과 다른 대다수 팀원은 새벽 3시까지 남아 구글맵과 구글어스 데이터를 처리하고 업데이트했다. 뉴올리언스에서 대피한 주민들(이들은 몇 주 동안이나 뉴올리언스에 들어가지 못했다)은 이 고해상도 사진 업데이트를 받아보고, 처음으로 도시와 집이 얼마나 처참히 파괴됐는지 보게 됐다.

열흘 정도 지난 후 구글 대표 번호로 걸려온 전화 한 통을 받았다. 내가 사무실 자리를 비우는 바람에 발신자가 음성메시지를 남겼다. 뉴올리언스 해안경비대 헬기 편대에서 구급헬기 부대를 담당한 하사론 슈로더였다. 메시지를 듣고 나는 전화기를 떨어뜨릴 뻔했다. 사무실 동료 대니얼에게 달려가 말했다. "이 메시지 좀 들어보죠." 음성메시지를 스피커폰으로 재생했다. 슈로더의 메시지는 해안경비대가 구글어스를 사용해 뉴올리언스에서 수백 명의 목숨을 구하고 있다는 내용이었다.

그 즉시 나는 론 슈로더에게 다시 전화를 걸었다. 그는 불과 2개월 전에 출시된 구글어스가 뉴올리언스 지붕 위와 다락방에 갇혀 절망에 빠진 주민들과 도시를 선회하는 해안경비대 구조헬기 사이에서 얼마나 중요한 연결고리가 되었는지 설명했다. 그러니까 이런 식이었다. 911로 전화를 걸면 해안경비대 무선구조대로 연결됐다. 이들은 정확한 위치를 확인해달라는 요청을 받으면, 거리 주소와 그에 해당되는 교차로 이름을 알려주었다. 예를 들어 "톨레다노가 4130번지입니다. 톨레다노가와 세인트찰스가 교차로에서 스무 블록 북쪽에 있습니다"라고 알려주는 것이다.

해안경비대 내비게이션 시스템으로는 위치를 찾기가 어려웠다. 거리 주소로 설정되어 있지 않았기 때문이었다. 이 해상 초소의 경비대원들은 대부분 육지가 아닌, 연안에 있는 뒤집힌 배와 의심스러운 화물을 실은 화물선 및 연안 석유시추선 등을 찾아내는 일을 한다. 다시 말해, 거리 주소가 없는 위치인 것이다. 카트리나 이전에 해안경비대는 위도와 경도 정보가 포함된 조난 신호만 받았는데, 이러한 좌표는 조난당한 위치로 헬리콥터 조종사가 날아가는 데 사용됐다. 911에 전화해 자신이 있는 곳의 위도 및 경도 좌표를 대며 구조대를 파견해달라고 요구하는 상황이 상상이 되는가? 슈로더는 구글어스를 다운로드하기 전까지는 구조 요청을 하는 사람들이 위도와 경도 좌표를 대야 하는 상황이었다고 설명했다.

그러나 이제는 해안경비대 헬기구조대가 구글어스를 설치해 톨레다노가 4130번지와 같은 거리 주소를 입력할 수 있었다. 그런 후 마우스 커서를 해당 지점 위로 가져다 대고 두 번 클릭해 옥상의 정확한 위도와 경도를 알아낸 다음, 해당 정보를 가장 가까운 헬기에 무전으로 전송해 구조를 요청할 수 있었던 것이다. 이는 구글어스에서 사용되는 유용한 공통기능이다. 화면 위의 아무 곳에나 마우스 커서를 가져다 대고 두 번 클릭하면, 커서가 놓인 정확한 지점의 위도와 경도, 그리고 고도가 나타난다.

또 구조 요청 전화를 건 사람이 지붕의 어느 부분에 올라가 있는지, 집과 분리된 주차장 지붕에 있는지, 또는 집의 다른 구조물 위에 올라가 있는지 설명할 수 있었다. 이런 식으로 구조대는 오차범위 1미터의 정확도로 위도 및 경도 정보를 확보해, 헬기가 어디로 날아가야 할지 알 수 있었다. 케빈이 웨인에게 전송한 업데이트 사진 덕분에, 구조대는 조종사에게 쓰러진 나무와 송전선 등 구조에 방해가 될 만한 것들이 있는지 추가 상황 정보를 무선으로 알릴 수 있었다.

"여기서 사람들이 목숨을 구하게 된 건 절대적으로 여러분 덕분입니다. 저는 이 이야기를 널리 알려야 한다고 생각해요. 정말 자부심을 가지셔야 합니다." 론 슈로더가 나에게 말했다. "여기서 저희가 구조한 수천 명 중에, 최대한 적게 잡아도 400명 넘는 사람들이 구글어스의 직접적인 도움으로 목숨을 구했습니다." 나는 솔직히 말해 그 전에도 그 이후에도 구글팀의 일원이라는 사실을 이토록 자랑스럽게 느낀 적이 없었다.

슈로더는 소프트웨어와 특히 우리의 뉴올리언스 사진 업데이트 작업에 매우 감사를 표했다. 우리는 슈로더의 구조 작업과 구글어스 활용 여부를 전혀 모르고 이 사진들을 업데이트한 것이었다. 그는 덧붙여 말했다. "이 이야기는 널리 알려야 한다고 생각합니다. 구글에서 이 얘기를 알리는 데 제가 도움이 된다면 좋겠군요." 나는 그의 뛰어난 구조 작업에 감사의 뜻을 표하고 구글의 의견을 알려주겠다고 약속했다.

그 즉시 나는 구글 홍보 책임자 데이비드 크레인의 사무실로 갔다. 데이비드와 메건 퀸, 그리고 다른 홍보팀 직원에게 그 이야기를 들려주고 음성메시지를 재생했다. 그리고 이들의 생각을 물었다. 구글에서 슈로더에게 연락해, 이 이야기를 기자에게 쓰도록 하는 게 좋을까?

퀸과 크레인은 서로를 바라보았다. "아니요. 그렇게 하지 않는 게 좋겠습니다." 크레인이 말했다. "눈길을 끄는 이야기이긴 하지만, 구글은 그런 기업이 아닙니다. 빌, 래리와 세르게이가 추구하는 본질이 아니에요. 우리가 한 일을 떠벌리는 기업이 아닙니다." 메건도 같은 의견이었다.

구글의 다른 여러 가지 일들과 마찬가지로, 이번 일 역시 내가 이전에 배운 마케팅 전략과 전혀 맞지 않는 얘기였던 것이다. 예전에는 마케팅 업무를 맡으면, 조금이라도 이익이 될 가능성이 있는 것들을 찾아 회사의 공으로 돌려서 공개적으로 널리 알리곤 했다. 수백 명의 목숨을 구한 것으로 알려진 제품의 출시를 담당했던 사람으로서 나는, "아니요. 사실 우리는 이 얘기를 공개적으로 떠들고 싶지 않습니다"라는 말을 듣고 있었던 것이다.

슈로더에게 다시 전화해 그의 제안을 거절했더니 나만큼이나 어리둥절한 눈치였다. 그러나 나와 마찬가지로 그도 이번 일을 통해 구글과 구글어스에 더욱 감사해하는 것 같았다.

크레인과 퀸은 구글 내부에만 이 음성메시지에 대한 내용을 알렸다. 래리는 그 다음 주 금요 전체 모임에서 흐뭇한 표정을 지으며 전 사원을 대상으로 음성메시지를 재생했다. 그러자 열광적인 기립박수가 이어졌다. 구조에 대한 신문기사나 블로그 포스트도 없었지만, 구글의 전 직원들은 그날 금요 전체 모임에서 자신들이 일하는 회사에 엄청난 자부심을 느꼈을 거라고 생각한다. 나 역시 그랬으니까.

허리케인 카트리나는 구글맵과 구글어스가 처음으로 자연재해에 대응하게 된 사건이었다. 이러한 협력 활동 이후, 구글 위기대응팀이 꾸려지면서 구글맵 API를 사용해 자연재해를 입은 지역사회와 도시를 지원하는 특수지도가 함께 제작됐다. 새로운 사진이 업데이트된 이 도구는 더 많은 이들에게 정보를 제공하기 위해 다수의 미디어 웹사이트와 국무부에도 내장되었다. 2010년 아이티 지진 당시, 자원봉사 엔지니어들은 구글맵 API를 지원하는 앱을 개발했다. 이는 모바일 연결 없이도 개인이 사람을 찾는 데 사용할 수 있는 일종의 파인더 앱이었다. 이 앱은 레지스트리와 게시판을 제공해, 생존자들이 글을 올리고 서로의 상태와 정확한 위치에 관해 구체적인 정보를 찾을 수 있었다(이 앱은 강력한 지진 발생 3일 후 영어, 프랑스어, 아이티 크리올어로 공개되었다).

재난구조는 구글어스의 기발한 여러 용도 중 최초라 할 수 있었다. 10월에 존은 나에게 메일 하나를 전달하며 이렇게 말했다. "이분을 만나줄 수 있어?" 만남을 요청한 것은 레베카 무어라는 여성이었다. 환경운동가인 레베카 무어는 구글어스를 사용해, 영향력이 큰 자본가 집단이 산타크루즈산맥에서 벌이는 벌목 작업에 맞서 싸우고 있었다.

구글어스 출시 3개월 만에 우리는 이미 구글어스를 이용해 다양한 환경보호 활동을 시각화하는 수십 개의 환경보호운동 그룹에 대해 듣게 됐다. 이들은 아마존 열대우림 파괴율을 시각 자료로 나타내고, 불법 조업 활동을 탐지해 이를 지도상에 표시하는 등의 일을 하고 있었다. 구글어스는 환경 감시 방식을 근본적으로 바꿔놓았을 뿐만 아니라, 지구 환경 감시를 위한 효과적인 크라우드소싱 활동의 기회도 열어주었다. 산타크루즈산맥에서 벌어지는 이러한 벌목 계획에 맞선 레베카 무어의 싸움은 바로 우리 눈앞에서 벌어지고 있었다. 구글에서 불과 1시간 거리에 있는 곳이었다.

나는 좋은 일을 하는 사람과 가볍게 커피 한잔 마시는 자리로, 무어가 우리에게 기금 모금을 후원해달라는 얘기를 할 거라고 생각했다. 그 만남을 대수롭지 않게 생각해서 무어의 배경에 대해 알아보지도 않았다.

나는 존의 사무실 밖 소파에서 무어와 만나기로 했다. 지나가는 길에 둘은 짧게 인사를 나눌 수도 있겠다 싶었다. 레베카 무어는 브라운대학교와 스탠퍼드대학교에서 컴퓨터공학을 전공한, 대용량의 데이터 속에서 유용한 상관관계를 발견해 미래에 실행 가능한 정보를 추출해내는 데이터 마이닝 전문가라고 들었는데, 내가 예상했던 이미지와 달랐다. 어깨까지 오는 금발 머리에 캘리포니아 북부 지역의 기질을 가진 현실적인 여성으로, 청바지와 블레이저를 입고 버켄스탁 슬리퍼를 신고 나타났다. 노트북으로 무어는 구글어스 기반 키홀 마크업 언어 프레젠테이션을 보여주었다(제품명은 구글어스였지만, 브라이언은 키홀을 기리는 뜻에서 데이터 표준 표기방식을 키홀 마크업 언어로 남겨두었다). 산타크루즈산맥의 수천만 제곱미터에 달하는 붉은 삼나무 벌목을 중지시키기 위해 사용해온 자료였다.

무어는 벌목회사가 자신이 속한 지역사회 주민 2천 명에게 통지서랍시고 보낸 작은 종이를 보여주었다. 벌목 계획이 환경에 미치는 영향력을 최소화해서 보여주는 작은 흑백 지도가 인쇄돼 있었다. 그 그림을 보자 마크 몬모니어의 《지도와 거짓말》이란 책이 떠올랐다. 지도가 현실을 왜곡하는 데 선택적으로 사용되는 방식을 집중적으로 다룬 책이었다.

무어가 2005년 8월 어느 주말 키홀 마크업 언어 파일로 구글어스에서 벌목 작업 예정 면적을 표시하자, 지도에 나타난 결과는 충격적이었다. 벌목으로 잘려나가는 붉은 삼나무 숲의 면적은 길이만 거의 10킬로미터에 달했고, 벌목 범위는 어린이집 턱밑에까지 이르렀다. 지역사회에 전달한 통지서에 나온 것과는 많이 달랐다. 좀 더 극적인 효과를 위해 무어는 지역 상공을 선회하며 목재를 나를 것으로 예상되는 헬기의 3D 모형을 만들었다. 무어의 구글어스 프레젠테이션 덕분에 벌목 계획은 당시 공개 주민회의에서 즉결 거부됐다.

나는 무어의 실행력에 경탄했지만, 구글은 무어의 승리에 쏟아지는 언론의 추가적인 관심에 말려들지 않으려 할 것도 알고 있었다. 추후 구글이 어떤 도움이 될 수 있을지 묻자, 무어는 다시 한번 나를 놀라게 했다. 무어는 구글이 언론홍보 활동에 참여해달라거나, 자신이 속한 단체의 연례행사 후원사로 이름을 올리도록 2,500달러 수표를 끊어달라고 요구하지 않았다. 대신 무어는 근본적으로 지구를 구하기 위해 구글어스로 무엇을 할 수 있는지에 대한 비전을 제시했다. 우리 대화가 2시간 넘게 이어지자, 무어가 이 문제를 정말 심각하게 생각하고 있으며 나나 존, 브라이언보다 그 주제에 대해 훨씬 많이 알고 있다는 사실이 분명해졌다.

무어는 구글어스 데이터 처리 작업 단계에서 빠진 주요 요소를 설명했다. 즉 환경 및 지구과학 연구집단이 체계적인 방식으로 자신들의 데이터를 업로딩하면, 구글어스 레이어로 다시 표시되도록 해주는 도구나 웹사이트를 구글에서 만들어야 한다는 것이었다. 그러한 도구가 데이터를 처리하고 호스팅해서, 구글어스에 있는 모든 종류의 환경 데이터를 시각화하는 데 방해가 되는 두 가지 기술적인 장애를 없애야 했다. "여러분들이 스스로 어떤 일을 하셨는지 깨달으셨나 모르겠네요." 무어는 대화가 끝나갈 때쯤 말했다. "여러분이 환경단체에 꿈의 도구를 만들어주셨다는 걸 알고 계신가요? 지금 환경단체들은 구글어스 덕분에 기대감에 들떠 있죠."

그날 늦게 존은 나에게 만남이 어땠는지 물었다.

"이렇게 하는 게 어떨까." 내가 말했다. "레베카 무어를 채용하는 게 좋겠어. 가능하면 지금 당장." 그리고 존은 무어를 채용했다. 무어는 브라이언에게 보고하기로 하고, 구글어스 아웃리치 프로그램Google Earth Outreach Program을 맡았다. 구글어스를 이용해 다양한 환경 문제를 지도 위에 표시하는 일에 앞장서는 것이었다. 이 책을 쓰고 있는 지금도 무어는 구글에서 일하고 있으며, 제니퍼 오스틴 폴크스와 함께 차세대 구글어스라 부르는 "지구를 위한 살아 숨 쉬는 대시보드"를 만들고 있다.

구글어스의 가치를 알아본 것은 환경단체들만이 아니었다. 유엔과 미국 정부 등은 이미 키홀의 고객이었으며, 무어가 예상했다시피 자신이 속한 부서가 만드는 데이터 레이어를 보고자 하는 잠재적 이용자들이 수백만 명에 달했다.

당시 조지 W. 부시 미 대통령도 구글어스 사용자였다. CNBC 인터뷰에서 구글을 사용해봤냐는 질문에 그는 "구글"로 자신의 목장 위를 날아다니는 걸 좋아한다고 답한 적이 있었다. 나중에 그는 수단의 다르푸르가 불타버린 현장에 이목을 집중시켰던 브라이트 어스라는 단체의 활동을 언급했다. "구글어스와 기획한 새로운 사업을 흥미롭게 지켜보았습니다. 이런 파트너십 덕분에 수백만 명의 전 세계 인터넷 사용자들이 지도를 줌인해서 다 타버린 마을, 모스크, 학교의 위성 이미지를 볼 수 있게 됐습니다." 부시가 말했다. "이런 사진을 본 어느 누구도 대량학살이라는 말이 바로 다르푸르의 상황을 설명하는 유일한 표현이라는 데 의구심을 가질 수가 없습니다. 그리고 이런 사태 종식을 위해 우리가 도덕적 의무를 지고 있다는 사실에 대해서도요." 2007년, 국제사회는 폭력을 종식하고 인도적 지원이 안전하게 이루어지도록, 다르푸르에 2만 6천 명의 유엔 평화유지군을 배치했다.

이처럼 구글어스의 예상치 못한 용도는 수많은 새로운 발견을 낳았다. 새로운 동물 종, 새로운 섬, 새로운 보초, 중국의 축소 군사훈련장, 체코의 이동 중인 소 떼(이들은 지구 자기장의 영향을 받아 자연스럽게 움직인다) 및 다양한 것들이 발견됐다.

구글 내에서 돌았던 신문기사 하나가 있었는데, 사루 브리얼리라는 호주로 입양된 인도 남성의 이야기였다. 다섯 살 때 기차를 타고 가다 잘못해서 집에서 멀리 떨어진 곳에 닿게 된 그는 구글어스를 이용해 25년 만에 당시 발자취를 되짚어가며 고향으로 되돌아가는 길을 찾아냈던 것이다. 구글어스를 통해 어머니와 재회한 그의 이야기는 팀원들의 마음을 훈훈하게 해주었다. 2016년에 파라마운트픽처스는 베스트셀러가 된 브라이얼리의 회고록《집으로》를 원작으로 〈라이언〉이라는 영화를 만들었고, 이는 아카데미상을 수상했다.

구글어스의 놀라운 쓰임새 중 가장 존의 눈길을 사로잡았던 계획은 해저지형도 제작이었다. 존은 마드리드에 초청돼 스페인 국립지리학회 연례회의에서 구글어스를 소개했다. 발표가 끝나자 실비아 얼 박사가 자리에서 일어나 강연을 시작했다. 실비아 박사는 해양학자이자 해저탐험가로, 해양생물학과 수중탐사 분야의 선구자로 알려진 인물이다. 1979년, 실비아 박사는 하와이 오아후섬 근처 해저약 380미터 아래까지 내려가 세계 잠수기록을 수립했다. 이후 실비아 박사는 미국 국립해양대기청 최초의 여성 수석과학자로 근무했고, 〈타임〉지에 최초로 '지구의 영웅Hero for the Planet'으로 선정되었다. 1998년 이후 실비아 박사는 〈내셔널 지오그래픽〉 전속 탐험가로 일하고 있다.

실비아 박사는 발표를 시작하면서 구글어스를 시연해준 존에게 감사를 표했으나, 곧 대중 앞에서 그의 의견을 반박했다. "그런데 존, 구글더트Google Dirt라고 부르는 게 더 맞지 않나요?" 실비아 박사가 물었다. "결국 구글어스에서 지구의 3분의 2 이상은 여전히 탐색할 수 없는 상황이잖아요." 키홀 마크업 언어 파일을 이용한 데이터 공유가 지구과학 연구에 매우 유용하다는 사실이 입증되었으나, 해양학자들은 구글어스로 사용자와 연구자들이 해저를 탐색할 수 없다며 불만의 소리를 높였다. 존은 실비아의 의견에 동의했다. 확실히 일리가 있었다.

나는 존과의 대화하며 실비아 박사가 구글의 약점을 제대로 짚었다는 생각을 했다. 래리 페이지의 지원과 레베카 무어 및 제니퍼 오스틴 폴크스의 주도로 새로운 지도 제작 프로젝트가 탄생했다. 구글오션Google Ocean은 2011년에 시작된 해저지형도 제작 계획이다. 구글어스 사용자들이 해수면 아래로 뛰어들어 해저를 탐색할 수 있게 하자는 것이다. 구글오션은 실비아 박사가 희망구역이라 부른 해양 보호구역 지정 프로젝트까지 그 영역을 넓히게 되었다. 실비아 박사가 조직한 미션블루라는 단체는 국립공원처럼 바다 밑바닥의 희망구역들을 지정해 보호하는 것을 목표로 한다. 그는 구글오션 데이터와 함께 구글어스를 사용해 해저에 50개 공식 지정보호구역을 만들었다. 현재 심해 잠수복을 입고 바다에 뛰어들거나 구글어스의 키홀 마크업 언어 레이어를 이용해 해저를 둘러볼 수 있다.

이처럼 광범위한 환경 프로젝트 이외에도 다방면에 걸친 유명인사와 정치인들이 구글 41동을 찾았다. 영국 출신의 피터 가브리엘 같은 음악가는 존을 만나, 지구 전역에서 자연의 소리를 만들어 구글어스에 이를 공개 레이어로 선보이는 프로젝트를 논의했다. 배우 우디 해럴슨은 우리를 찾아와 그의 고향인 웨스트버지니아주의 노천 채굴에 대해 얘기하기도 했다. 콜린 파월 전 미국 국무장관이 구글을 찾았을 때는 설레는 마음으로 구글어스를 시연했는데, 그보다 더 설레는 일이 나를 기다리고 있었다. 둘째 카밀이 태어난 것이다(당시 이사벨은 세 살이었다). 마이클 존스가 내 일을 대신했다. 유명 가수 보노는 우리에게 자신이 속한 그룹 유투의 버티고투어Vertigo Tour를 위한 지도 기반 애니메이션 작업을 요청했다. 우리는 기쁜 마음으로 이를 수락했고, 존과 나는 개인적으로 유투의 오클랜드 공연에서 당시 프로젝트를 점검해봐야 할 필요성을 느끼기도 했다.

미국의 전 부통령인 앨 고어는 우리에게 어느 금요일, 체험판을 요청했고, 그날 오후 늦게 전 직원이 참여하는 금요 모임에 참석했다. 나는 존, 대니얼과 평소처럼 찰리스카페 뒤쪽이 보이는 자리에 서서 차가운 맥주를 들이켰다. 래리와 세르게이는 그 주의 뉴스를 소개하고 있었다. 내 뒤에서 소란스러운 소리가 들렸다. 소규모 수행단이 우리 홍보팀 직원 몇 명과 함께 앨 고어 전 부통령을 카페테리아로 안내했다. 그는 바로 내 옆에 섰고, 나는 그에게 속삭이듯 인사했다.

앨 고어 전 부통령은 금요 전체 모임에서 내가 유일하게 본 외부인이었다. 정직원에게만 엄격하게 출입이 허용되기 때문이다. 그러나 고어는 구글 자문위원회 위원으로 활동하고 있어서 예외로 했다. '진짜 멋지지 않은가? 앨 고어가 바로 내 옆에 서 있다니.'

때마침 래리 페이지의 바로 다음 슬라이드 때문에 기막히게 어색한 상황만 연출되지 않았더라면 완벽하게 멋졌을 것이다.

금요 전체 모임에서 래리가 지난 일주간 채용된 주요 인물들을 소개하는 것은 일반적인 행사 순서였다. 스크린에는 구글에서 수석 기술전도사로 구글에 입사하기로 예정되었던 빈트 서프의 영상이

번쩍였다.

빈트 서프가 발명한 게 무엇인지 아는가? 혹시 **인터넷**이라고 들어보셨는지?

그래, 바로 그 인터넷이다. 1970년대 중반, 미국 방위고등연구계획국DARPA, Defense Advanced Research Projects Agency 재직 시절 서프는 하나의 프로토콜을 공동으로 설계했는데, 이를 통해 데이터 패킷이 더 작은 단위로 나뉘어 네트워크로 전송되고 나면 목적지, 즉 송신자와 수신자를 구별하기 위한 고유의 주소인 IP 주소에서 다시 조립된다. 서로 다른 시스템을 가진 컴퓨터들을 서로 연결하고, 데이터를 전송하는 EPP를 사용하는 통신 프로토콜들의 집합인 TCP/IP(전송제어 프로토콜/인터넷 프로토콜)는 오늘날 모든 데이터 이동방식의 기초라 할 수 있다.

그리고 한술 더 떠서 래리는 다음 슬라이드에서 서프의 사진과 **인터넷의 아버지**라는 문구를 공개하면서 상황을 더욱 어색하게 만들었다. 서프는 그 정도로 엔지니어들 사이에서 널리 존경받는 인물이었다. 나는 그 즉시 실내가 떠나가기라도 할 듯 크게 웃어젖히며 앨 고어의 옆구리를 팔꿈치로 쿡쿡 치고 말했다. "와, 저는 정말 당신인 줄 알았지 뭡니까!"

아니, 나는 실제로 그렇게 하지 않았다. 그러나 그 자리에서 해고되어 건물 밖으로 곧장 쫓겨나고 싶었다면 그런 식으로 충분히 쫓겨날 수 있었을 것이다. 그 대신 나는 바로 가까이에 있던 다른 구글러들처럼 입을 꼭 다물고 숨을 참았다. 래리가 다음 슬라이드로 넘어가자 그렇게 다행일 수가 없었다.

그로부터 몇 달 후 서프가 주관한 기술 세미나에 참석하게 됐다는 걸 짚고 넘어가야겠다. 당시 서프는 고어의 인터넷 상용화 기여에 감사를 표하며, 고어가 테네시주 상원의원으로 재직하는 동안 비군용 네트워크를 개방하는 데 핵심적인 역할을 했다고 친절히 언급했다.

다양한 영화와 텔레비전 및 스포츠 행사에 구글어스를 협찬할 기회도 많아졌다. 구글어스는 영화 〈본 아이덴티티〉에도 등장했다. 드라마 〈24〉와 〈CSI 과학수사대〉에서도 사용됐다. 세계적인 사이클 선수 랜스 암스트롱이 소속된 미국우체국 프로사이클팀과 대회에 참가한 구글러 딜런 케이시 덕분에 캘리포니아투어와 투르드프랑스 등 사이클 경주 방송에도 구글어스가 활용됐다. 이탈리아 토리노 동계올림픽 때 NBC 중계방송에서도 사용됐다.

사무실 화이트보드에 적어놓은 구글 광고주와 파트너사 목록은 점점 늘어만 갔다. 이들은 어떤 식으로든 공동 마케팅 프로모션을 진행하고 싶어 했다. 예를 들어 미국의 대형마트인 타깃(매장 꼭대기에 회사 로고를 그리기 시작했다), 세계적인 유원지 디즈니랜드, 독일의 자동차 회사 아우디, 2018년에 사라진 미국의 항공사 버진아메리카, 미국의 컴퓨터와 사무기기 제조회사인 델컴퓨터, 일본의 자동차 기업 마쯔다, 미국의 청량음료 제조업체 펩시코, 미국의 온라인 여행 에이전시 익스피디아, 미국에서 발생한 세계적인 민간 환경운동단체 시에라클럽, 이탈리아의 자동차 회사 피아트, 미국의 저비용 항공사 제트블루 항공, 일본에 본사를 둔 세계적인 전자 업체 소니, 영화 〈캐리비안의 해적〉, 산타클로스(미국해양대기관리처는 산타 추적기를 만들고 싶어

했다) 등이 그 목록에 포함됐다. 게다가 구글의 모든 영업직원들은 구글맵과 구글어스 매시업을 홍보하는 특별 프로모션에 관심이 있는 광고주를 한 곳 이상은 확보하고 있는 듯했다.

구글어스와 관련된 모든 파트너십 및 엔터테인먼트 상품 중에 특히 한 가지가 내 눈을 사로잡았다. 캘리포니아 남부의 클레어몬트매케나칼리지 출신이었던 조너선 로젠버그에게 문의가 들어왔다. 학교 동문인 존 코리가 조너선에게 이메일로 질문했다. "패서디나 로즈볼 구장 전광판에서 상영할 애니메이션 영화를 만들려는데, 구글어스팀에 좀 도와줄 사람이 있을까?"

"어이, 빌, 들어와 봐." 존이 12월 초 어느 저녁 나를 불렀다. "문 닫아."

다소 긴장한 채로 그가 시키는 대로 했지만, 존의 얼굴에 애써 억누른 듯한 능글맞은 미소를 보자 안심이 되었다. "이것 좀 읽어봐." 존은 내가 그의 자리에 앉도록 일어났다.

"이럴 수가!" 이메일을 읽고 벌떡 일어서서 존과 하이파이브를 했다.

"너한테 보내줄게. 그렇지만 침착하게 행동해야 돼. 알았지?" 그가 말했다.

일주일 넘게 존과 나는 그해 미국 최고 전통의 대학풋볼 경기인 로즈볼 티켓을 찾고 있었다. 우리가 평생 꿈꿔온 역대급 대결이 펼쳐지게 됐기 때문이다. 35년 만에 처음으로 우리 텍사스대학교의 풋볼팀인 롱혼즈가 무적의 서던캘리포니아대학교의 풋볼팀인 트로잔을 상대로 전국 챔피언십에서 맞붙을 참이었다. 서던캘리포니아대학교는 전미대학체육협회 대학 풋볼 전국 챔피언십 경기에서 3연승을 노리고 있었다.

그다음 날 나는 존 코리에게 구글어스 영화 제작 일을 돕겠다고 이메일을 보냈다. 이메일 서명란에는 그가 바로 눈치챌 수 있도록 "빌 킬데이, 텍사스대학교 1990년도 졸업생"이라고 덧붙였다.

그 주 후반에 우리는 내 사무실에서 만나 프로젝트에 대해 얘기했다. 솔직히 말해 나는 스스로 구글어스의 동영상 제작 기능을 사용하는 데 프로라고 생각했다. 어쨌든 나는 소프트웨어 엔지니어인 프란수아 베일리가 해당 기능을 만드는 걸 지켜보면서, 이 도구가 나 같은 마케팅 전문가에게 어떤 식으로 도움이 되어야 할지 그에게 의견을 주었기 때문이었다. 존 코리는 기뻐하며 내 제안을 받아들였다. 그는 롱혼즈와 트로잔이 뛰었던 모든 경기의 주요 장면을 포함하는, 각 팀별 동영상을 제작하자고 했다. 구글어스를 활용한 애니메이션 영상을 통해 경기가 치러졌던 각 구장으로 시청자를 안내하는 것이었다. 41동에서 나오는 길에 존 코리가 나에게 말했다. "텍사스대학교에 다니셨군요. 혹시 경기를 관람하고 싶은 생각이 있으십니까?"

"말이 나왔으니 말인데, 네 그렇습니다. 경기를 볼 수 있다면 좋겠군요." 나는 상사인 존 행키도 텍사스대학교 동문이라고 가볍게 언급했다.

"제가 도와드릴 수 있는 게 있는지 알아보죠." 존 코리가 대답했다.

그다음 날 아침 코리가 보낸 이메일은 다시 봐도 믿기지 않았다. VIP석 티켓 네 장을 내놓은 것이다. 다시 말해 46미터 정도 떨어진 곳에서 경기를 지켜볼 수 있을 뿐 아니라, 경기 전후에 필드에 출입할 수 있다는 뜻이었다. 우리는 댄 클랜시와 다른 롱혼즈 팬 한 명을 데려갔다(로젠버그를 초대했으나 그가 정중히 거절하는 바람에 우리는 함께 갈 다른 텍사스대학 동문을 찾았다).

존과 나는 경기 전에 필드에 서서 10만 명이 넘는 팬들 앞에서 구글어스를 활용해 만든 애니메이션이 반복 재생되는 것을 지켜보았다. 존은 블랙베리로 조너선 로젠버그와 데비, 다른 마케팅 담당 임원들에게 훌륭하게 무료 프로모션을 기획한 내 아이디어를 칭찬하는 이메일을 썼다(존은 메일에 사진을 첨부하지는 않았는데, 그의 최첨단 블랙베리는 사진 촬영 기능을 지원하지 않았기 때문이다).

2006년 텍사드대학교 대 서던캘리포니아대학교의 전국 챔피언십 로즈볼 경기가 역사상 가장 흥미진진한 대학 풋볼 경기 중 하나로 꼽힌다는 말은 절대 과장이 아니다. 롱혼즈는 경기 마지막 19초를 남겨놓고 빈스 영이 포스다운에서 8미터 정도를 전진하며, 41 대 38을 기록해 불가능할 것 같았던 짜릿한 역전승을 거두었다.

경기가 종료되자 존과 나는 스탠드에서 뛰쳐나가 들뜬 아이들처럼 광란의 도가니가 된 필드로 들어갔다. 선수들과 델컴퓨터의 CEO인 마이클 델, 영화배우 매튜 매커너히, 랜스 암스트롱 등 롱혼즈 풋볼팀의 팬인 유명인사들과 하이파이브도 했다. 나는 롱혼밴드 앞에서 공격 라인맨들과 팔짱을 끼고 교가인 〈텍사스의 눈〉을 부르다가, 엔드존을 뛰어다니던 존을 발견하고는 그의 카메라로 사진을 찍었다. 로즈볼 관람객들이 기쁨의 함성을 지르자, 존은 다시 대형 전광판에서 계속 재생되던, 구글어스 자료로 만든 애니메이션 사진을 찍었다. 색종이 조각이 존과 내 머리 위로도 떨어졌던 것 같다.

이는 2005년을 마무리하는 동화 같은 결말이었다. 2005년은 잊을 수 없는 한 해였다. 역사상 가장 성공적인 제품인 구글맵과 구글어스 출시에 일조했기 때문이었다. 두 제품의 인기는 폭발적이었고 수백만 명의 사용자를 끌어모았으며, 1월 초 200달러였던 구글 주식의 1주당 가격을 12월 말에는 436달러로 끌어올렸다. 내 친구는 두 제품의 총괄책임자로 확고히 자리 잡았으며, 구글지오 부서에 투자가 확대될 것이 분명해보였다. 나는 머지않아 라이티와 함께 마케팅 전담팀을 맡게 되었다.

색종이 조각, 트로피 수여식, 구글어스 애니메이션 반복 재생 등, 이 모든 것에 푹 빠진 채 시간을 보냈으나, 미국 출신의 가수이자 영화배우인 라일 로벳의 노래 〈여기서부터는 내리막길뿐이라네〉를 떠올려야 했다. 지금까지 쉬지 않고 정신없이 달려왔지만 2005년 말이 되자 나는 이 속도로 얼마나 더 버틸 수 있을까 하는 의구심이 들기 시작했다. 수개월간 직장에 모든 것을 쏟아부으며 일했지만, 두 딸아이의 아빠가 되었고, 과중한 업무가 가정 생활에 타격을 주기 시작한다는 걸 깨닫고 있었던 것이다. 그 출장에서 대학 시절 친구들을 많이 만나면서, 텍사스로 돌아가고 싶다는 생각이 들었다.

존 빈센트 행키와 얼마나 더 오래 일할 수 있을까? 존이 어떨지는 너무나 잘 알았다. 존이 승리의 한가운데에서 잠시나마 만족감을 느꼈을지는 모르겠다. 그러나 그는 다음 날 아침에 눈을 뜨자마자 곧장 전력 질주할 사람이었다.

오차범위 1미터
GPS가 내장된 무선기기

라스베이거스의 매캐런국제공항 입국장을 나오는 수많은 여행객의 얼굴은 기대감으로 가득했다. 이들과 함께 걸어 나오자 사방에서 **행운의 수레바퀴, 트리플 다이아몬드, 프라이스이즈라이트**와 같은 수십 개의 슬롯머신이 나를 부르는 것 같았다. 게슴츠레한 눈으로 라스베이거스를 떠나는 이들은 소 떼처럼 느릿느릿 검색대를 통과하여 흩어졌다. 화창하면서도 추웠던 그 목요일 아침, 수하물 찾는 곳 밖은 택시를 기다리는 사람들로 북적여서 최소한 1시간 15분은 기다려야 할 것 같았다. 입국장을 빠져나오는 이들의 머리 위로 현수막이 걸려 있었다. "2006년 국제전자제품박람회에 오신 것을 환영합니다!" 17만 명에 달하는 국제전자제품박람회 참석자들은 대부분 회사 경비로

온, 잘 차려입은 아시아인과 독일인이었다.

국제전자제품박람회는 전자제품 제조사들이 이들의 제품을 취급할 유통사 및 소매업체들과 만나 제품을 알리고, 매장 내 일반제품 및 디지털기기 진열대를 확보하기 위해 협력관계를 구축하는 자리였다. 4일간 사케와 보드카와 위스키를 엄청나게 마셔대면서 2,130억 달러 규모의 미국 가전시장에서 지분을 확보하기 위해 계약 체결에 열을 올린다. 나는 비즈니스 정장 차림을 한 무리 가운데에서 연두색 구글 티셔츠를 입고 있어서 눈에 띄었다. 그 티셔츠는 구글 부스에서 일할 때 입는 유니폼 중 하나였다. 스릴 넘치는 챔피언십에서 텍사스 대학교가 서던캘리포니아대학교의 풋볼팀인 트로잔을 상대로 승리를 거머쥔 그다음 날이었던 2006년 1월 5일, 나는 라이티와 함께 국제전자제품박람회에서 구글맵과 구글어스 체험존을 운영하기 위해 패서디나에서 라스베이거스로 떠났다.

키홀에서 아직 일하고 있었더라면 경기 관람은커녕 최소한 이틀 전에 라스베이거스에 미리 와서 컴퓨터와 모니터를 나르고 박람회장을 돌아다녀야 했을 것이다. 국제전자제품박람회에서는 약 17만 제곱미터에 달하는 부스 공간을 내주는데, 이는 393개의 농구코트와 맞먹는 수준이다. 가장 큰 부스를 운영하는 삼성, LG, 마이크로소프트와 같은 기업은 부스를 짓는 데만 18일이 걸린다. 키홀 시절 같으면 약 1제곱미터 규모의 부스를 차려 멀티탭을 테이프로 감고 와이파이 라우터와 네트워킹 케이블을 설치했을 것이었다. 또 국제전자제품박람회 주최 측을 찾아 더 좋은 위치에 부스를 달라고 사정했을 것이었다. 구글로 옮겨오니 노란 카펫이 깔린 박람회 행사장에 그냥 들어가기만 하면 되었다. 레고를 주제로 꾸며진 부스에는 밝게 빛나는 거대한 기상관측기구가 위에 떠 있었다. 이미 모든 것이 준비돼 있었다.

구글맵 체험존은 약 1.2미터 길이의 녹색 레고블록 위에 장착돼 있었고, 구글어스 체험존은 약 1.2미터 길이의 파란색 레고 위에 마련돼 있었다. 사실 모든 구글 제품 체험존은 레고 위에 전시돼 있었고, 알록달록한 빈백 의자가 부스와 라운지 여기저기에 놓여 있었다.

나는 레고 테이블 아래 비밀공간에 배낭을 넣고, 체험판 시연과 질의응답 등을 진행하기 위해 일하러 나섰다. 수많은 제조사 직원들이 우리 부스에 들러 나에게 새로 나온 휴대용 무선기기를 보여주었다. 그 안에 구글맵을 탑재하고 싶다는 것이었다. 이러한 체험판 시연은 마지막에 가서는 구글에 취업하려면 어떻게 해야 하냐는 질문으로 끝나기 일쑤였다. 스스로 구직 의사를 내비치거나, 똑똑한 대학생 자녀 대신 부모가 묻기도 했다. 참석자 대부분은 직원 수 5천 명 이상에 창업한 지 6년이 지난 회사에서 일하는 사람을 만나본 적이 없었다.

구글이 국제전자제품박람회에서 부스를 연 것은 그때가 처음이자 유일했다. 우리가 이 박람회에 참석하게 된 것은 래리 페이지가 그다음 날 대규모 아침 회의에서 기조연설을 하기로 되어 있었던 게 큰 이유였다. 나는 래리의 기조연설이 어떤 내용인지 잘 알았다. 발표자료의 몇 부분은 지도와 관련된 내용이었는데, 내가 구글홍보팀과 자료를 정리하면서 연설문을 여기저기 손봤기 때문이다.

국제전자제품박람회 기조연설은 기술 업계에서는 그해의 중대한 순간으로 여겨진다. 전체 전자제품 업계와 기술 관련 미디어는 이 발표 세션을 그해의 시작을 알리는 신호로 보고, 혁신의 미래에 대해 들을 수 있는 자리라고 생각해 관심 있게 지켜보기 때문이다. 래리의 연설은 아주 잘 다듬어진 데다 충분히 리허설을 거쳤다. 구글은 빌 게이츠가 2005년 기조연설 때 새로운 윈도우 미디어 센터Windows Media Center 제품을 소개하다가 오류 발생 화면인 블루 스크린이 뜨면서 엉망이 되어버렸던 상황이 벌어지는 것만큼은 피하고 싶어 했다.

다음 날 아침 9시에 5천여 명이 모인 라스베이거스 컨벤션센터 대연회장의 조명이 어두워졌다. 이미 초만원인 실내는 발 디딜 틈이 없었고, 참석자들은 자리가 나길 기다리고 있었다. 나는 안으로 들어가려고 길게 늘어선 줄을 보고, 박람회장에 위치한 우리 부스로 전송되는 CCTV 영상을 확인하기로 했다. 쿵쿵 울려 퍼지는 사운드트랙의 효과음이 어둠 속으로 흘러들었다. 전 세계 구글 검색 트래픽을 보여주는 애니메이션과 함께, 구글어스가 참석자들로 북적이는 실내의 무대 위를 비롯한 수십 개의 대형 스크린에 나타났다.

래리의 신중한 말투와 균형을 맞추기 위해 발표자료에는 로빈 윌리엄스 같은 코미디 배우와 NBA의 스타인 케니 스미스의 카메오 동영상을 집어넣었다. 다만 로빈 윌리엄스의 발언은 미래기술이 담긴 구글브레인Google Brain에 검색 결과를 출력하는 팩스가 딸려 있는 것만큼이나 사회적으로 부적절했다. 정도를 벗어난 그의 농담 때문에 이 섹션은 후에 동영상 피드에서 보이지 않도록 블랙아웃으로 처리됐다. 래리는 NBA 챔피언을 두 번이나 따낸 사람이 누구인지 전혀 몰랐지만, 무대에 나온 첫 번째 게스트는 잘 알았다. 바로 스탠리였다.

불이 켜지자 래리는 무대로 나오더니, 주문 제작한 파랑색과 빨강색이 혼합된 폭스바겐 투아렉의 범퍼 위로 올라갔다. 스탠퍼드대학교에서 만들어낸 자율주행차량인 오프로딩 SUV가 바로 스탠리였다. 스탠리는 2005년 미국방위고등연구계획국이 주최하는 DARPA 그랜드챌린지에서 우승을 거머쥐었다. 래리는 약 210킬로미터를 달려 우승한 스탠리의 경기를 직접 지켜보았다. 오른쪽과 왼쪽으로 100번도 넘게 급커브를 틀며 모하비사막을 통과했던 것이다. 당시로부터 3개월 전 스탠리는 195대의 자율주행차량을 제치고 200만 달러의 우승상금을 차지했다. 50명으로 이루어진 스탠퍼드대학팀의 지도교수는 로봇 매핑robotic mapping 연구에 주력한 독일 출신 컴퓨터 과학자 세바스찬 스런이었다.

래리는 흰색 구글 실험실 가운을 입었다. 스탠리의 범퍼에서 내려온 그는 실험실에서 빠져나온 광기에 찬 과학자 같은 인상을 풍겼다. 그는 스탠리의 작동 방식을 설명했다. 차량에는 지붕에 장착된 5개의 라이더LiDAR, 즉 빛 탐지 및 거리 측정 센서가 사용됐다. 이는 주변 지형을 3D 지도로 만들고 GPS 위치를 추가해 이 데이터를 내부 안내 시스템으로 전송한 후, 차량의 속도와 방향을 제어했다. 스탠리는 신뢰할 만한 3D 지도에 의존해 광활한 사막을 통과할 수 있었다. 당연하게도 3D 구조가 포함된 좋은 지도는 자율주행차량을 위한 기본적인 구성 요소다.

그로부터 몇 달 후 국제전자제품박람회가 끝나고 봄이 되자, 구글은 콜로라도주 볼더에 본사가 있는 앳라스트소프트웨어@Last Software라는 회사를 사들여 전 세계 도시를 3D 지도에 담을 계획을 세웠다.

이는 자율주행차량의 발전과 성공에 필요한 요소였다. 그 회사가 개발한 스케치업SketchUp이라는 소프트웨어는 현재 구글맵과 구글어스에서 볼 수 있는 사실적인 3D 모형을 표현하는 데 사용되고 있다.

키홀은 스케치업을 잘 알고 있었다. 키홀과 마찬가지로 인큐텔은 앳라스트소프트웨어에도 투자를 했다. 간편하게 사용할 수 있는 시각화 도구 덕분에, 사용자들은 신속하게 건물과 도시의 3D 모형을 그릴 수 있었다. 스케치업은 키홀이 GIS에 했던 작업을 CAD(컴퓨터를 사용한 자동설계Computer Aided Design) 도면 그리기에 했다. 즉, 이전에는 사용하기 어려웠던 도구를 대중이 쉽게 쓸 수 있도록 만든 것이다. 이 소프트웨어의 주요 시장은 건축 분야였지만, 너무나 사용하기가 편해서 연극영화 업계의 무대 디자인, 목공 및 DIY 제조업체 시장 등, 뜻밖에 다양한 업계에서 사랑받게 되었다. 키홀과 마찬가지로 미군에서는 스케치업을 사용해, 적진에 침투할 때를 대비해 적군의 영토를 3D 모형으로 만들었다. 이런 이유로 인큐텔이 흥미를 보였던 것이다.

2006년 초반, 구글어스에 사용할 지구 전체의 사실적인 3D 모형을 찾던 중 마침 스케치업의 이름이 다시 거론됐다. 존과 브라이언은 대중을 참여시키는 크라우드소싱 방식으로 프로젝트를 진행할 수 있을지 따져보기 시작했다. 근본적으로 사람들이 직접 그려내는 3D 세계인 셈이었다.

앳라스트소프트웨어의 CEO 브래드 스타인이 마운틴뷰를 찾아와 구글어스팀과 몇 차례 회의를 했다. 이는 결국 43동에서 래리와 세르게이와 회의하는 것으로 끝이 났다. 나는 브래드가 처음에 래리에게,

그리고 다시 세르게이에게 스케치업의 체험판을 보여주었던 어두컴 컴한 회의실이 생각난다. 나는 처음에 존이 파트너십을 맺고 싶어 한 다고 추측했지만, 래리와 세르게이를 회의실로 불러들였던 것으로 미루어보아 그 이상의 것을 바라는 것이 분명했다. 브래드의 첫 번째 체험판 시연이 끝날 때쯤 래리가 말했다. "그쪽 회사를 저희가 인수 하는 건 어떨까요?" 브래드는 그 말이 농담이라고 생각하고 긴장한 듯 웃어넘겼다.

스타인의 체험판 시연은 스케치업의 편의성과 사용성을 테스트 하는 자리가 되었다. 밸런타인데이 일주일 전쯤, 세르게이는 스타인 에게, 고심 중인 프로젝트를 좀 도와줄 수 있겠냐고 물었다. 여자 친 구의 선물을 만드는 중이라고 했다. 서로 연결된 2개의 심장을 3D 프린터로 만들고 싶었지만 모형을 그릴 만한, 사용하기 쉬운 소프트 웨어 도구를 찾을 수 없다는 것이었다. 억만장자 남자 친구가 준 밸 런타인데이 선물을 받고 열었을 때 그 여자 친구의 반응이 어땠을지 생각하면 나는 아직도 웃음이 나온다. "세르게이, 이렇게까지 할 필 요는 없었는데"라고 하지 않았을까.

그러나 체험판에서 소프트웨어의 강점이 충분히 입증됐다. 몇 주 후 존은 래리, 세르게이 및 에릭의 직원회의에 쓸 발표자료를 준비해 앳라스트소프트웨어 인수 허가를 요청했다. 존이 발표를 시작하자 래리가 끼어들며 존의 말을 잘랐다. "이 회사를 사들이라고 얘기한 것 같은데요?" 래리가 말했다. "왜 여기 있는 건지 모르겠군요."

"만만치 않은 가격이라서요. 와서 직접 물어봐야 한다고 생각했 습니다." 존이 말했다.

"그냥 가서 이 회사를 사들이세요." 래리가 말했다.

존은 41동으로 돌아와서 나에게 말했다. "별로 어렵지 않았어." 앳라스트소프트웨어 인수는 2006년 3월에 마무리됐고 우리 팀은 세계를 3D 지도에 담는 프로젝트를 시작했다(현재 이 3D 모형들은 구글 비행기에 탑재된 센서에서 추출한 것이다).

나는 2006년부터 국제전자제품박람회를 자주 방문했는데, 자율주행차량에 할당된 구역은 해가 지날수록 엄청나게 넓어졌다. 스탠리의 도움으로 래리 페이지의 기조연설은 기술업계가 자율주행차량 개발에 뛰어드는 신호탄 역할을 했다.

그날 아침 래리는 폭스바겐 및 아우디와의 공동 프로젝트를 중심으로 두 번째 제품 소개를 했는데, 차량 대시보드에는 구글맵과 구글어스를 통한 구글 검색 기능이 내장되어 있었다. 그 프로젝트는 이러한 사용자 환경이 어떤 모습일지 처음으로 따져보는 것이었다. 차체를 제외한 실제 크기의 시험판 대시보드가 무대 위에 공개되었다. 이와 동일한 대시보드가 나와 존의 사무실 밖에도 지난 6주 동안 놓여 있었다. 그래서 그는 분초를 다투며 개발 중인 이 프로젝트를 한시도 잊을 수가 없었을 것이다. 구글과 폭스바겐 엔지니어들은 수시로 이 대시보드를 보러 찾아왔다. 박람회 일정에 맞춰, 구글어스를 기반으로 차량 내부에 들어가는 내비게이션 시스템의 시험판을 서둘러 완성하려 한 것이다. 브라이언 매클렌던과 마이클 존스는 래리의 발표 전날 라스베이거스로 날아가, 연설문 중 이 부분을 연습하면서 래리와 함께 발표를 준비했고, 폭스바겐으로 최종 체험판 코드를 완성하고 테스트를 감독했다. 래리가 3D로 만든 전 세계 도시를 구경시켜주자 청중이 숨죽이며 넋을 놓고 이를 바라보았다.

구글의 기술을 차량에 탑재하는 작업에 뛰어든 것은 폭스바겐과 아우디뿐만이 아니었다. 최근 몇 달간 포드, 제너럴모터스, 크라이슬러, 토요타 등, 최소한 여덟 곳의 자동차 제조업체가 구글 41동을 방문해, 차량 내부에 들어가는 내비게이션 프로젝트를 제안했다. 거의 모든 회사가 팔로알토에 내비게이션 개발 연구소를 차리고, 세계 최고의 소프트웨어 엔지니어를 설득해 이 중요하고도 수익성 높은 일에 뛰어들었다. 그중 폭스바겐이 가장 앞서가는 기업이었고, 존에게 선택되어 래리가 라스베이거스에서 발표한 시험판을 만들었다.

자동차 제조업체와 개인용 내비게이션 기기 제조업체들이 엄청난 관심을 보이는 바람에, 구글의 사업개발 부서 임원인 캐런 로터데이비스는 이들 기업과의 계약협상 업무를 맡았다. 어느 날 캐런이 나와 존, 브라이언을 캔자스주에 본사를 둔, 개인용 내비게이션 기기 제조 1위 업체인 가민과의 회의에 불렀다. 캔자스 출신인 브라이언은 특히 이 회사와 협업하길 상당히 바라는 눈치였다. 가민 담당자가 우리가 실험해볼 수 있도록, 41동으로 특별한 시험판을 가져왔다. 외장 GPS 기기였다. 파란색과 회색이 섞인 플라스틱 박스는 카드 한 벌이 들어가는 크기였고, 화면은 없었다(나는 아직도 갖고 있다). 그 가민 기기에 사용자의 위치가 나타나는 대신, 이를 휴대폰과 블루투스로 연결해 기기의 위치를 휴대폰으로 보는 방식이었다(내 경우는 블랙베리였다).

이는 (나조차도) 상상하기 어려운 일이지만, 그날 가민과 회의하면서 나는 내 휴대폰에서 지금까지 한 번도 보지 못했던 내 위치를 보게 됐다. 나는 파란색 점이었다. 물론 나는 가민의 인기 있는 제품인 누비Nuvi 같은 개인용 내비게이션 기기로 수십 번도 더 봤지만 **내 휴대폰**으로 본 적은 한 번도 없었던 것이다. 그전에는 정확한 위치를 휴대폰의 지도에서 확인하고 싶으면, 현재 위치의 주소를 입력해야 했다. 사용자의 위치를 앱에 자동으로 알려주는 파란색 점 같은 것은 없었다.

이제 가민에서 나온 작은 벽돌 크기의 외장 내비게이션 덕분에 휴대폰으로 내가 구글 캠퍼스 41동에 있다고 입력할 필요가 없었다. 내 휴대폰은 내 위치를 알았다. 심지어 내가 있는 빌딩의 어느 지점인지도 정확히 알았다. 그날만 해도 나는 그 의미를 완전히 이해하지 못했다. 이렇게 깜빡이는 파란색 점으로 인해 곧 업계 하나가 탄생하게 될 것이라는 사실을 짐작도 못 했다. 각종 개별 기술들이 필요한 새롭고도 복잡한 체험판처럼 보였다. 외장기기에 전원이 켜지고 블루투스를 통해 연결된 후, 블랙베리에 설치해야 하는 특수 버전의 구글맵에서 위치가 활성화되었기 때문이다. 조작 순서를 제대로 안다고 하더라도 내비게이션이 작동하는 데는 20분 정도가 걸렸다.

아이러니한 것은 2006년도에 내가 갖고 있던 블랙베리에는 이미 GPS칩이 있어서 가민 기기로 확인하던 위치를 알 수 있었다는 사실이다. 그러나 블랙베리로는 앱을 통해 위치를 확인할 수가 없었다. 배터리를 너무 빨리 소진시켜서 휴대폰에 있는 전용 GPS칩을 활성화시킬 수가 없었던 것이다. 휴대폰에 GPS칩이 포함된 것은 역사가 그리 오래되지 않았다. 1990년대 초, 휴대폰이 널리 보급되는 바람에 911콜센터는 자신의 위치를 묻는 사람들의 전화가 폭주하기 시작했다. 차에 갇힌 운전자, 부상당한 도보여행자, 자전거를 타다가 길을 잃은 사람들 등, 다양한 구조 요청 전화가 걸려왔다. 갑자기 큰 위험에 처해 전화를 건 사람들이 구조요원들에게 자신의 위치를 파악해 알릴 수는 없는 노릇이었다.

1996년 미국연방통신위원회FCC의 명령에 따라 무선통신사들은 법적으로 911에 전화를 건 사람들의 경도와 위도를 확인하고, 2000년부터 이들의 위치를 전송할 수 있어야 했다. (허리케인 카트리나로 재난상황이 벌어졌을 때 911로 걸려온 전화는 911구조대로부터 해안경비대로 전달됐으나, 이들의 위치정보가 전달되지 못해 구글어스라는 차선책을 이용해야 했다.) 2000년에, 이 법을 준수하기 위해 휴대폰 제조업체는 GPS 칩을 내장한 제품을 내놓기 시작했다. 2006년 당시, 구글로컬 같은 제삼자의 응용프로그램으로, 내비게이션이든 위치 검색을 위해서든 간에 휴대폰에 내장된 GPS칩을 켤 수 있는 휴대폰을 만든 제조사는 없었다. 아마도 가민은 2006년 초 구글지오팀 방문 당시, 이처럼 GPS 기능이 통합된 휴대폰 사용 환경을 염두에 두었을 것이다. 물론 가민도 우리도 당시에는 그 사실을 몰랐지만, 이와 비슷한 아이디어를 연구하는 또 다른 기업(여기서는 애플을 암시. 애플 본사가 쿠퍼티노에 있다)이 쿠퍼티노에 있었다.

가민은 배터리를 닳지 않게 하면서도 원활한 사용자 환경을 지원하기 위해, 이 외장 GPS 수신기를 만들었다. 이런 방식을 대중이 받아들이게 하는 데에는 난관이 상당히 많았다. 그러나 일단 내비게이션이 작동하기 시작하면, 파란색 점은 마법이라도 부리듯 움직였다.

파란색 점은 어딜 가든 사용자를 따라다녔다. 2006년 4월, 나는 가민의 시험판 기기를 갖고 텍사스로 향했다. 오스틴에서 포트애런 사스에 있는 누나의 해변 별장까지의 거리는 약 400킬로미터 정도였다. 셸리가 운전하는 동안 나는 조수석에서 새로 얻은 가민 기기를 만지작댔다. 두 딸아이는 뒷좌석에 안전벨트를 매고 앉아 있었다. 파란색 점이 자동으로 나를 따라다니는 걸 보고 있자니 기분이 짜릿했다. 지도가 위성모드로 되어 있을 때는 특히 더했다.

사용자 환경은 놀라울 정도였다. 그러나 기술들이 연동되려면 이를 연결해주는 디지털기기들이 있어야 했다. 별도의 가민 GPS 기기가 자동차 계기판 위에 있고, 자동차에 있는 담배 라이터 소켓에 플러그를 꽂은 후, 블루투스로 휴대폰에 연결해 블랙베리에 특별히 구축된 구글맵을 실행시키는 것이었다. "언젠가 이것들을 모두 하나의 기기에 집어넣을 수 있게 되면, 주머니에 넣고 다닐 수도 있고 끝내줄 텐데." 내가 셸리에게 말했다. 나는 다음 커브를 돌면 앞에 풀이 무성하게 난 습지와 백사장이 나타나리라는 사실을 지도를 통해 미리 알고 놀라워하면서, 파란색 점이 텍사스 해안 평야를 뻥 뚫린 고속도로를 따라 빠르게 이동하는 것을 지켜보았다.

이 글을 쓰고 있는 2018년 현재, 우리를 항상 따라다니는 파란색 점이 없는 세상을 상상하기 어려울 정도다. 사실 (GPS가 작동하지 않는 실내를 포함해) 모든 상황에서 현재 위치가 어디인지를 나타내는 데 많은 작업이 투입된다. 오늘날 파란색 점은 여전히 연구와 상상력의 영역으로 남아 있다. 엔지니어들이 수없이 다양한 환경에서 실시간으로 센티미터 수준의 초정밀 위치정보를 확인하면서, 배터리 사용량을 최소화하기 위해 연구 중이다. 현재 애플에는 내부적으로 블루닷

팀Blue Dot Team이라는 그룹이 있다. 이와 비슷한 엔지니어 그룹이 구글에도 있다. 이들은 모든 종류의 제삼자 앱을 저전력으로 활성화하고, 정보와 서비스를 파란색 점의 위치에 맞게 반환하도록 하는 작업에 중점을 두고 있다. 이동 중이 아닌 경우 GPS 센서를 껐다가 켜면, 어떤 와이파이 네트워크 범위 안에 있는지와 근처 이동전화 기지국의 상대적인 신호 강도에 따라 사용자를 매핑해, 가속도계가 움직임을 감지하고 위치정보를 보완한다.

국제전자제품박람회에서 구글맵과 구글어스 체험판 시연을 세 번째로 진행할 때 래리가 수많은 청중 앞에서 직접적으로 말했다. "여러분은 아마도 대부분 블랙베리를 쓰고 계시겠죠." 그가 말했다. "손을 들어보세요." 절반 이상의 청중이 머리 위로 블랙베리를 들어 올려보였다. "제가 보여드린 내용은 바로 여러분의 휴대폰으로 지금 가능한 일입니다. 길을 찾을 수 있는 거죠. 저는 최근에 이걸 사용했습니다. 어딘가에서 길을 잃는 바람에 사용하게 됐죠. 많은 도움이 되었습니다. 위성 지도도 볼 수 있죠. 맵스닷구글닷컴Maps.google.com에서처럼 줌인과 줌아웃이 다 가능합니다. 이런 종류의 모바일 기기들이 실제로 작동하기 시작했습니다. 전 정말 멋진 일이라고 생각합니다."

그런 후 래리는 대중적인 블랙베리용 구글맵 버전을 발표했다. 래리의 블랙베리가 프로젝터 빔을 통해 컨벤션홀 곳곳에 설치된 여러 개의 화면에 나타났다. 새로운 모바일용 구글로컬 체험판이 재생됐다. 래리는 키보드에 있는 커서 화살표를 클릭하고 위성지도 위로 왔다 갔다 하면서 블랙베리의 작은 화면을 움직였다. 그러자 위성지도가 천천히 화면 위로 나타났다.

그러나 모바일용 구글로컬에는 중요한 파란색 점이 포함되지 않았다. 이는 길을 찾거나 지역업체를 찾는 일이 훨씬 어렵다는 뜻이었다. 쇼핑몰이나 박물관에서 지도를 본 적이 있다면 "현재 위치"라고 표시된 점에서 길을 찾기 시작할 것이다. 파란색 점이 없다면 "5번가와 라마가 교차 지점 근처 스타벅스"처럼, 위치를 입력하지 않고는 "스타벅스"를 입력할 수 없는 것이다. 모바일 기기에서 작은 화면과 더 작은 키보드 버튼으로 그렇게 하느니 차라리 휴대폰을 주머니에 넣고 아무 방향으로나 네 블록 정도 걸어가 스타벅스를 찾는 게 더 쉽다고 생각하게 될 것이다.

2006년, 필요한 구성 요소가 갖춰졌다. 파란색 점, 모바일 지도 앱, GPS칩이 내장된 무선기기. 그러나 아무도 이 모든 요소를 우아한 하나의 사용자 환경으로 옮겨놓지 않았다. 이것들을 합쳐 하나로 만들려는 사람이 없었다.

동영상 피드를 보면서 구글 부스에 서 있자니 래리가 지도 관련 기술을 수없이 언급하는 것을 보고 기뻐했던 생각이 난다. "고용 보장이라는 면에서 우리한테는 좋은 일이지." 래리가 발표를 마무리한 후 나는 존에게 전화해 말했다.

국제전자제품박람회에서 돌아와보니, 다른 구글 마케팅 매니저들도 래리가 지도에 중점을 둔다는 느낌을 받은 것 같았다. 곧 구글 마케팅 팀원들은 열의를 보였던 국제전자제품박람회 참석자들처럼 구글지오팀에 자리가 날 가능성은 없는지 나에게 물었다. 기조연설을 듣고 마케팅팀원들이 보인 반응도 나와 비슷했다. 래리가 전 세계 지리정보 체계화함으로써 구글의 사명을 좀 더 확장하려는 것 같았다. 그렇게 되면 구글맵과 구글어스를 누구나 쉽게 이용할 수 있을 것이기 때문이었다.

지금 와서 돌이켜보니, 2006년 금요일 아침, 라스베이거스에서 열린 국제전자제품박람회 참석자들은 기조연설을 듣고 미래가 어떤 모습일지 살짝 엿보았을 것이다. 자율주행차량업계가 바로 그 미래를 시작한 것인지도 모른다. 1년도 되지 않아 래리 페이지는 세바스찬 스런과 스탠리 개발팀의 여러 멤버들을 채용해 구글의 자율주행차량 프로젝트를 맡겼다. 내비게이션은 점점 더 스마트해지고 최신정보를 담게 되며, 구글맵과 구글어스의 경로 및 검색 결과에 맞춰 더 사용자 맞춤형으로 진화할 것이었다. 그뿐만 아니라 당시에 아이폰 출시를 1년 정도 앞두고, 래리는 최초로 무선 스마트 기기기상에서 모바일 구글맵을 우리에게 보여주었다. 이제 세계는 내 위치를 나타내는 이 파란색 점을 중심으로 돌아가게 되었다. 세계는 다시는 길을 잃을 수 없는 곳이 된 것 같았다.

3개의 후보 중에서
구글맵으로 명명하라

NEVER
LOST
AGAIN

16

"빌 킬데이 씨, 이렇게 후한 가격을 써주셔서 감사합니다." 검은색 정장 차림의 부동산 중개인이 말했다. "그렇지만 아내분과 함께 집으로 돌아가시라고 해야겠네요. 더 좋은 조건을 제시한 분이 두 분이나 있어서요."

나는 유리벽으로 된 부동산 중개인의 회의실을 살펴보았다. 이런 장면을 전에 본 적이 있다. 다른 두 커플이 밖에서 기다리면서 사고 싶은 집의 최종 가격을 제시할 기회를 노리고 있었다. 누가 자신의 미래를 가장 많이 저당 잡힐 의향이 있는지 대결하는 것이다. 멘로파크에 위치한 약 132제곱미터 면적의 침실 세 개짜리 집을 구입하기 위해 호가보다 5만 달러를 더 높게 불렀으나 셸리와 나는 최종명단

308

에 들지도 못했다.

2006년까지 이런 유형의 부동산 입찰 경쟁은 실리콘밸리에서 아주 흔히 벌어지는 일이었다. 주말에 아이들을 오픈하우스에 끌고 갔다가, 월요일 밤에는 중개업자의 사무실에 가서 밀봉돼 있던 입찰지가 공개돼 있는 것을 보고는 실망해서 집에 오는 일이 반복되었다. 앞에서 말한 집은 150만 달러에 매물로 나왔으나 경쟁자가 여덟 명이나 있었다.

뭔가가 좀 이상했다. 가족끼리 아는 사이인, 한 담보 대출 중개인이 셸리와 내가 써낸 가격을 사전에 승인했던 것이다. 우리 둘의 실소득액의 66퍼센트를 집에 쏟아부어야 하는 가격이었다. "다들 집에 투자하는 금액이 소득의 35퍼센트 이상에서 40퍼센트 미만 정도 아닌가요?" 내가 그에게 물었다. "아, 그건 아니고. 그런 사고방식은 이미 몇 년 전에 완전히 사라졌어요." 그는 말도 안 된다는 듯 손을 휘저으며 말했다. 실리콘밸리에 사는 사람들이 돈을 잘 벌긴 했지만, 집에 그 돈의 대부분을 쏟아부을 마음도 있는 모양이었다.

우리가 당시에 살던 98제곱미터 정도 되는 집은 삼나무가 줄지어 선 윌로우스의 주택단지에 있었다. 셸리와 이사벨, 내가 살기에 충분했지만, 둘째인 카밀이 여기저기 돌아다니는 통에, 조용히 사무실로 쓰던 작은 공간에서 일하기가 어려워져서 집이 몹시 비좁게 느껴졌다. 집으로 새로운 장난감이 배달될 때마다 내 사무공간을 내줘야 했다. 우리는 더 이상 6개들이 키친타월을 사놓고 쓸 수가 없어서 주방 싱크대 아래에 밀어 넣을 수 있게끔 2개들이로 샀다. 아침에 옷을 차려입으려면 옷장을 세 개나 뒤져야 했다. 나는 강아지인 페니를 이전과는 좀 다른 시선으로 보기 시작했다. 페니는 집에서 20세제곱미터 정도의 부피를 차지하고 있었기 때문이다. 좀 더 작은 강아지로 바꿀 수는 없을지까지 생각할 정도였다.

확실히 멘로파크의 더 넓은 집은 무리였을 것이다. 구글에서 내 직책은 "멘로파크의 넓은 집"에 살 만한 수준이 아니었다. 101번 고속도로를 따라 직급별로 집의 위치가 정해지는 것처럼 보였다. 평사원들은 새너제이와 산타클라라에 살았다. 매니저급은 서니베일과 마운틴뷰에 살았다. 디렉터급은 팔로알토와 멘로파크에 살았다. 부사장과 CEO들은 애서턴과 우드사이드에 살았다.

마케팅 매니저로서 내 상황은 급여가 이 기준에 훨씬 못 미쳤을 뿐 아니라, 업무에서 점점 보람과 충족감을 덜 느끼게 되면서 부진에 시달렸다. 구글지오팀 규모가 커지고 존이 직원을 더 많이 채용하면서(몇 달 동안 채용한 인원이 수백 명도 넘었다), 내 역할은 점점 주변부로 밀려났다. 전에는 내가 유일한 구글어스 제품 매니저였다. 존은 이제 팀에 14명의 제품 매니저를 두고 있었다. 내가 구글에서 그때까지 맡았던 20개의 업무 중 하나는 구글어스의 아이콘 팔레트 관리였다. 그런데 당시에는 1명이 이 업무를 전담했다.

구글로컬과 구글어스의 대상 범위와 출시 국가가 계속 확대됐고, 인기도 많아졌다. 3월까지 우리는 12개국에서 구글로컬을 출시했다. 내가 조용히 자리를 지키는 동안, 존은 세계를 돌아다니며 혁신상을 수상하고 지도 회사들을 사들였다. 마운틴뷰에서도 나는 래리, 세르게이, 에릭과의 회의(아니면 이미 그렇게 불리고 있듯이, 이들의 이니셜을 딴 LSE 회의라고 불러야겠지)에서 빠지게 되었다. 존은 멋쩍어하며 말했다. "너를 부를 수가 없었어. 회의 참석인원을 줄이라는 지시를 받았 거든." 회의마다 그는 14명의 제품 매니저 중 한 명을 부를 수 있었 다. 해당 회의 안건을 위한 분야별 전문가 한 명만 들어갈 수 있었다 는 것이다. 예를 들어 회의 주제가 아시아 지도라면 제품 매니저 케 이 카와이를 데리고 들어가는 식이었다. 이러한 특수 분야 전문가들 이 나오기 전에는 문제가 생기면 키홀 핵심팀에서 처리했었다.

인수된 스타트업 조직이 일단 대기업에 들어오면 변화를 겪는 건 당연하다. 업무 역할이 재설정된 전직 키홀 직원은 나뿐만이 아니었 다. 데데는 당시 구글 경영관리팀에서 일하고 있었다. 존뿐만이 아니 라 임원들도 지원하는 행정 부서에서 일한다는 뜻이었다. 르네트와 팀원들은 셰릴 샌드버그의 구글 소비자 영업부에서 일하게 되었다. 키홀에서 여러 가지 역할을 맡았던 노아는 한 가지 업무를 선택해야 했고, 이후 구글 엔터프라이즈 영업팀에 배치되었다. 반대로 어떤 키 홀 직원들의 업무 범위는 급속히 확대됐다. 세계 각지에서 대니얼에 게 보고하는 직원만 수십 명에 달했고, 그는 최종적으로 사업개발부 의 메건 스미스에게 보고했다. 마이클은 에릭 슈미트가 가장 총애하 는 부하직원이 되었고, 에릭의 걸프스트림V 개인 전용기를 타고 전 세계를 돌아다니며 여러 회의에 참석했다.

존이 의지하게 된 부서의 핵심 멤버들은 키홀 출신 직원을 포함 해 수십 명의 구글러로 늘어났다. 구글맵과 구글어스를 관리하는 핵 심팀의 이메일 그룹 이름의 머리글자는 키홀을 뜻하는 케이에이치 스태프kh-staff@google.com에서 구글의 지오스태프geo-staff@google.com로 바뀌었다. 키홀을 상징하던 이메일 이름은 조용히 사라졌다. 더 이상 그 이름이 아무런 의미를 가지지 못하게 된 것이다.

나는 제품 관리 업무를 그만두고 각종 마케팅 프로모션에 주력했다. 구글플렉스에서 아주 중요한 업무로 취급받지는 못했다. 최고의 전략을 짜내는 일은 아니었지만, 그래도 그런 프로젝트는 창의성을 요하는 구석이 있어서 만족스러웠다. 그해 봄, 나는 두 개 프로젝트에 집중했는데, 이는 41동에서의 내 직장 생활에 종지부를 찍는 계기가 되었다.

첫 프로젝트에서는 제품 이름을 정하는 문제를 중점적으로 다뤘다. 여러 국가에서 구글로컬을 출시하면서, 해당 지역 마케팅 매니저들과 국가 매니저들이 구글로컬이라는 이름에 난색을 표했다. 구글로컬을 직역하면 뜻이 통하지 않는 경우가 많다는 것이다. "대체 구글로컬이 뭐죠?" 스페인의 마케팅 담당자인 베르나르도 에르난데스가 스페인에서 구글맵이 출시되기 전에 나에게 물었다. "스페인어로는 이 표현에 의미가 담기지 않는 것 같습니다. 로코Loco(미치광이라는 뜻)처럼 들립니다." 나는 그 이름이 영어로도 이상하게 들린다고 생각했다.

나는 구글로컬 브랜드와 관련해 계속 불만을 얘기하는 사람이 되었다. 존은 이제 구글지오팀의 임원이었기 때문에 이름 변경을 다시 한번 추진해볼 수 있지 않을까 생각했다. 존은 내 의견에 동의하긴 했으나 마리사와 이 민감한 문제를 논해야 한다는 게 썩 내키지 않는 듯했다. 그는 양육권을 쥐고 있었으나, 아이들의 이름을 서둘러 바꾸고 싶지 않았던 것이다.

데비 재피와 대화한 후, 나는 구글로컬이라는 이름을 구글맵으로 바꿀 수 있는 여지가 있을 것 같은 느낌을 받았다. 2006년 마케팅 계획을 세우던 중 샌프란시스코에 본사가 있는 광고회사를 고용해 구글지오 제품 캠페인을 만든다는 아이디어를 납득시켰다. 나는 데비에게 말했다. "브랜드 이름을 만드는 데 수백만 달러를 지출하게 될 텐데, 잘못된 이름을 짓는 일은 없었으면 합니다. 여러 데이터를 참고해 최종 결정을 내릴 수 있도록 몇 가지 이름을 테스트하려는데 마리사가 승인해줄 것 같습니까?"

존은 내가 데비와 마리사에게 보낸 메일에 "전체 답장"을 눌러 (내가 요청한 대로) "데이터 결과가 어떻게 나오는지 보기 위해서 우선 빌이 여러 가지 이름을 테스트해보도록 하는 게 좋겠다"라고 썼다. 마리사는 마지못해 동의했으나, 이 테스트에 대해 몇 가지 이름을 거론했다. 구글로컬, 구글맵, 구글맵·위성의 세 가지였다. 그걸 보자 신경이 쓰였다. 2개의 구글맵을 두고 표가 나뉠 것이 분명했다. 구글로컬은 삼파전에서 이길지도 몰랐다. 나머지 두 선택지가 모두 구글맵이라는 이름을 포함하고 있기 때문이었다. 나는 구글로컬·위성이라는 이름도 마음에 들지 않았지만, 구글맵이라는 이름을 살리기 위해 마리사에게 그 이름을 추가하자고 했다.

제품 관리팀의 도움으로 우리는 3월 초에 이 이름들을 테스트하기 시작했다. 첫째 주에는 구글닷컴 방문자의 1퍼센트가 홈페이지 맨 위에 있는 네 개의 링크 중 하나를 봤다. 결과는 분명했다. 구글맵이라는 이름이 구글로컬이라는 이름이 들어간 것보다 세 배는 호응이 좋았다. 데이터는 너무나 확실했다.

그러나 마리사는 여전히 이름 변경에 반대했다. 수만 명의 광고주들이 그 당시 구글로컬 광고상품을 홍보하는 구글 애드워즈를 이용하고 있다는 것이었다. 이들은 구글로컬에 자신들의 광고가 나타나도록 구글 애드워즈에 가입했기 때문에, 이름을 변경하면 광고주들에게 혼란을 초래할 것이라는 거였다. 그뿐만 아니라 이러한 광고를 새로운 제품에 넣게 되면 구글의 계약의무 위반이 될 수도 있다는 것이다. 구글맵을 보고 구글 애드워즈에 가입한 것이 아니기 때문이다. 마리사는 최종적으로 이름을 결정하기 위해서는 모든 이해관계자가 참석한 자리에서 회의가 이루어져야 할 것이라고 말했다.

그러나 고위급 구글 임원을 회의에 참석하도록 하기란 어려웠다. 나는 한곳에 불러 모으기 힘든 개별 임원들을 참석하게 하는 방법을 고민했다. "보류 중인 광고 캠페인"을 논의한다는 명분을 내세웠다. 3월 말까지는 결론을 내야 했다. 날짜와 시간이 정해졌다. 회의는 3월 24일 금요일 오후, 40동에서 금요 전체 모임이 끝난 후에 열리게 되었다. 참석자로는 CEO인 에릭 슈미트, 제품 부사장인 조너선 로젠버그, 구글 광고 부문 부사장인 제프 휴버, 마리사 메이어, 존 행키, 그리고 래리와 세르게이였다. 안타깝게도 존은 그 회의에 참석하지 못했다. 그는 파리에서 열린 회의에서 연설을 하기로 되어 있었기 때문이다. 일단 일정 잡는 것부터가 너무 어려웠기 때문에 우리는 둘다 회의가 예정대로 열려야 한다는 데 합의했다. (나는 회의에 초대받지 못했다. 내 직급으로는 참석이 불가능했다.)

나는 회의가 실제로 진행이 되는지 확인하기 위해 회의실 옆을 지나갔다. 문에 달린 창문으로 들여다보니 모두 참석해 있었다. 마리사는 테이블의 상석에 앉아 사람들에게 뭔가를 얘기하고 있었다. 나는 에릭의 비서인 패티 마틴과 마주쳤다. 패티와 나는 회의 실행 계획을 함께 조율한 적이 있다. 패티는 회의가 늦게 시작됐으나 1시간 넘게 진행 중이라고 말했다. 패티는 회의 주제와 그 결과가 나에게 얼마나 중요한지 알고 있었다. 나에게 병원 대기실에서 아들일지 딸일지 궁금해하며 아이를 기다리는 아버지 같아 보인다고 말했다. 6시가 됐으니 집으로 가라면서 회의 결과가 나오면 바로 전화로 알려주겠다고 했다.

멘로파크의 집으로 돌아왔을 때쯤 패티에게서 이메일이 와 있었다. 회의는 오후 6시 15분쯤 끝났으나 다들 입을 꼭 다문 채 회의실을 나서더라는 것이었다. 아무도 패티에게 금요일에 퇴근하며 이름을 말해주지 않았다.

즉시 나는 결과를 기다리고 있던 데비에게 이메일을 보냈다. 데비는 마리사에게 연락해보겠다고 말했다. 저녁 9시 반쯤 다시 데비에게 메일을 보내, 최종 결정에 대해 마리사에게 뭔가 들은 것이 있는지 물었다. 데비는 결과를 들었으나 나에게 알려줄 수는 없다고 했다. 다만 존이 언제 캘리포니아로 돌아오는지 마리사가 알고 싶어 한다는 말을 들려주었다. 나는 데비의 휴대폰으로 전화를 걸었다. 데비는 전화를 받더니 말했다. "알아요. 이름이 뭔지 듣고 싶겠죠. 그렇지만 마리사는 나에게 아무에게도 말하지 말아달라고 신신당부했어요. 마리사가 직접 존에게 그 소식을 전하고 싶어 하더군요. 아시다시피 존이랑 관계가 썩 좋은 편은 아니었잖아요. 이 기회를 활용해서 존에게 직접 연락을 하고 싶어 하네요."

다 맞는 말이었다.

"그러지 말고, 데비, 제발요. 이 문제에 얼마나 열심히 매달렸는데요. 제발 이름을 얘기해주시죠. 존에게 절대로 말하지 않을게요."

"아니요. 그럴 수는 없어요. 마리사는 오히려 저에게 존이 언제 돌아오는지 알아보라고 하더군요. 그리고 절대 당신에게 알려주지 말라고 분명히 말했어요." 나는 데비에게 존이 언제 오는지 알려주었다. 그러고는 다시 한 번 알려달라고 빌다시피 했다. 마침내 데비는 손을 들고 말았다.

"구글맵으로 정해졌어요. 그렇지만 절대 존에게 말하면 안 되는 거 알죠? 마리사가 이번 주말에 이 소식을 존에게 직접 전화로 알릴 거예요." 바로 이 때문에 회의가 끝난 후에도 결과에 대해 아무 말이 나오지 않았던 것이다. 이 상황이 중학교에서 누가 누구를 좋아한다더라는 식으로 소문의 출처를 묘사하는 것처럼 들린다면, 기대하시라, 상황은 훨씬 악화됐다.

초저녁쯤 나는 존의 이메일을 받았다. 파리에서 늦게까지 안 자고 있는 모양이었다. "뭔가 들은 게 있으면 이메일로 알려줘"라고 쓰여 있었다. 데비와 전화를 끊고 나서 나는 존에게 이메일을 보내 주말에 마리사의 전화를 받게 될 것이라고 알렸다.

다음 날 아침 8시 반쯤 전화가 울렸다. 파리에서 존이 건 전화였다. 나는 아직 모닝커피도 마시기 전이었다.

"이름이 정해졌대?" 존이 물었다.

"그렇다고 하네." 내가 말했다. "마리사가 이름을 뭘로 정했는지 전화로 너한테 알려줄 모양이던데. 어젯밤에 데비랑 통화했는데, 네가 캘리포니아에서 언제 돌아오는지 마리사가 알고 싶어 하더래. 마리사가 내일 너한테 전화할 거야."

"데비도 이름을 알아?"

"음…. 그러니까, 내 생각엔 아는 것 같아." 내가 대답했다.

"**너**한테는 이름을 말해줬어?"

"나는 너한테 말하면 안 돼. 마리사가 직접 이름을 너한테 전화로 알려줄 거라서. 마리사가 직접 알려주고 싶어 한다고. 그래서 나는 데비한테 절대로 얘기 안 한다고 몇 번이나 말했다니까." 내가 말했다. 이제 나는 잠이 확 달아났다.

"빌, 대체 이름이 뭐야?"

"존, 말할 수 없어. 마리사가 내일 전화한다니까."

"빌, 그냥 이름을 말해." 존의 목소리가 바뀌었다. 중학생들끼리 누가 누굴 좋아하네 마네를 같은 친구들끼리 얘기할 때의 말투가 아니었다. 구글지오팀의 디렉터인 존 행키가 두 핵심 제품의 이름을 알려달라고 부탁, 아니 요구하는 것이다.

"알았어. 이름을 말할게. 하지만 마리사가 내일 전화하면 놀란 척하기로 약속해야 돼."

"알았어. 놀란 척할게." 그는 못 미더운 말투로 대답했다.

"아니, 존. 진짜로 놀란 척해야 한다고. 알겠지?"

"알았어, 알았다고. 놀란 척할게." 그는 초조한 듯 말했다.

"구글맵이야."

"좋아. 고마워. 이제 비행기 탑승하러 가야겠다."

내 휴대폰은 일요일 저녁 9시쯤 다시 울렸다.

"도대체 왜 말한 거예요!" 데비가 나에게 화를 냈다. "말하지 말라고 그랬잖아요! 그런데도 말을 하다니! 마리사가 나한테 전화해서 얼마나 화를 낸 줄 알아요!"

나는 데비에게 존이 나에게 전화해서 이름을 물었다고 설명했다. 말해줄 수 없다고 했지만 그가 따지듯 물었다고. 그리고 마리사가 전화하면 놀란 척하겠다고 약속했다는 말도 했다.

"약속이 지켜지지 않았더군요!" 데비는 마리사가 한 말을 나에게 그대로 들려주었다. 마리사는 이름 변경을 얘기하려고 존에게 전화해 좋은 소식이 있다고 말했다는 것이다.

"구글맵으로 이름을 바꾸기로 결정이 났습니다"라고 마리사가 말했다고 했다.

존은 놀란 척하며 대답했지만 마리사는 거짓말을 눈치챈 것이 분명했다. "빌 킬데이가 말해줬군요, 그렇죠?"

존은 아니라고 바로 부인할 타이밍을 놓치는 바람에 "네, 그가 얘기해줬습니다"라고 인정해야 했다는 것이다.

회의에 참석자 중에 1명이라도 마음을 바꾸는 사람이 있을까 봐 우리는 거의 즉시 공식적으로 이름 변경을 적용했다. 엘리자베스 하몬은 4월 2일 변경사항을 공지했고, 구글맵은 다시 구글맵이 되었다. 더 이상 구글로컬은 없었다.

구글맵으로 이름을 바꾸기 위해 힘겨운 싸움을 벌였기에, 다시는 이름이 바뀌지 않길 바랐다. 그 이름이 **영원하길** 바랐다. 그 이름을 돌에라도 새겨놓았으면 좋겠다고 생각했다, 젠장.

재미로 나는 제품명을 돌에 새길 조각가를 찾는다는 광고를 크레이그리스트에 올렸다. 몇 주 후에 아름다운 36킬로그램짜리 분홍색

대리석에 카툴Catull체(구글 로고 폰트)로 새겨진 구글맵 로고가 배달됐다. 버클리에 사는 여성 조각가의 작업물이었다. 이스트베이 지역에 사는 노아가 재빨리 나서서, 나를 위해 41동 조각상 받침대 위로 배달되도록 주문했다. 아름다운 예술품이었다. 지금도 여전히 구글지오 사무실을 차지하고 있다. 이것 때문에 회사에는 1,300달러가 청구됐다. 그렇지만 그 조각에는 이름 변경에 대한 최종 결정이 담겨 있었다. 누군가 그 이름을 바꾸려고 든다면 나는 이렇게 말하겠지. "죄송하지만 변경할 수 없습니다. 구글맵이라는 이름은 돌에 새겨져서 변경 불가능합니다." 그러면서 약 36킬로그램에 달하는 아름다운 분홍색 대리석 덩어리를 가리킬 것이다.

41동에서 진행된 나의 마지막 프로젝트로 구글맵 API를 사용하는 개발자들을 위한 행사를 기획했다. 해커톤(소규모 모임과 해킹과 마라톤의 합성어로, 정해진 긴 시간 동안 기획자, 개발자, 디자이너 등이 팀을 이뤄 시제품 단계의 결과물을 완성하는 대회) 이외에 구글은 대규모로 개발자 위주의 행사를 연 적이 없었다. 나는 구글맵 API를 사용하는 엔지니어와 웹 개발자 및 디자이너들을 위한 행사를 구글 캠퍼스에서 열어볼 생각이었다. 나는 행사명을 구글지오 개발자의 날Google Geo Developer Day이라 지었고, 옌스 라스무센이 행사를 위한 지도 브랜딩과 디자인 요소 작업을 도와주었다.

마케팅 경비나 광고비를 확보하기는 거의 불가능했다. 그러나 개발자들을 위한 행사라는 아이디어는 곧 구글 임원들의 지지를 얻었고, 예산과 기본구성에 대해 승인받았다. 엔지니어링 중심의 기업에서 엔지니어에게 돈을 쓰겠다는 건 잘 먹히는 전략이었다. 브렛 테일러는 이 아이디어에 아주 열렬한 지지를 보냈다.

2006년 6월 구글 캠퍼스에서 열린 첫 번째 개발자 관련 행사에는 구글맵 제작의 열광적인 지지자, 개발자 및 언론인 등 300여 명이 참가했다. 우리는 이 행사를 구글어스에 사실적으로 3D 질감이 표현된 건물(구글 스케치업의 파워유저들이 제공함) 등을 포함해, 몇 가지 주요 매핑 계획을 위한 일종의 발판으로 기획했다. 브렛과 짐 노리스는 새로운 기업용 구글맵 API를 선보였다. 덕분에 질로우, 오픈테이블, 옐프와 같은 기업들은 자사 웹사이트에서 경쟁업체의 광고가 나타나지 않도록 하는 유리한 사용 조건으로, 자사 웹사이트에서 유료 구글맵을 사용할 수 있게 됐다.

나는 래리와 세르게이, 에릭을 행사에 초대했다. 이들은 참가자의 열기, 언론의 관심, 그리고 신나는 행사장 분위기에 놀라워했고, 나 역시도 이들이 나타난 데 대해 놀랐다. 점심시간에 나는 모든 참가자에게 찰리스카페 밖의 풀밭에 누워 있으라고 지시했다. 구글 본사 위로 항공기가 낮게 날아가도록 해, 풀밭에 나와 있는 모든 참가자를 고해상도 항공촬영 이미지로 찍도록 했다. 우리에겐 **구글 버전의 10의 제곱수**와 같은 순간이었다. 사진을 다운받아 출력한 후 행사가 끝날 때쯤 기념품으로 모두에게 나눠주었다.

행사는 성공적이었고, 새로운 제품과 제품 기능을 출시하기 위한 표준 플랫폼으로 구글에서 널리 인정받았다. 이는 일종의 제품 편성 방식을 새롭게 제시한 것으로, 제품 출시 준비가 완료됐을 때 제품을 공개하던 기존 방식과 달리, 마케팅팀이 구체적인 제품 출시일을 제시하는 첫 사례였다. 그다음 해에 이 행사가 확대되면서 더 많은 구글지오 제품이 포함됐고, 공식적으로 구글 개발자의 날로 불리게 되었다. 2008년에는 이 아이디어를 확대해 고유의 자체 브랜드인 구글 아이오Google I/O를 포함시켰고, 이는 구글 최대의 연례 개발자 홍보행사 및 제품 공개행사로 자리 잡았다. 샌프란시스코의 대규모 전시장인 모스콘센터에서 매년 열리는 구글아이오 참가자는 5천 명으로 인원이 제한되며, 입장권은 판매시작 후 몇 시간 내에 다 팔린다. 현재 구글에서는 이 행사 담당 직원들이 팀을 꾸려 일하고 있다.

그러나 구글지오 개발자의 날이 성공하자 나는 녹초가 됐다. 번아웃 상태가 된 것이다. 나는 그 일에 모든 것을 쏟아부었다. 셸리 역시 구글의 업무 속도에 지쳐갔다. 딸들과 함께 디즈니랜드에 갔는데, 내가 온종일 블랙베리를 만지작거렸던 것이다.

나는 텍사스로 돌아가고 싶었다. 어느 한 가지 이유 때문은 아니었다. 그보다는 여러 가지가 복합적으로 작용했다. 지난 6년 동안 나는 정말 숨 가쁘게 달려왔다. 내 역할은 완전히 주변부로 밀려난 마케팅 업무에 한정된 데다가, 구글은 당시 마케팅에 아주 부정적인 태도를 보였다. 제품이 최고면 된다는 식이었다. 그게 나쁘다는 건 아니다. 단순히 동적인 사용자 환경을 구축하는 전략이 먹혔고, 지금도 효과가 있으니까. 셸리와 나는 실리콘밸리가 딸들을 키우기에 적합한 곳인지에 대해서도 자문할 수밖에 없었다. 나는 평범한 아이들 사이에서 딸들을 키우고 싶었다. 5분밖에 안 걸리는 등굣길에 뒷좌석에서 초콜릿 도넛을 먹으면서 DVD를 보는 아이들과도 어울리길 바랐다. 캘리포니아에서 모두와 한 가족처럼 지내던 시간이 그립겠지만, 텍사스에서 딸들은 엉뚱하고 재밌는 우리 가족들과 잘 어울리며 지낼 수 있을 것이었다.

　마운틴뷰를 뒤로하고 구글을 떠날 가능성을 생각해보던 중에 다행히 오스틴으로 돌아갈 기회가 생겼다. 구글을 떠나지 않고 말이다. 2006년 봄, 나는 구글 광고에 수백만 달러를 지출하는 대기업들과의 회의에 자주 참석했다. 회의실 안에는 항상 나 같은 마케팅 매니저들이 있었는데, 구글맵과 구글어스 체험판은 마지막 순서로 남겨두는 경우가 많았다. 구글에서 혁신의 빠른 속도를 보여주는 이보다 더 좋은 예는 없었다. 구글에서 회의를 기다리는 기업 중에는 PC 제조업체도 있었다. HP와 델, 에이서, 소니, 도시바 등이었다.

　이러한 회의 중에 나는 구글러인 선다 피차이와 자주 마주쳤다. 그는 구글 툴바Google Toolbar와 구글 데스크톱Google Desktop을 관리하는 제품 매니저였다. 그의 상사는 마리사였다. 당시 그의 직위는 제품 매니저였지 디렉터가 아니었다. 선다는 구글러의 평균보다 굉장히 친절한 편이었고, 성격이 상당히 밝은 사람이었다. 게다가 그는 독특하게도 고객 서비스에 주력했는데, 이는 구글에서는 매우 드문 경우였다. 그는 세계적인 경영컨설턴트 회사인 맥킨지앤컴퍼니에서 컨설턴트로 근무했었기 때문에, 만족시켜야 하는 고객을 가진다는 게 어떤 의미인지 알고 있었다.

　이런 모든 경험으로 인해 선다는 PC 제조업체와 배포 파트너십을 효과적으로 체결할 수 있었다. 오스틴에 본사를 둔 델컴퓨터와 파트너십을 체결했다는 소식이 금요일 밤에 구글 뉴스피드에 떴다. 구글은 델, 애플, HP, 모질라 등의 기업과 배포 파트너십을 체결하는 데 엄청나게 투자하고 있었다. 마이크로소프트가 수백만 대의 기기에 기본으로 설정된 검색 공급자를 자사 검색엔진인 빙Bing으로 자동 전환하는 움직임에 맞서 싸워야 했던 것이다. 모든 웹브라우징의 85퍼센트가 마이크로소프트의 인터넷 익스플로러에서 수행되고 있었으므로, 이는 실제로 구글에 위협일 수밖에 없었다. 구글 툴바와 같은 제품은 인터넷 익스플로러에서 보조 앱으로 실행되기 때문에, 구글은 수백만 명의 사용자가 자동으로 구글에서 이탈하게 만드는 마이크로소프트의 움직임에 대비할 수 있는 것이었다.

나는 즉시 선다에게 이메일을 보냈다. "파트너십 체결 업무를 할" 사람이 필요하면 내가 오스틴에 가서 기꺼이 돕겠다고 말이다. 계약 규모에 대해 어떤 기업도 공식적으로 확인해준 바는 없었지만, CNN 보도에 따르면, 구글은 매년 델이 전 세계에서 판매하는 4,700만 대의 PC에 권장기본값 공급자로 설정되도록, 델에 10억 달러를 지불한 것으로 알려졌다. 이는 3년간 유지되는 계약이었고, 나는 선다가 오스틴에서 파트너십을 원활히 진행할 책임자를 고용할지 궁금했다. 그는 오스틴에 책임자가 필요할 것이라 생각하지는 않았지만, 한번 고려해 보겠다고 답장을 보내왔다. 그리고 구글맵과 구글어스 개발 경험을 볼 때 추천할 만하다는 메모를 덧붙여 내 이메일을 인사 담당자에게 전달했다. 2주 만에 나는 일자리 제의를 받았고, 회사 차원에서 오스틴으로의 전근을 지원해주었다. 셸리와 나는 그곳에서 집과 아이들 학교를 알아보기 시작했다.

존에게 일자리 제의를 받았다고 말했더니, 그는 내 상사가 아닌 친구의 입장에서 답해주었다. "지금 여기 구글에서 함께 일하는 사람들 모두를 한번 생각해봐. 이들은 언젠가 CEO로, 최고 마케팅 경영자로 실리콘밸리 전역에 흩어져서 일하게 될 거야. 그러니까 너는 이 모든 전문가 네트워크를 뒤로하고 떠나겠다는 거지." 그러나 그는 새로운 직책이 지금 구글맵과 구글어스 마케팅 책임자 역할보다 훨씬 더 중요한 자리일 수 있다는 사실도 인정했다. 그 자신도 오스틴에 살아봤기 때문에 인정할 수밖에 없었던 것이다. "그렇지만 오스틴에서 살면서도 계속 구글에서 일할 방법이 있다면, 솔직히 그보다 더 나은 조건은 없겠다."

2006년 10월, 나는 오스틴에서 새롭게 일을 시작했다. 구글을 영영 떠나는 건 아니었다. 나는 마케팅팀을 매우 유능한 앳라스트소프트웨어 출신, 수석 마케팅 매니저인 제프 마틴에게 넘기고 마운틴뷰를 떠났다. 데데는 나를 위해 깜짝 파티를 열어주었다. 내가 그 자리에 없어서 더 깜짝 놀랄 만한 파티였다. 그때 나는 오스틴행 비행기에 타고 있었기 때문이다. 비행기 바퀴가 활주로에 닿았을 때 데데와 다른 사람들이 나보고 어디냐고 묻는 음성메시지가 여덟 개나 와 있었다. 이들은 나 없이 송별파티를 열었고, 데데가 만든 지구 모양의 케이크 사진을 찍어서 보내주었다. 존과 함께 일하던 시절은 끝났다 (적어도 나는 그렇게 생각했다). 팀을 떠나게 되어 서운했지만, 나는 텍사스에서의 새로운 구글 업무에 몰두했다.

총 거리 160만 킬로미터
스트리트뷰 프로젝트가 남긴 풍경

나는 구글에서 새로운 직책을 맡아, 이후 몇 달간 펨버턴하이츠 주택 단지의 약 350제곱미터에 달하는 집에서 혼자 일하게 되었다. (우리는 멘로파크에 있는 약 92제곱미터 면적의 집을 팔고, 같은 돈으로 이 집을 구입했다.) 어느 날 오후, 나는 문의할 것이 있어 구글 인사팀에 전화했다.

"텍사스주 오스틴에 살면서 구글에 다니는 사람이 있으면 명단을 좀 주실 수 있습니까?" 그러자 직원이 대답했다. "구글 사무실 주소가 오스틴인 사람은 없습니다." 그래서 내가 물었다. "지역 번호가 512로 시작하는 사람이 있는지 좀 봐주시겠습니까?" 인사팀 직원은 세 명의 이름을 알려주었다. 나는 서로의 존재조차 모르는 이들에게 이메일을 썼다. 그리고 매달 바비큐 점심 모임을 만들었다. 곧 우리는 오스틴 시내의 노스라마가에 있는 워털루레코드 가게 바로 옆 사무실을 같이 쓰게 되었다. 사무실 인원은 4명에서 6명으로, 다시 10명으로 빠르게 늘어났고, 구글 오스틴 지사는 그런 식으로 만들어졌다(2018년을 기준으로 오스틴 지사에는 750명의 구글러가 근무한다). 구글의 사명을 텍사스 사투리로 표현한 문구가 사무실 티셔츠에 선명하게 새겨졌다. "전 세계 정보를 체계화해야 하지 않겠소."

파트너십 업무는 나 같은 마케팅 인력에게 썩 맞는 일은 아니었다. 스프레드시트와 계약서를 들여다보는 시간이 생각보다 훨씬 많았다. 솔직히 나는 그 일에 재능이 있는 편은 아니었다. 내 마음과 열정은 여전히 마케팅을 향해 있었다. 그렇긴 해도 구글을 위해 아주 전략적인 파트너십을 몇 건 체결하긴 했다. 그중에는 애플과 모질라, 델, 어도비 등도 있었다.

당시 구글 검색창은 구글닷컴 홈페이지에서뿐만 아니라, 애플의 사파리, 모질라의 파이어폭스, 인터넷 익스플로러 브라우저와 같은 수십 가지 제품에도 내장되어 있었다. 나는 그러한 파트너십 업무를 맡았다. 이 작은 구글 검색창을 배포하는 것만으로 말 그대로 수십억 달러가 구글로 흘러들어왔다. 첫 화면이 구글로 기본 설정된 파이어폭스에서만 검색으로 연간 수십억 달러의 수익이 발생했다. 연계수익으로 구글 직원 순위를 매긴 명단이 있었다면, 나는 아마 거의 상위권에 있었을 것이다. 존이 나에게 새로 시작된 특이한 지도 프로젝트에 대해 알려주었을 때(이탈리아 지도 회사를 인수한다든가 아시아 회사와 독점 데이터 계약을 체결한다든가), 구글지오 부서의 경비를 이제 내가 대는 셈이라고 바로 알려주었다. 래리와 나머지 경영진은 존과 브라이언에게 가능한 모든 성장 전략을 찾아내라고 압박했으나, 지도 부문의 이익 창출은 여전히 뒷전이었다. 구글맵과 구글어스는 벌어들이는 돈보다 지출이 많은 상황이었던 것이다.

구글의 다른 부서가 돈을 마구 뿌리는 대신, 수익을 올려 지출을 충당하는 부서에 있다는 사실이 만족스러웠다. 2005년 구글지오 팀에 대한 투자가 후한 수준이었다면, 2006년 후반에는 그 지출액이 거의 전례 없이 폭증했다고 할 정도였다. 존의 담당 분야는 예산이 한도 끝도 없는 것 같았다. 2월에 앳라스트소프트웨어 인수액은 4,500만 달러라고 알려졌다(공식적으로 확인되지는 않았다). 구글은 수천만 달러에 달하는 디지털글로브의 위성사진에 자금을 투자했다. 그리고 스위스의 루체른에 본사를 둔 엔독센Endoxen이라는 지도 회사를 추가로 인수해, 유럽 내 구글의 입지를 넓히기로 했다. 구글맵과 구글어스의 사용자 환경이 뛰어나다는 것만큼은 분명했다. 특정 국가의 데이터를 확보해 제품 출시를 하면 언제나 구글 제품이 곧바로 엄청난 시장 점유율을 확보했다. 2006년 말에는 구글맵이 47개국에서 출시됐고, 구글어스는 1억 2천만 회 이상 다운로드됐다.

오래 몸담은 직장을 그만두면 대신할 사람을 찾기가 어렵고 떠난 동료가 아쉽게 마련이다. '구글맵팀은 내가 떠나고 업무 공백을 겪을 게 분명해.' 하지만 나는 오스틴으로 떠난 후, 구글맵팀에 대해서 전혀 이런 생각이 들지 않았다. 존과 팀은 나 없이도 잘해나갈 것을 알았다. 구글맵은 여전히 그 영역을 넓혀가는 중이었다.

루크 빈센트는 2004년에 구글에 합류했다. "컴퓨터 비전"(예측 기능이 내장된 컴퓨터) 관련 경력 덕분에, 그는 전 세계 도서관 콘텐츠를 스캔하는 어마어마한 업무를 맡아 댄 클랜시 팀에 배정되었다. 이는 상당히 야심 찬 프로젝트로, 구글은 업계에서 손꼽히는 컴퓨터 비전 엔지니어들을 불러 모았다. 내부적으로는 오션프로젝트Project Ocean 라는 암호명으로 불렸다.

빈센트는 팀에 합류하자마자 곧 래리 페이지와의 회의에 불려갔다. 래리는 빈센트에게 완전히 새로운 프로젝트에 대해 얘기했다. 스탠퍼드대학교의 컴퓨터공학과 교수인 마크 르보이와 개인적으로 시작한 프로젝트였다. 스트리트뷰로 도시의 동영상을 캡처하고, 수평 이미지로 연속된 거리를 생성하며, 그러한 이미지에서 주소 따위의 데이터를 추출해 검색할 수 있게 만드는 일이었다. 빈센트는 래리가 웹페이지의 디지털 세계뿐 아니라, 실제 세계를 검색할 수 있게 만든다는 장기적 비전에 매료됐다는 것을 재빨리 알아챘다. 구글은 2003년 개념증명 개발을 지원하기 위해 르보이에게 보조금을 지급했고, 르보이는 프로젝트를 지속하기 위해 2004년에 래리에게 보조금 지급 갱신을 요청했다.

이러한 관계를 유지하기 위해, 래리는 빈센트에게 해당 프로젝트가 얼마나 진전됐는지 평가하고 얼마간 방향을 제시하도록, 르보이 및 그의 학생들과의 연락 업무를 맡아줄 수 있는지 물었다. 근본적으로 르보이의 개념증명은 페이지를 넘기는 로봇을 활용해 책을 스캔하는 데 사용되는 것과 동일한 컴퓨터 비전 개념에 상당 부분 기대고 있다고 설명했다. 두 프로젝트에는 모두 사진을 찍고, 이 사진들을 연결해 사진으로부터 검색 가능한 데이터를 추출해내는 과정이 포함되었다.

이러한 대화 중에, 빈센트는 자신이 래리에게 르보이가 사용 중인 데이터를 어떻게 캡처하는지 물었다고 나에게 말해주었다. 빈센트는 단순히 구글이 이미지 공급업체를 찾았을 것이라고 추측했다. 하지만 "토요일에 차를 타고 캠코더를 갖고 나가 직접 동영상을 캡처하러 돌아다닌 적이 있었다"라고 래리가 설명했다는 것이다. 그러고는 빈센트에게 컴퓨터로 그 동영상을 보여주었다고 했다.

동영상에는 스탠퍼드대학교 캠퍼스를 구석구석 돌아다닌 후, 래리가 두 친구와 구불구불한 92번 국도에 위치한 하프문베이로 가기 위해 서쪽으로 달리다가 1번 국도를 타고 샌프란시스코로 올라가는 모습이 담겨 있었다. 빈센트와 브라이언 매클렌던을 비롯해 이 동영상을 본 사람들은 마리사 메이어와 세르게이 브린과 함께 래리가 농담을 주고받는 목소리가 들린다고 주장한다.

정말 끝내준다. 2002년 어떤 토요일 오후에 팔로알토의 어느 거리 모퉁이에 서 있는데, 차 한 대가 천천히 옆을 지나가면서 조수석 창문을 열고 캠코더 스탠드를 손에 들고 촬영한다고 잠시 생각해보자. 그럼 무슨 생각이 들었을 것 같은가? 친구에게 "그거 봤어? 래리 페이지랑, 마리사 메이어, 세르게이 브린이었잖아. 방금 그 차를 타고 거길 지나갔다고. 진짜 이상한 건 래리 페이지가 차를 타고 지나가면서 나를 비디오로 찍어갔다는 거야"라고 친구에게 말하면, 그 친구가 그 말을 믿어줬을까?

스트리트뷰 수준으로 도시 사진을 찍어서 자연스럽게 이 사진들을 연결한다는 것은 새로운 개념이 아니었다. 한 프로젝트에서 니콜라스 네그로폰테가 포함된 매사추세츠공과대학 연구집단에 자금을 지원해, 1979년에 아스펜무비맵Aspen Movie Map을 만들었다. 이 팀은 운전 시 차체의 흔들림을 줄여주는 자이로 안정기gyroscopic stabilizer를 단 차량에 네 대의 16밀리미터 카메라를 설치해 활용했다. 무비맵은 10초마다 사진을 찍었다. 그 기술은 사용자들이 도시를 가상으로 둘러볼 때, 방향을 제어할 수 있도록 하는 오버레이 지도도 제공했다.

2004년에 래리의 동영상은 르보이의 스트리트뷰 매핑 개념증명의 기초가 되었다. 2004년 가을, 빈센트는 스탠퍼드대학교 컴퓨터공학과 학생팀과 연락하는 업무를 자신의 "20퍼센트 프로젝트"로 삼았다. 구글 엔지니어들은 개인 업무의 20퍼센트를 자신이 원하는 프로젝트에 투자할 수 있으며, 그렇게 하도록 권장된다. 구글의 지메일도 바로 2002년에 이 20퍼센트 프로젝트를 통해 탄생한 제품이다. 그래서 빈센트는 컴퓨터 비전 엔지니어로서 구글북스Google Books에서 일하면서 동시에 스탠퍼드대학교의 르보이 교수와 함께 프로젝트 협업에 나섰다.

그해 봄, 빈센트는 래리가 그 프로젝트에 얼마나 기대하고 있는지 좀 더 확실히 깨닫기 시작했다. 래리는 주기적으로 빈센트의 사무실에 들러 진척 상황을 확인하곤 했던 것이다. 여름에 빈센트는 7명의 구글 엔지니어를 뽑았다. 그중에는 스탠퍼드대학교에서 전기공학 박사를 받은 크리스 울릭이 포함되어 있었고, 그와 함께 일하게 된 17명의 인턴(대부분 르보이 교수의 학생들)도 추가로 뽑혔다. 이들은 첫 번째 차량의 시험판을 만들고, 차량으로 첫 번째 사진들을 찍어, "컴퓨터 비전 파이프라인" 응용프로그램을 개발했다. 사진을 찍는 것도 문제였다. 360도로 찍은 이미지를 모두 관리하고 매핑해, 모자이크

처리를 하는 것도 마찬가지로 상당히 버거운 일이었다. 이는 마크 어빈과 존 존슨의 데이터 처리 도구를 좀 더 정교하게 만든 버전에 가까웠다.

첫 번째 구글스트리트뷰 차량은 그해 여름 마운틴뷰 거리 전역을 놀라게 했다. 아무런 표시가 없는 짙은 녹색 쉐비 밴이 개조된 각종 컴퓨터와 카메라, 레이저 센서를 지붕에 묶어 장착하고 시속 16킬로미터도 안 되는 속도로 달렸던 것이다. 빨리 달리면 포착한 장면이 흐릿하게 나와서 쓸모가 없기 때문이었다. 밴의 퓨즈가 몇 번 끊어진 후, 별도의 혼다 가솔린 발전기를 차량 지붕에 접합해 안정적으로 전력을 공급했다.

밴은 도저히 믿을 만한 수단이 못 되었다. 매일같이 촬영 준비를 마치고 임무 수행 계획을 짠 후, 시스템 전체를 조심스레 재가동해 연결시켰다. 그리고 매일같이 1시간가량을 돌아다닌 후, 인턴 운전자가 마운틴뷰로 돌아와 컴퓨터 충돌이나 시스템 장애 같은 문제를 보고했다. 그런 다음 그는 다시 밴으로 돌아와 문제점을 진단해야 했다.

2005년 여름이 끝나갈 무렵, 구글스트리트뷰 프로젝트는 성공적인 결과를 내놓았다. 담당팀은 마운틴뷰와 팔로알토의 최초 스트리트뷰 데이터 세트를 캡처하는 데 성공했고, 캡처된 해당 이미지를 체험판으로 구글맵에 통합하기까지 했다.

2005년 10월, 빈센트와 울릭은 40동에서 기술 세미나를 열었다. 여기에는 구글맵팀의 존, 브라이언, 그리고 나를 포함해 많은 사람이 참석했다. 스트리트뷰팀은 아직 빈센트의 20퍼센트 프로젝트로 진행되고 있었고, 그가 직무상 댄 클랜시와 구글 도서검색Google Book Search

팀에 보고하고 있었기 때문에, 스트리트뷰는 구글 도서팀 내 프로젝트로 여겨졌다. 이런 상황이 지속되었는데, 브라이언은 초기에 스트리트뷰 프로젝트가 장기적으로 지속되기 어렵다고 생각해, 이 팀의 활동을 자신이 아닌 다른 누군가에게 보고하는 것이 좋겠다고 판단했기 때문이다.

나는 이러한 계획에 대해 브라이언과 마찬가지로 회의적이었다. 이 프로젝트에 필요한 것이 뭔지 따져보니, 스트리트뷰에 사용할 전 세계 데이터 세트를 만들기 위해서는 말도 안 되게 엄청난 시간과 주행거리, 연료비, 에너지 및 차량수와 운전자가 필요했기 때문이다. 어림잡아 계산해봐도 이 프로젝트를 진행하려면 수억 달러가 들었다. 게다가 누군가 이 모든 거리 수준의 이미지를 캡처한다고 가정할 때, 이런 종류의 데이터가 어떻게 구글맵에 자연스럽게 통합될지도 의문이었다.

그런 의구심에도 불구하고 40동에서 열린 기술 세미나를 열고 구글 엔지니어링팀Google Engineering의 디렉터 빌 코그런이 긍정적으로 공학적 검토를 한 후, 스트리트뷰는 구글 내 공식 프로젝트가 되면서 중요한 단계로 접어들었다. 이는 곧 예산과 직원 채용, 법적 승인, 사무 공간, 서버 할당, 추진 일정, 약속한 결과물, 경쟁 제품 분석, 데이터의 개인정보 검토 등이 포함된다는 뜻이었다. 그뿐만 아니라 스트리트뷰 프로젝트는 구글 도서검색팀에서 구글지오팀으로 이관되어 브라이언에게 보고하게 되었다.

2006년 여름까지 빈센트는 정규직 엔지니어 12명을 채용하고 카메라, 차량, 처리도구 등 전체 시스템을 다시 구축했다. 그렇긴 하지만 스트리트뷰는 여전히 구글에서 실험적으로 평가되는 분위기였다. 그 실험에 제한은 없었지만 말이다. 스트리트뷰팀은 예산의 제약을 받지 않았고, 래리는 스트리트뷰라는 아이디어에 적극 투자했다.

존은 2007년 5월 29일 새너제이에서 열린 웨어Where 2.0 지도 컨퍼런스에서 구글스트리트뷰를 소개했다. 다섯 개 도시만이 구글스트리트뷰에 포함됐지만(샌프란시스코, 라스베이거스, 덴버, 마이애미, 뉴욕), 빈센트의 실험은 곧바로 성공을 거뒀다. 제품에 대한 뜨거운 반응으로 서버 대역폭 사용량이 급증했다. 가장 높게 잡았던 수요 예측값을 훨씬 뛰어넘는, 한 자릿수 비율 증가를 기록한 것이다. 하루 사이에 브라이언은 프로젝트에 회의적인 입장을 바꾸어, 가능한 한 빨리 더 많은 도시에 스트리트뷰 이미지를 적용하라고 압박을 가했다.

그러나 이러한 개념을 수천 마일도 아닌, 수백만 마일 범위로 확대 적용하는 일은 완전히 다른 차원의 문제였다. 빈센트와 울릭의 일관성 없는 스트리트뷰 개념증명 방식은 너무 복잡하고, 수동으로 맞춤 설정을 하는 식인 데다가, 안정성이 부족했다. 대규모로는 적용이 불가능한 상태였다. 존과 브라이언은 다행히도 2007년 초 완전히 새로운 팀을 맞이했다.

스탠리가 무대 전면에 등장했다.

스탠리를 다들 기억하시는지? 2005년 DARPA 그랜드챌린지 우승 이후, 세바스찬 스런과 로봇공학, 컴퓨터 비전 및 자율주행차량 전공 박사과정에 있는 그의 최우수 스탠퍼드 학생들로 이루어진 팀은 차세대 자율주행차량을 만드는 일에 매달렸다. 2007년에 스런 교수는 복잡한 사업상 계약과 법적 절차에도 마찬가지로 수완을 발휘했다. 그는 스탠퍼드대학교와는 별도로 스스로 벤처사업을 시작했고 해당 신생회사를 구글에 팔겠다고 제안했다(마이크로소프트도 이 회사에 관심을 보였다).

구글은 스런의 회사를 거액을 주고 사들였고, 그 팀에는 자율주행차량 개발 분야에서 유명한 앤서니 레반도브스키가 새롭게 합류했다. 그는 캘리포니아대학교 버클리캠퍼스의 산업공학 및 운영리서치 석사과정 학생이었다. 스런은 2005년 DARPA 행사에서 레반도브스키를 만났다. 레반도브스키의 자율주행오토바이인 고스트라이더는 거친 사막 코스를 완주하는 데 실패했다(고스트라이더는 스미스소니언협회가 관리하는 국립미국사박물관에 전시되기도 했었다.) 레반도브스키는 2007년 구글에서 스런의 팀에 합류해 스트리트뷰팀에서 처음으로 일하게 됐고, 곧 구글의 자율주행차량 프로젝트를 주도하게 되었다.

2007년 4월, 스런의 팀과 빈센트 및 울릭의 그룹은 스트리트뷰 프로젝트를 처음부터 다시 시작했다. 이들은 가능한 한 빨리 미국 전역을 지도에 담겠다는 목표로, 더욱 간단한 차세대 스트리트뷰 차량을 설계했다. (스런의 팀은 공격적 목표aggressive goal의 달성과 이익연계지급 방식으로 두둑한 추가 보상을 받았다. 즉 약 970만 킬로미터에 달하는 미국 도로 중 약 160만 킬로미터에 해당하는 거리 수준 이미지를 수집했던 것이다.) 새로운 차량 설계는 빈센트와 울릭의 시험판보다 훨씬 기본적인 수준이었다. 고급 기성품 카메라를 활용했기 때문에 카메라 장치에 더 복잡한 레이저 센서나 작동부품이 필요하지 않았다. 빈센트와 울릭이 파악한 사항과 초기 작업 덕분에 처음으로 다섯 개 도시의 스트리트뷰를 내놓을 수 있었으나, 오늘날과 같은 모습으로 구글이 스트리트뷰 대상 범위를 확장하게 된 것은 스런과 레반도브스키의 멋지고 간결한 설계 덕분이었을 것이다.

2세대 스트리트뷰 스바루 차량단은 혼잡한 맨해튼 거리에서부터 작은 중서부 마을의 숲이 우거진 교외도로에 이르기까지, 전국을 누볐다. 2007년 말, 약 970만 킬로미터에 달하는 전체 미국 도로 중 약 160만 킬로미터를 주행한 후, 그 모든 사진을 찍었다. 스런의 팀은 공격적 목표를 달성한 것이었다.

구글스트리트뷰와 사용자 인터페이스의 주황색 사람 모양 아이콘에 대한 일반 대중의 반응은 폭발적이었다. 그리고 이러한 열광적인 반응은 대부분 구글스트리트뷰 차량의 카메라에 담겼다. 플로리다주에서 구글스트리트뷰 차량을 보고 미친 듯 재주를 넘는 모습도 찍혔다. 노르웨이의 거리에서는 보행자들이 스쿠버 장비를 착용하고 (오리발까지 달고) 차량을 쫓아갔다. 그 밖에도 전 세계에서 다른 사람들이 모르는 게 나을 법한 행동을 하다가 걸린 이들의 다양한 모습이 찍혔다. 개인정보 침해 우려 때문에 촬영된 사진들은 모두 컴퓨터 알고리즘을 통해 이미지 검색을 거친 후, 차량번호판과 사람들의 얼굴을 블러(흐리게) 처리했다. 안타깝게도 구글의 블러링 알고리즘은 얼굴에만 효과가 있었다.

나는 존에게 전화해 구글스트리트뷰 광고 캠페인을 생각해보라고 권했다. 나는 당시 구글맵 마케팅 업무에서는 손을 뗐지만, 수화기를 들고 존에게 한두 가지 아이디어 정도는 권할 수 있는 위치였다.

내 생각은 이랬다. 구글스트리트뷰 차량이 도로 촬영을 할 도시를 선정한 후, 일정을 잡고 해당 도시의 신문에 미리 전면 광고를 내는 것이었다. 예를 들어, 스트리트뷰팀이 오스틴을 캡처하기로 했다면 광고의 헤드라인은 "오스틴이여. 구글이 오고 있다" 정도가 될 수 있겠다. 이런 광고를 귀여운 구글스트리트뷰 차량의 컬러 사진 위에 배치하는 것이다. 차량 아래에는 두 번째 헤드라인을 넣는다. "바쁜 모습" 정도로.

존은 별로 내키지 않는 모양이었다. "빌, 그로 인해 어떤 혼란이 생길지 상상해봤어? 정치적 명분 같은 건? 거리에서 스쿠버다이빙 장비를 입고 차량을 쫓는 미치광이들은 또 어떻고? 곳곳에 진을 친 노출증 환자들이 셀 수도 없다고!" 그가 말했다.

"그러니까!" 내가 말했다.

나는 존이 내 말대로 했으면 좋지 않았을까 생각한다.

나는 구글스트리트뷰 프로젝트에 여전히 회의적이었다. 존이나 다른 직원들이 알려준 작업의 규모 자체를 도저히 믿을 수 없어 고개를 저었던 적이 한두 번이 아니었다. 운전자와 수백 대의 차량, 수백만 마일에 달하는 주행거리 등등. 멋진 사용자 환경만큼이나 나는 이를 떠받치는 근본적인 경제 논리를 이해할 수 없었다. 또 한편으로는 내 질문 자체가 잘못되었는지도 모른다. 어쩌면 전통적인 기업과 전혀 다른 구글 같은 기업에 기존의 비즈니스 논리를 적용한 것이 잘못이었는지도 모르겠다.

2004년 구글의 기업공개 당시 래리는 구글 주식을 매입한 투자자들에게 "구글 주주들을 위한 오너 매뉴얼"이란 제목의 공개 서한을 통해 주의를 환기시킨 적이 있었다. "구글은 전통적인 기업이 아닙니다. 우리는 그런 기업이 될 생각도 없습니다"라고 썼다. "세르게이와 저는 어떤 주제든, 관련 정보를 즉각 제공해 전 세계에 많은 도움을 줄 수 있을 것이라는 믿음에서 구글을 창업했습니다. 우리의 목표는 중요한 일을 이룰 수 있도록, 가능한 많은 이들의 삶을 개선할 수 있는 서비스를 개발하는 것입니다."

존이 지휘하는 구글의 지도 프로젝트 규모가 계속 확장되면서, 그 오너의 매뉴얼이 뜻하는 진짜 의미를 생각해보지 않을 수 없었다.

4천 잔의 카페라테
아이폰의 킬러앱이 된 구글맵

발신: steve@apple.com

수신: jhanke@google.com

안녕하세요, 존. 혹시 만나 뵐 수 있을까요?

-스티브 잡스

"그러니까 지금 이 메일이 진짜일 가능성에 대해 어떻게 생각해?" 존이 아내 홀리에게 물었다.

캘리포니아주 피드몬트의 전망 좋은 집에 사는 존과 홀리는 느긋한 일요일 오후에 신문을 보면서 빈둥대고 있었다. 2006년 어느 온화한 가을날이었다. 존은 습관처럼 맥북을 열어 이메일을 확인하다가 특히 눈길을 사로잡은 메시지 하나를 발견했다.

"10퍼센트 정도?" 홀리가 말했다. 그녀는 믿지 못하겠다는 투였지만, 존은 혹시나 진짜 스티브 잡스가 메일을 보냈을까 싶어서 다음 날 아침 11시에서 12시 사이에 가능하다고 답장을 보냈다.

아침 11시 5분, 존의 구글 사무실 전화가 울렸다.

"안녕하세요, 존. 스티브입니다."

스티브 잡스는 구글지오팀이 그때까지 이루어낸 일에 대해 칭찬을 늘어놓더니, 존에게 애플의 새로운 프로젝트에 대해 조금씩 얘기하기 시작했다. "애플에서 개발 중인 기기에 대한 소문을 들어봤을지도 모르겠군요. 그 기기에는 모바일 기능이 있을 수도 없을 수도 있습니다." 잡스는 조심스럽게 설명했다. 우리 두 회사가 함께 일할 수 있다면 좋을 것 같은데. 관심이 있으십니까?"

크로스플레인스에서 10대 시절을 보낸 존은 스티브 잡스를 우상으로 여겼고, 애플의 멋진 매킨토시 컴퓨터를 숭배하다시피 했다. 1984년에는 그가 매킨토시를 살 형편이 안됐던 것이다. 2006년 말, 애플이 아직 이름도 못 붙인 기기에 대한 소문이 업계에 파다했다. 애플 본사의 비밀스러운 사무실 밖에서는 아무도 해당 기기를 봤다는 사람이 없었으나, 기술 업계는 애플에 대한 소문에 큰 기대를 품었다. 존 역시 높은 관심을 받는 이 새로운 모바일 기기 프로젝트에 동참할 수 있다는 기대감에 부풀어, 잡스에게 자신이 개인적으로 이 프로젝트를 관리할 것이라고 약속했다.

업무 개시 회의는 2006년 10월 31일 화요일에 구글의 사무실에서 열렸다. 존은 세계를 뒤바꿀 이 기술 프로젝트를 시작하기 위해,

스콧 포스톨 애플 소프트웨어 부사장을 비롯한 임원들을 회의실로 안내했다. 핼러윈에 맞춰, 구글의 수석 서버 엔지니어는 검은색 가운과 흰색 베일의 수녀복 차림으로 나타났다. 회의에서 이들은 애플 개발자들이 구글의 백엔드 지도 서비스를 어떻게 활용할 수 있는지 논의했다.

새로운 기기에 설치된 프론트 엔드 구글맵 앱은 상대적으로 간단히 만들어졌다. 애플이 응용프로그램 개발이 쉽도록 기기를 설계한 것이 분명했다. 골치 아픈 일은 대부분 구글 매핑 백엔드 서비스에서 이루어지고 있었다. 모든 거리 및 도로 데이터와 주행방향, 현지 검색 결과, 주소지정, 그리고 위성사진은 구글에서 애플의 새로운 기기에서 실행되는 이 새로운 프론트 엔드 모바일 응용프로그램(또는 애플 식대로 말하면 앱)으로 서비스되었다.

2007년 1월 9일, 스티브 잡스가 샌프란시스코 모스콘센터의 연단 위로 올라가 혁신적인 제품을 소개했을 때, 구글 직원들은 처음으로 아이폰을 보게 되었다. 애플 이사회에 있었던 에릭 슈미트조차도 "그 기기"의 실물을 본 것은 처음이었던 것이다. 기술 역사의 증인으로서, 존은 스티브 잡스의 기념비적인 프레젠테이션 맨 앞줄에 앉아 있었다. 구글맵을 실행하기에 딱 맞게 크고 아름다운 멀티 터치 스크린이 장착된 아이폰이 소개되는 순간이었다.

"여러분에게 놀라운 것을 보여드리겠습니다." 잡스가 체험판 시연 후반부에 말했다. "바로 아이폰에서 실행되는 구글맵입니다."

잡스가 아이폰에 있는 구글맵 아이콘을 클릭하자 파란색 점이 현재 위치를 표시하며 깜빡거렸다. 잡스가 자신의 위치를 입력할 필요

없이, 앱이 GPS 데이터에 접속해 지도 속 모스콘센터 위로 지도보기 화면의 초점을 자동으로 맞춰주었다. 그러더니 그는 아이폰에 공개 검색어를 입력했다. "스타벅스"를 입력하니, 지도 위로 14개의 아름다운 애니메이션 지도 핀이 꽂혔다. 혁신적으로 통합된 통화 기능을 보여주기 위해, 그는 구글 고유의 지도 핀을 클릭해 지도에서 곧바로 스타벅스로 전화를 걸었다. 이는 그 어떤 휴대폰에서도 볼 수 없었던 기능이었다. 잡스는 놀란 바리스타에게 4천 잔의 카페라떼를 주문하더니 사과하고 전화를 끊었다. 청중은 엄청난 박수를 보내며 웃음을 터뜨렸다.

"이제 정말 깜짝 놀랄 만한 걸 보여드리겠습니다." 계속해서 그는 위성 모드로 전환했다. 잡스는 자신의 아이폰으로 우주에서 모스콘센터로 줌인하더니, 다시 이집트 피라미드로, 에펠탑으로, 자유의 여신상으로 이동했다. 잡스와 모스콘센터의 청중은 숨을 죽이고 아이들처럼 감탄하는 얼굴로 지구를 둘러보았다. 이들은 기술의 신비로운 힘에 압도되었다. 이걸 휴대폰에서 실행하는 것이 가능했던가? 존이 8년 전 오스틴의 우리 집에서 셸리와 나에게 보여주었던 것과 거의 똑같은 장면이었다. **경이 그 자체였다.**

"아름답지 않습니까?" 잡스가 말했다.

그건 정말 놀랍기 그지없었다. 구글맵이 아이폰의 킬러앱임이 입증되었다. 전 세계 어디서든 혁신적인 방식으로 길을 찾을 수 있음을 보여준 사건이었다. 빠르고 끊김 없이 원활했으며 아주 시각적이었다. 구글맵을 누르고 당기고 회전하고, 줌인하거나 줌아웃하기만 하면 되었다.

특히 오스틴에서 내가 관여했던 전략적 파트너십 중에는 애플에 트래픽과 수익을 보고하는 업무도 있었다. 그래서 기기 유형별(예를 들어, 아이폰, 데스크톱, 아이패드를 비교하는 식) 트래픽 정보에 접속할 수 있었다. 또한 업계 보고서를 보고 배송된 아이폰의 수를 파악해, 이 정보를 기반으로 사용 패턴을 계산할 수 있었다. 구글맵과 구글어스 초창기에 나는 데스크톱이나 노트북 사용자들이 일주일에 한두 번 정도 지도 프로그램을 연다는 것을 알았다. 그런데 당시에 집계된 아이폰 총 트래픽 사용량을 살펴보면, 구글맵 앱이 한 기기에서 **하루에만 한두 번**은 실행되었다는 것을 파악할 수 있었다. (모든 데이터가 익명으로 집계된다는 것만은 분명히 하고 싶다. 나는 어떠한 개인식별 정보에도 접근할 수 없었다.) 이제 보니 그럴 만하다. 하루 종일 아이폰을 갖고 다니니까 휴대폰으로 다음 목적지를 찾는 것이 간편할 수밖에. 사용 패턴을 보고도 믿기지 않을 정도였다.

아이폰을 구입할 수 있게 된 것은 잡스가 제품 시연을 한 날로부터 6개월 후인 2007년 6월 7일이었다. 1개월 만에 아이폰의 구글맵 사용량은 다른 모바일 빌드 전체에 설치된 구글맵 사용량을 넘어섰다. 그리고 8개월 만에 아이폰용 구글맵 사용량은 데스크톱과 노트북 컴퓨터에서 사용되는 구글맵 사용량을 추월했다.

다시 정리해보자. 아이폰이 출시된 지 18개월 만에, 아이폰의 구글맵 사용량이 기타 모든 컴퓨터와 휴대폰 전체에서 사용되는 양을 훨씬 뛰어넘었다. 그동안 PC가전 세계에 배포되면서 사용자 수가 수억 명을 넘어섰는데, 아이폰에서 발생하는 트래픽이 1년 반 만에 이 모두를 제친 것이다. 심지어 미국 내 무선통신 네트워크회사(AT&T)

한 곳에서만 아이폰을 구입할 수 있었던 데다가 이용할 수 있는 국가도 많지 않았던 상황에서 나온 결과였다.

여러 가지 면에서 이는 존이 초창기에 키홀의 잠재적 투자자들을 대상으로 한 피치덱에서 보여준 말도 안 되는 슬라이드 내용이 실현된 것이나 마찬가지였다. 8년 전, 나는 포켓 사이즈의 기기에서 풍부한 정보가 제공되는 인터랙티브 지도에 접속할 수 있게 될 것이라는 생각을 비웃었다. 샌디에이고에 있던 당시 나는 포토샵으로나 가능한 얘기라고 일축했던 것이다.

체험판 시연이 진행되는 동안 스티브 잡스는 구글과 다른 기업들에 경고하기도 했다. 지도 혁신을 두고 앞으로 구글과 애플 간에 벌어질 전쟁의 서막을 알리는 경고였다. 뛰어난 사용자 인터페이스에는 사용자가 키보드를 사용하지 않고도 재빨리 줌인과 줌아웃을 할 수 있게 하는 핵심적인 혁신 기술이 있었다. 그것이 바로 멀티 터치 기능이다. 덕분에 사용자는 손가락 두 개로 지도를 꼬집듯 당겨서 줌인과 줌아웃을 자유자재로 할 수 있었다. 키보드 없이 쓸 수 있는 이 기능은 전부 유리로 된 터치스크린 휴대폰에 매우 중요했다. 잡스가 발표 슬라이드에서 큰 소리로 읽으며 강조했던 내용은 멀티 터치가 "특허 수준이 높은" 기술이라는 것이었다.

물론 차세대 모바일 기기를 개발하는 것은 잡스와 애플만이 아니었다. 2005년, 래리는 다양한 종류의 휴대폰을 언급했고, 구글은 안드로이드라는 작은 모바일 운영체제 회사를 인수했다. 안드로이드는 휴대폰 운영체제의 귀재인 앤디 루빈이 경영하던 회사로, 보스턴에 본사를 두고 있었다.

2007년 봄, 오스틴에서 나와 한 사무실을 쓰던 3명의 다른 구글러 중 제프 해밀턴이라는 엔지니어가 있었다. 제프는 비밀 프로젝트를 진행 중이었다. 그는 "휴대폰용 소프트웨어"라는 얘기만 했다. 그는 구글이 2005년에 인수한 루빈의 작은 안드로이드팀 소속이었다. 제프는 나에게 "휴대폰용 소프트웨어"가 실제로는 새로운 스마트폰용 모바일 운영체제라는 사실을 말해주지 않았다.

그때까지만 해도 모바일 운영체제는 심비안, 윈도우모바일, 리눅스, 블랙베리를 위시해 12개 정도가 있었다. 래리 페이지는 모바일팀이 100개 이상의 휴대폰에서 구글 서비스를 테스트해야 한다는 것에 불만을 털어놓았다. 구글은 무질서한 단편화fragmentation 문제를 해결해 보고자 아이폰 출시 2년 전에 안드로이드를 인수했던 것이다. 다시 말해 래리는 균일한 플랫폼과 API 세트 관련 소프트웨어를 오픈소스로 제공하고 싶어 했다.

나는 제프가 작은 흰색 블랙베리 복제품을 테스트하는 걸 봤다. 그가 무슨 일을 하는지 나에게 말해준 적은 없었지만, 구글 브랜드로 출시될 휴대폰을 테스트하는 중이라는 걸 알 수 있었다. 그는 심지어 나에게 작은 화면(그 휴대폰 크기의 60퍼센트는 여전히 쿼티자판이 차지하고 있었다)에서 실행되는 작은 구글맵 앱을 보여주기까지 했다. 아이폰이 출시되자, 갑자기 제프의 시험판 휴대폰은 솔직히 말해 좀 서글퍼 보였다. 100년 전 구글맵을 바라보는 느낌이었다. 그도 그럴 것이 2007년 아이폰 공개로 인해 이 프로젝트는 빛을 보기도 전에 사장되고 말았으니까. 루빈의 안드로이드팀에서 2년간 개발해온 프로젝트가 완전히 폐기됐다는 소문이 돌았다. 처음부터 다시 시작해야 하는 상황에 놓인 것이다.

안드로이드 이외의 모든 모바일 기기 전략을 정의하고 주도하기 위해, 래리는 마이크로소프트에서 빅 군도트라라는 임원을 영입했다. 그는 15년간 마이크로소프트에서 소프트웨어 개발자 지원을 맡았던 베테랑으로, 똑똑하고 언변이 좋으며 박식한 웹서비스 및 소프트웨어 담당 임원이었다. 존과 키홀팀은 군도트라가 마이크로소프트 개발자 그룹에서 초창기 어스뷰어를 널리 알렸던 것을 알고 있었다.

모바일용 구글맵의 경우, 존의 세계지도와 군도트라가 새롭게 정의한 세계(안드로이드 이외의 모바일 기기) 사이에는 겹치는 부분이 분명히 존재했다. 난감한 질문이 곧바로 떠올랐다. 모바일용 구글맵은 누가 차지할 것인가? 지도 제품이니 존 행키가 맡게 되나? 아니면 지도가 모바일 기기에 탑재되니 군도트라에게 넘겨지나?

아이폰이 공개된 지 1년 후, 군도트라는 애플 프로젝트를 지휘하게 됐다. 그러나 아이폰용 구글맵에 군도트라가 몸담았던 시간은 오래가지 못했다. 애플과의 계약 갱신을 앞두고, 어떤 이유에서인지 군도트라의 방식이 애플 담당자와 불협화음을 냈다.

2007년 11월 말, 여전히 계약은 갱신되지 않았다. 프로젝트 전체가 무너질 위기가 닥치자 애플의 소프트웨어 책임자인 스콧 포스톨과 마케팅 책임자인 필립 실러가 존을 찾았다. 애플은 더 이상 군도트라와 해당 프로젝트 진행을 원치 않았고, 각자의 길을 가는 게 좋겠다며 엄포를 놓았다. 자체 지도 앱을 제작하겠다는 것이었다. (이는 그다지 위협적이랄 것이 없었다. 애플은 이미 자체 지도 서비스를 만드는 데 비용이 얼마나 드는지 과소평가하고 있었다.) 이러한 주장을 뒷받침하기 위해, 포스톨과 실러는 존이 스티브 잡스와 직접 만나보라고 요청했다.

"빌어먹을 빅 군도트라가 우리 본사에 발을 들여놓기라도 하면 나는 개인적으로, 그리고 실제로 그를 건물에서 없애버릴 겁니다." 잡스의 발언으로 회의가 시작됐다. "사실 나는 그가 이 캠퍼스 반경 1마일 내에 들어오는 일이 없었으면 합니다. 그리고 1페이지가 넘어가는 계약서는 보지 않겠습니다." 잡스는 추가로 이 마지막 요구를 덧붙였다.

잡스의 마초적인 태도는 다소 아이러니했다. 당시 췌장암 말기였던 잡스는 존의 어림짐작대로라면 45킬로그램 정도밖에 안 됐다. 그러나 그의 선구자적인 열정과 요구사항만큼은 분명했다. 군도트라는 해당 프로젝트에서 손을 뗐고 계약은 성사됐다. 계약서는 2페이지로 정리됐다(내가 관여했던 델과 구글 간 계약서는 그에 비하면 87페이지 정도로 매우 길었다).

이는 구글과 애플 사이에서 벌어질 수많은 분쟁 중 시작에 불과했다. 구글이 안드로이드 기반 휴대폰을 출시하자 잡스는 루빈과 구글이 아이폰의 기능을 다수 훔쳐간 것이라고 비난했다. 애플 개발자 지원 회의에서 잡스는 구글의 "사악해지지 말자Don't Be Evil"라는 구글의 모토를 "헛소리"로 매도했다. 애플은 안드로이드 기기 제조업체인 대만의 HTC를 멀티 터치 스크린을 탑재했다는 이유로 고소했다. 에릭 슈미트 구글 CEO는 두 기업 사이에 중복되는 사업 영역이 많다는 이유로 애플 이사회에서 사퇴했다. 그리고 마침내 애플은 (형편없는) 자체 지도를 출시했다.

사실, 스마트폰 시장의 지배권을 둘러싼 사투는 이후 몇 년간 지속됐다. 오늘날도 여전히 진행 중인 싸움이기도 하다. 그러나 2007년 여름 두 기업은 아주 뛰어나면서도 완전히 새로운 서비스를 세상에 내놓았다. 현재 우리의 길 찾기 방식을 완전히 바꾸어놓은 아이폰용 구글맵이었다.

위성 지오아이-1
하늘에 떠 있는
구글의 새로운 눈

2008년 초, 구글맵은 54개국에 출시됐고, 구글맵과 구글어스의 매월 사용자는 수천만 명에 달했다. 대니얼은 이제 라이선스 취득을 위해서든, 아니면 아예 데이터를 구매하기 위해서든, 데이터 매핑을 위해 전 세계를 샅샅이 뒤지는 사업개발 전문가팀을 이끌고 있었다. 래리, 세르게이, 에릭이 팀에 전하는 메시지는 분명했다. 더 빨리 움직이라는 것이었다. 구글맵 제품에 대한 전 세계 사용자의 요구가 빗발쳤던 것이다.

곧 구글맵과 구글어스에 완전히 새로운 매핑 데이터 카테고리가 추가되었다. 경전철, 지하철, 버스정류장에 관한 모든 정보를 보여주는 통행 데이터가 구글맵에 (예정 도착 시간까지) 표시되기 시작했다.

이는 오랫동안 키홀에서 일해온 제시카 웨이 덕분이었다. 2008년, 스위스 취리히의 대규모 구글팀은 기차 및 버스의 실시간 위치정보를 포함한 통행 데이터 피드 구축을 전담하고 있었다. 구글맵 내비게이션은 곧 도보로 경로 찾기와 경유지 서비스를 내놓기 시작했다. 차 없이 돌아다닐 수 있는 도시의 인구밀집 지역에서 유용한 차별화 기능이었다.

대니얼의 팀은 또한 역사적 항공사진을 입수하고 이를 구글어스에 채워 넣어 사용자가 시간여행을 할 수 있게 만들었다. 브라이언은 텍사스주 출신 친구인 루엘 내쉬를 채용했다. 하루는 그가 오스틴 지사에 나타나더니 구글어스에 기능을 추가했다. 이는 자주 사용되는 기능은 아니었으나, 사용자들은 이를 통해 과거의 항공사진 및 위성사진을 볼 수 있었다. 대니얼은 구소련에서 찍은 미국의 과거 위성사진을 우연히 보게 됐다. 냉전시대 미국의 정찰위성인 키홀이 미국을 촬영하는 것은 법으로 금지되어 있었으나 구소련 쪽에서는 미국을 촬영할 수 있었다.

또한 존은 2008년에 케빈 리스가 경영하는 이미지아메리카라는 회사의 인수를 감독했다. 이 회사는 2005년 허리케인 카트리나 상륙 당시부터 구글맵과 구글어스에 항공사진을 업데이트하는 일을 맡아 왔다. 2008년 존은 이 회사의 사업에 깊은 인상을 받았고, 래리와 세르게이, 에릭을 설득해 이미지아메리카 인수를 추진했다. 갑자기 구글은 자체 항공촬영 비행기와 리어젯 같은 소형제트기 편대를 보유하게 되었다. 나는 구글이 보유한 항공기 대수를 공개적으로 언급하는 것을 한 번도 본 적은 없지만, 언론에서는 구글 공군Google Air Force

이라며 떠들어댔다.

구글플렉스에서 케빈은 혁신적인 작업 방식을 연구하기 시작했다. 즉 점점 수가 늘어나는 이 비행중대를 활용해 항공사진과 3D 데이터를 담아내는 것이었다. 케빈은 루크 빈센트, 브라이언 매클렌던과 구글 항공기에 탑재할 새로운 카메라 클러스터를 설계했다. 이 카메라들은 비행기가 날 때 앞뒤로 움직이며 항공사진과 3D 건물 데이터를 담아냈다. 이런 식으로 항공기가 더 낮게 비행하면서 좀 더 선명하게 이미지를 담아내면서도 넓은 지역의 데이터를 긁어모을 수 있었다. 래리는 맞춤형 프로세싱 칩을 포함한 이 카메라 시스템 설계에 직접 관여했다. 그 "푸시 브룸push-broom" 방식의 카메라 시스템은 리스가 발명하고 구글이 특허를 획득한 기술이었다. 구글은 이 기술을 활용해 대량의 고해상도 항공사진과 3D 도시경관을 빠른 시간 안에 담아낼 수 있게 됐다. 카메라 클러스터가 기체의 모든 충격과 충돌을 감지하고, 이런 움직임을 계산에 반영하여, 모든 단일 픽셀의 정확한 위치를 오차 없이 찾아낼 수 있게 됐다.

리스의 항공기는 구글 매핑 데이터 파이프라인의 핵심 부분으로 기능하는 것 외에도, 다양한 위기상황과 자연재해 발생 시 활용됐다. 허리케인 카트리나 및 기타 재난상황이 발생했던 때와 유사한 방식으로 신속히 업데이트된 사진들은 구글맵과 구글어스에 업로딩됐다. 그리고 이는 구글 사람찾기Google People Finder 서비스의 기본 지도가 되어, 재난상황 발생 후 사랑하는 가족들을 다시 만날 수 있도록 배포됐다.

이것으로는 불충분했는지 대니얼은 당시 곧 발사될 지구관측위성인 지오아이-1 GeoEye-1의 위성사진 구매 협상에 나섰다.

지오아이-1은 지오아이라는 회사가 애리조나에서 만든 위성이었다. 그 전신인 이코노스 위성은 야후와 마이크로소프트에 위성사진을 제공했다. 2007년, 야후와 마이크로소프트는 구글맵과 구글어스와의 경쟁에서 뒤처지지 않기 위해 지도 제품에 항공사진과 위성사진을 추가했다.

2008년 가을에 발사할 예정이었던 지오아이-1은 이코노스 위성이나 디지털글로브의 퀵버드 위성보다 훨씬 높은 해상도의 사진을 제공할 것으로 기대됐다. 기존의 1미터급 해상도에 비해, 0.5미터급 해상도의 사진을 제공한다는 건 각 사각형 이미지 타일에 포함된 데이터양이 4배라는 뜻이었다. 기존의 두 위성은 더 높은 해상도의 이미지를 제공할 수 있었으나, 여전히 지오아이가 최고 해상도의 이미지를 보유했고, 이는 다른 투자자, 즉 미군 전용이었다.

0.5미터급 해상도의 지오아이-1의 데이터는 거의 최상급의 품질을 보장했다. 게다가 퀵버드 위성과 마찬가지로 지오아이-1은 전 세계를 대상으로 한, 방대한 양의 데이터를 제공했다.

구글과 마이크로소프트 간의 입찰 경쟁을 통해 누가 이 사진 데이터를 가장 절실하게 원했는지 드러났다. 결국 구글이 모든 지오아이-1의 사진에 대한 다년간 계약권을 따냈다. 계약의 규모 때문에 대니얼 레더먼은 래리와 세르게이, 에릭의 공식적인 계약 검토 회의에 참석하게 됐다. 대니얼은 다른 세 개의 파트너십 논의가 마무리되길 기다렸다가, 회의가 길어지리라 예상하며 구글 임원들에게 지오아이 비즈니스 기회를 소개했다. 그러나 대니얼이 승인을 얻는 데는 단

6분밖에 걸리지 않았다. 구글이 실험적인 지도 프로젝트에 어떻게 에너지와 자원을 쏟아붓는지를 보여주는 또 하나의 일화였다. "이 거래를 성사시키지 않으면 안 된다"라는 에릭의 말은 그러한 분위기를 잘 요약해주었다. 그는 마이크로소프트와의 경쟁 가능성에 항상 신경을 곤두세웠다.

이제 다음번에 같은 상황이 생기면 이것만은 기억하자. 지구관측위성에 투자하면 특전이 따라온다는 사실이다.

첫째, 회사 로고를 위성이나, 더 정확히는 로켓 부스터에 부착하게 된다. 둘째, 발사 장면을 지켜보게 되며, 로켓이 활주로 위에서 폭발하지 않길 바라게 된다는 점이다(디지털글로브는 폭발 사건을 겪은 적이 있었다).

로스앤젤레스 북부 태평양 연안에서 극비리에 운영되는 남부 캘리포니아의 반덴버그 공군기지는 거의 모든 GPS, 군, 통신 및 정찰위성을 쏘아 올리는 발사대다. 그 때문에 로켓 발사 일정을 잡기가 매우 어렵고, 2008년 봄과 여름 내내 위성을 발사할 수 있었던 날은 며칠밖에 없었다. 마침내 9월 6일 토요일이 지오아이-1 위성 발사일로 확정됐다. 특별히 선정된 소수 인원만이 위성 발사 현장에 초대됐다. 비상한 관심을 가진 군 장교들도 참석하기로 했다. 물론 지오아이의 임원들은 발사 행사에 참석할 수 있을 것이었다. 그리고 구글의 소규모 대표단도 위성 발사 현장에 초대됐다. 존은 초대자 명단에 있었지만 중요한 가족행사 때문에 참석하지 못했다. 대니얼은 초대를 받아 아들 알렉스와 함께 참석했다.

그리고 래리와 세르게이가 있었다. 지오아이 임원들과 군 지휘관

들도 위성 발사일에 뜻밖의 기묘한 재정 파트너와 자리를 함께하게 된 것을 흥미롭게 생각했다. 2008년, 래리와 세르게이는 기술 분야에서 어엿한 유명인사가 되었고, 구글의 위성 투자는 돈과 신뢰가 결합된 지오아이-1 프로젝트를 지지하는 것으로 여겨졌다.

대니얼은 래리와 세르게이를 현장에 참석시키려 했으나, 이들은 늘 그렇듯, 확답을 주지 않았다. 전화를 하고 이메일을 보내도 답이 없었다. 답변이 올 때는 끊임없이 번복했다. 하루는 온댔다가 그다음 날은 안 온다는 식이었다. 그러고는 잘 모른다고 하기도 했다. 9월 5일 금요일, 발사 하루 전날 대니얼은 래리의 비서에게 걸려온 전화를 받았다(래리와 세르게이는 마침내 임원 비서 채용에 동의했다). "좋은 소식입니다." 래리의 비서가 말했다. "래리와 세르게이가 반덴버그 발사 현장에 참석하겠답니다."

"잘됐군요." 대니얼이 기뻐하며 말했다.

"그런데 그게 말이죠. 전용기를 반덴버그 기지에 착륙시켜도 괜찮은지 궁금해하는군요. 버뱅크에 내려서 운전해서 발사 장소까지 가고 싶지 않다면서요." 비서가 말했다.

대니얼은 잠시 입을 다물었다. 잘못 들은 거겠지 싶어서였다. 물론 그는 래리와 세르게이의 전용기 세 대가 구글플렉스 바로 옆 NASA의 에임스 공항 격납고에 보관되어 있다는 걸 알고 있었다. 이 둘은 보잉 767기를 구입하면서도 킹사이즈 침대가 들어가야 한다거나 해먹을 설치해야 할지 여부를 두고 말다툼을 하는 바람에 중역 회의실을 떠들썩하게 만든 적이 있었던 것이다.

"잠깐만요. 뭐라고 하셨죠? 반덴버그 공군기지에요?" 대니얼이

다시 물었다.

"네. 공군기지요. 토요일 아침에 전용기로 공군기지에 내리고 싶어 하네요. 기지에 착륙해서 발사 장면을 보겠다고요. 그러고 나서 다시 전용기로 돌아가겠답니다." 비서가 말했다.

보안이 철저한 군산복합체의 한가운데에 개인전용기로 착륙한다는 부분만 빼면 문제될 것이 없는 얘기였다. 101번 국도의 경로를 변경해, 발사 장소 약 24킬로미터 이내로는 차량이 출입할 수 없도록 만든 바로 그 공군기지를 말하는 것이었다. 10억 달러짜리 정찰위성 발사 당일에는 사용 중인 군기지 활동을 비밀에 부치기로 되어 있었던 것이다.

"농담이 지나친 것 아닙니까?" 대니얼이 물었다. 그는 아들과 함께 차로 기지에 가기 위해, 필요한 서류며 참석 자격 증명을 받으려고 이미 몇 시간이나 진을 뺀 후였다.

"아니요. 농담 아닙니다." 비서가 대답했다. "한번 물어봐 주시겠습니까? 두 분이 시간을 낼 수 있는 게 그때뿐이라서요."

그는 부탁받은 대로 했다. 대니얼은 지오아이의 담당자에게 전화를 걸었다.

"지금 누굴 놀리십니까?" 지오아이 담당자는 믿을 수 없다는 듯 말했다.

그런데 그럭저럭 일이 되게 만든 모양이었다.

9월 6일 토요일 아침, 래리와 세르게이의 전용기 한 대(이들은 좀 더 실용적인 걸프스트림V를 골랐다)가 반덴버그 공군기지 활주로에 착륙했다. 공군기지 부대장이 정복을 갖춰 입고 지오아이 임원들과 마찬가지로 이들을 환영하러 나왔다. 래리와 세르게이는 래리의 약혼자와 세르게이의 임신한 아내를 데리고 전용기에서 내렸다. 세르게이는 티셔츠와 주머니가 여러 개 달린 헐렁한 카고바지를 입고, 밝은색 크록스를 신고 있었다.

이들은 비공식 VIP 코스로 현장을 둘러보았다. 위성은 오후 2시 18분에 발사됐다. 오후 3시가 되자 래리와 세르게이는 전용기를 타고 다음 목적지로 떠났다.

지오아이-1이 촬영한 첫 이미지가 2008년 10월에 구글로 전송되었다. 펜실베이니아주 동부 시골지역에 위치한 쿠츠타운대학교 캠퍼스가 찍혀 있었다. 지오아이-1은 곧 구글의 중요한 지도 데이터 소스가 되었고, 특히 해외지도 공급에 핵심 역할을 담당했다. 이는 구글과 구글의 지도 제품에 지속적으로 상당한 경쟁우위를 확보해줄 터였다.

2008년 말, 구글지오팀에서 내가 알던 사람들은 거의 사라졌다. 새로운 팀원들이 정말 많아서, 지오팀에서도 아마 나를 알아보는 사람이 없을 게 분명했다. 그래서 지난 4년간 구글에 몸담았던 키홀 팀원들을 생각해 재회의 장을 마련했다.

존이 이 만남에 배정할 수 있는 예산이 거의 없어서, 나는 다시 놀라 레스토랑을 빌렸다. 4년 전 구글의 키홀 인수를 축하했던 바로 그곳이었다. 나는 팀원 모두를 위해 구글과 키홀 로고가 찍힌 경량 패딩 조끼를 주문했다. 일을 처음 시작할 때 받았던 구글 신입 직원 스톡옵션의 권한이 모두 확정된 것을 축하하기 위해서였다.

존과 브라이언이 지휘하는 구글지오팀에 속한 직원은 1,200명이 넘었다. 전 세계를 누비며 수백만 킬로미터를 달리는 구글스트리트뷰 차량도 수백 대에 이르렀다. 특허를 획득한 카메라 클러스터가 탑재된 구글 항공기 편대는 고해상도의 항공촬영 이미지를 담아냈다. 구글은 지구를 공전하는 두 대의 위성에서 보내오는 이미지에 대한 우선권을 보유했다. 우리는 과거에 실제 있었던 일을 촬영한 역사적 이미지도 추가했다. 바다를 지도 위에 담기 위해 수중 데이터도 추가했다. 드디어 구글어스를 이용해 바닷속으로 뛰어들어 해저지형을 탐험할 수 있게 된 것이다. 대중교통 통행 데이터가 구글맵으로 유입되면서 실시간으로 기차와 버스의 출도착 시간도 알 수 있게 됐다. 우리는 실내 지도도 추가했다. 구글스트리트뷰 카메라를 켜고 사업장 안으로 들어가서 사용자들이 공항터미널이나 박물관 내부를 살펴볼 수 있게 한 것이다. 사용자들은 이처럼 획기적인 구글맵에 하루에도 몇 번씩 모바일 기기로 접속해, 세계 어디에서든 길을 찾을 수 있게 됐다.

구글지오팀이 일을 추진하는 속도는 그야말로 머리가 핑핑 돌 지경이었다. 존과 만날 때마다 그는 몹시 지친 것 같으면서도 한편으로는 들떠 있는 것처럼 보였다. 2008년 말경, 구글어스는 5억 회가 넘는 다운로드 수를 기록했다.

작업자만 5천 명
자율주행차량이 성공시킨 그라운드트루스

예상 가능하다시피 2005년부터 2008년까지 데이터 제공업체들은 구글맵과 구글어스의 엄청난 인기를 몹시 반겼다. 계약이 갱신될 때마다 기존 액수에 0이 한두 개 더 붙는다는 의미였기 때문이다. 2008년에 존은 구글맵의 존재 자체를 위협한 "성공으로 인한 실패"의 역설을 겪게 됐다. 다른 나라의 지도 데이터에 의지해 구글맵을 만드는 것이 경제적으로 타당한지 문제시됐다.

데스크톱 컴퓨터로 구글맵 및 구글어스를 사용하는 경우는 2007년 내내 늘어났지만, **진짜** 문제가 되기 시작한 것은 2008년에 iOS와 안드로이드 기반의 모바일 기기에서 널리 사용되었던 구글맵의 사용량 때문이었다.

구글은 안드로이드 운영체제에 구글맵과 구글어스를 처음 탑재하기까지 2년이 걸렸다. HTC 드림 휴대폰은 2008년 11월에 처음 공개된 안드로이드폰이었다. 아이폰과 비교만 안 한다면 꽤 괜찮은 기기였다. 그러나 안드로이드 운영체제의 진짜 매력은 무선통신사와 스마트폰 기기 제조업체가 무료로 이를 사용해, 자체 버전을 제작할 수 있다는 데 있었다. 이처럼 맞춤형 설정이 가능한 오픈소스라는 점 때문에 안드로이드는 엄청난 인기를 끌었고, 곧 다른 모바일 운영체제를 제치고 시장의 선두에 올랐다. 현재 안드로이드와 아이폰은 스마트폰 전체 판매량의 99퍼센트를 차지하고 있다.

구글의 지도 제품 인기가 치솟자, 데이터 라이선싱 비용도 급격히 뛰었다. 가장 터무니없이 높은 가격을 부른 것은 도로 네트워크 데이터 제공 업체들이었다. 이 업계는 텔레아틀라스라는 네덜란드 회사와 나브텍이라는 미국 회사에 의해 양분되어 있었다. 한때는 수십 개의 현지 업체들이 지역별 도로 데이터베이스를 각각 만들면서 경쟁을 벌이기도 했다. 그 과정에서 업체들은 수백 명의 지도 제작자를 채용해 항공촬영 이미지를 검토하고 속도제한, 일방통행 여부, 소화전의 수 및 기타 세부사항 등의 속성이 포함된 각 거리 데이터를 입력하도록 했다. 전 세계의 모든 도로 네트워크 데이터는 빠르게 덩치를 키운 2개 거대 기업이 재빨리 낚아챘다.

2008년 이들 두 기업은 존과 구글의 모든 지도 관련 혁신 아이디어에 엄청난 영향력을 행사했다. 이들은 매년 구글에서 지불해야 할 액수뿐 아니라 이들의 데이터 사용 방식을 결정했다. 나브텍과 텔레아틀라스는 어떤 식으로든 주소득원인 내비게이션 기기 시장의 매출

감소가 초래되는 상황을 원치 않았다. 이들은 가민, 톰톰, 마젤란과 같은 전 세계 내비게이션 업체로 인해 혜택을 보고 있었기 때문이다. 이들의 개인 내비게이션 기기의 전체 매출이 수십억 대에 달했다. 구글맵이 실시간 음성 안내를 제공하면 이러한 내비게이션 시장이 붕괴될까 두려워했던 것이다. 이들이 그렇게 생각하는 것도 무리는 아니었다.

나브텍과 텔레아틀라스의 가격 구조는 초창기 웹지도 계약을 그대로 따른 것이었는데, 전 세계 어디에서나 구글맵을 사용하다 보니 수익성이 떨어진 것이다. 계약에 따라 해당 회사의 데이터를 사용한 지도 화면을 방문자가 조회한 횟수를 나타내는 맵뷰Mapview를 기반으로 구글에 이용료가 부과됐다. 구글은 끊김없이 빠르게 지도 정보를 제공할 수 있었으므로, 맵퀘스트와 같이 로딩 속도가 느린 사이트에서보다 구글맵과 구글어스에서의 맵뷰가 훨씬 많이 사용됐다. 단일 색인카드를 사용하는 것과 색인카드 플립북을 손가락으로 넘기면서 보는 것과의 차이와 비슷하다. 말하자면 구글어스에서는 10초 만에 100개의 카드를 넘겨볼 수 있었고, 구글은 사용자가 본 모든 카드에 대해 비용을 지불해야 했던 것이다.

2008년에 지도 데이터 라이선싱 비용이 급격히 증가하자, 대니얼과 존은 나브텍으로 가서 정액요금으로의 계약 전환을 요구했다. 그러자 나브텍은 48시간 만에 실시간 음성 경로안내 기능도 포함하지 않은 과도한 요금을 들고나왔다.

존과 대니얼은 텔레아틀라스 인수 계획을 염두에 두었다. 이들은 텔레아틀라스 담당 투자금융 전문가와 만났다. 그러나 가격은 수십억 달러로 치솟았고, 데이터 자체도 "클린"하지 않았다. 즉 지리적으로 분산되어 수집된 데이터 세트에 각종 사용제한이 걸린 채로 구성되어 있었던 것이다.

이처럼 수익성 전망이 악화되자 존과 브라이언, 대니얼 및 팀 전체는 극단적인 대안을 고려하기 시작했다.

다들 기억할지 모르겠지만, 구글스트리트뷰는 2002년 래리, 마리사, 세르게이의 토요일 드라이브에서 시작된 실험적인 프로젝트였다. 2008년, 루크 빈센트의 팀은 스트리트뷰 카메라를 달고 길 위를 달리며 새로운 장소들을 탐색했다. 우선 스트리트뷰 카메라를 삼륜차에 장착하고 공원과 도로, 산길 등을 지도 데이터로 변환시켰다. 그런 후 스트리트뷰 카메라를 카트에 장착하고 각종 박물관과 기타 실내 건물들을 지도 데이터로 변환시켰다. 그다음으로는 스트리트뷰 카메라를 스노모빌에 달고 스키 슬로프를 지도 데이터로 변환시켰다. 내리막 경사가 극심한 경우를 위해, 빈센트는 카메라를 등에 묶고 스쿼밸리의 상급자 슬로프에서 내려오는 시도를 해봤으나, 그다지 성공적이지는 못했다. 빈센트가 눈밭에서 5대의 동기화된 카메라가 장착된 80MB의 회전 타원체 모양의 로봇식 장비를 똑바로 세우려 애를 썼다. 장비 무게로 인해 눈 속으로 푹푹 꺼져 들었기 때문이다. 그때 한 10대 아이가 스키를 타고 지나가다 그 장면을 보고 다가와 물었다. "저기요. 고프로GoPro를 써보시는 게 어때요?"

2009년, 구글의 스트리트뷰 차량단의 주행 거리는 22개국 약 2,100만 킬로미터를 넘었다. 독창적인 기술이 이뤄낸 놀라운 쾌거였으며, 수억 명에 달하는 전 세계 구글맵 사용자들에게 즐거움을 안겨

주었다. 그러나 나는 이로 인해 구글이 어떤 경제적 이득을 볼 것 같지는 않다고 생각했다.

내 추측은 완전히 빗나갔다.

2008년 초, 세바스찬 스런이 구글스트리트뷰 데이터 사용에 대한 새로운 아이디어를 내놨기 때문이다. 이는 구글의 지도 서비스가 만들어진 경제적 기반을 근본적으로 변화시킬 수도 있었다. 2008년 스런은 브라이언 매클렌던의 사무실로 들어와 말했다. "스트리트뷰 데이터를 활용해서 자체적으로 도로 네트워크 지도를 만들 수 있을 것 같습니다."

그의 설명에 따르면 자체 지도 제작을 위해서는 수천 명의 사람을 동원해야 했다. 그러나 이는 구글스트리트뷰 프로젝트의 판세를 뒤집을 수도 있었다. 스런의 아이디어가 잘만 실행되면, 수천만 달러의 비용이 발생하던 스트리트뷰 프로젝트는 수십억까지는 아니더라도 수억 달러를 절약할 수 있었던 것이다.

매해 가격이 치솟는 나브텍과 텔레아틀라스의 지도 데이터 라이선스를 구매하는 대신 자체 데이터로 대체하면 구글은 수십억 달러를 절약할 수 있었다. 게다가 나브텍과 텔레아틀라스의 지도가 스런의 그룹 프로젝트에 도움이 되지 않는 이유는 가격뿐만이 아니었다. 도로 네트워크 데이터의 품질과 데이터 제공업체의 업데이트 속도도 문제였다.

나뿐 아니라 다들 그런 경험이 있을 것이다. 새로 길이 나는 경우도 있고 어떤 도로는 폐쇄되기도 하는데, 정작 내비게이션 기기에는 최신 지상 실측 정보가 업데이트되어 있지 않은 경우 말이다. 제삼자로부터 라이선스를 받은 데이터를 사용해 만든 지도로는, 변경사항이 있어서 내비게이션에 문제가 있다고 사용자가 보고하더라도, 문제가 실제로 해결되기까지 상당히 긴 절차를 거쳐야 했다. 먼저 그러한 보고가 데이터 제공업체로 들어간다. 해당 데이터 제공업체는 변경사항을 확인하고 자사의 도로 네트워크 데이터베이스를 업데이트할지를 결정한다. 변경사항이 적용되면, 다음 데이터베이스 업데이트 때 변경된 내용이 구글에 전송된다. 한편, 이러한 업데이트는 데이터 제공업체의 다른 가입자들과도 모두 공유된다. 최선의 경우, 보고된 문제는 6개월 내에 업데이트된 구글맵 또는 구글어스 클라이언트로 전송된다. 그러나 보통은 이러한 프로세스가 진행되는 데에는 1년이 넘게 걸린다.

이런 식의 작업 속도는 높은 수준의 정확성과 최신 정보가 요구되는 스런과 레반도브스키의 자율주행차량에는 부적합했다(1년 주기가 아닌, 매일 업데이트되는 지도가 필요했던 것이다). 그때까지 구글 내 스런과 레반도브스키의 자율주행차량 그룹에는 90명 정도가 일하고 있었고, 이들은 이미 쇼어라인엠피씨어터의 대형 주차장에서 차량 시험판을 테스트하고 있었다. 나는 마운틴뷰로 오는 길에 주행 중인 차량을 보았다. 구글플렉스와 크리텐던가의 구글 사무소들 사이에 있는 비포장 주차장에서 먼지를 휘날리며, 교통안전을 위해 설치된 주황색 트래픽콘 사이를 이리저리 돌아다니고 있었다. 이는 극비 프로젝트였다. 나는 이들 차량이 차세대 구글스트리트뷰 차량(이들 차량의 성능과 안전성은 운전석에 앉은 구글러들이 모니터링하고 있었다)이라고 생각했으나, 실제로는 그렇지 않았다. 캘리포니아의 도로 위에서 수십만 마일 이상을, 이 차량들은 무인 상태로 달리고 있었던 것이다.

자율주행차량 그룹은 구글스트리트뷰팀과 완전히 별개로 운영됐고, 나머지 구글지오팀과도 별도의 조직으로 관리됐다. 그러나 자율주행차량이 마운틴뷰의 도로 위를 운행하기 시작하면서, 도로표지판과 속도제한 표시 및 주소를 인식하는 데 스트리트뷰 컴퓨터 비전 기술이 일부 사용됐다.

데이터 추출에 스트리트뷰 이미지를 사용한다는 아이디어는 완전히 새로운 것은 아니었다. 2007년 말, 구글은 업체 목록 정보에 필요한 업데이트를 확인하기 위해 스트리트뷰 이미지를 사용하기 시작했다. 업체 소유주가 사업장 주소가 잘못되어 있다고 보고하면, 구글스트리트뷰 이미지를 사용해 보고된 문제를 확인한 후, 해당 업체의 위치를 수정하는 식이었다.

스런은 이러한 아이디어를 좀 더 발전시키자고 제안했다. 그는 브라이언과 존에게 새로운 프로젝트를 시작해보는 게 어떻겠냐고 설득했다. 구글스트리트뷰 이미지와 컴퓨터 비전 기술을 활용해 전 세계에 주석을 달고, 캡처한 이미지에서 도로 네트워크 데이터를 추출하자는 것이었다. 구글 최대의 야심 찬 지도 프로젝트가 시작되는 순간이었다. 이는 구글스트리트뷰와 구글지오팀의 업무 범위, 예산, 직원 수 및 복잡한 업무에 이르는 전체 활동마저 위축시킬 정도였다. 그러나 구글플렉스 외부에서는 이 프로젝트에 거의 관심을 갖지 않았다. 오늘날까지도 이는 구글 내부에서는 지금까지 추진해온 프로젝트 중 가장 대담하고 실험적이었다고 알려져 있다.

이 프로젝트의 이름은 그라운드트루스Ground Truth다.

그라운드트루스 프로젝트는 래리 페이지가 2002년 토요일 드라이브 당시 품었던 원래 비전의 결실이라 할 수 있었다. 거리 수준의 이미지를 사용해 실제 현실세계에 색인을 달자는 아이디어였다.

존은 래리에게 그라운드트루스에 대한 전면적 자금 지원을 요청했다. 이는 대규모 투자가 필요한 프로젝트로, 절대로 가볍게 생각할 만한 것이 아니었다. 그러기 위해서는 수백 명의 소프트웨어 엔지니어와 제품 매니저 등, 빈 종이에 지구 전체를 다시 그려넣을 수천 명의 지도 제작자(또는 나중에 알려진 것처럼 그라운드트루스 작업자)가 필요했다. 일단 구글이 프로젝트를 시작하면 되돌릴 수 없었다. 데이터 제공업체가 일단 결정을 내리면 번복되는 경우는 없었던 것이다.

이런 이유로 존은 래리에게 프로젝트를 완수하기 위해 5년간 지원이 필요하다고 요구했다. 매년 프로젝트 예산 심사를 받아야 한다면 시작조차 불가능하다고 주장했다. 2008년 여름 래리는 존과 브라이언의 계획을 승인했고, 그렇게 그라운드트루스가 시작됐다.

그라운드트루스의 첫 단계는 아틀라스Atlas라는 새로운 지도 제작 소프트웨어를 개발하는 것이었다. 이는 구글지오팀 고유의 요구사항과 자산에 따라 맞춤 설정된, 에스리 지도 소프트웨어의 고급버전이라 할 수 있었다. 아틀라스는 상당히 고도화되고 복잡한 스마트 지도 제작 도구다. 체험판을 처음 봤을 때 구글어스, 구글스트리트뷰, 어도비 일러스트레이터를 합쳐놓은 매시업 같은 느낌이었다. 사용자들은 아틀라스를 통해 선을 긋고, 주석을 추가할 수 있었다.

아틀라스는 특정 위치에 대한 구글의 모든 지도 데이터를 가져와서 단일한 보기로 만들었다. 웨인 타이의 팀에서 처리한 항공사진 및 위성사진이 항상 기본 레이어를 제공했다. 다시 말해 도로가 그려지는 종이 역할을 하는 셈이었다. 아틀라스는 가져오기한 이미지 위에 수천 개의 점을 배열했는데, 이는 각각 빈센트의 팀이 만든 스트리트 뷰 스냅샷을 뜻했다. 아틀라스는 그다음 레이어에서 자유롭게 이용할 수 있는 정부 출처의 도로 네트워크 데이터베이스에 접속했다. 미국에서 이 데이터 세트는 TIGER(위상학적 통합 지형공간 암호화 및 참조 파일Topologically Integrated Geographic Encoding and Referencing)라고 불렸다. 이는 미국통계국이 만든 것으로, 공개자료에 해당됐다(즉 무료였다).

그렇긴 하지만 TIGER의 데이터 세트는 지리정보 면에서 품질이 좋지 못했다. 미국통계국이 가구 집계에만 해당 데이터를 사용해서 도로정보가 실제 위치와 일치하지 않기로 악명이 높았다. 그러나 지도 위에 그려진 선의 위치가 부정확하긴 했지만, 아틀라스는 그라운드트루스 작업자가 처음부터 지도를 다시 그리지 않아도 되도록, 지도를 그리는 데 데이터로 활용되었다. 기본 레이어인 항공촬영 이미지를 각 도로 세그먼트의 그라운드트루스 위치로 사용해 손쉽게 도로를 정확한 위치에 드래그하기만 하면 되었다.

아틀라스는 또한 각 도로 세그먼트에 어안렌즈로 보기 기능을 선보였다. 어떤 도로 위에서든 수천 개 점 위로 커서를 갖다 대면 가장 최신 구글스트리트뷰 이미지 파노라마가 즉시 펼쳐지며, 그라운드트루스 작업자를 실감 나는 최신 거리보기 화면으로 안내했다.

모든 이미지가 구글의 컴퓨터 비전 알고리즘을 통해 자동으로 처리됐다. 이는 각 도로 세그먼트에 대한 수십 개의 데이터가 도로표지판과 주소표지판에서 자동으로 추출된다는 것을 뜻했다. 속도, 스쿨

존, 차선 수, 좌·우회전 금지 등의 모든 정보와 다른 10여 개 메타데이터 기능이 놀랍게도 개별 도로 세그먼트에 핀으로 표시됐다. 예를 들어, 아틀라스는 차선에 관계없이 모두 한 방향으로 이동하는 차량이 찍힌 항공촬영 이미지를 보고 일방통행 도로라는 것을 자동으로 유추하는 식이었다. 마치 소프트웨어에 지도 제작 두뇌가 장착된 것 같았다.

아틀라스가 훌륭한 도구인 것은 분명했으나, 대기열에 있는 데이터 분석은 사람이 직접 해야 했다. 아틀라스가 무엇을 볼지 검토하고, 수정하고, 확인하는 것은 여전히 그라운드트루스 작업자가 해야 하는 일이었다. 예를 들어, 아틀라스는 어떤 길을 자동으로 일방통행 도로에 해당하는 값으로 할당하지는 않았다. 대신 해당 도로는 일방통행일 수 있다고 강조 표시됐다. 그러면 그라운드트루스 작업자가 지도상에서 해당 도로의 스트리트뷰 이미지를 열고, 아틀라스의 컴퓨터 비전이 정확하다고 확인한다. 해당 도로는 일방통행인 것이다. 사람이 이를 확인한 후에야 데이터가 구글맵과 구글어스에 비로소 적용됐다. 이는 결국, 정확하고 완벽한 전 세계 도로 네트워크 데이터베이스를 만들기 위해서는 수많은 사람이 직접 나서야 한다는 뜻이었다.

작업자는 아틀라스의 최첨단 컴퓨터 비전 기능이 강화된 지도 제작 도구를 사용했는데, 이러한 프로세스는 다른 도로 네트워크 데이터 작성자의 작업 흐름과 유사했다. 2002년에 그러한 작업을 직접 가까이에서 지켜볼 기회가 있었다. 존은 나를 보스턴으로 보내 지오그래픽데이터테크놀로지GDT, Geographic Data Technology라는 회사를 방문하도록 했다. 이 회사는 뉴햄프셔주 레바논의 교외 지역에 있었다. 그다지 의욕적인 업무환경 같지는 않았다. 50여 명 정도가 하루 종일 컴퓨터 모니터를 바라보면서 항공촬영 이미지를 검토하고, 출력된 지도를 사용해 올바른 위치에 디지털 도로 세그먼트를 그리고 있었다. 업계 내 인수합병이 진행되면서 지오그래픽데이터테크놀로지의 모든 데이터는 텔레아틀라스에 넘어갔다.

이런 유형의 지도 제작 회사 수십 곳에서는 수년간 직원들이 전 세계 수백만 마일에 달하는 도로 데이터를 작성했다. 구글과 그라운드트루스팀은 2년 안에 이 모든 작업을 처음부터 다 하겠다고 나선 것이다. 텔레아틀라스와 나브텍과의 다음번 계약협상 시한이 점점 다가오고 있었다.

그라운드트루스의 첫 작업자들은 래리의 다년간의 재정지원 약속을 받고 아틀라스 도구 베타 버전을 사용할 준비를 마친 후, 구글 45동에서 비밀리에 사업을 개시했다. 이곳의 시설은 구글의 다른 팀과는 사뭇 달랐다. 끝없이 줄지어 있는 컴퓨터 바로 옆에는 사무용 의자 대신 피크닉 의자와 단순한 디자인의 흰색 테이블이 나란히 놓여 있었다. 사무실을 얻지 못했다는 사실은 잊으시길. 이 직원들에게는 의자조차 지원되지 않았다.

여분의 공간을 남겨둔 것은 법적인 이유 때문이었다. 구글의 그라운드트루스 작업자들은 외부 지도 데이터의 그 어떤 출처로 인해서도 손상되지 않은 완벽한 클린 데이터를 생성하고자 했던 것이다. 모든 컴퓨터는 그라운드트루스 작업자의 관리자가 전체적으로 볼 수 있어야 했으며, 아틀라스 도구를 실행하는 모든 컴퓨터에는 오로지

아틀라스만 사용되어야 했다. 다른 모든 웹사이트는 차단됐다. 그라운드트루스 데이터는 클린해야 하고 전적으로 구글에서 생성한 것이어야 했다(또한 데이터 순도data purity를 유지하기 위해, 이들 직원들에게는 휴대폰 반입도 금지됐다).

프로젝트는 45동에서 이루어졌고, 그라운드트루스 작업자가 200명에서 500명으로 늘어나면서 더 많은 컴퓨터와 피크닉 의자가 통로를 가득 메웠다. 하루에도 몇 번씩 작업자들이 8시간 주기로 근무를 교대했다. 곧 이 사업은 해외로 확장되어 그라운드트루스 작업자가 2천 명으로 늘어나더니 이내 5천 명이 되었다.

2009년 여름, 그라운드트루스팀의 엄청난 작업진척에도 불구하고, 존과 대니얼은 당분간은 기존 지도 제공 업체와 바로 관계를 종료할 수는 없었다. 여러 국가의 데이터를 사용할 수 있게 됐지만, 그라운드트루스의 지도 데이터를 완벽히 갖추지 못한 상황에서 구글맵을 서비스하려면 기존 업체의 데이터를 이용해야 했다. 이 야심 찬 프로젝트는 준비가 더 필요했다. 존과 대니얼은 시간을 벌기 위해 협상에 나서야 했다. 그 결과 존과 대니얼은 이번이 마지막 계약 갱신이 되기를 바라면서 나브텍, 텔레아틀라스와 힘겨운 협상을 시작했다.

2009년, 대니얼, 존 및 비크람 그로버(대니얼의 팀원)는 런던으로 날아가 텔레아틀라스 측과 구글 사무소에서 만났다. 텔레아틀라스 CEO인 알랭 드 타예, 고객사관리팀 책임자 존 셰리던 및 위치 기반 서비스팀 이사 데이비드 네빈과 만났다.

이들은 모바일 기기용 구글맵의 급속한 성장을 열거하는 것으로 회의를 시작했다. 대니얼은 나중에 나에게 이들이 말하고자 한 요점이 뭐였는지 말해주었다. "구글이 작년과 비슷한 수준의 비용을 지불하게 될 것이라고 잠시 생각하면, 그들은 곧이어 다른 가격을 부르는 식이었지." 존이 샌프란시스코행 비행기로 돌아가겠노라고 협박하는 바람에 사실상 회의는 거기서 거의 끝난 것이나 마찬가지였다.

그 후 2개월간, 구글과 텔레아틀라스는 2년 기한의 계약을 마무리 짓기 위해 수십 번을 만나가며 10부가 넘는 계약서를 교환했다. 텔레아틀라스는 자신들의 가격 정책으로 인해 구글이 자체 지도 제작 프로젝트에 착수하게 됐다는 사실은 몰랐을 것이다. 그라운드트루스 프로젝트는 풀가동 중이었다. 돌이켜보면 대니얼은 텔레아틀라스 쪽에서 구글이 지도 제작 프로젝트를 진행하고 있다는 낌새를 챘던 것 같다고 말했다. 계약서가 몇 번씩 오가는 동안 텔레아틀라스는 구글의 자체 지도 데이터 세트 개발을 금지하는 조항을 삽입하려고 했던 것이다. 그러나 대니얼과 존은 막판에 등장한 이 조항에 합의할 수 없었고, 합의하지 않으려 했다. 미개발 지역 및 외딴 장소 등 텔레아틀라스가 해결할 수 없는 영역이 있기 때문에(최소한 일부는 사실이긴 했다) 구글에서 자체 데이터 세트를 만들어낼 수 있어야 한다고 주장했던 것이다.

2009년 가을쯤 몇 달에 걸친 협상 끝에 계약서에 서명하는 일만 남은 상황이었다. 존, 대니얼 및 비크람은 협상을 마무리 짓고 축하 만찬에 참석하기 위해, 스위스의 취리히로 날아갔다. 취리히의 구글 사무소는 다른 구글 사무소와 마찬가지로 건축학적으로 독특한 나름의 특색이 있었다. 소방서의 출동용 기둥이 설치되어 구글러와 방문객들이 이 기둥을 타고 5층에서 4층으로 내려갈 수 있는 구조였다.

존과 비크람, 대니얼은 점심을 먹으러 나갈 때 이 기둥을 자주 사용했다. 텔레아틀라스 CEO도 기둥을 타고 내려가곤 했다. 그러나 협상에 자주 참석했던 텔레아틀라스의 마케팅 부사장은 키가 크고 다부진 체격이었는데, 기둥을 타고 내려가길 꺼려했다.

그런데 협상을 질질 끌게 되자, 하루는 다른 이들에게 놀림을 받은 마케팅 부사장이 "계약이 체결되면 저 소방 기둥을 타고 내려가겠다"라고 말했다. 두 팀 간에 부사장의 소방 기둥 관련 발언은 두고두고 농담거리가 되었는데, 협상을 타결해야 할 좋은 구실이 하나 더 생긴 셈이었다.

그리고 마침내 계약이 체결됐다. 축하 만찬장으로 가는 도중에 대니얼과 존, 비크람, 알랭은 모두 기둥을 타고 내려가 아래층에 모여 마케팅 부사장을 기다렸다. 그는 무거운 배낭을 메고 기둥에 다가가더니 두 손으로 기둥을 잡고 달려들었다. 그러더니 돌덩이가 떨어지듯 아래로 내려왔다. 기둥 주위를 다리로 감싸는 걸 잊어버려서 아래층으로 곤두박질치면서 상사의 발 위에 푹 쓰러졌고, 다리가 부러졌다.

6주 후, 텔레아틀라스의 마케팅 부사장과 CEO 드 타예가 후속 회의를 위해 마운틴뷰에서 대니얼과 존을 만났을 때는 부사장이 깁스를 푼 후였다. 아마도 그들의 직장 생활 중 최악의 회의였을 것이다. 구글은 텔레아틀라스의 데이터 사용권을 두고 협상을 벌였지만, 의무적으로 그 데이터를 사용할 필요는 없었다(그렇다 하더라도 구글은 남은 계약 기간 동안 해당 데이터 사용에 대해 비용을 지불해야 했다). 사실 그 당시엔 그라운드트루스 프로젝트 덕분에 구글은 텔레아틀라스의 데이터를 자체 데이터로 변경할 수 있게 됐다. 해마다 텔레아틀라스는 데이터 가격을 올렸고, 가격이 수십억 달러까지 치솟는 바람에 구글맵 제품의 수익성 자체가 불투명해지면서 기능이 제한되는 상황에 이르렀다(예를 들어 그들이 제공하는 데이터 사용 중에는 실시간 음성 경로 안내가 불가능했다). 존은 그 회의를 "포커판에서 상대가 로열 플러시를 쥐고 있다는 걸 아는 것 같았다"라고 표현했다. 텔레아틀라스는 구글이 극단적인 대안을 마련하도록, 경제적 동기를 제공한 셈이었다. 자체적으로 전 세계 도로 네트워크 지도를 다시 작성하기 위해, 기술적인 측면과 실행 계획 면에서 극도로 대담하고 혁신적인 프로젝트에 착수하게 된 것이었다. 그리고 미국과 멕시코의 모든 도로정보가 담긴 그라운드트루스 프로젝트의 첫 데이터 세트가 준비됐다. 존은 드타예 CEO에게 구글맵과 구글어스 사용자들을 위해, 3일 내에 그라운드트루스 프로젝트 데이터를 적용하겠다고 알렸다. 구글맵과 구글어스는 더 이상 미국과 멕시코에서는 텔레아틀라스 도로 네트워크 데이터를 사용하지 않으며, 연말까지 그 밖의 모든 지역에 대해서도 더 이상 텔레아틀라스의 데이터를 사용할 필요가 없었다.

모든 지도 데이터는 구글이 만든 것이었다. 로열티도 제한 사항도 전혀 없었다. 구글은 모바일용 구글맵에 무료로 실시간 경로찾기의 음성안내 기능을 도입할 예정이었다. 먼저 안드로이드 버전을 내놓은 후 가까운 시일 내에 아이폰에도 적용한다는 계획이었다.

텔레아틀라스는 퇴장하고, 그라운드트루스가 등장했다.

현재 그라운드트루스는 모든 구글맵 프로젝트 및 자율주행차량 계획의 기본 데이터 레이어다. 구글맵으로 경로찾기 음성안내를 들어본 적이 있다면, 그라운드트루스 프로젝트에 감사해야 할 것이다.

2009년부터 구글은 아틀라스 도구의 기능을 모방한 웹 기반 서비스를 게시했는데, 이것이 바로 맵메이커Map Maker였다. 도로 네트워크 데이터가 매우 부실한 나라의 사용자들은 자신이 사는 지역의 지도를 스스로 만들 수 있었다(맵메이커는 현재 구글맵에 추가된 기능이다). 그리고 그 데이터는 아틀라스를 통해, 그라운드트루스 작업자들이 만든 데이터와 마찬가지로, 그라운드트루스 데이터 세트에 입력됐다. 여러 국가에서 맵메이커를 사용해 스스로 지도를 만들었다. 예를 들어 인구가 12억 명에 달하는 인도의 경우 맵메이커를 통해 완벽한 국가 지도를 만들었다.

전 세계 도로 네트워크 지도를 작성하기 위해, 사용자가 도구 세트 및 프로세스를 사용하도록 한다는 개념은 2000년대 후반에 독립적인 오픈소스 프로젝트로 성공을 거뒀다. 위키피디아의 성공에 착안한 오픈스트리트맵OSM, OpenStreetMap은 편집 가능한 무료 세계지도를 만들기 위해 영국에서 집단 지성을 활용한 프로젝트로 시작됐다. 현지 참여자만 100만 명이 넘으며, 현재 그 포괄 범위는 구글을 포함한 지도 데이터 독점 제공 업체와 비교해봐도 손색이 없을 정도다.

또한 그라운드트루스 프로세스 및 데이터는 이제 구글의 자율주행차량 프로젝트를 떠받치는 역할을 하고 있었다. 자율주행차량 프로젝트는 구글에서 스핀오프(기업에서 사업부를 떼어내, 모회사와의 주식 교차 보유 등의 긴밀한 관계없이, 완전한 독립법인으로 분사시키는 방식)된 자회사 웨이모가 고도의 정확성을 갖춘 최신 업데이트 데이터를 기반으로 핵심역할을 담당하고 있다. 새로운 도로가 뚫리거나 기존의 도로가 폐쇄되면, 웨이모는 가능한 신속히 관련 정보를 입수해야 한다. 그렇지 않으면 자율주행차량 계획 전체가 막다른 길에 들어설 수도 있기 때문이다.

구글은 6개월씩 데이터 제공 업체가 데이터베이스를 수정하고 업데이트하길 기다릴 필요가 없었다. 현재 모든 구글맵 제품에서 "문제 보고하기" 링크를 통해 하루에 수천 개의 업데이트가 그라운드트루스팀으로 전송된다. 동일한 문제가 여러 사용자로부터 보고되는 경우, 해당 문제는 그라운드트루스 작업자가 사례를 가져와 검토할 수 있도록 대기열에 배치된다. 수천 명의 그라운드트루스 작업자의 도움으로 문제는 곧바로 해결된다. 보고된 문제를 몇 분 내에 해결해, 수정된 지도가 모든 구글맵 제품에 즉시 업데이트될 수 있도록 하는 것이다. 그뿐만 아니라 주소 누락이 여러 번 보고되는 경우, 구글은 이를 새로 생긴 구역이라고 해석해, 케빈 리스에게 항공사진을 촬영하는 구글의 세스나기를 돌려 해당 지역 상공을 날면서 정보를 업데이트하도록 했다. 이와 마찬가지로 새로운 도로가 나면 구글스트리트뷰 차량도 지도를 작성하기 위해 파견된다.

오늘날 구글의 지도 프로젝트는 전 세계를 실시간으로 모니터링하는 동적 시스템을 만들고 있다. 구글은 9억 6,600만 달러에 소셜 기반 음성 경로안내 서비스 앱으로, 내비게이션에 실시간 지리정보 공유가 가능한 SNS 기능이 더해진 서비스를 제공하는 웨이즈를 인수해 실시간 교통상황 및 데이터를 구글맵 제품에 포함시킬 수 있게 됐다. 이제 구글맵에서 서비스하는 경로안내는 동적 알고리즘에 따라 이루어지며 교통사고와 정체 구간 정보가 포함된다. 또한 구글은

5억 달러에 인공위성 기술 관련 스타트업인 스카이박스이미징을 인수해 자체 지구 모니터링 위성을 발사했다. 그러나 구글은 발사한 위성의 수에 대해 공식적으로 발표한 적은 없다.

내가 무역박람회에서 부동산 중개업자에게 밖에 나가 손을 흔들어 보라고 농담했을 때 그 말이 웃겼던 것은 터무니없는 얘기였기 때문이다. 그러나 이제는 터무니없는 얘기가 아닌 것 같다. 스카이박스이미징 인수 전, 이 회사는 소매업체와 투자자들에게 주차장에 주차된 차량 수를 모니터링해 경쟁 업체의 점포 매출액을 예측할 수 있다고 약속했다. 예를 들어 홈데포는 스카이박스 위성사진을 활용해, 경쟁사인 로우스의 모든 공구매장의 매출 동향을 예측해 매출 상승세를 보이는 로우스 매장 근처로 홈데포 새 매장의 출점 위치를 정할수 있는 것이다.

지구는 역동적으로 변하고 있다. 그리고 오늘날 구글맵과 구글어스는 그 속도를 따라잡기 위해 노력 중이다.

25페타바이트 속 증강현실
포켓몬을 잡아라

2010년과 2011년에 나는 오스틴에서 구글플렉스로 2개월에 한 번씩 출장을 갔고, 항상 키홀 및 구글지오 근무시절 친구들을 만나 점심을 먹거나 해피아워를 즐겼다. (이때까지 구글지오팀은 그라운드트루스 작업자를 포함해 직원 수가 7천여 명에 달했고, 본사의 한 동 전체를 쓰고 있었다.) 가끔 존과 나는 근처 쇼어라인 매립지의 익숙한 길을 따라 달리고, 오클랜드 어슬레틱스 경기를 보러 가거나 스포츠페이지에서 맥주잔을 기울이곤 했다.

2010년 9월 어느 화창한 날, 존과 나는 팔로알토 시내의 놀라 레스토랑에서 만났다. 몇 달 만에 얼굴을 보는 건데, 존이 걸어와 바의 의자에 미끄러지듯 앉는 모습을 보니, 완전 녹초가 된 것 같았다. 그간 엄청난 성공과 포상과 승진이 이어졌음에도 불구하고 그는 지쳐 보였다. 다양한 제품 문제를 두고 브라이언과 신경전이 계속되었고, 그는 복부 타격을 9회전까지 견뎌낸 권투선수 같아 보였다. 이를테면 독일은 그 당시 거리를 돌아다니면서 금지된 와이파이 네트워크에 접속했다는 이유로 구글맵팀에 벌금을 부과했다. 그는 환경에 변화를 주어야 할 것 같았다고 털어놓았다.

"구글을 그만둔다는 생각은 아닌 거지?" 내가 물었다.

"두고 보면 알겠지." 그가 답했다. 대화는 그걸로 끝이었던 것 같다. 존은 자세를 고쳐 앉으며 눈길을 돌렸다. 나는 그의 몸짓을 보고는 다른 주제로 넘어가고 싶어 한다고 생각했지만, 아니었다. "나는 제품 하나로 반짝 성공하는 식은 싫어." 존이 말을 이었다. "구글맵과 구글어스를 만든 사람으로만 기억되고 싶지 않다고."

나는 맥주를 벌컥벌컥 들이키며 수억 명의 구글맵과 구글어스 사용자들을 생각했다. 그리고 존에게 그 사실을 상기시켰다. "존, 그건 한 번이지만 **끝내주는** 성공이었지."

존은 오클랜드 어슬레틱스 경기가 펼쳐지는 바 위의 TV에서 눈을 떼고 내 쪽을 보았다. "다시 현장에서 뛰고 싶은 기분이야. 그렇지만 스타트업에 뛰어드는 건 힘들지. 그러니까 키홀이 걸어온 길을 다시 가야 한다고 생각해보라고. 할 거라면 빨리해야 돼. 젊었을 때나 할 수 있는 거지. 다시 타석에 들어서려면, 아직 공을 칠 수 있을 때 해야 한다고. 무슨 말인지 알겠지?"

존이 이룬 모든 성공과 구글맵 및 구글어스에 쏟아진 찬사에도 불구하고 존이 만족하는 것은 순간일 뿐이라는 걸 직접 봐왔다. 누군가가 존을 빗대 이렇게 설명한 적이 있었다. "달에 도착하기 위해서 이 엄청난 여정에 오른 거죠. 모든 어려움을 헤치고 고생고생해서 겨우 길을 찾아 마침내 달에 착륙하게 된 겁니다. 그런데 달에 도착하자마자 숨을 돌리기도 전에 대장이 '좋아, 준비됐지? 이제 화성으로 떠나야 한다'라고 말하는 느낌이라니까요."

"다시 스타트업에 뛰어들어 볼 생각 있어?" 존이 나에게 대놓고 물었다. 그는 내 업무가 구글에는 전략적으로 중요할지 몰라도 창의적으로 마케팅 역량을 마음껏 발휘할 만한 자리는 아니라는 걸 알고 있었다.

그가 초조해한다는 걸 알 수 있었다. 내가 어떤 일에 관심이 있는지 묻고 있는 건가? '구글 말고 다른 일을 말하는 거야?' 갑자기 뭔가가 있다는 느낌을 받았다. 눈앞에 닥친 뭔가가 있는 것이다. 나에게 구글을 떠날 생각이 있는지 정말로 찔러보는 건가? 여러 특전, 음식, 국제적 평판, 밀릴 일이 없는 급여, 언제나 종이가 채워져 있는 복사기가 있는 구글플렉스의 안락한 울타리를 떠나라는 것인가? 젠장, 구글에는 심지어 캠퍼스 여기저기에 널려 있는 알록달록한 운동용 공에 바람이 빵빵하게 채워져 있도록 사무실을 돌아다니는 직원까지 있는데 말이다. 어떤 새로운 스타트업이 운동용 공에 바람을 넣는 담당 코디네이터를 두겠는가? 나는 그때까지도 여전히 구글 사무실 리더기에 사원증을 갖다 댈 때마다, 구글 애드워즈 성인에게 하루만 더 여기서 일할 수 있게 해달라고 기도하기까지 했다.

"잠깐만, 지금 일반적인 상황을 얘기하는 거야, 존?" 내가 물었다. "왜냐하면 말이지. 진짜 솔직히 말해서 난 개인적으로 어려울 거 같거든. 구글 스톡옵션도 있고. 그러니까, 나는 너랑 달라, 존. 나는 반짝 스타로 만족한다고." 그러고는 맥주를 한 모금 마시고 다시 한번 쐐기를 박았다. "한 번도 성공하지 못한 것보다는 훨씬 낫잖아."

"그래, 그런 것 같다." 존은 힘없이 웃었다. 그렇지만 나는 그가 내 대답에 실망했다는 걸 알 수 있었다. 그리고 존이 사실은 비장의 카드를 쥐고 있다는 느낌을 받았다. 구글을 떠나 다른 스타트업을 시작한다는 아이디어에 내가 뜨뜻미지근하게 대답한 것은 그가 기대했던 반응이 아니었던 모양이다. 불편한 침묵이 흘렀다.

2010년 10월, 래리 페이지는 모든 구글 직원에게 이메일을 보내 조직을 개편하고 임원의 업무를 조정한다고 알렸다. 구글 검색의 수석 엔지니어 우디 맨버가 제품 관리 및 엔지니어링 부문 부사장으로 승진됐다. 이는 그가 마리사의 검색팀 업무를 인계한다는 뜻이었다. 래리의 공지에 따르면 마리사는 초창기에 의욕적으로 업무를 추진했던 지도 및 위치 서비스, 즉 구글지오팀 업무로 복귀하게 됐다.

이런, 구글의 오스틴 사무소에서 이메일을 읽다가 그런 생각이 들었다. '존에게 불리한 상황이로군.' 나는 며칠 후에 그에게 전화했다.

"마리사라니? 대체 무슨 일이야?" 내가 물었다. 그런 인사 이동에 존 역시 놀라기는 마찬가지였다. 그는 나에게 어떻게 된 일인지 말해 주었다.

존은 당시 맨해튼의 첼시 지역의 한참 잘 나가던 구글 사무소에서 근무하던 엘리자베스 하몬, 댄 에그너, 그리고 나머지 지오 경영팀을 만나, 함께 사무실을 벗어나 뉴욕시를 탐험하는 중이었다. 팀워크 활동 차원에서 이들은 도시에서 보물찾기 퀘스트를 수행하는 고

게임GO Game을 플레이하고, 나중에 영화 〈소셜 네트워크〉를 관람하러 갔다. 영화를 본 후 존은 휴대폰을 확인하고는 마리사 메이어에게 전화가 왔었다는 걸 알게 됐다. 당시 존은 구글에서 일한 지 6년 정도 됐을 때였고, 마리사를 존경하고 좋아하게 되었다. 존과 홀리는 마리사의 결혼식을 포함해 다양한 사교 모임에 초대되기까지 했다. 둘은 친구로 지냈다.

그러나 음성메시지는 이상했다. 마리사는 자신이 뉴욕시에 있으며, 다음 날 아침 구글 뉴욕시 사무소에서 존을 만나고 싶다고 했다. 다음 날 아침 마리사는 존에게 앞으로의 진행 상황에 대해 알려주었다. 구글 검색팀의 고위급 직원을 대상으로 대대적인 인사 이동이 있었다고 했다. 우디 맨버가 세력을 굳히면서, 마리사는 자리를 이동하게 된 것이다. 구글지오팀은 언제나 관심의 대상이긴 했지만, 그전까지 존과 브라이언의 세계에 대한 마리사의 관심은 5퍼센트 정도밖에 되지 않았었다. 이제는 마리사가 존과 브라이언의 업무에 100퍼센트 초점을 맞추고 있다고 했다. 마리사가 구글지오팀을 인계하는 중이었던 것이다. 마리사는 존과 브라이언이 자신에게 보고하도록 했다. "계속 팀에 남으면 좋겠군요." 마리사가 말했다. "우리가 다 함께 해나갈 수 있을 거라고 봅니다."

그날 아침 마리사와 대화를 끝낸 시점에서, 존의 다음 작전은 이미 시작되고 있었다. "잘됐군요." 그는 마리사에게 그렇게 말했으나 속으로 생각했다. '지금이야말로 새로 시작해볼 기회야.'

2주 후 마리사는 마운틴뷰에 처음으로 구글지오팀 전 직원을 불러 모으고, 팀원에게 자신을 공식적으로 소개했다. 회의 중에 마리사는 존이 지오팀을 그만둔다고 알렸다. 하지만 그는 아직 공개되지 않은 프로젝트를 시작하기 위해 구글에 잔류할 계획이라는 것이었다. 이는 존이 매우 기대를 거는 프로젝트였고 한동안 구상해왔던 것이기도 했다.

6주가량 존은 샌프란시스코의 구글 사무실 밖에서 일했다. 샌프란시스코베이 페리를 타고 오클랜드에서 통근하면서, 그는 홈런을 날릴 다음 기회에 대해 오랫동안 고심했다. 결국 존은 구글을 완전히 떠나기로 결심하고, 구글의 지도 기술을 기반으로 새로운 스타트업을 세우기로 마음먹었다. 그가 래리에게 구글을 그만두고 새로운 스타트업을 시작해보겠다고 하자, 래리는 그에게 어떤 아이디어인지 물었다.

존이 그에게 개요를 설명해주자 래리는 "구글에 그냥 남아서 구글 내 스타트업으로 시작해보는 건 어떻습니까?"라고 제안했다. 래리야말로 구글의 대담하고도 실험적인 지도 프로젝트의 주역이 아니었던가. 그는 전 세계를 지도에 담아 색인을 다는 작업에 투자를 계속하고 있었고, 존이 떠나지 않기를 바랐다. 그는 존의 비전과 결의, 추진력에 대해 잘 알고 있었다. 존이 뭔가 새로운 것을 만들려 하자, 구글맵과 구글어스를 완성하는 과정의 매 고비마다 그랬던 것처럼, 그게 뭐든 간에 래리는 그를 지지했다.

이 둘은 한 장짜리 계약서를 작성했다.

이는 새로운 방식의 계약이었다. 몇 년 후에 나이언틱랩스Niantic Labs는 '모바일게임과 현실의 접점을 찾다'라는 캐치프레이즈를 내세우고 위치 기반 증강현실 모바일 게임, 포켓몬고Pokémon GO를 출시

한다. 이 새로운 회사의 직원들은 나이언틱 주식을 받는 대가로 구글 주식을 포기할 수 있었다. 구글에서 온전히 독립한 스핀오프 방식의 분사가 아닌, 구글 내 스타트업 자회사 방식이었다. 나이언틱에는 투자를 받기 전까지 제품 개발에 투자할 수 있는 3년의 시간이 있었고, 이 기간이 끝나면 회사의 가치 평가를 기반으로 주식을 지급받는 것이다. 엄밀히 말해 모든 직원은 여전히 구글 직원이었지만, 존은 별도의 자체 법인인 것처럼 회사를 자유롭게 운영할 수 있었다. 스타트업의 자유로움과 주가 상승이라는 두 가지 면에서 최적의 선택이었다. 게다가 구글의 업무환경과 특전도 그대로 누릴 수 있었다.

새로운 회사를 설립하겠다는 아이디어는 존이 아들과 매일같이 싸우다가 착안한 것이었다. 캘리포니아의 화창한 주말에조차 비디오게임에 빠져 있는 10대 자녀를 둔 부모라면 흔히 겪게 되는 다툼이었다. 마인크래프트나 다른 비디오게임을 하느라 모니터만 바라보며 집에 처박혀 있는 아들의 게임을 중간에 끊어버리며, 존은 "좀 나가서 놀아"라고 소리치곤 했다. 결국 아버지와 아들은 합의를 보았다. 아들이 1시간 동안 밖에서 시간을 보내면, 그 보상으로 게임 시간 1시간이 주어졌다. 이는 나이언틱의 사훈처럼 되어버렸다. 지도에 대한 존의 전문성과 게임에 대한 열정이 만나, 남녀노소를 불문하고 다들 밖에 나가 즐길 수 있는 게임 앱이 탄생한 것이다.

휴대폰을 사용해 지도를 게임판으로 만드는 것이 핵심이었다. 그렇게 탄생한 모바일 앱 게임은 게임 진도를 나가려면 소파에서 일어나 실제 세계로 나가야 했고, 게임 속 캐릭터들이 존재하는 증강현실 AR, Augmented Reality이 실제 현실세계 위에 펼쳐졌다. 존은 이를 "실제 세계 속 게임"이라고 불렀다. 사람들이 모니터에서 눈을 떼고 움직이며 새로운 방식으로 주변 환경을 인식하게 만드는 것이 게임을 만든 목적이었다.

존은 자신의 새로운 회사 이름을 나이언틱이라고 지었다. 이 이름은 1849년에 샌프란시스코에 도착한 상선의 이름이었다. 골드러시 시절 일확천금을 좇아 이 배를 타고 캘리포니아로 몰려든 246명의 사람들은 나이언틱과 다른 수십 척의 배를 뒤로하고 즉시 하선했다. 나이언틱은 오늘날 샌프란시스코의 트랜스아메리카 피라미드 빌딩 바로 아래에 묻혀 있으나, 그 앞을 지나는 사람 중에 이 사실을 알거나 신경 쓰는 사람은 거의 없다. 존은 이런 새로운 GPS 기반 서비스와 게임이 우리 주변의 감춰진 역사를 새롭게 조명해, 새로운 방식으로 주변 지역을 인식할 수 있길 바랐다. 나이언틱이 만든 게임을 하다 보면 의도했건 아니건 주변 세계에 관해 조금이나마 알게 된다.

존을 따라 나이언틱으로 간 건 나뿐만이 아니었다. 총 여덟 명의 전직 키홀 직원들이 존의 새로운 스타트업에 합류했다. 어느 날 르네트가 나에게 메일을 보냈다. "이렇게 또 시작되는군요!" 직장 생활을 하는 내내 자주 그랬지만, 나는 존이 만들고자 하는 것의 개념을 충분히 이해하지는 못했다. 하지만 그가 함께 일했던 사람 중에서도 굳이 나에게 나이언틱의 마케팅 책임자를 맡아달라고 부탁해서 기뻤다. 게다가 누군가가 나에게 존의 스타트업 팀에 합류하기 위해 구글을 떠나는 거냐고 물었을 때(모회사인 구글을 떠나 자회사로 가는 것), 나는 그에게 말했다. "생각해보세요. 마이클 조던이 자기 팀으로 와달라고 하면 그냥 가는 거죠. 무슨 종목의 스포츠인지 모른다 하더라도요."

존을 처음 만난 후 32년이 지난, 이 글을 쓰는 지금도 아직 내가 존 빈센트 행키를 위해 일하고 있다는 사실이 정말로 놀랍게 느껴진다. 조그마한 텍사스주의 서부 마을에서 자란 바로 그 녀석과 어쩌다 우연히 세계에서 가장 큰 기숙사의 같은 층에 배정되어서 지금까지 함께했다는 게 말이다. 어머니는 친구와 가족들 앞에서 이런 식으로 말씀하곤 하셨다. "빌, 그러니까 네 경력 전체는 말하자면 한 남자를 만난 것으로 설명할 수 있구나."

어머니 말씀이 옳았다. 서부 개척시대 무법지대인 텍사스를 지키기 위해 결성된 기마경찰대인 텍사스 레인저스의 오랜 구호는 "하나의 폭동은 한 명의 레인저로 충분하다"였다. 내 경우를 살짝 비틀어 표현하면 "하나의 경력은 한 명의 사람으로 충분하다"가 될 것이다. 인정한다. 스티브 잡스도 분명히 프로젝트에 착수할 때마다 충직한 보병들처럼 그의 주위를 따라다니는 핵심 마케팅 군단을 이끌고 다녔을 게 뻔하다. 이들에게 자신의 경력을 한 사람에게 의지하고 싶은지 물어보라. 아마도 마이타이 펀치를 마시며 해변에 앉아 있는 이들을 볼 수 있을 것이다.

2014년 10월, 나는 키홀 멤버들을 위한 모임을 준비했다. 이번에는 구글의 키홀 인수 10주년을 기념하는 자리였다. 키홀팀은 여기저기 흩어져 있었다. 안타깝게도 안드리아 루벤은 2010년에 세상을 떠났다. 대니얼 레더먼과 데이비드 콘먼은 해외에 거주 중이었다. 그 밖에 몇몇 사람들도 다른 주에 살고 있었다. 그래도 살아 있는 28명의 키홀팀 멤버 중에서 24명이 모임에 나타났다.

존은 모임에 나올 만한 사람은 아니었다. "나는 과거에 붙들려 사는 사람이 아니라는 거 너도 알잖아." 내가 결국 나오라고 몰아붙이자 존은 그렇게 대답했다. "존, 꼭 와야 돼. 빠지는 건 절대 안 돼. 참석해야 한다고." 나는 강경하게 말했다. 데데 케트먼이 애리조나에서부터 차로 최소 12시간이 걸리는 거리를 운전해 남편과 참석한다는 말을 듣고, 결국 존도 오기로 마음을 굳힌 것 같았다.

사진 찍기에 열심인 브라이언은 슬라이드쇼와 행사 예산을 책인졌다. 존이 2011년 중반 몸집이 너무 커진 구글지오팀을 떠난 후, 마리사도 2012년에 곧 팀을 떠나 야후의 CEO가 되었다. 이는 2012년부터 2014년까지 브라이언이 7천 명의 직원이 일하는 구글지오 업무를 지휘했다는 말이었다.

그 기간 동안 애플은 자체 지도 개발을 위해 구글맵을 밀어냈고, 브라이언은 구글맵 감독 업무도 떠맡았다. 애플은 지도 출시로 처참한 결말을 맞았다. 300억 달러의 시가총액이 증발하고, 팀 쿡 CEO가 공개 사과를 한 데다가, 스콧 포스톨 애플 iOS 부사장은 쫓겨났던 것이다.

키홀이 인수된 지 10년 후인 2014년 10월 16일 키홀 모임 당일, 브라이언은 오랫동안 구글에서 일해온 젠 피츠패트릭에게 구글지오팀 부사장 자리를 넘겨주었다. 몇 달이 지나지 않아 브라이언은 구글을 떠나, 우버에서 자율주행차량 프로젝트를 이끌게 됐다(이건 또 다른 얘기다).

브라이언에게 왜 구글을 떠나기로 했는지 묻자, 그는 이렇게 답했다. "10년간 더할 나위 없는 경험을 했는데, 그만하면 된 거죠." 구글은 자연히 성숙기에 접어든 기업이 되었고, 기존의 비즈니스 관행을 받아들이게 됐다. 새로 최고재무책임자, CFO로 부임한 루스 포랏은 구글의 프로젝트에 기존의 비즈니스 기준을 적용했다. 래리 페이지가 시작한 모든 종류의 실험적 프로젝트의 장기적인 경제적 타당성에 대해 기본적인 질문을 던졌다. 구글맵과 구글어스는 말하자면 10대 베이비시터들끼리 지난 10년간 아무런 감독 없이 베개 싸움이나 벌여 온 셈이었고, 이제 어른이 나서서 감독할 때가 된 것이다.

10년 전인 2004년, 구글에서 첫 근무를 시작한 날 마이클 존스는 세르게이에게 언젠가 구글어스팀에 1페타바이트에 달하는 지도 데이터가 필요할 것이라 말한 적이 있었다. 내가 그 숫자를 들은 건 그때가 처음이었다. 100만 기가바이트에 해당하는 수였다. **1페타바이트라니.**

2014년, 구글의 지도 제품 데이터베이스의 데이터양은 25페타바이트에 달했다. 그리고 그 수는 계속 늘어나고 있었다. 브라이언과 존은 지오팀에 효율적인 지도 게시 시스템을 남겼다. 2주마다 구글어스 출시 당시의 지도 데이터 총량보다 훨씬 많은 데이터가 이 시스템을 통해 게시된다(이는 상당 부분 키홀 멤버였던 웨인 타이와 그의 팀원들의 공이다).

10년 전 바로 그 회의에서 나는 래리에게 1천만 달러와 1천만 사용자 사이에 어느 것을 선택하겠냐고 물은 적이 있다. 나는 그 숫자에 100을 더 곱했어야 했다.

그동안 래리와 세르게이의 경영방식은 일반적인 비즈니스 원칙에서 벗어나 있었다. 사용자의 만족과 비용 중에 선택해야 할 때 이들은 100퍼센트 사용자의 만족을 선택했다. 그 때문에 내가 제시한 1천만 명의 사용자라는 수치가 들어맞지 않았던 것이다. 오히려 구글맵과 구글어스는 10억 명의 사용자를 끌어모았다. 그것도 매달.

이 모든 여정에서 가장 놀라운 부분은 바로 이거였다. 아마 믿기 어려울지도 모르겠다. 이 책을 쓰기 위해 내가 인터뷰했던 이들 중 아무도 간단해 보이는 다음의 질문에 답하지 못했다. 결국 모든 에너지와 데이터와 돈을 쏟아부어 혁신을 이룬 후, 구글맵과 구글어스는 구글에 돈을 벌어다 주었는가? 구글맵과 구글어스는 수익을 냈는가?

물론 구글맵과 구글어스가 구글 브랜드의 가치를 끌어올리고, 애플과 같은 기업에 전략적 자산을 마련해주었으며, 안드로이드 기기에 뛰어난 내비게이션 기능을 추가하고, 검색 결과와 광고를 지리적으로 최적화했다고 보는 관점도 있다. 모든 구글 제품 및 서비스에 수십억 달러를 벌어다 줬다는 데에는 의심의 여지가 없다.

그런데 그 모든 수익 창출이 **구글맵과 구글어스가 세상에 나오게 된 주요 원동력은 아니었던 것이다.**

그렇다. 이 글을 쓰는 지금도 주식 분할 후 구글 주식 1주당 조정된 가격은 2천 달러이며, 래리와 세르게이는 각각 전 세계 부자순위에서 8위와 9위에 올라 있다. 그러나 수익 창출이 이들을 움직인 이유는 아니다. 2002년에 이들이 101번 국도를 타고 캠코더를 래리의 차창 밖으로 들이댄 이유는 아닌 것이다. 이들이 키홀을 사들인 이유도 아니다. 웨어투테크나 스케치업, 웨이즈, 스카이박스이미징을 사들인 이유도 아니다. 케빈 리스의 항공기를 구입한 이유도 아니다. 스트리트뷰 프로젝트를 시작한 이유도 아니다. 그라운드트루스 프로젝트 역시 마찬가지다.

그러니까 돈벌이가 이들의 1순위는 아니었다는 말이다. 그렇다고 해서 수익 창출을 중시하지 않은 것은 아니었다. 하지만 다시 말하지만, 내가 참석했던 회의에서 이들은 돈 얘기는 묻지 않았다. 투자 수익률에 대해 묻지도 않았다. 투자 회수 기간에 대해 묻지도 않았다. 보통의 회사 같으면 이 외에도 많은 질문을 던졌을 것이다. 그러나 래리가 주주들에게 보내는 편지에서 언급했듯이, 구글은 기존의 회사와는 거리가 멀었고, 그렇게 될 생각도 없었다. 이들이 관심 있었던 것은 한 가지였다. 전 세계의 지리정보를 체계화한 뛰어난 제품에 과감히 투자하고, 이를 구글맵과 구글어스와 같은 훌륭한 제품을 통해 세계의 모두에게 무료로 나눠주는 것이었다.

예를 하나 들어보자. 키홀이 인수된 후 키홀 영업직원인 제프 카나이와 그렉 로이드는 키홀 프로 버전 라이선스 판매(국제쇼핑센터협회에서 구식 신용카드 리더기로 개인용 라이선스를 판매하던 시절에 하던 것과 같은 일)를 구글에서 연간 8천만 달러짜리 사업으로 바꾸어 놓았다. 그랬는데 어느 날 래리가 구글어스 프로 버전을 무료로 공개하기로 결정해버렸다.

미친 소리 같겠지만 구글맵과 구글어스는 세상에 내려진 선물 같았다. 그래서 난 "고맙다"라고 말한다.

키홀의 구글 인수 10주년을 기념하기 위해 모인 그날 밤, 많은 이야기가 오갔다. 마이클 존스부터 브라이언 매클렌던, 존 행키, 필 케슬린, 치카이 오하자마, 마크 어빈 및 르네트 포사다 하워드에 이르는 많은 이들이 축배를 들었다.

놀랍게도 존은 제일 마지막까지 자리에 남아 있었다. 우리가 밖으로 나오자 레스토랑 매니저가 존의 등 뒤에서 문을 잠갔다. 존이 가장 즐거워 보였다. 팀원 전체, 특히 데데를 만나서 무척 좋아하는 것 같았다. 존은 그 파티와 추억이 끝나지 않길 바라는 것 같았다. 하룻밤 동안 그는 과거에 젖어 성공을 자축하기로 한 것 같았다. 그 하룻밤만큼은.

서늘한 캘리포니아의 가을밤 속으로 걸음을 옮겨놓으면서 그는 내 등을 가볍게 두드렸다. "빌, 다들 모이게 해줘서 고마워. 그리고 나한테 오라고 설득한 것도 고마워. 정말 즐거웠어. 이젠 기억조차 나지 않는 좋은 일들이 많기도 많았었네." 존이 말했다. 그 말을 듣고 내가 구상 중이던 프로젝트를 시작하게 된 줄은 그는 생각도 못 했을 것이다.

몇 달 후 존은 30주년을 맞이한 국제 인터랙티브 영화 및 음악 페스티벌인 사우스바이사우스웨스트에 참석하기 위해 오스틴을 찾았다. 30년 년 존과 나는 텍사스대학교에 다니고 있었다. 1985년, 6번가에 있던 바 주인들 몇 명과 오스틴 지역 최대 주간지인 〈오스틴크로니클〉의 편집장이 힘을 합쳐 사우스바이사우스웨스트 페스티벌을 개최해, 봄방학 중에도 존과 나 같은 학생들을 오스틴에 계속 붙잡아 두었던 것이다. 이제 이 행사는 매년 봄 9일 동안 오스틴으로 수십만 명의 방문객을 끌어들이는 국제적인 규모의 행사가 되었다. 존은 매년 컨퍼런스와 바비큐, 천연 수영장인 바튼스프링스, 라이브 음악을 찾아서, 그리고 크로스플레인스에 거주하는 어머니를 뵈러 성지순례라도 하듯 이곳을 찾는다.

그가 오스틴을 떠나기 전에 우리는 레이디버드호 주변을 뛰기로 했다. 금요일 아침이었고, 달리기 코스는 사람들로 북적였다. 휴대폰 화면에 고개를 파묻고 현재 위치를 나타내는 파란 점을 따라 걷는 보행자와 부딪치지 않도록 주의해야 했다. 달리는 사람들은 맵마이런 MapMyRun 앱을 사용해 경로를 추적하고, 개인 최고 기록을 경신하기 위해 열심히 달리고 있었다. 자전거를 타는 사람들은 스트라바 앱을 켜고 이 코스에서 랜스 암스트롱의 기록에 도전하고 있었다. 통근자들은 우버 앱으로 차량을 불러 이동했다. 관광객들은 옐프와 호텔투나잇 앱에서 정보를 찾고 있었다. 주택을 구입하려는 이들은 질로우 앱을 살펴보고, 싱글들은 틴더 데이트 앱을 열심히 들여다보고 있었다. 택시기사들은 웨이즈 앱에서 길 안내를 받았다. 견주들은 개들을 찾기 위해 휘슬 앱으로 개의 위치를 확인했다. 물류 운송업체인 UPS 트럭에 실어 배송 중인 택배는 받는 사람이 택배 번호를 추적해 지도상에서 위치를 확인할 수 있었다. 머리 위로 날아가는 비행기는 승객을 기다리는 친척들이 추적해 지도상에서 위치를 확인할 수 있었다. 오스틴 고등학교에 다니는 10대는 엄마가 파란 점으로 표시된 자신의 현재 위치를 확인하는 줄은 꿈에도 모를 것이다.

존과 나는 본의 아니게 세상에 종말이 찾아온 것 같은 풍경을 만들었다. 다들 파란 점으로 표시된 점을 따라 움직이는 게 꼭 좀비 같았다. 적어도 그 좀비들은 스스로 어디로 가고 있는지는 알고 있는 것 같았다는 점을 그나마 위안으로 삼아야 했다.

존과 함께 호수를 건너 약 6킬로미터에 달하는 코스를 돌아오면서, 나는 마침내 존에게 키홀 모임 이후 내내 생각해오던 프로젝트에 대해 용기 내어 말할 수 있었다. 바로 이 책이었다. 나는 존이 어떤 반응을 보일지 몰라 긴장했다. 그는 자기 자신과 지나간 일에 대해 얘기하는 걸 꺼렸기 때문이다. 그러나 존은 예상과 달리 긍정적인 반응을 보였다.

"이런 얘기는 알리는 게 좋겠지. 그런 면에서 네가 적임자일 거야. 그 자리에서 모든 걸 지켜봤으니까." 존이 말했다.

내가 존에게 구글지오팀을 떠났던 2006년까지의 일만 책으로 낼 생각이라고 말하자 그는 이렇게 말했다. "아냐, 넌 모든 이야기를 다 써야 해. 하나도 빠짐없이 말야. 전체 이야기 말야. 누군가는 해야 할 일이야."

그 즉시 나는 존에게 스트리트뷰와 그라운드트루스에 관해 질문을 쏟아내기 시작했다. 약 1킬로미터 만에 존은 속도를 냈다. 존이 "네가 그 책을 써야 해"라고 말한 건 "내가 아니라 네가 그 책을 써야 해"라고 말한 거나 마찬가지였을 것이다. 내가 알아듣지 못할까 봐 그랬는지 존은 손을 들어서 딱 잘라 말했다. "난 이제 더 이상 이 얘기하고 싶지 않아." 우리는 말없이 달리기를 끝냈다.

존은 렌터카 옆에 서서 크로스플레인스로 장시간 운전하기에 앞서 새 티셔츠로 재빨리 갈아입었다. "네가 알아둘 것이 있어. 우리가 겪었던 그 많은 일들이 모두 즐겁기만 했던 건 아냐. 키홀에 있을 때, 임금체불이나 소송, 공급업체 대금지급 연체도 겪었잖아. 게다가 브렛, 마리사와 세력다툼도 벌여야 했고, 구글 내부적으로 제품을 둘러싸고 잡음도 있었지. 정말 기나긴 시간이었네. 견디기 힘들었어. 홀리도 견디기 힘들어했고. 나는 그 시간을 되돌아보기가 힘들어. 게다가 나는 과거보다는 미래에 대해서, 앞으로 일어날 일에 대해서 생각하고 싶어. 앞으로 어떤 일이 다가올지 말이야. 과거가 아니라."

그때 알았다. 이 책을 쓰게 된다 하더라도 존의 도움은 거의 받지 못하리라는 것을.

2015년 봄의 오스틴은 사우스바이사우스웨스트 페스티벌로 인한 교통체증과 대규모 건설 프로젝트 및 도로 폐쇄가 이루어지던 대도시였다. 존은 렌터카에 올라탔다. 잠시 누구랑 대화하고 있었는지도 잊고 내가 물었다. "좋아, 모팩으로 다시 나가서 183번 도로를 어떻게 타는지 알아?" 다른 사람들처럼 존 역시 휴대폰에 시선을 고정했다.

그는 웃으며 나에게 손을 흔들었다. "괜찮아. 찾아갈 수 있어."

그는 구글맵에 크로스플레인스를 입력하더니 안내시작 버튼을 눌렀다.

증강현실을 즐기는 시대

2016년 7월 17일 일요일, 나는 일본 도쿄에 있었다. 지하에 있는 작고 어두운 일본식 스테이크 하우스에 갔다. 천 가림막이 처진 방은 나와 존, 존의 아들 에반이 간신히 들어갈 정도의 공간이었다. 에반은 그로부터 한 달 후에 뉴욕대학교에 갈 예정이어서, 존은 아들을 데리고 일주일간 부자끼리 일본 여행을 떠나온 것이었다.

레스토랑 주인은 우리 테이블 중앙에 놓인, 돌로 만들어진 고기불판 위에 고기와 채소를 어떻게 굽는지 설명했다. 그는 나이언틱 일본 지사의 마케팅 부사장인 스가 겐토로부터 특별한 손님을 잘 접대하라는 부탁을 받아 우리 자리로 온 것이었다. 스테이크가 끊임없이 나왔다. 레스토랑 주인은 포켓몬고를 탄생시킨 주역인 존을 만나 함께 사진을 찍고 사인을 받게 돼 흥분을 감추지 못했다.

레스토랑 주인은 키홀과 구글맵, 구글어스를 탄생시킨 존의 이전 업적에 대해서는 전혀 몰랐다. 그에게, 그리고 전 세계에 존 행키는 이제 포켓몬고를 만든 사람으로 알려져 있었다.

우리가 도쿄에 온 것은 나이언틱의 첫 번째 게임인 인그레스 Ingress 때문이었다. 그때까지 나이언틱이 기획한 것 중 최대 규모 행사가 그 전날 개최됐고, 1만 명이 넘는 인그레스 "에이전트"(게임 사용자들은 요원, 즉 에이전트라 불렸다)들이 도쿄 거리를 걷고, 달리고, 자전거를 타며 가상세계 속 도쿄를 지배하기 위해 싸움을 벌였다. 이런 종류의 행사가 현재 전 세계에서 개최되고 있다. 우리는 2016년에 26개 행사를 기획해 수십만 명의 인그레스 플레이어가 비디오게임을 하도록 현실세계로 끌어들일 계획이었다.

인그레스 행사가 대규모이긴 했으나, 누구나 이 행사에 관심이 있는 건 아니었다. 여기서 누구나라고 한 건 말 그대로 전 세계 사람을 가리키는 것이다.

우리의 일본 방문 시기는 미국과 다른 일부 국가에서 포켓몬고가 출시된 지 12일이 지난 후였고, 전 세계에 포켓몬 잡기 열풍이 불고 있을 때였다. 2016년 여름, 엄청난 히트를 친 것이다. 포켓몬고 열풍은 미국의 여러 유명 토크쇼, 지미 팰런과 스티븐 콜베어, 지미 키멜 쇼의 단막극 코너 주제로 등장했다. 힐러리 클린턴은 유세장에서 포켓몬고 농담을 던지기도 했다. 수천 건의 언론 보도와 수억 개의 SNS 포스트도 줄을 이었다. 전 세계의 저명한 인물들을 다루는 미국의 유명 잡지 〈피플〉 표지에 존의 사진이 실리기도 했다.

2016년, 수천 명의 사람이 공원에 모여 새로운 방식으로 야외 활동을 즐겼고, 게임 플레이어들이 조직한 걷기 행사와 소셜 이벤트도 열렸다. 트위터나 틴더 앱보다 포켓몬고 앱이 사용 빈도가 훨씬 높았고, 그해 여름 역대 최고의 다운로드 기록을 깨버렸다. 수억 명 이상이 매일 포켓몬고 게임을 했다. 두바이에서는 한 남자가 고속도로 한복판에서 차를 세우고 희귀 포켓몬을 잡으려 차에서 뛰어내리기도 했다. 10대 두 명이 샌디에이고에서 울타리를 넘다가 절벽 아래로 떨어진 사건도 있었다(이들은 다행히 살아남았다). 사우디 성직자들은 포켓몬고가 이슬람 교리에 어긋난다는, 포켓몬고에 반대하는 이슬람 율법 해석인 파트와를 내기도 했다. 한 기자는 포켓몬을 잡다가 미 국무부 브리핑을 중단시키기도 했다. "바로 거기서 포켓몬 게임을 하는 거 맞습니까?" 당시 국무부 대변인 존 커비는 이슬람 극단주의 테러 단체인 ISIS 타격을 위해 진행 중이었던 군사활동에 대해 얘기하다 말고 기자에게 물었던 것이다.

"잡았습니까?" 그가 물었다.

나이언틱은 일본에서 그때까지 포켓몬고를 출시하지는 않았지만 상관없었다. 포켓몬 열풍이 이미 20년 전에 시작된 나라에서 포켓몬고가 출시될 때만큼은 그곳을 피해 있고 싶었기 때문이다. 일본 정부 관리들이 사회불안 확산을 우려하는 것도 무리는 아니었다.

"물어볼 게 있는데." 내가 말했다. "포켓몬고 출시가 구글맵이나 구글어스 출시 때보다도 파장이 클 거라 생각해?" 지난 2주간 존은 쉴 새 없이 일했는데도 다른 직원들처럼 여전히 에너지가 넘쳤다.

"네가 그 얘길 하다니 재밌군." 존이 말했다. "브라이언이 나한테 구글맵이랑 구글어스 출시 때의 인기와 포켓몬고 출시 당시 인기를 나타낸 구글 트렌드 그래프를 보내줬거든."

나는 뜨겁게 달궈진 돌판 위에 놓인 완벽한 고베 소고기 조각을 집어 들면서 세상에 이런 맛이 있나 싶어 고개를 저었다. 우리는 모리타워 아래 있는 롯폰기힐스 지역에 있었다. 모리타워에서 존은 불과 몇 시간 전에 전 세계 게임업계를 주름잡는 대기업인 닌텐도 CEO와 만났다. 나이언틱이 구글에서 완전히 분사되어 독립 법인이 된 2015년 10월, 닌텐도는 존이 새로 시작한 스타트업의 주요 투자자 역할을 자처했다(닌텐도 CEO의 아내가 인그레스의 헤비유저였던 덕에 투자회의가 시작될 수 있었다). 포켓몬고가 출시된 지 12일 후에 닌텐도의 시가 총액은 기존 금액에서 120퍼센트나 늘어나, 190억 달러에서 420억 달러가 되었다. 회의는 잘 마무리된 것 같았다.

"존, 닌텐도가 우리 회사를 사들이려고 했던 거야?" 내가 묻자 에반이 옆에서 웃었다.

"아니, 안 그랬어." 존은 조용히 이렇게 덧붙였다. "근데 그럴 생각이 있는지 궁금하긴 하더라. 전혀 불가능한 건 아니었을 거야."

포켓몬고 출시는 확실히 존과 나이언틱팀에는 예상치 못한 전환점이 되었다. 8개월 전, 나이언틱을 구글에서 독립된 법인으로 분사해 나오기가 쉽지 않았다. 나는 구글에서 보낸 지난 11년간 무척 행복했기에, 사원증을 반납해야 한다는 사실이 슬펐다. 그러나 2014년에 최고재무책임자인 CFO가 새로 오면서, 구글 검색 사업에서 핵심 영역이 아니라고 판단된 프로젝트들은 독립회사로 분사됐다. 위치 기반 증강현실 게임은 핵심 프로젝트에 들지 못했던 것이다.

그러나 인그레스가 성공적인 게임으로 자리 잡고, 포켓몬고가 진행되면서 존은 구글에서 완전히 분리된 새로운 나이언틱 즉, 독립 법인을 창립할 투자금을 모을 수 있었다(구글은 나이언틱 2.0의 후속 투자자가 되었다).

2015년 10월, 구글에서 공식적으로 독립 법인으로의 분사가 결정된 후, 나이언틱은 첫 게임인 인그레스를 기반으로 좋은 실적을 냈다. 나는 나이언틱 투자자 피치덱에 나온 실적 전망 내용을 알고 있었다. 그래프의 오른쪽에 1년 차, 3년 차, 5년 차에 해당하는 전형적인 기대수익과 사용자 수 증가가 표시된 슬라이드였다. 5년 차 수익 전망은 특히 긍정적이었다. 그러나 나이언틱의 경우, 이 긍정적인 수익 추정치가 실제보다 너무 **낮았던 것**으로 마무리되었다. 향후 15년 전망 예상치로는 2016년 여름에 포켓몬고로 발생한 수익을 정확히 예측할 수 없었을 것이라고 해두자. 포켓몬고는 다운로드 횟수 및 수익 면에서 역대 기록을 모두 깨버리고 가장 가파른 성장세를 보인 앱으로 집계됐기 때문이다.

인그레스를 통해 존과 나이언틱은 현실세계를 게임장으로 만들어버렸다. 인그레스에는 계몽군과 레지스탕스의 2개 진영이 존재하며, 현실세계로 나가 영토 쟁탈전을 벌이는 식으로 게임이 진행된다. 그런 후, 자신의 이웃과 도시로 다시 돌아와 사람들을 만나고 디지털 세계 밖에서 친구가 된 게이머들이 모여 이룬 커뮤니티인 것이다. 그리고 지구상에서 가장 흥미진진한 지역(인그레스의 포털에 해당)을 데이터베이스로 만드는 과정을 게임으로 만들었다. 이렇게 모인 1,200만 개의 지점은 포켓몬고의 포켓스톱이 되었다.

포켓몬고에 대한 아이디어는 2014년에 농담처럼 시작됐다. 노무라 타츠오라는 구글 엔지니어가 만우절 농담으로, 구글맵에 그가 어린 시절 가장 좋아하던 포켓몬 캐릭터가 오버레이되도록 했다. 이는 전 세계적으로 엄청난 인기를 끌었고, 나이언틱팀에 있던 그의 친구 가와시마 마사시가 이를 존에게 보여주면서, 인그레스처럼 GPS 기반의 증강현실 게임으로 만들자는 아이디어를 내놓은 것이었다. 이외에도 구상 중이었던 게임 아이디어는 많았지만, 이 이야기를 들은 존은 포켓몬이야말로 증강현실에 어울리는 완벽한 게임이 될 거라고 생각했다. 마사시와 존은 타츠오에게 가서 그의 만우절 농담을 좀 더 발전시켜볼 생각이 있는지 물었다.

인그레스의 머신러닝, 데이터 및 기술을 바탕으로 만들어진 포켓몬고는 새로운 업계 전체가 지향해야 할 방향임이 입증되었다. 포켓몬고가 나타나기 전에는 증강현실의 활용 사례가 입증된 적이 없었다. 이제 나이언틱 덕분에 증강현실은 인기 있는 기술 트렌드로 부상했다. 실리콘밸리를 비롯한 각지의 수십 개 증강현실 기업들은 투자 피치덱 슬라이드에 포켓몬고에 관한 내용은 한두 장 정도 끼워 넣는다. 앞으로 증강현실 게임은 더욱 많아질 것이며, 그중에는 (마음의 준비를 하시라) 2018년 중으로 출시 예정인 '해리포터: 위저드 유나이트' 게임도 있다(이 해리포터 증강현실 게임은 2019년에 출시되었다).

이 새로운 증강현실은 좋은 지도와 우리 주변의 모든 대상을 지리적으로 정확히 찾아낼 수 있는 기술 덕분에 시작됐다. 그 때문에 나이언틱의 최고기술책임자cto인 필 케슬린을 비롯해, 키홀과 구글맵, 구글어스를 만들어낸 바로 그 핵심 지도 프로젝트팀이 최초로 대규모 성공을 이룬 증강현실 앱을 만든 것도 우연은 아닌 것이다.

구글스트리트뷰 덕분에 구글지오팀에서 일하는 예전 동료들과 우리 친구들도 증강현실 분야를 주도하는 데 유리한 입장에 서게 됐다. 선다 피차이 구글 CEO는 2017년 구글아이오에서 구글스트리트뷰 이미지가 속도제한, 거리 이름, 스쿨존 이외에 많은 정보를 추출하는 데 사용되고 있다고 발표했다. 이제 모든 것이 컴퓨터 비전을 통해 인식되고 있으며, 위치를 정확하게 파악할 수 있어 새로운 증강현실 서비스 및 게임의 근간이 되고 있다.

이 증강현실의 미래는 어떻게 될까? 잠시 텍사스주 오스틴 웨스트 24번가와 화이티스가가 만나는 사거리에 위치한, 텍사스대학 캠퍼스에 서 있다고 상상해보자. 휴대폰을 들고 저 조각상을 가리켜보자. 구글스트리트뷰 데이터와 컴퓨터 비전 기반 지도를 바탕으로 휴대폰이 이를 바바라 조던 하원 의원의 동상으로 인식하면, 동상의 머리 위로 즉시 엷은 색의 정보 풍선이 떠오르면서 의원의 이름과 생년월일, 그리고 주요 입법 활동이 나타난다. 바바라 의원은 파란색으로 테두리가 표시되며 동상이 살아 있는 것처럼 움직인다. 그러면 바바라 조던 의원이 1976년 매디슨 스퀘어 가든에서 열렸던 민주당 전당대회에서 한 기조연설의 주요 내용을 말하기 시작한다.

이제 휴대폰을 들고 한 블록만 서쪽으로 가서 북쪽으로 과달루페가나 더드래그 지역을 따라 이동한다고 상상해보자. 홀인더월 라이브 음악 바 위로 투명한 오버레이가 뜨는 것을 볼 수 있다. 각 밴드의 비디오클립과 함께 그날 밤 연주팀의 정보가 화면에 겹쳐 뜬다. 휴대폰을 다시 과달루페가 아래쪽으로 이리저리 움직이면, 구글스트리트뷰에서 거리 맞은편의 벤치가 이전에 버스 정류장으로 인식됐던 것을 알 수 있다. 버스 시간표가 그 위에 뜨면서 다음 버스가 오기까지 몇 분이 남았는지 실시간으로 표시된다. 각 레스토랑 위로는 옐프 리뷰가 뜬다. 요금과 남은 객실 수가 각 호텔 위에 떠 있다. 초소형 이어폰이나 특수 선글라스를 끼면 해당 정보를 듣거나 볼 수 있다.

이런 얘기가 〈마이너리티 리포트〉나 〈그녀〉 같은 공상과학 영화의 한 장면같이 느껴지는가? 먼 미래의 이야기 같겠지만, 이런 것들이 현실이 되는 세상이 빠르게 다가오고 있다. 우리는 이제 무선의 시대에 살고 있다. 의자에 붙박이처럼 앉아서 하던 게임을 이제 집 밖에서 즐기게 됐고, 책상 모니터를 벗어나서도 검색이 가능한 세상이 됐다. 이제 디지털은 바깥세상으로 나오고 있는 것이다.

사람들이 휴대폰에서 눈을 떼지 못하는 세상이 될까? 아니면 휴대폰에서 고개를 들어 새로운 시각으로 특정 장소의 역사와 건축, 문화적 의미를 더 깊이 이해하며 주변 세계를 인식하게 될까? 우리는 풍부해진 지식을 통해 현재에 충실해질까? 아니면 더 산만해질까?

이렇게 새로운 증강현실의 승자는 누가 될 것인가? 도시 속 거리나 마트의 상품 진열대 사이를 걸을 때마다, 정보가 넘치듯 흘러들어와 거의 셀프 가이드 여행처럼 되어버리는 현실을 생각해보자. 걸으면서 살아 움직이는 듯한 벽화에 눈길을 빼앗기고, 와인병에서 흘러나오는 상품 소개에 귀 기울이게 되는 그런 현실 말이다. 지구상 어느 곳에서든지 정확하고 체계적으로 색인을 만들고, 위치를 파악할 수 있는, 최고의 지도를 가진 이들이 승기를 잡을 거라고 예상한다. 해당 정보는 일상적인 내용으로 채워지겠지만, 완벽한 위치 파악과 조정을 통해 정확한 위도와 경도에 있는 실제 세계에 통합되어야 한다.

　이러한 미래는 2002년에 차창 밖으로 캠코더를 들이밀었던 래리가 시작한 스트리트뷰 프로젝트의 연장선에 있다. 어쩌면 처음부터 이것이 목표였는지도 모른다.

내가 좋아하는 책 중에 영국인 소설가와 시인, 시나리오 작가였던 로알드 달의《로알드 달의 위대한 단독 비행》이 있다. 제2차 세계대전 중 영국왕립공군 전투기 조종사로 참전했던 작가의 경험을 다룬 자서전이다. 그리스 섬과 북아프리카 상공을 날아다니며 로알드 달이 겪은 대단히 위험하고도 참혹한 사건들이 소개되며, 그중에는 리비아에서 격추당했던 이야기도 있다. 그 책에서 작가는 독자들에게 수적으로 열세일 때가 많았던 영국 조종사들의 용감한 분투기를 들여다보게 한다. "리비아에서의 격추"에 관한 이야기는 처음으로 발표된 작가의 글로, 미국 주간지인 〈새터데이 이브닝 포스트〉에 실렸다. 이 글은 전쟁 개입에 대한 미국 대중의 여론을 뒤흔들었다(그리고 그로 인해 로알드 달은 글쓰기에 관심을 갖게 됐다).

그러나 이러한 극한 체험이 강렬하고 재미를 주긴 하지만, 제2차 세계대전의 모든 개요를 담은 모습을 보여주지는 않는다. 이는 그저 전쟁에 대한 로알드 달 개인의 시각일 뿐이며, 호커 허리케인 전투기를 통해 지상에서 벌어지는 폭력의 현장을 작가가 해석한 것에 불과하다.《로알드 달의 위대한 단독 비행》이 모든 전투나 목숨을 잃은 이들에 대한 이야기 전체를 담고 있는 것은 결코 아니며, 그의 허리케인 전투기나 그에게 총을 쏘는 독일 메서슈미트 전투기의 기술적 성능을 완벽히 설명해주지도 못한다.

이와 마찬가지로 이 책은 키홀, 웨어투테크, 구글과 같은 곳에서 이루어낸 디지털 지도 혁신에 대해 기술적으로 완벽히 설명해주지는 못한다. 핵심 인물들과 혁신적인 기술, 그리고 전체 프로젝트가 있었는데, 그중에는 그 역할과 영향이 제대로 조명받지 못하거나 전혀 알려지지 못한 경우도 있었다.

책에 다 싣지 못한 얘기나 잘못 기억하는 내용이 있다 하더라도 고의는 아니다. 그저 한 사람의 시선으로 기술된 내용일 뿐이니까. 이는 대부분 기술적인 설명보다는 일반적인 내용을 담고 있으며, 1999년 한 친구의 방문으로 시작된 지도 혁명으로 안내하는 책이다. 그 혁명은 지금도 계속 이어지고 있다.

2014년 10월 말, 나는 마운틴뷰에서 열렸던 키홀 인수 10주년 기념 모임을 마치고 구글 오스틴 사무소로 돌아왔다. 그 당시 나는 조직에서 고참이었다. 당시 오스틴에서 근무하던 500명의 구글러 중에 나보다 더 구글에서 오래 일한 사람은 없었다. 구글 내부에서는 대체로 키홀 인수를 구글 역사상 가장까지는 아니더라도 꽤 성공적인 인수 건으로 꼽는 분위기였다. 따라서 키홀 출신이라는 내 지위는 구글 내, 특히 오스틴에서 일하는 젊은 구글러들 사이에서 꽤 인정을 받았다. 그중 두 명은 점심시간에 내 사무실에 와서 키홀 모임에 대해 묻기도 했다. 그때가 그리웠는지 나는 구글러 두 명을 사무실로 불렀다. 이들은 여섯 블록쯤 떨어진 텍사스대학교 타워가 훤히 보이는 내 사무실에 들어와 작은 검은색 가죽 소파에 앉았다. 얘기하다 보니 10주년 모임에서 나눴던 키홀 시절과 초창기 구글맵에 관한 얘기 외에도 여러 가지 주제를 놓고 떠들게 됐다.

30분쯤 얘기하다가 젊은 구글러 한 명이 신이 난 듯 끼어들었다. 특권의식이 있고 부정적이면서도 유쾌하며 불평불만이 많은 소프트웨어 엔지니어로 알고 있던 사람이었다. "와! 책을 한 권 쓰셔야겠군요!" 눈을 크게 뜬 그는 들뜬 표정이었다. 그의 그런 모습은 본 적이 없었다. 그렇게 이 책의 집필 작업이 시작됐다.

나는 새로운 시도를 이것저것 많이 해봤다. 프로젝트를 시작하는 데에는 소질이 있었으니까. 마무리는 썩 잘하는 편이 못 된다.

그래서 내가 이 책을 끝낼 수 있도록 도와준 장모님, 로빈 월리스에게 감사의 마음을 전해야겠다. 저술가이자 극작가, 포크 뮤지션, 재봉사, 그리고 화가(이자 간호사, 열정적인 테니스 선수, 전 세계를 누비는 여행가, 미식 요리사, 정치 활동가)인 로빈은 창조적인 일을 시작하는 데 그치지 않고 이를 실제 결과물로 만드는 데 어떤 단계와 어느 정도의 절제심이 필요한지 잘 아는 사람이다. 2014년 크리스마스에 로빈에게 내가 쓴 원고 몇 장을 처음으로 읽어주었다. 로빈은 이 책에 대해 긍정적인 것 이상의 반응을 보여주었고, 병적인 열정으로 다그치다시피 하며 나를 격려해주었다. 로빈이 아니었다면 이 책은 어설픈 일화 모음집으로 출판되어 내 서류 캐비닛의 공간만 잡아먹는 신세가 되었을 것이다. 계속해서 내가 글 쓰는 데 몰두할 수 있도록 영감을 주고, 책장 위에서 시들어갈 운명에서 이 책을 구해준 로빈에게 감사의 말을 전한다.

나는 집필작업의 전 과정에 대해 아는 것이 거의 없었지만, 뉴욕에 위치한 문학 에이전시 아라기의 듀발 오스틴 덕분에 이 모든 작업을 끝낼 수 있었다. 듀발은 처음부터 이 이야기에 대해 적극적인 지지를 보냈고, 제때, 좋은 사람들을 만나 책으로 펴낼 수 있도록 해주었다.

이 책의 편집을 맡은 출판사 하퍼콜린스의 편집자 스테파니 히치콕에게도 감사를 드린다. 이 책의 구성 방향을 제시해주었고, 어떻게

이 기술 덕분에 길 찾기 방식이 변했는지를 잘 이해하고 있었다. 스테파니는 필요할 때마다 나에게 긍정적인 기운과 격려를 적절히 불어넣어주었고, 이야기가 방향을 잃고 흔들릴 때는 솔직하게 조언해주기도 했다. 결국 이 책을 완성하기 위해 전문가적인 도움이 필요하다고 중간에 나서서 거침없이 나에게 얘기해준 것도 바로 스테파니였다. 이 책의 프로젝트 관리를 맡아준 하퍼콜린스의 새라 리드에게도 감사드린다. 이 분야에서는 초짜나 다름없는 나를 도와, 일정 내에 작업을 마무리할 수 있도록 도와주었다. 그리고 이 책이 세상에 나올 수 있게 도와준 하퍼콜린스의 마케팅팀, 홍보팀, 법무팀에도 감사를 표하고 싶다. 베스 실핀, 브라이언 페린, 헤더 드러커, 홀리스 하임바우치가 그 주역이다.

나는 운 좋게도 이 책의 집필을 처음부터 도와준 글쓰기 코치이자 편집자, 파트너인 S. 커크 월시를 만날 수 있었다. 소프트웨어 관련 용어를 사용하기 위해 나는 커크와 체험판을 해킹했다. 커크는 내가 실행 가능한 제품을 만드는 작업을 도와주었다. 형편없는 농담은 너무 많이 집어넣지 않고, 꼭 얘기해야 하는 내용은 집어넣을 수 있도록 도와준 커크에게도 감사를 표하고 싶다. 친절하게도 나를 커크에게 소개해준 작가 스티븐 해리건에게도 감사를 표한다. 구직 포털인 인디드의 크리스 하이암스에게도 이 책의 초고를 읽고 의견을 준 데 대해 고맙게 생각한다. 조시 바우어, 빙 고든, 데이비드 릭터에게도 이 책의 시판 전 견본을 읽고 소감을 말해준 것에 감사한다.

키홀과 웨어투테크, 구글에서 만난 이전 동료와 친구 모두에게도 감사를 표해야겠다. 이들 덕분에 이야기를 짜맞추고, 이들이 내가 없었던 상황의 이야기를 들려주어 공백을 메울 수 있었다. 특히 치카이 오하자마, 브랜든 배저, 웨인 타이, 옌스 라스무센, 루크 빈센트, 노아 도일, 데이비드 로렌지니, 롭 페인터, 르네트 포사다 하워드, 에드 루벤, 데이비드 콘먼, 마크 어빈, 필 케슬린, 홀리 행키, 그리고 대니얼 레더먼에게 특별히 감사를 전한다. 이 이야기가 구글맵과 구글어스에 관한 전부라고 말하고 싶지는 않다. 그저 내가 겪고 느낀 내 관점을 담은 것뿐이니까.

브라이언 매클렌던은 더 쉽게 이 책을 쓸 수도 있었을 것이다. 그는 기록을 꼼꼼하게 정리하는 사람이라, 빠진 것 없이 완벽하게 기술적 혁신의 전체적인 모습을 그려낼 수 있었을 것이다. 기꺼이 자신의 견해를 들려주고 날짜와 사실관계에 틀린 점이 있으면 바로잡아 주었던 그의 노고에 감사드린다.

구글맵과 구글어스가 성공하는 데 누구의 공이 컸는지를 기술하는 과정에서 어느 한쪽에 편향된 태도로 쓰지 말라고 조언해준 마이클 존스에게도 고맙게 생각한다. "다들 위대한 것을 탄생시키는 데 조금씩 힘을 보탠 것이니까요. 거기에 참여한 사람은 누구나 공을 인정받아야 합니다. 모두의 공으로 돌리는 거죠." 그가 말했다. 앞에서도 얘기했지만, 마이클은 내가 지금껏 만나본 사람 중 가장 똑똑한 사람이다. 나는 그의 현명한 충고를 자주 떠올렸다. 특히 많은 이들이 참여한 프로젝트에 관한 이야기를 쓸 때는 더더욱.

적절한 법률 검토를 통해 이 책의 방향을 잡아준 구글의 마라 해리스에게 감사를 표한다.

래리 페이지와 세르게이 브린에게도 감사를 전한다. 지나가는 길에 마주친 게 전부지만 이 두 사람이 만들어낸 놀라운 업적에 놀라움을 금치 못한다. 사우스웨스트항공의 항공기에 오르면 괴짜 같은 CEO 허브 켈러허의 분위기를 느낄 수 있다. 디즈니랜드에 가면 월트 디즈니의 엉뚱한 성격을 짐작하게 된다. 그리고 구글 제품을 사용할 때는 세상을 변화시키고 싶어 하는 래리와 세르게이의 열망을 느끼게 된다.

그리고 당연히, 이 책을 쓰게끔 용기를 북돋워준 존 행키에게도 감사를 전한다. "이런 얘기는 알리는 게 좋겠지. 그런 면에서 네가 적임자일 거야." 그는 그렇게 말한 적이 있다. 존은 좋은 친구이자 부하 직원을 아끼는 상사이며, 기술의 미래에 대해 진정한 통찰력을 지닌 사람이다. 나는 존에게 항상 고마운 마음뿐이다. 그리고 존이 곧 일으킬 혁신적인 변화에 대한 책을 쓰는 날이 오길 기대한다.

나의 가족들에게도 고마움을 전한다. 다들 창의적인 아이디어가 넘치는 예술가이자 작가, 선원, 변호사 및 교사로 일하고 있다. 8명 중 막내인 나는 축복받은 가정에서 자랐다.

마지막으로 아내인 셸리에게 감사의 마음을 전한다. 키홀 및 구글과 일하면서 때로는 두렵기도 했을 이 오랜 시간 동안, 항상 셸리는 내 곁을 지켜줬을 뿐만 아니라, 밀린 급여나 지출 내역서를 갖고 속을 태우지도 않았다(당신한테 다 얘기해줬으니까, 그렇지?). 셸리는 보스턴에서 힘겹게 살던 시절부터 탄탄대로가 펼쳐졌던 구글 재직 시절에 이르기까지, 나와 함께 이 이야기 속 시간을 모두 겪었고, 밤에 침대에 누워 내가 이 책 속의 구절들을 읽어주는 걸 듣곤 했다. 셸리가 처음 건넨 몇 마디에 나는 지나온 시간을 옮길 용기를 낼 수 있었다.

아이러니하게도 내 곁을 지켜준 셸리와 그녀의 뛰어난 방향 감각 덕분에, 우리의 딸들인 이사벨, 카밀과 나는 지금까지 숱한 길을 거쳐 오면서 구글맵을 전혀 찾을 필요가 없었다. 우리 가족에게 필요한 건 셸리, 당신뿐이야. GPS의 S, 셸리.